Gesundheitsmanagement
im Unternehmen

Springer
*Berlin
Heidelberg
New York
Hongkong
London
Mailand
Paris
Tokio*

Matthias T. Meifert · Mathias Kesting
(Herausgeber)

Gesundheitsmanagement im Unternehmen

Konzepte – Praxis – Perspektiven

Mit 80 Abbildungen und 8 Tabellen

Springer

Matthias T. Meifert
Bereichsleiter und Partner
Mathias Kesting
Diplom-Psychologe

Kienbaum Management
Consultants GmbH
Grolmanstraße 36
10623 Berlin

matthias.meifert@kienbaum.de
mathias.kesting@kienbaum.de

ISBN 3-540-00583-8 Springer-Verlag Berlin Heidelberg New York

Bibliografische Information Der Deutschen Bibliothek
Die Deutsche Bibliothek verzeichnet diese Publikation in der Deutschen Nationalbibliografie;
detaillierte bibliografische Daten sind im Internet über <http://dnb.ddb.de> abrufbar.

Dieses Werk ist urheberrechtlich geschützt. Die dadurch begründeten Rechte, insbesondere die der Übersetzung, des Nachdrucks, des Vortrags, der Entnahme von Abbildungen und Tabellen, der Funksendung, der Mikroverfilmung oder der Vervielfältigung auf anderen Wegen und der Speicherung in Datenverarbeitungsanlagen, bleiben, auch bei nur auszugsweiser Verwertung, vorbehalten. Eine Vervielfältigung dieses Werkes oder von Teilen dieses Werkes ist auch im Einzelfall nur in den Grenzen der gesetzlichen Bestimmungen des Urheberrechtsgesetzes der Bundesrepublik Deutschland vom 9. September 1965 in der jeweils geltenden Fassung zulässig. Sie ist grundsätzlich vergütungspflichtig. Zuwiderhandlungen unterliegen den Strafbestimmungen des Urheberrechtsgesetzes.

Springer-Verlag Berlin Heidelberg New York
ein Unternehmen der BertelsmannSpringer Science+Business Media GmbH

http://www.springer.de

© Springer-Verlag Berlin Heidelberg 2004
Printed in Germany

Die Wiedergabe von Gebrauchsnamen, Handelsnamen, Warenbezeichnungen usw. in diesem Werk berechtigt auch ohne besondere Kennzeichnung nicht zu der Annahme, dass solche Namen im Sinne der Warenzeichen- und Markenschutz-Gesetzgebung als frei zu betrachten wären und daher von jedermann benutzt werden dürften.

Umschlaggestaltung: Erich Kirchner, Heidelberg

SPIN 10915530   43/3130-5 4 3 2 1 0 – Gedruckt auf säurefreiem Papier

Geleitwort

Eine kürzlich von unserem Hause durchgeführte Studie brachte es an den Tag: Deutsche Manager achten weniger auf ihre Gesundheitsvorsorge als ihre internationalen Kollegen. Während annähernd 50 Prozent der internationalen Manager sich einem jährlichen Gesundheits-Check unterziehen, sind es in Deutschland lediglich ein Viertel der Befragten. Jeder fünfte Manager vertritt die Auffassung, dass eine herausragende Position mit hoher Verantwortung verlangt, klare Prioritäten für den Beruf zu setzen.

Auch wenn es ein Allgemeinplatz ist, dass beruflicher Erfolg Leistungsbereitschaft und Engagement voraussetzt, liegen die Dinge doch komplizierter. Zum einen agieren Führungskräfte als Vorbilder und prägen mit ihren Überzeugungen und Symbolhandlungen die Verhaltensweisen der Mitarbeiter in ihrem Verantwortungsbereich. Zum anderen fordern erfolgreiche Wissensarbeiter zunehmend, dass auch eine ‚Balance zwischen Beruf und Freizeit' erreichbar ist. Eine Berücksichtigung gesundheitlicher Aspekte in der Arbeitwelt ist so verstanden kein sozialromantischer Luxus, sondern auch eine betriebswirtschaftliche Notwendigkeit.

Der Managementvordenker Peter F. Drucker hat Anfang der neunziger Jahre des letzten Jahrhunderts kritisch notiert: „Heute behaupten alle Unternehmen routinemäßig: Unsere Mitarbeiter sind unser größtes Kapital. Doch nur wenige praktizieren, was sie propagieren – geschweige denn, dass sie wirklich daran glauben." Auch wenn diese zugespitzte Aussage in ihrer generellen Weite zu relativieren ist, scheint sie doch an Aktualität für das Thema betriebliches Gesundheitsmanagement nichts verloren zu haben: Es wird im unternehmerischen Alltag viel über die Bedeutung von Mitarbeitergesundheit gesprochen - doch nicht immer viel dafür getan.

Aus diesem Grund freut es mich besonders, dass zwei Mitarbeiter unseres Unternehmens sich der Thematik angenommen haben und in Form dieses Buches Anregungen und Motivation zur Implementierung eines umfassendes Gesundheitsmanagements liefern. Der Umstand, dass ausgewiesene Experten aus der Wissenschaft und Praxis spontan bereit waren, dieses Projekt zu unterstützen zeigt mir, dass das Thema eine hohe Relevanz besitzt.

Ich wünsche diesem Buch eine gute Aufnahme. Möge es einen Beitrag dazu leisten, dass ein wirkungsvolles Gesundheitsmanagement eine große Verbreitung in Unternehmen findet. Schließlich gilt ungebrochen die alte Weisheit: „Es gibt keinen Mangel an guten Ideen, nur einen an realisierten!"

Jochen Kienbaum
Vorsitzender der Geschäftsführung
Kienbaum Consultants International GmbH

Vorwort der Herausgeber

Ein Buch über das Gesundheitsmanagement im Unternehmen und dazu noch herausgegeben von zwei Unternehmensberatern, verlangt nach einer Erklärung. Genießen nicht zuletzt die Consultants den Ruf nur an „harten" Themen interessiert zu sein, wie Kostenmanagement und Steuerungsinstrumenten? Und scheint nicht die wirtschaftliche Entwicklung mehr dazu angetan, andere Themen zu priorisieren als das Gesundheitsmanagement? Warum dann dieses Buch?

Den Anstoß für die intensive Beschäftigung mit dem Thema liefern unsere Beratungsprojekte bei der Kienbaum Management Consultants GmbH. Häufiger stoßen wir bei unseren Klienten auf das Phänomen, dass Fragestellungen des Personalmanagements isoliert betrachtet werden. Da werden Anreizsysteme diskutiert ohne zu berücksichtigen, welche Rückwirkungen diese auf die dauerhafte Leistungsfähigkeit der Mitarbeiter haben. Selbstmanagementseminare offeriert als reine Methodenschulung. Und Arbeitszeitmodelle geschaffen, ohne zu fragen welche Konsequenzen diese für den Einzelnen haben. Diese Erfahrungen befördern unsere Einsicht, dass eine erfolgreiche Personalarbeit durch zwei Gestaltungsprinzipien angereichert werden muss: Die Ganzheitlichkeit und Nachhaltigkeit. Ganzheitlich meint, dass die (Rück-)Wirkungen von Personalinstrumenten auf den Mitarbeiter und die Organisation umfassend zu berücksichtigen sind. Nachhaltig steht für die Notwendigkeit, dass Mitarbeiter nur dauerhaft ihren Beitrag für das Unternehmen erbringen können, wenn ihre Fähigkeit zur Regeneration erhalten bleibt. Beide Gestaltungsprinzipien münden letztendlich in die Forderung nach einem betrieblichen Gesundheitsmanagement.

Ein betriebliches Gesundheitsmanagement, wie wir es verstehen, erfasst den Menschen in seiner gesamten Lebens- und Erlebensumwelt. Schließlich endet die Arbeit für viele Menschen nicht am Firmentor. Viele nehmen Teile ihrer Arbeit mit nach Hause. Freiwillig, als bewusste Entscheidung, Arbeitsaufgaben zu Hause zu erledigen oder unfreiwillig in Form von Gedanken, Frustrationen, Ängsten oder Aggressionen. An dieser Stelle muss ein betriebliches Gesundheitsmanagement ansetzen und die Brücke schlagen zu dem populären Konzept der Worklife Balance. Somit verbindet es den klassischen Arbeits- und Gesundheitsschutz mit den Konzepten der erweiterten betrieblichen Gesundheitsförderung.

Dieses Buch soll einen Beitrag leisten, bestehende gesundheitsschädliche Bedingungen in Unternehmen zu hinterfragen, durch Verhältnisprävention entsprechend zu ändern und dem Menschen eine wichtige Grundvoraussetzung für Arbeitsleistung zu ermöglichen: Ein Leben in Balance. Dazu haben wir eine Reihe von ausgewiesenen Experten gebeten, ihre Problemsicht zu schildern. Besonderes wichtig ist uns die Praxisnähe. Sämtliche Fachbeiträge schlagen den Bogen in den betrieblichen Alltag und übertragen die theoretischen Konzepte in reales Handeln. Sechs Unternehmensfallstudien runden den Inhalt des Buches ab. Sie sollen Argumente und Anregungen für eigene Umsetzungsschritte liefern.

Galt das Thema Gesundheitsmanagement vor Jahren noch als belächeltes Randthema, so genießt es mittlerweile eine hohe Aufmerksamkeit. Die Anzahl an Lehrstühlen und Kongressen, die sich mit gesundheitlichen Entwicklungen in den Unternehmen beschäftigen, nehmen zu. Die Deutsche Gesellschaft für Personalführung (DGFP e.V.) hat eigens dazu eine Arbeitsgruppe eingerichtet, in der Experten aus der Praxis zusammentreffen und ihre Erfahrungen austauschen. Diese Entwicklungen zeigen, dass sich eines durchsetzt: Unternehmen sind nur so gesund, wie die Menschen, die in diesen arbeiten und nur gesunde Unternehmen werden dauerhaft am Markt bestehen können.

Dieses Buch zu realisieren war nur mit der Hilfe und Unterstützung von Vielen möglich. Allen voran sei unseren Autoren gedankt, die sich bereitwillig und engagiert in die Arbeit gestürzt und (fast) pünktlich die Beiträge geliefert haben. Frau Dr. Martina Bihn und Frau Barbara Karg vom Springer-Verlag haben unser Projekt vorbildlich unterstützt und die kleineren und größeren Hindernisse aus dem Weg geräumt. In der redaktionellen Arbeit erhielten wir Unterstützung von unseren Kolleginnen Ines Günzel und Nadine Rüsch sowie unserem Kollegen Jan Poser. Sie haben maßgeblich zur besseren Lesbarkeit des Buches beigetragen und zuverlässig die orthografischen und sprachlichen Überarbeitungen des Manuskripts ausgeführt.

An dieser Stelle ein Hinweis: Wir haben aus Gründen der besseren Lesbarkeit lediglich die maskuline Form verwendet. Gemeint und angesprochen sind selbstverständlich sowohl Frauen als auch Männer.

Wir wünschen Ihnen eine anregende und informative Lektüre. Mögen die folgenden Texte einen Beitrag dazu leisten, dass das Gesundheitsmanagement den Stellenwert im Unternehmen genießt, den es nach unserer Überzeugung verdient. Anregungen und Verbesserungsvorschläge würden uns freuen. Unsere Kontaktdaten finden sich im Kapitel Autorenangaben.

Berlin im Juni 2003

Matthias T. Meifert   Mathias Kesting

Inhaltsverzeichnis

1. Einführung in das Gesundheitsmanagement im Unternehmen

Matthias T. Meifert & Mathias Kesting
Gesundheitsmanagement – Ein unternehmerisches Thema? 3

Anke Hunziger
Ergebnisse der Kienbaum-Studie „Die Worklife Balance internationaler Top-Manager" 15

2. Konzepte des Gesundheitsmanagements im Unternehmen

Mathias Kesting & Matthias T. Meifert
Strategien zur Implementierung des Gesundheitsmanagements im Unternehmen 29

Philip Janssen, Michael Kentner & Carsten Rockholtz
Balanced Scorecard und betriebliches Gesundheitsmanagement 41

Rainer Thiehoff
Wirtschaftlichkeit des betrieblichen Gesundheitsmanagement –
Zum Return on Investment der Balance zwischen
Lebens- und Arbeitswelt 57

Andreas Hoff
Wie betriebliche Arbeitszeitgestaltung zum betrieblichen
Gesundheitsmanagement beitragen kann 79

Martin von Hören
Vergütungspolitik: Auswirkungen von Anreizsystemen auf die
Gesundheit von Führungs- und Fachkräften 89

André Büssing, Jürgen Glaser & Thomas Höge
Gesundheitsförderliche Arbeitsgestaltung 101

Charlotte Fritz & Sabine Sonnentag
Urlaubsmanagement – Die Rolle von Erholung im betrieblichen
Gesundheitsmanagement 121

Oberste-Lehn
Freizeitmanagement. 135

Mathias Kesting
Selbstmanagement – Zwischen Selbstverantwortung und äußeren
Sachzwängen 151

Dirk Lümkemann
Bewegungsmanagement – Möglichkeiten und Nutzen betrieblicher
Angebote 167

Franz Decker
Mind-Management – Die gesundheitsförderliche Wirkung der
Gedanken 183

Marion Brehm
Emotionsmanagement - Emotionale Balance im Arbeitsleben 199

Ulrike Trapp, Angela Bechthold & Monika Neuhäuser-Berthold
Ernährungsmanagement 218

3. Praxis des Gesundheitsmanagements im Unternehmen

Ingwert Jan Ingwertsen & Dirk Lümkemann
Fallstudie zum Gesundheitsmanagement aus der
Automobilbranche – Die Autoliv GmbH 237

Ute Kempf-Uhlig
Fallstudie zum Gesundheitsmanagement aus der
Elektrogeräteherstellerbranche – Die Braun AG 247

Klaus Enz
Fallstudie zum Gesundheitsmanagement aus dem Bankgewerbe –
Die Commerzbank AG 259

Karsten von Rabenau
Fallstudie zum Gesundheitsmanagement aus dem Einzelhandel –
Der Otto Versand Hamburg 269

Klaus Etzler
Fallstudie zum Gesundheitsmanagement aus dem Stahl- und
Industriegüterbereich – Die ThyssenKrupp Stahl AG 286

Uwe Brandenburg
Fallstudie zum Gesundheitsmanagement aus der
Automobilindustrie – Die Volkswagen AG 308

4. Perspektiven des Gesundheitsmanagements im Unternehmen

Ulf Kadritzke
Arbeiten oder leben? Eine falsche Alternative 321

Glossar 342

Autorenverzeichnis 346

Stichwortverzeichnis 351

Kapitel 1

Einführung in das Gesundheitsmanagement im Unternehmen

Gesundheitsmanagement – Ein unternehmerisches Thema?

Matthias T. Meifert & Mathias Kesting

Das Thema Gesundheit hat Konjunktur. Sonntags werden die städtischen Parks von Joggern und Walkern bevölkert. Wer etwas auf sich hält, bewegt sich nicht nur regelmäßig, sondern ernährt sich bewusst und nimmt Präparate, um die fehlenden Vitamine und Spurenelemente zu ergänzen. Ein jährlicher Check-up beim Sportarzt gehört ebenso zur modernen Lebensführung, genauso wie das Ziel einmal den Marathon, Ultramarathon oder einen ausgewachsenen Triathlon zu bestehen. Die Ratgeberbücher zum Life-Balancing und zur Worklife Balance avancieren zum millionenfachen Bestseller. Fitnessstudios und Wellnessfarmen erleben ihren zweiten Frühling mit explodierenden Nutzerzahlen und neuen Modethemen. Unter den wohlklingenden Überschriften wie Cycling, Ayurveda oder Spa steckt nur ein Versprechen: Damit werden Sie sich wohler und gesünder fühlen.

Nie zuvor war das Thema Gesundheit so präsent in der öffentlichen Diskussion wie heute. Nie zuvor war es auch Gegenstand von politischen Auseinadersetzungen angesichts der begrenzten Finanzierbarkeit des Gesundheitssystems. Ist es auch ein unternehmerisches Thema? Sind Führungskräfte auch für das höchst persönliche Gut 'Gesundheit' ihrer Mitarbeiter (mit)verantwortlich? Ergeben sich aus dieser breiten Trendbewegung Konsequenzen für den betrieblichen Alltag? Wir meinen: Ja. Unternehmen werden dauerhaft nur erfolgreich mit leistungsfähigen Mitarbeitern sein.

Ziel dieses einführenden Beitrags ist es, diese Grundthese zu begründen, in die Diskussion um das betriebliche Gesundheitsmanagement einzuführen und das Konzept des Buches vorzustellen. Er bildet somit das Fundament des Herausgeberbandes. Dazu werden zunächst die Veränderungen in der Arbeitswelt mit ihren Konsequenzen für den Einzelnen beleuchtet. Anschließend werden der aktuelle Diskussionsstand zum betrieblichen Gesundheitsmanagement nachgezeichnet und die verschiedenen Auffassungen im Zeitablauf charakterisiert. Einen weiteren Schritt bildet ein Blick in die betriebliche Realität, um die Motive aufzuspüren, die für ein betriebliches Gesundheitsmanagement sprechen. Als Abschluss werden die methodische Anlage des Buches erläutert und die einzelnen Beiträge kurz charakterisiert.

1. Betriebliches Gesundheitsmanagement im Wandel

In traditioneller Betrachtungsweise lässt sich Gesundheit relativ einfach als Abwesenheit von Krankheit definieren. Gesundheit war der Normalzustand, wobei Krankheit als ein qualitativ anderer Zustand, als ein Nichtfunktionieren eines oder mehrerer Körpersysteme, als ein physisches Phänomen betrachtet wurde. Eine derartige Betrachtungsweise lässt den Schluss zu, dass am Arbeitsplatz anwesende Mitarbeiter „gesund" sind.

Die bis vor wenigen Jahren und teilweise noch heute vorherrschende Perspektive stand in einem engen Zusammenhang mit den auf den Menschen am Arbeitsplatz hauptsächlich einwirkenden Belastungsfaktoren. Denn diese waren eher physikalischer, chemischer oder physischer Art und somit ihrer Natur nach relativ gut erklärbar und plausibel. An dieser Stelle gestaltete es sich, bis auf Ausnahmen, nicht allzu kompliziert, kausale Zusammenhänge zwischen dem Einwirken dieser pathogenen (krankheitserzeugenden) Faktoren und dem Gesundheitszustand eines Organisationsmitgliedes aufzuzeigen, wobei sich die Beweisführung trotz allem nach wie vor schwierig gestaltet, wie die vielen, von Arbeitnehmerseite erfolglos geführten arbeitsrechtlichen Prozesse zur gesundheitlichen Schädigung durch die Arbeit belegen. Ein kategoriales Verständnis von Gesundheit zeigt sich auch heutzutage noch in vielen Unternehmen, in denen die Krankenquote als alleiniges Kriterium für den Gesundheitszustand der Belegschaft gesehen wird. Dieses Verständnis ist die Umsetzung der versicherungsrechtlichen Auffassung von Gesundheit, nämlich die Abwesenheit von Krankheit (Trojan, A., Legewie, H., 2000).

Die auf den Menschen einwirkenden Belastungsfaktoren verändern sich und werden in naher Zukunft eher noch an Intensität gewinnen. In früheren Jahren waren es fast ausschließlich physische, physikalische, chemische oder biologische Einflüsse. Diese konnten mit der fortlaufenden Verbesserung von Arbeitsschutz und Arbeitssicherheit kontinuierlich in ihrer schädlichen Wirkung verringert werden (Benda und Bratge, 1998). So lässt sich seit den 60er Jahren eine kontinuierliche Abnahme an Arbeitsunfällen in technisch-manuell bestimmten Tätigkeiten feststellen (Taubert & Piorr, 1997).

In dem Maße, wie diese doch recht „griffigen" und größtenteils gut nachweisbaren mechanischen Faktoren sich verringerten, nahmen andere, weniger gut erkennbare Einflüsse zu, allen voran die psychosozialen Belastungsfaktoren, die aufgrund ihres immateriellen Wesens weniger gut messbar und somit für viele Unternehmensverantwortliche nur bedingt nachvollziehbar sind. Die Ursachen liegen auf der Hand: Während noch vor 30 Jahren der Anteil an ungelernten Arbeitnehmern, die einfache Tätigkeiten zu erfüllen hatten, relativ hoch war, ist deren Anteil bis heute Tag stark rückläufig. Neue Arbeitsformen erfordern neue Qualifikationen und Kompetenzen auf Seiten der Mitarbeiter, die im Rahmen der fachlichen Weiterbildung heute auf einem hohen Niveau angelangt sind. Reale und virtuelle Teamarbeit, Projektarbeit und die deutliche Zunahme an Tätigkeiten mit Dienstleistungscharakter setzen sozial-emotionale und selbstbezogene Fähigkeiten voraus, die in den fast ausschließlich an kognitiven Lernstrukturen orientierten Bildungssystemen der westlichen Industrienationen allerdings nur geringe Beachtung erfahren (Weinert, 1998). *„Partizipative, energetische Menschenführung, Mindcoaching und Entwicklung der Selbstkompetenz wie Selbstständigkeit, Selbstorganisation, Selbstverantwortung sind absolute Schlüsselqualifikationen des 21. Jahrhunderts im Rahmen einer neuen psycho-soziomentalen Kompetenz."* (Decker, 2001, S.29).

1.1 Gesundheit im Wertesystem von Mitarbeitern

Neben der Zunahme an Belastungen am Arbeitsplatz ist ein weiterer Effekt zu notieren: Das Thema Gesundheit hält Einzug in die individuellen Wertvorstellungen der Mitarbeiter. Arbeit und Karriere ist nicht mehr das zentrale, alles beherrschende Motiv. Dieser Ende der 60er Jahre wie ein Wirbelsturm über das Land ziehende Wertewandel hat das gesamte Arbeitsleben in den 70ern, 80ern und 90ern des letzten Jahrhunderts verändert. Noch Mitte der 60er Jahre gaben die Menschen auf die Frage zur Wertigkeit der Zeit, die sie am Arbeitsplatz, und jener, die sie privat verbringen, ein relativ gleichgewichtetes Urteil ab. In der Folgezeit veränderte sich diese Einschätzung fortlaufend zugunsten des „privaten Lebens" (vgl. Noelle-Neumann & Petersen, 2001). Diese Bewertung erreichte 1994 ihren absoluten Tiefpunkt, als nur noch 29% der berufstätigen Befragten meinten, dass sie ihr Arbeitsleben bevorzugen. Damit deckungsgleich wurde der Vorwurf laut, die Deutschen seien eine Spaß- und Erlebnisgesellschaft mit ausschließlicher Freizeitorientierung. Sie seien vor allem daran interessiert, ihre hedonistischen Bedürfnisse zu pflegen. In gesellschaftskritischen Debatten klangen gehäuft warnende Töne seitens traditionell wertkonservativer Diskussionsführer an, die diesen „Werteverfall" in der Gesellschaft anpriesen und Deutschland eine düstere Zukunft vorhersagten.

Mit dem Schritt in das dritte Jahrtausend zeigt sich allerdings eine neue Trendwende im Wertsystem der Deutschen. Traditionelle Werte erleben eine Renaissance und scheinen zurückzukehren, was wertkonservative Autoren schon klammheimlich als Sieg feiern. So gewichteten deutsche Arbeitnehmer bei einer aktuellen Umfrage Arbeit und Privatleben in etwa gleich, was einer erheblichen Aufwertung der Arbeit gleichkommt (Quelle: Allensbacher Archiv, IFD-Umfragen, zit. n. Noelle-Neumann & Petersen, 2001). Kehren wir also in die 60er Jahre zurück? Mitnichten! Vielmehr scheint sich unter den verschiedenen Werttypen eine Mischform herauszubilden, welche in einem steilen Anstieg begriffen ist, der „aktive Realist" (Klages, H., 2001). Der „Ordnungsliebende Konventionalist" spielt nach wie vor eine untergeordnete Rolle mit einer sinkenden Tendenz. Dieser sich entwickelnde „aktive Realist" vereint in sich moderne und traditionelle Wertvorstellungen. *„Aktive Realisten können von ihrer mentalen Grundausstattung her am ehesten als hochgradig modernisierungstüchtige Menschen charakterisiert werden. (...) Menschen, die dieser Gruppe angehören, sind in der Lage, auf verschiedenartigste Herausforderungen pragmatisch zu reagieren, gleichzeitig aber auch mit starker Erfolgsorientierung ein hohes Niveau an 'rationaler' Eigenakti-*

vität und Eigenverantwortung zu erreichen. (...) Mit allen diesen Eigenschaften nähern sie sich am ehesten dem Sollprofil menschlicher Handlungsfähigkeiten unter den Bedingungen moderner Gesellschaften an." (Klages, H., 2001, S.10).

Dieser Typus des „Aktiven Realisten" vereint Eigenschaften in seiner Person, die Unternehmen in Zukunft dringend benötigen werden, um den Erfordernissen des Wandels gerecht zu werden. Doch dieser Typus unterscheidet sich von dem Nachkriegsmenschen der 60er Jahre. Im Gegensatz zu diesem legt er erheblich mehr Wert auf Selbstentfaltung und Selbstverwirklichung. Bei einer Umfrage aus dem Jahr 1997 zur Wertorientierung der deutschen Bevölkerung rangierten Familie, Partnerschaft, Freundschaft, Gesundheitsbewusstsein und Unabhängigkeit an oberster Stelle mit steigender Tendenz. An unterster Stelle rangierten Macht, Einfluss und Althergebrachtes (Quelle: Werte und Engagementsurvey, 1997, zit. n. Klages, H., 2001).

Aus diesen Ergebnissen ergeben sich wichtige Implikationen für ein betriebliches Gesundheitsmanagement, welches die Aspekte der Worklife Balance bzw. des Life-Balancing einschließt. Der leistungsfähige, kreativ-innovative, flexible und hoch motivierte Mitarbeiter der Zukunft erwartet von seinem Unternehmen Lösungsansätze, die ihn bei der Gewinnung einer optimalen Gesundheit unterstützen und die nicht am Firmentor halt machen. Neben diesen geschilderten arbeitsbezogenen Faktoren erhält die Diskussion um das Gesundheitsmanagement Nahrung durch staatliche und suprastaatliche Einrichtungen. Allen voran die World Health Organization (WHO) hat mit ihrer Begriffsfassung von Gesundheit die Basis für ein neues Verständnis gelegt.

1.2 Die Ottawa-Charta der World Health Organization (WHO)

Spätestens mit der Konkretisierung ihrer Gesundheitsdefinition hat die World Health Organization (WHO) 1986 in Ottawa das von ihr bereits Mitte der 40er Jahre in ihrer Satzung formulierte Verständnis von Gesundheit, nämlich als *„Zustand des umfassenden körperlichen, geistigen und sozialen Wohlbefindens"* (WHO, 1986) wieder zum Leben erweckt und als Konsenspapier mit 240 Teilnehmern aus 35 Ländern verabschiedet. Die kontinuierlichen Bemühungen der WHO zur Weiterentwicklung der medizinischen Prävention und Gesundheitserziehung schon bis zu diesem Zeitpunkt können wohl als die wichtigste Wurzel des modernen betrieblichen Gesundheitsmanagements angesehen werden (Badura et al., 1999). Die Grundidee der sog. Ottawa-Charta kann zum einen in der Befähigung der Bevölkerung zu einem eigenverantwortlichen und selbstbestimmten Umgang mit Gesundheit gesehen werden. Zum anderen zielt die Charta auf eine gesundheitsförderliche Gestaltung der Lebenswelt und der Gesundheitsdienste ab (Badura et al., 1999).

Die WHO definiert Gesundheit als *„a state of complete physical, mental and social wellbeing"* (WHO, 1986). *„Gesundheitsförderung zielt auf einen Prozess, allen Menschen ein höheres Maß an Selbstbestimmung über ihre Gesundheit zu er-*

möglichen und sie damit zur Stärkung ihrer Gesundheit zu befähigen. (...) Die sich verändernden Lebens-, Arbeits- und Freizeitbedingungen haben entscheidenden Einfluss auf die Gesundheit. Die Art und Weise, wie eine Gesellschaft die Arbeit, die Arbeitsbedingungen und die Freizeit organisiert, sollte eine Quelle der Gesundheit und nicht der Krankheit sein. Gesundheitsförderung schafft sichere, anregende, befriedigende und angenehme Arbeits- und Lebensbedingungen." (WHO, 1986).

Der Anspruch des „vollkommenen Wohlbefindens" wurde allerdings in den vergangenen Jahren vermehrt kritisiert und als unrealistisch zurückgewiesen. Schließlich gebe es anthropologisch unausweichliche Bedrohungen durch Altern, Trennung, Tod usw., die dieses Ziel naturgegeben verhindern (Trojan, A., Legewie, H., 2000). Nichtsdestotrotz kann diese Auffassung von Gesundheit als ein Paradigmenwechsel betrachtet werden.

1.3 Auf dem Weg zu einem „neuen" Verständnis von Gesundheit

Aus der Zielsetzung der WHO kann in Erweiterung ein vollkommen neues, eher kontinuierliches (prozesshaftes) als rudimentäres Gesundheitsverständnis abgeleitet werden. *„Ein solcher Prozesscharakter schließt dann auch das Stärken von Gesundheit, das Vermeiden von Ungleichgewichten (Disbalancen) und das Regenerieren bzw. Bewältigen von Ungleichgewichten ein, (...). In so fern lässt sich Gesundheitsentwicklung auch als Potenzial, als Fähigkeit, als Ressource verstehen."* (Decker, 2001, S.37). An dieser Stelle setzen die Konzepte der Worklife Balance und des Life-Balancing an. Als zukunftsweisendes Verständnis von Gesundheit betrachtet man hierbei das Individuum ganzheitlich systemisch in einer vernetzten Person-Umwelt Konstellation. Nur bei angemessener, d.h. ausgeglichener Gewichtung der verschiedenen Teilbereiche des menschlichen Lebens lässt sich langfristig Gesundheit im umfassenden Sinn herstellen und erhalten. So befindet sich jeder Mensch zu jeder Zeit in einem bestimmten Bereich auf dem Kontinuum von Krank bis Gesund. Dem trägt auch die Abkehr von der einseitigen Orientierung an pathogenen (krankheitsauslösenden) und die zunehmende Konzentration auf salutogene (gesundheitsförderliche) Faktoren Rechnung. Die sich daraus ergebende, die Stressforschung revolutionierende „neue" Perspektive wendet sich ab von der ausschließlichen Ursachenanalyse, welche Einflüsse zu einem bestimmten Krankheitszustand geführt haben mögen. Vielmehr wird das Augenmerk auf Ressourcen gerichtet, welche einem Organismus förderlich sind, seinen Gesundheitszustand zu verbessern (Antonovsky, 1979). Die Aufmerksamkeit richtet sich nach vorn hin zu den gesundheitserhaltenden und förderlichen Ressourcen eines Menschen.

Diesen, mit der erweiterten Gesundheitsdefinition der WHO einhergehenden Paradigmenwechsel leitete Aaron Antonovsky mit seinem Salutogenese-Ansatz Ende der 70er Jahre des zwanzigsten Jahrhunderts ein (Antonovsky, 1979). Seinem Ansatz liegt – im Gegensatz zur traditionellen medizinischen Perspektive – die ressourcenorientierte Sichtweise zugrunde. So findet sich bei ihm die Frage, unter welchen Umständen und Bedingungen Menschen gesund bleiben. Dabei negiert er keinesfalls das Vorhandensein pathogener (krankheitsauslösender) Faktoren, welche einen entscheidenden Anteil in seinem Modell einnehmen. Diesen pathogenen Faktoren stehen salutogene Ressourcen gegenüber. Gesundheit stellt in diesem Modell die Resultierende aus pathogenen Faktoren, salutogenen Ressourcen und einer dritten einflussnehmenden Größe dar, dem sogenannten „Kohärenzgefühl". Unter diesem versteht Antonovsky eine Art innere Einstellung und Grundvertrauen in die Vorhersagbarkeit der Umwelt und einer für das Individuum positiven Entwicklung (Schüffel et al., 1998). Die pathogenen Faktoren sind z.b. physikalische, physische und soziale Stressoren. Unter salutogenen Ressourcen versteht Antonovsky z.b. soziale Faktoren wie unterstützende Kollegen, Familie, Freunde und ein positives Betriebsklima (Antonovsky, 1979). Somit kann also Gesundheit noch über die relativ statische WHO Definition hinausgehend als mehrdimensionale, körperliche, psychische und soziale Kompetenz beschrieben werden. Gesundheit wird in diesem Sinne als *„ (...) eine Fähigkeit begriffen, zur Problemlösung und Gefühlregulierung, durch die ein positives seelisches und körperliches Befinden und ein unterstützendes Netzwerk sozialer Beziehungen erhalten oder wiederhergestellt wird."* (Badura, 1999, S. 22).

1.4 Die Luxemburger Deklaration zur betrieblichen Gesundheitsförderung

Im November 1997 verfasste die Europäische Union eine Deklaration zur betrieblichen Gesundheitsförderung (BGF). Dieser weitere wegweisende Schritt läutete eine neue Epoche der internationalen Zusammenarbeit in betrieblichen Gesundheitsfragen ein. Anlass für diese Erklärung war zum einen die Neufassung der EG-Rahmenrichtlinie Arbeitsschutz und zum anderen ein neues Bewusstsein der Bedeutung des Arbeitsplatzes als Handlungsfeld der öffentlichen Gesundheit. Auf nationaler Ebene wurde die ganzheitliche Sicht der Mitarbeitergesundheit mit der Reform des Arbeitsschutzgesetzes 1996 eingeläutet.

Betriebliche Gesundheitsförderung umfasst dabei alle gemeinsamen Maßnahmen von Arbeitgebern, Arbeitnehmern und Gesellschaft zur Verbesserung von Gesundheit und Wohlbefinden am Arbeitsplatz. Zu diesem Zweck wurde von der Europäischen Kommission das Netzwerk für betriebliche Gesundheitsförderung ins Leben gerufen, welches einen kontinuierlichen Erfahrungsaustausch und die systematische Förderung des BGF in Europa vorantreibt.

2. Gesundheit – Eine unternehmerische Kategorie?

Der Erfolg eines Unternehmens ist dauerhaft nur durch leistungsfähige und leistungswillige Mitarbeiter erreichbar. Die frühere Gleichsetzung von Arbeitsfähigkeit und Gesundheit kann wie oben gezeigt nicht aufrechterhalten werden. In so fern ist die ausschließliche Orientierung vieler Unternehmensverantwortlicher an der Krankheitsquote kein besonders zuverlässiger Indikator für den inneren Zustand eines Unternehmens. Vielmehr ist besonders in den vergangenen Jahren zu beobachten, dass die durchschnittliche Arbeitsunfähigkeitsquote kontinuierlich sinkt von noch durchschnittlich 21 Tagen im Jahr 1995 auf nur noch 18 Tage im Jahr 1997. Diese Anzahl der Arbeitsunfähigkeitstage lag 1997 auf dem niedrigsten Stand sein 21 Jahren (Bundesverband der Betriebskrankenkassen, 1999). Diese Entwicklung ist dabei wohl weniger auf systematische und umfassende Bemühungen rund um die Gesundheitsförderung im Betrieb zurückzuführen als auf äußere Einflüsse wie die zunehmend angespannte Arbeitsmarktsituation und die damit einhergehenden Ängste vor Arbeitsplatzverlust. Nichts desto trotz dient die Arbeitsunfähigkeitsquote nach wie vor als populärer leicht messbarer Indikator, welcher bei einem gut durchdachten Untersuchungsdesign wertvolle Hinweise für die Wirksamkeit implementierter Maßnahmen im Rahmen der Gesundheitsförderung liefert.

Wie profitieren Unternehmen von einem umfassenden betrieblichen Gesundheitsmanagement? Die Argumente, die für ein betriebliches Gesundheitsmanagement sprechen, sind vielfältig. Unternehmen profitieren in unterschiedlicher Intensität und Messbarkeit. Die folgende Auflistung zeigt exemplarisch typische Begründungslinien:

» Die Arbeitsunfähigkeitsquote kann durch einen erhöhten Gesundheitsstatus der Mitarbeiter systematisch verringert werden, was langfristig zu erheblichen Einsparungen führt.
» Die aufgrund geringen Wohlbefindens am Arbeitsplatz verminderte psychische und physische Leistungsfähigkeit wird gesteigert.
» Die Wachsamkeit und das Reaktionsvermögen der Mitarbeiter nehmen zu, was das Risiko von Unfällen im Arbeits- als auch Privatleben vermindert.
» Eine bessere Vereinbarkeit von Arbeits- und Privatleben der Mitarbeiter wird möglich – dadurch ein Abbau manifester und potenzieller Konfliktfelder, die in das Arbeitsleben hineinragen.
» Kreativitäts- und Innovationsvermögen der Mitarbeiter nehmen zu, wodurch die Wettbewerbsfähigkeit des Unternehmens gesteigert wird.
» Durch Einbindung der Mitarbeiter in arbeitsplatzrelevante Gestaltungsfragen werden deren Selbstverantwortung und Commitment entwickelt.
» Damit einher geht eine kontinuierliche Verbesserung von Arbeitsbedingungen durch kritische Analysen in Fokusgruppen oder Gesundheitszirkeln und daraus resultierender Maßnahmenplanung.
» Neue Formen der Arbeit, können innerbetrieblich aus einer gesundheitsförderlichen Perspektive diskutiert werden, was zur Akzeptanz eben dieser führt.
» Der durch die Instrumente des betrieblichen Gesundheitsmanagements, wie z.B. Gesundheitszirkel, entstehende Dialog fördert ein positives Betriebsklima. Damit einhergehend kann von einer Erhöhung der Arbeitszufriedenheit und somit von einem dauerhaft kulturprägenden Effekt ausgegangen werden.
» Die Attraktivität des Unternehmens steigt, was bei der Gewinnung hochqualifizierter Fach- und Führungskräfte sowie deren dauerhaften Bindung von erheblichem Vorteil ist.

Eine der Kernfragen ist darüber hinaus, inwieweit ein betriebliches Gesundheitsmanagement auch rein unter Kostenaspekten lohnend ist. Allein im Jahr 1999 entstanden den deutschen Arbeitgebern ca. 44 Milliarden Euro Kosten durch krankheitsbedingte Fehlzeiten. Dabei war mit insgesamt 629 Millionen Fehltagen ein Anstieg von 5,2 % im Vorjahr auf 5,4 % zu beobachten. Die durchschnittliche Krankheitsdauer betrug 12,9 Tage. Die häufigste Ursache für Arbeitsunfähigkeit waren Muskel- und Skeletterkrankungen. Aufgrund dieser Entwicklung kommt der Fehlzeitenreport 2000 zu dem Fazit, dass dem Bereich des betrieblichen Gesundheitsmanagement zukünftig eine deutlich höhere Bedeutung zukommen müsse (Fehlzeitenreport 2000).

Die Bundesanstalt für Arbeitsschutz beziffert die direkten und indirekten Kosten, die einem Unternehmen pro Fehltag und Mitarbeiter entstehen, auf 200-400 Euro. Gelingt die Senkung des Krankenstandes um nur einen Prozentpunkt, dann lässt sich beispielsweise bei einem Unternehmen mit 500 Mitarbeitern bei einem mittleren Kostenansatz von 300,- Euro und ca. 225 Nettoarbeitstagen eine Ersparnis pro Jahr von ca. 335.000,- Euro erzielen.

Die zunehmende Akzeptanz des betrieblichen Gesundheitsmanagements steht und fällt mit den Möglichkeiten der Evaluation. Betrachtet man die im vorhergehenden Abschnitt aufgeführten Nutzenargumente für eine stärkere Fokussierung auf das Thema Mitarbeitergesundheit im Unternehmen so kann man schnell erkennen, dass diese sich unterschiedlich gut messen und entsprechend evaluieren lassen. Unfälle können im Unternehmen relativ leicht statistisch erfasst werden. Ungleich schwieriger gestaltet sich allerdings die Erfassung des aufgrund eines umfassenden betrieblichen Gesundheitsmanagements verhinderten schädigenden Ereignisses (vgl. Thiehoff, 2000). Auch das Kreativitäts- und Innovationsvermögen der Mitarbeiter ist nicht leicht zu bestimmen, betrachtet man vor allem die Tatsache, dass bis heute das Konstrukt „Kreativität" noch nicht eindeutig definiert ist und dementsprechend noch unzureichend validierte Testinstrumente vorliegen (Cropley, 2001). Ein wesentlicher Grund, weshalb viele Unternehmensverantwortliche das Gesundheitsmanagement in ihrem Unternehmen trotz einmütigen Bekennens einer Handlungsnotwendigkeit dennoch so gering priorisieren, ist verständlicherweise in dem Problem der Messbarkeit zu sehen. Hier stehen zukünftig sowohl Wissenschaft wie Praxis in der Verantwortung, geeignete Evaluationsstrategien zu entwickeln bzw. weiter auszubauen.

Die nachfolgend aufgeführten Beispiele zeigen, welche wirtschaftlichen Effekte von Maßnahmen der Gesundheitsförderung ausgehen. Ausführlichere Fallbeispiele finden sich in Kapitel III. Es gilt zu beachten, dass diese populären Wirtschaftlichkeitsrechnungen sehr firmenspezifisch und somit nur begrenzt vergleichbar sind. Hinzu kommt, dass die angewendeten Maßnahmen und Interventionen ebenfalls unterschiedlich sind. Dennoch können generelle Effekttendenzen identifiziert werden:

» Die Volkswagen AG berechnete aufgrund ihrer Maßnahmen zum Gesundheitsschutz zwischen 1991 und 1998 einen Anstieg der Gesundheitsquote von 91,6% auf 96%. Gleichzeitig konnte die Anzahl der Arbeitsunfälle je einer Million geleisteter Arbeitsstunden von 13,7 auf 10,7% verringert werden. Hier ergab sich eine Kostenersparnis im Werk Wolfsburg von ca. 120.000 Euro. (BKK, 1999).
» Der Telefonkonzern Pacific Bell startete bereits 1988 die Implementierung eines konzernweiten Gesundheitsprogramms, welches Kurse wie Fitness im firmeneigenen Fitnesscenter, Rückenschule und Ernährung umfasste. Gleichzeitig wurden verschiedene Diagnoseprogramme des Herz-Kreislaufsystems institutionalisiert. 1992 erbrachte jeder investierte Dollar das 1,54fache. 1996 wurde berechnet, dass jeder in das Programm investierte Dollar sogar ein Ergebnis von 1,73 Dollar erbrachte (Petersen & Egger, 1999).
» Das Chemieunternehmen DuPont konzentrierte sich in den Evaluationsbemühungen auf die Untersuchung von Mitarbeitern, die regelmäßig Betriebssport betreiben. Dabei konnte in einem Zeitraum von 6 Jahren ein Rückgang der Fehlzeiten um 45,5 % gemessen werden. (Manager Magazin, 09/1997).
» Bei Motorola wurde für ein Programm zur Gesundheitsförderung ein ROI von 3,15 Dollar berechnet (Manager Seminare, 03/1999).

3. Mitarbeitergesundheit – zwischen Überzeugung und Handeln

Wenn diese ökonomischen Argumente tatsächlich zutreffen, wie ist es dann zu erklären, dass die Rolle des Gesundheitsmanagements im Unternehmen häufig recht stiefmütterlich ist? Werden Top-Manager und Personalverantwortliche nach ihrer Einstellung zum Thema „Mitarbeitergesundheit" befragt, so geben viele diesem Thema eine hohe Priorität. Die Gleichung: gesunde Mitarbeiter = gesundes Unternehmen erscheint den meisten plausibel. Nichts desto trotz sind die bisher unternommenen Maßnahmen zur betrieblichen Gesundheitsförderung in Deutschland doch eher zögerlich und wenig einheitlich (Badura et al., 1999).

Ist es das mangelnde Wissen über die konkreten Zusammenhänge des Unternehmensalltags und der Gesundheit von Mitarbeitern? Sind es die im Vergleich zu vergangenen Jahren relativ geringen Krankenstände (Bundesverband der Betriebskrankenkassen, 1999), die zu der fälschlichen Annahme verleiten, es handle sich bei den anwesenden Mitarbeitern um gesunde und voll leistungsfähige(willige) Organisationsmitglieder? Oder ist es tatsächlich die mangelnde Vorstellungskraft eines gesunden, zufriedenen, hoch motivierten und leistungsfähigen Mitarbeiters, welche Unternehmensverantwortliche nicht zu notwendigen Maßnahmen bewegt?

Zugegeben: Manager sind auch nur Menschen und unterliegen damit dem häufig zu beobachtenden Phänomen, dass Absichtserklärungen einfacher sind als die dazugehörigen Handlungen. So zeigt beispielsweise eine Befragung, dass annähernd die Hälfte aller befragten Bürger gesundes Ernährungs- und Bewegungsverhalten für wichtig erachten. Auf der anderen Seite sind es aber kaum 4% der Bevölkerung, die in einer gewissen Konsequenz gesundheitsbewusst leben (Gesundheitsberichterstattung des Bundes, 1997). Sicher liegt auch hier der Schlüssel für die Ursachen mangelnder Umsetzungsfreude auf organisationaler Ebene.

4. Aufbau und Struktur des Buches

An diesem Punkt setzt das vorliegende Buch an. Es soll Wege und Möglichkeiten aufzeigen, wie ein wirkungsvolles betriebliches Gesundheitsmanagement realisiert werden und die Diskrepanz von Absicht und Handeln überwunden werden kann. Das gesamte Buch gliedert sich in vier Abschnitte.

Der erste Teil liefert eine allgemeine Einführung in das betriebliche Gesundheitsmanagement. Dazu wurde bereits in diesem Artikel das Themenfeld grob umrissen, um auf diese Weise einen leichteren Zugang zu der sich in den letzten Jahren stark veränderten Auffassung von Gesundheit zu schaffen. In einem weiteren Beitrag werden die Ergebnisse einer von Kienbaum durchgeführten Studie zur Worklife Balance internationaler Top-Manager vorgestellt.

Der zweite Teil widmet sich den Konzepten des betrieblichen Gesundheitsmanagements. Dazu stellt der einleitende Artikel exemplarisch ein mögliches Vorgehen bei der Implementierung vor. Darauf folgen zwei Beiträge, die sich mit der Steuerung, Messbarkeit und Wirtschaftlichkeit des betrieblichen Gesundheitsmanagements befassen. Die nachfolgenden Artikel beschreiben verschiedene Handlungsfelder und Ansatzpunkte, die zum einen an den Verhältnissen im Unternehmen und zum anderen direkt am Verhalten des einzelnen Mitarbeiters oder der Führungskraft ansetzen.

Der dritte Teil des Buches umfasst als Praxisteil Beispiele für gelebtes Gesundheitsmanagement aus verschiedenen Unternehmen. Dazu werden sechs Unternehmen unterschiedlicher Branchen und Größe vorgestellt. Dieses Kapitel soll Anregungen liefern, für eigene Projekte im betrieblichen Gesundheitsmanagement. Es wird deutlich, dass die Unternehmen zum Teil sehr unterschiedlich und mit abweichenden Prioritäten vorgehen. Nichtsdestotrotz zeigen sie Wege zur Implementierung eines Gesundheitsmanagements auf.

Im vierten und letzten Teil des Buches wird ein perspektivischer Ausblick versucht. Es werden Handlungsfelder im betrieblichen Kontext thematisiert, die es zukünftig mit zu bedenken gilt, will man dem Menschen im Unternehmen mit seinen Bedürfnissen und den ihn umgebenden Rahmenbedingungen gerecht werden - vielleicht eine Utopie, zumindest eine Vision.

Literatur

Antonovsky, A.: Health, stress & coping. San Francisco, 1979

Badura, B., Münch, E., Ritter, W.: Partnerschaftliche Unternehmenskultur und betriebliche Gesundheitspolitik. Gütersloh: Verlag Bertelsmann Stiftung, 1997

Badura, B., Ritter, W. & Cherf, M.: Betriebliches Gesundheitsmanagement – ein Leitfaden für die Praxis. Berlin: Edition Sigma, 1999

Badura, B.: Betriebliche Gesundheitsförderung als Institution. In: Personalwirtschaft, 5/99, 20-23

Badura, B., Litsch, M., Vetter, C. (Hrsg.): Fehlzeiten-Report 2000, 2000

Benda von, H., Bratge, D.: Psychologie der Arbeitssicherheit. Heidelberg: Asanger, 1998

BKK: Beispiele guter Praxis betrieblicher Gesundheitsförderung, 1999

Bundesverband der Betriebskrankenkassen (1999). Krankheitsdaten 1997

Cropley, A.: Kreativität und Kreativitätsforschung. In: D. Rost (Hrsg.) Handwörterbuch der Pädagogischen Psychologie, (366-373), Weinheim: PVU, 2001

Europäische Stiftung zur Verbesserung der Lebens- und Arbeitsbedingungen: Dritte Studie über die Arbeitsbedingungen in Europa, 2000

Klages, H.: Brauchen wir eine Rückkehr zu traditionellen Werten?. Aus Politik und Zeitgeschichte. Bundeszentrale für politische Bildung, 2001

Morgan, G.: Images of Organization. Beverly Hills, 1996

Nefiodow, L. A.: Der sechste Kondratieff: Wege zur Produktivität und Vollbeschäftigung im Zeitalter der Information, Rhein-Sieg-Verlag, 1996

Nefiodow, L. A.: Auf dem Weg zum sechsten Kondratieff, *gdi-impuls,* 2, 1997

Noelle-Neumann, E., Peterrsen, T.: Zeitenwende – Der Wertewandel 30 Jahre später. Aus Politik und Zeitgeschichte, Bundeszentrale für politische Bildung, 2001

Petersen, O., Egger, H.: Gesundheit ist Chefsache. Kilchberg: Smartbooks, 1999

Schirmer, F., Stähle, W.H.: Untere und mittlere Manager als Adressaten und Akteure des Human Ressource Managements. In: *Die Betriebswirtschaft,* 6/90, S. 707-720, 1990

Schüffel, W. et al.: Handbuch der Salutogenese, Wiesbaden: Ullstein Medical, 1998

Statistisches Bundesamt (Hrsg.): Gesundheitsbericht für Deutschland – Gesundheitsberichterstattung des Bundes, 1998

Taubert, R., Piorr, R.: Gesundheitsgerechtes Management. In *Personalführung,* 12/1997

Trojan, A., Legewie, H.: Nachhaltige Gesundheit und Entwicklung - Leitbilder, Politik und Praxis der Gestaltung gesundheitsförderlicher Umwelts- und Lebensbedingungen. Frankfurt: Verlag für Akademische Schriften, 2000

Weinert, A.B.: Organisationspsychologie – Ein Lehrbuch. Weinheim: Psychologie Verlags Union, 1998

Ergebnisse der Kienbaum-Studie „Die Worklife Balance internationaler Top-Manager"

Anke Hunziger

Worklife Balance bedeutet, dass Beruf und Privatleben in einem ausgewogenen Verhältnis zueinander stehen und somit nicht Gegenpole bilden, die um ein knappes Zeitbudget konkurrieren, sondern sich ergänzen und gegenseitig befruchten.

Die Ausgewogenheit der beiden Lebensbereiche wirkt sich positiv auf die Motivation, Leistungsfähigkeit und Gesundheit der Menschen aus und entwickelt sich folglich zunehmend zu einem zentralen Handlungsfeld nicht nur für den Einzelnen, sondern auch für die Unternehmungen. Diese verfolgen u.a. die Ziele:

» Reduktion krankheitsbedingter Fehlzeiten - insb. verursacht durch Muskel- und Skeletterkrankungen - und der damit verbundenen Kosten für die Unternehmen, die sich deutschlandweit jährlich auf mehr als 44 Milliarden Euro belaufen (vgl. Fehlzeiten-Report 2000).
» Steigerung der Motivation und Leistungsfähigkeit der Beschäftigten mit positiven Auswirkungen auf die Produktivität und Arbeitsqualität.
» Unterstützung von Personalmarketing und Retention Management. Das Thema Worklife Balance bekommt für die Beschäftigten einen zunehmend größeren Stellenwert und unterstützt darin, neue Mitarbeiter zu gewinnen und bestehende im Unternehmen zu halten.
» Erschließen der Humanressourcen „Frau" sowie „ältere Mitarbeiter". Aufgrund der demografischen Entwicklung werden spätestens in zehn Jahren die Unternehmen, die eine Vereinbarkeit von Familie und Beruf ermöglichen und ihre Mitarbeiter darin unterstützen, lange gesund und leistungsfähig zu bleiben, über einen klaren Wettbewerbsvorteil als attraktiver Arbeitgeber verfügen.

Die Studie gibt Auskunft über die Zeitallokation und die Balance zwischen Berufs- und Privatleben von Führungskräften und vergleicht international die unterschiedlichen Verhaltensweisen und Einstellungen. Zwischen September und November 2002 befragte die Kienbaum Management Consultants GmbH gemeinsam mit verschiedenen Kooperationspartnern Führungskräfte in zehn Ländern zu den Einflussbereichen Arbeit, Freizeit, Familie und Gesundheit. Zur Auswertung kamen 330 Fragebögen, die zu drei Vierteln von Managern der ersten und zweiten Führungsebene ausgefüllt wurden.

1. Ergebnisse der Befragung

1.1 Arbeitsbelastung – über 50 Stunden sind üblich

Über 70 Prozent der Manager arbeiten mehr als 50 Stunden pro Woche, davon jeder Fünfte sogar mehr als 60 Stunden. Immerhin kommt aber fast ein Drittel der Führungskräfte mit weniger als 50 Arbeitsstunden aus. Hierbei zeigen sich zum Teil deutliche länderspezifische Unterschiede: Besonders hohe Wochenarbeitsstunden haben Manager in der Schweiz, Indien und Bulgarien (Abb. 1).

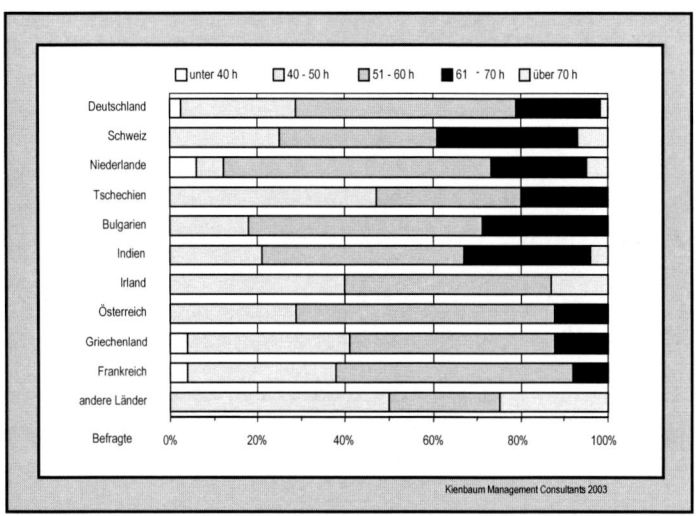

Abb. 1: Wochenarbeitsstunden von Managern in verschiedenen Ländern

Mit einer Wochenarbeitszeit von durchschnittlich 57 Stunden liegen Führungskräfte in der Schweiz dabei auf Rang eins. Sechs Stunden weniger und damit am kürzesten arbeiten ihre französischen Kollegen; die Deutschen liegen mit durchschnittlich 54 Stunden im Mittelfeld. Für die Hälfte der Führungskräfte hat sich die Arbeitsbelastung in den letzten Jahren nach eigenen Aussagen kontinuierlich gesteigert. Besonders betroffen sind davon Manager unter 35 Jahren.

Ein Viertel der Manager hält eine Reduzierung ihrer Arbeitszeit bereits heute für möglich, macht davon jedoch keinen Gebrauch. Die übrigen Führungskräfte halten eine Arbeitszeitverkürzung nicht für möglich. Auch andere Vergleichsstudien zeigen, dass Teilzeitmodelle für Führungskräfte weitgehend noch keine Akzeptanz finden. Die Arbeit im Home Office hat sich für Führungskräfte auch im Zeitalter von E-Mail und Internet nicht wirklich durchgesetzt. Zwar nehmen mehr als 60 Prozent der Manager Arbeit mit nach Hause, doch die meisten verbringen unter fünf Stunden pro Woche am heimischen Schreibtisch.

Wochenendarbeit ist für viele Manager üblich, doch bewegt sie sich in den meisten Fälle unterhalb von 10 Stunden pro Monat. Dabei zeigen sich jedoch erhebliche länderspezifische Unterschiede (Abb. 2).

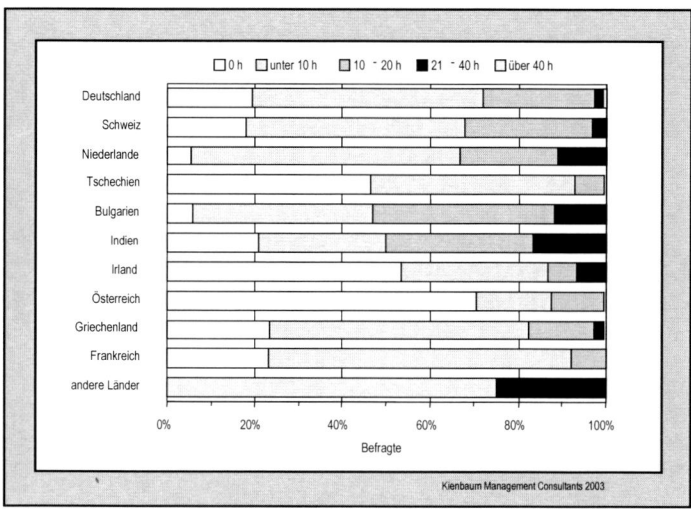

Abb. 2: Wochenendarbeitsstunden von Managern verschiedener Länder

Während Arbeit an Samstagen und Sonntagen für 90 Prozent der Niederländer und Bulgaren üblich ist, nimmt in Österreich nur ein Viertel der Manager Arbeit mit ins Wochenende. Da die Arbeitszeit im Home Office insgesamt deutlich niedriger ist als die Wochenendarbeitszeit, ist davon auszugehen, dass viele Führungskräfte auch am Wochenende zum Arbeiten ins Büro fahren.

1.2 Zeitmanagement - Prioritäten und Zeitfresser

Der durchschnittliche Arbeitstag einer Führungskraft hat 10 Stunden. Besondere Zeitfresser sind dabei interne Meetings (1 ¾ h) und Führungsaufgaben (1 ¼), gefolgt von Telefonaten und E-Mails (je 1 h).

Während für zwei Drittel der Führungskräfte im Ausland Kundenkontakt und Kundenbindung zentrale Managementaufgaben sind, wird dieses nur von der Hälfte der deutschen Manager als Kernaufgabe angesehen. Spitzenreiter sind die Deutschen dagegen bei konzeptionellen Arbeiten. Rund 63 Prozent geben diesem Thema eine hohe Priorität – bei den Managern im Ausland sind dies nur 39 Prozent (Abb. 3).

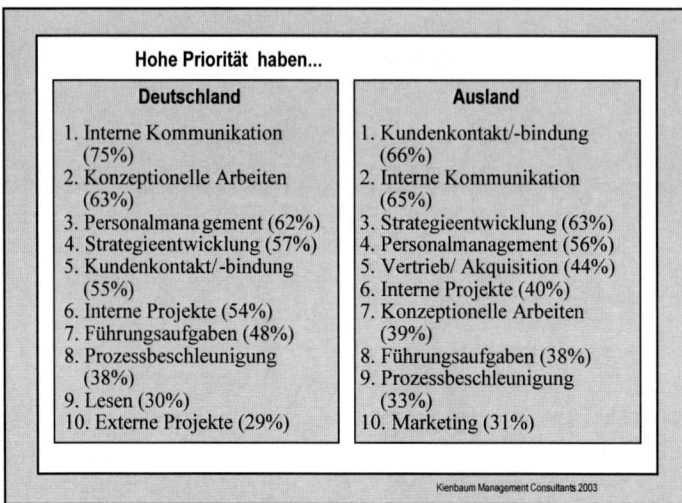

Abb. 3: Prioritätensetzung Deutschland und Ausland im Vergleich

Hier scheint zumindest einiger Spielraum für die Neuausrichtung von Prioritäten und die Delegation von Aufgaben, verbunden mit der Schaffung zusätzlicher Zeitressourcen für andere wichtige Themen, gegeben zu sein.

Weniger als ein Drittel der Führungskräfte ist mit ihrem Zeitmanagement zufrieden. Die häufigste Ursache dafür, dass der eigene Zeitplan durcheinander gerät, sind kurzfristige interne Aufträge (Abb. 4).

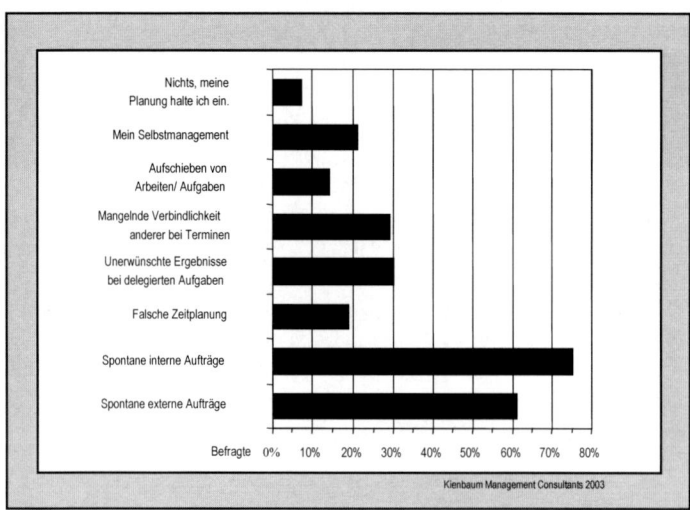

Abb. 4: Was den Zeitplan von Managern durcheinander bringt

Eine klare Priorisierung sämtlicher Aufgaben kann die Einhaltung der eigenen Zeitpläne positiv unterstützen und bietet Argumentationshilfe gegenüber Vorgesetzten, wenn mehrere Aufgaben mit hoher Priorität um ein begrenztes Zeitbudget konkurrieren. Umgekehrt führt eine Veränderung des Delegationsverhaltens zu Zeitersparnissen und damit zu einer geringeren Belastung. Wenn nicht über den Tag verteilt Ad-hoc-Aufträge vergeben, sondern Aufgaben gebündelt ein- bis zweimal am Tag delegiert werden, können sich die Mitarbeiter die Zeit selbst einteilen, werden nicht ständig durch neue Aufträge aus der Konzentration gerissen und sind insgesamt engagierter, da die selbstbestimmte Aufteilung der Arbeitszeit ein wesentlicher Motivationsfaktor ist.

1.3 Urlaub und Rentenalter – Deutschland im Mittelfeld

Im Durchschnitt hatten Führungskräfte im vergangenen Jahr 22 Tage Urlaub. Spitzenreiter sind die Franzosen mit 28 Tagen, gefolgt von Niederländern (25 Tage) sowie Deutschen und Schweizern (je 24 Tage). Das Schlusslicht bilden Inder, Österreicher, Griechen mit je 19 Tagen und Bulgaren mit lediglich 15 Tagen.

Mit steigender wöchentlicher Arbeitszeit nimmt dabei die Anzahl der in Anspruch genommenen Urlaubstage ab, d.h. je höher die zeitliche Belastung, desto weniger gehen die Manager in den Urlaub. Dies kann damit zusammen hängen, dass Führungskräfte, die überdurchschnittlich viel Zeit in das Unternehmen investieren, besonders häufig dem Mythos der Unersetzbarkeit anhängen. Ebenso ist es aber auch denkbar, dass diese Manager ihr Zeitmanagement so wenig im Griff haben, dass es ihnen auch nicht gelingt, konsequent Urlaubszeiten einzuplanen und einzuhalten.

In den Ruhestand gehen wollen männliche Führungskräfte im In- und Ausland durchschnittlich mit 61 Jahren, Frauen gut anderthalb Jahre früher. Interessant ist, dass ein Viertel der Frauen bereits vor dem 55 Lebensjahr aus dem Berufsleben ausscheiden möchte – bei den Männern sind es nur acht Prozent.

1.4 Familie – Konkurrenz oder Unterstützung angesichts knapper Zeitbudgets?

Über 90 Prozent der befragten Führungskräfte sind verheiratet oder leben in fester Partnerschaft und fast alle von ihnen können bei der Arbeit auf den Rückhalt ihres Partners bzw. ihrer Partnerin bauen. Angesichts der Tatsache, dass die starke Belastung der Manager häufig auch einen hohen Tribut von dem jeweiligen Partner – bzw. überwiegend der Partnerin – fordert, erscheint das Ergebnis eher überraschend (Abb. 5).

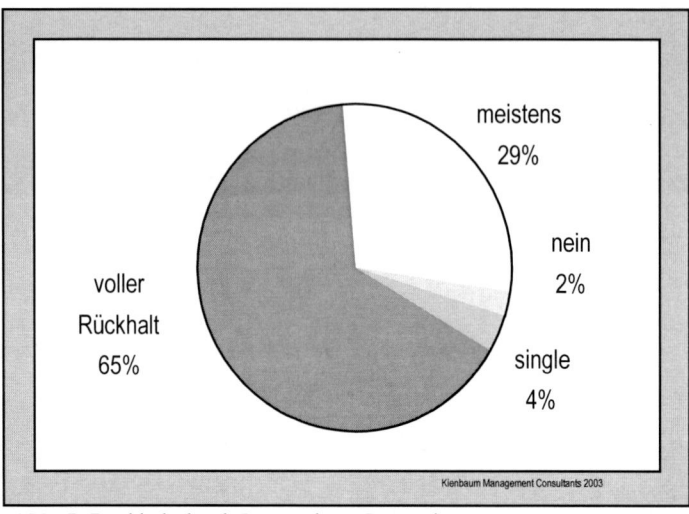

Abb. 5: Rückhalt durch Partner bzw. Partnerin

Über 80 Prozent der weiblichen Führungskräfte in Deutschland haben keine Kinder, während nur ein Drittel ihrer Kolleginnen in anderen Ländern kinderlos ist. Die Entweder-oder-Entscheidung zwischen Kind und Karriere stellt sich – wie auch andere Untersuchungen zeigen – deutschen Frauen nach wie vor in besonderem Maße.

1.5 Freizeit – Zeit für Familie und Partner steht an erster Stelle

Die meisten Führungskräfte verbringen ihre Freizeit bereits überwiegend mit Partner und Familie, jedoch wünschen sich 65 Prozent der Manager noch mehr Zeit für gemeinsame Aktivitäten. Auf Rang zwei der „Wunschliste" für mehr Zeit stehen sportliche Aktivitäten, für die rund die Hälfte der Führungskräfte bisher weniger als zwei Stunden pro Woche zur Verfügung hat.

80 Prozent der Manager verbringen pro Woche weniger als vier Stunden ihrer Freizeit für sich allein – jeder Vierte wünscht sich auch hierfür ein größeres Zeitkontingent (Abb. 6).

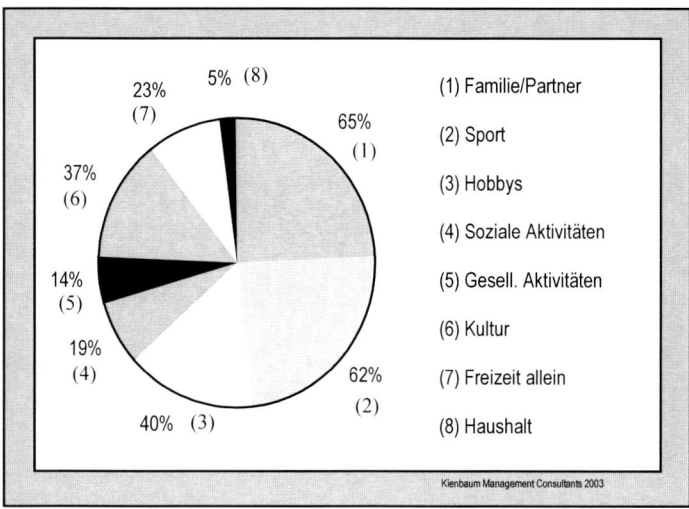

Abb. 6: Unterschiedl. Wünsche d. Manager bei größerem Zeitkontingent

1.6 Achten Manager auf Ihre Gesundheit?

Gesundheit ist das höchste Gut – dennoch achten nur 50 Prozent der Führungskräfte regelmäßig auf ihre Gesundheit; bei knapp 30 Prozent ist dies zumindest zeitweise der Fall (Abb. 7).

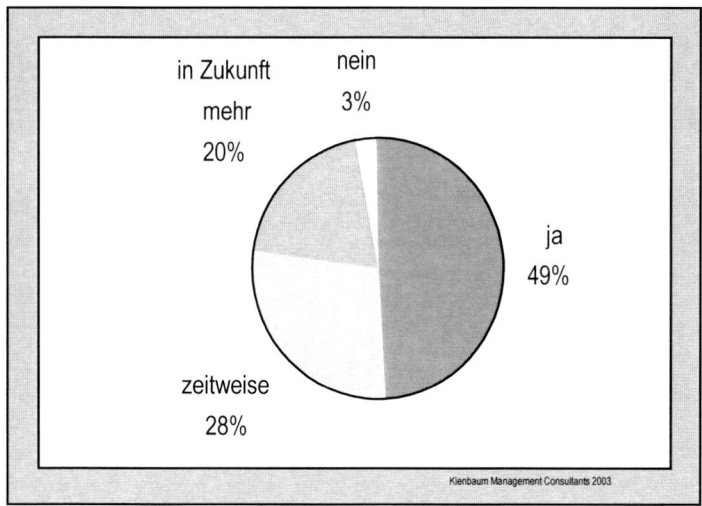

Abb. 7: Gesundheitsbewusstsein der Manager

Betrachtet man jedoch typische Verhaltensweisen, lässt sich feststellen, dass der tägliche Arbeitsalltag der meisten Führungskräfte durch Bewegungsmangel, unzureichende Sauerstoffzufuhr sowie zu wenig Zeit für Pausen und Nahrungsaufnahme gekennzeichnet ist. Diese Faktoren haben jedoch einen erheblichen Einfluss auf die Gesundheit und Leistungsfähigkeit. Die Frage bleibt deshalb unbeantwortet, was die Führungskräfte konkret meinen, wenn sie angeben, immer oder zumindest zeitweise auf ihre Gesundheit zu achten.

Über die Hälfte der Führungskräfte legt am Tag außerhalb des Büros nur eine aktive Bewegungsstrecke (zu Fuß, mit dem Fahrrad etc.) unter 1.000 Metern zurück und verbringt weniger als 30 Minuten im Freien. Sieht man parallel dazu, dass die meisten Managern pro Woche weniger als zwei Stunden in sportliche Aktivitäten investieren, wird die Bedeutung des Faktors Bewegungsmangel deutlich (Abb. 8).

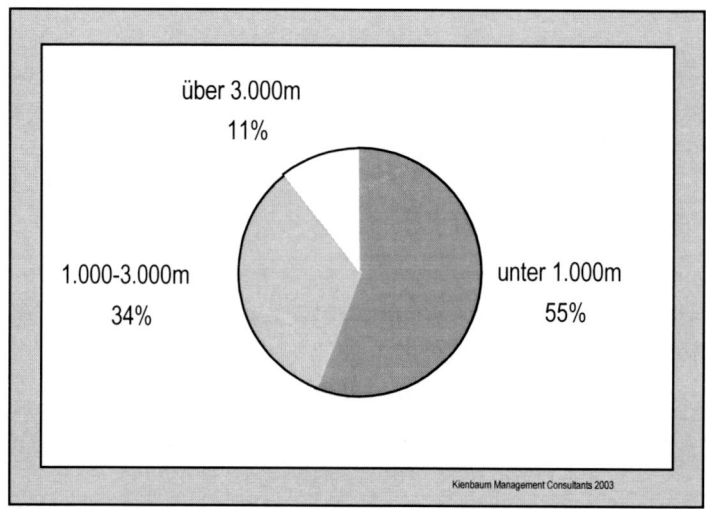

Abb. 8: Bewegungsstrecke der Manager pro Tag

Für die tägliche Nahrungsaufnahme nehmen sich über die Hälfte der Manager zwischen 30 und 60 Minuten Zeit; jeder vierte Manager benötigt für das Essen weniger als eine halbe Stunde pro Tag. Nur ein Drittel der Führungskräfte nimmt sich jeden Tag die Zeit für eine Pause während der Arbeitszeit – ein weiteres Drittel macht nie eine Pause. Psychologische Untersuchungen belegen jedoch eindeutig, dass die kognitive Leistungsfähigkeit nach 45 Minuten erheblicher Konzentration erheblich absinkt und durch eine kurze Pause regeneriert werden sollte (vgl. Matlin, M. 2001). Jede Stunde eine zehnminütige Pause ist deshalb zielführender als einmal täglich eine längere Arbeitsunterbrechung.

Laut dem Institut für Arbeits- und Sozialhygiene (IAS) haben die Personalchefs vieler deutscher Unternehmen erkannt, dass wachsender Druck sowie zunehmender Stress die körperliche und psychische Belastung speziell von Führungskräften erhöhen und bieten dieser Zielgruppe vermehrt die Teilnahme an Gesundheits-Check-ups an. Für 2002 wurde ein Zuwachs um 10 Prozent im Vergleich zum Vorjahr konstatiert (vgl. IAS, Pressemitteilung 2003). Dennoch werden regelmäßige Gesundheitsvorsorge-Untersuchungen in Deutschland deutlich weniger in Anspruch genommen als im Ausland. Fast die Hälfte der deutschen Manager unterzieht sich seltener als alle zwei Jahre oder sogar nie einem solchen Health Check. Im Ausland lassen dagegen 70 Prozent der Führungskräfte jährlich oder mindestens alle zwei Jahre eine Vorsorgeuntersuchung durchführen. Dies dürfte auch damit zusammen hängen, dass Gesundheitsuntersuchungen in vielen Ländern häufiger von Unternehmensseite gefordert und unterstützt werden als hierzulande.

1.7 Befindungsstörungen – über 50 Prozent der Manager betroffen

Insgesamt kann man Führungskräften im Vergleich zur deutschen Gesamtbevölkerung ein günstigeres gesundheitliches Risikoprofil bescheinigen. Hervorzuheben sind dabei eine deutlich geringere Anzahl an Rauchern, günstigere Cholesterinwerte und ein vernünftigeres Trinkverhalten. Zu hoch ist allerdings, wie bereits oben erwähnt, der Anteil von Führungskräften, die auf körperliche Aktivität und Sport verzichten (W. Pfeiffer et. al., IAS 1999). Dennoch klagt mehr als die Hälfte der Führungskräfte regelmäßig über Befindungsstörungen wie beispielsweise Rücken- oder Gelenkschmerzen, Schlafstörungen, Herzstolpern o.ä. Als eine der Hauptursachen hierfür weisen Vergleichsstudien eine hohe Arbeitsintensität nach. (vgl. Europäische Stiftung zur Verbesserung der Lebens- und Arbeitsbedingungen, 2000)

Vor allem Manager unter 35 Jahren sind von dieser Art von Gesundheitsproblemen betroffen. Das kann zum einen damit zusammen hängen, dass diese Personengruppe in besonders hohem Maße mit einer kontinuierlich wachsenden Arbeitsbelastung konfrontiert ist, mit der sie erst lernen muss umzugehen. Zum anderen kann die Position im Mittelmanagement an sich dafür mitverantwortlich sein, da sich die Führungskräfte hier in einer Sandwichposition zwischen Mitarbeitern und Führungskräften befinden, in denen ihr Handlungsspielraum und die Selbstbestimmtheit der Arbeit deutlich eingeschränkt sind.

1.8 Arbeitszufriedenheit und Unternehmenskultur wirken sich auf die Gesundheit aus

Noch größeren Einfluss auf das Auftreten von Befindlichkeitsstörungen als das Alter der Führungskräfte haben vor allem die Arbeitszufriedenheit und das Arbeitsumfeld.

Während 60 Prozent der Führungskräfte, die mit ihrer aktuellen Arbeitssituation zufrieden sind, nicht unter gesundheitlichen Störungen leiden, trifft dies nur auf weniger als 30 Prozent ihrer unzufriedenen Kollegen zu. 70 Prozent dieser Personengruppe sind ein- oder mehrmals pro Woche mit Befindungsstörungen konfrontiert.

Manager aus Unternehmen, in denen „die beruflichen Ziele eindeutigen Vorrang vor privaten Bedürfnissen haben, selbst wenn körperliche oder private Einbußen daraus resultieren", klagen wesentlich öfter über gesundheitliche Beschwerden als ihre Kollegen aus anderen Unternehmen. Auffällig ist, dass der Anteil der so skizzierten Unternehmen mit 22 Prozent in Deutschland und sogar 33 Prozent in den Niederlanden überdurchschnittlich hoch ist.

Rund ein Drittel der Stichprobe bilden Unternehmen, die durch eine eindeutig ergebnisorientierte Ausrichtung („In meinem Unternehmen zählt nur das Ergebnis. Wenn es gut ist, kann man auch früh nach Hause gehen ohne schief angesehen zu werden") gekennzeichnet sind. Insgesamt überwiegen jedoch Unternehmen, deren Kultur durch eine erkennbare Wertschätzung der körperlichen Belange und familiären Pflichten geprägt ist (Abb. 9).

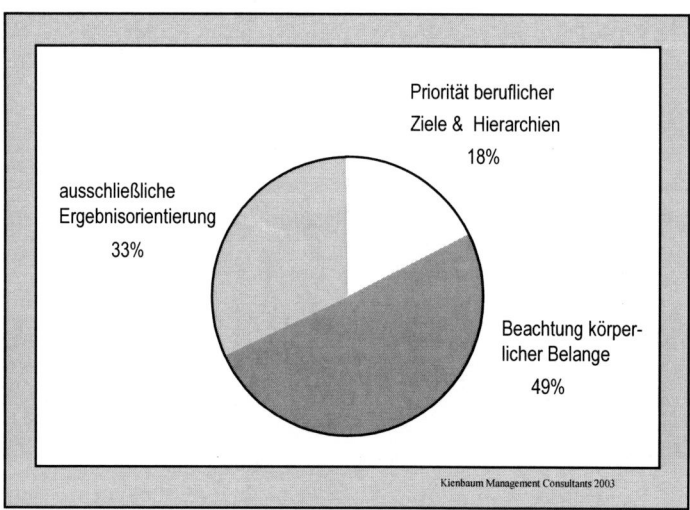

Abb. 9: Stellenwert der Worklife Balance in der Unternehmenskultur

Folglich stimmen auch drei Viertel der Führungskräfte der folgenden Aussage zu: „Eine Führungskraft sollte, um dauerhaft leistungsfähig zu sein, auch die Möglichkeit haben, ein intaktes Privatleben zu führen und genügend Zeit für körperliche Regeneration in den beruflichen Alltag zu integrieren – auch wenn ab und zu kurzfristig eine berufliche Vorgabe darunter leidet."

Doch immerhin jeder fünfte Manager vertritt eher die Auffassung:
„Wer eine herausragende Position mit hoher Verantwortung anstrebt, kann Spitzenleistungen nur erbringen, wenn er/sie klare Prioritäten für den Beruf setzt. Ein-

bußen im körperlichen und privaten Bereich muss eine Führungskraft hinnehmen – das gehört dazu."

2. Fazit – Bedeutung für das Personalmanagement der Zukunft

Gezielter Ressourceneinsatz bei der Unterstützung der Worklife Balance und präventive Maßnahmen im Gesundheitsmanagement haben wesentlichen Einfluss auf die Wirtschaftlichkeit und Wettbewerbsfähigkeit der Unternehmungen. Präventionsziel im Unternehmen ist somit nicht nur der Belastungsabbau, sondern, mehr noch, der Ressourcenaufbau (IAS Impulse 2002). Die Aktivitäten des Personalmanagements können hierbei einen wichtigen Beitrag leisten. Ansätze bilden beispielsweise:

» Unterstützung einer partnerschaftlichen Führungs- und offenen Kommunikationskultur, z.B. durch die Entwicklung und konsequente Umsetzung von Führungsleitbildern.
» Regelmäßige Commitment-Befragungen der Mitarbeiter.
» Gesundheitsfördernde Seminare und Entwicklungsmaßnahmen für Mitarbeiter und Führungskräfte (z.B. zu den Themen Stress- und Emotionsmanagement, Zeit- und Selbstmanagement, Ernährungs- und Bewegungsmanagement).
» Die Aufdeckung von Gesundheitsstörungen (z. B. aufgrund verstellter Karrieremöglichkeiten, Zielkonflikte, Führungsfehler etc.) mit Hilfe von Mitarbeiter-/Rückkehrgesprächen, Fehlzeitenanalysen etc.
» Die Einführung von Arbeitszeit- und Vergütungsmodellen sowie Leistungsanreiz-Systemen, welche die Gesundheit und Worklife Balance der Mitarbeiter unterstützen.

Maßgeblich ist dabei die enge Zusammenarbeit aller Akteure des betrieblichen Gesundheitsmanagements, insbesondere von Personalmanagement, betriebsärztlichem Dienst und Unternehmensführung. Basis für die erfolgreiche Umsetzung ist weiterhin eine klare Definition der Ziele im Gesundheitsmanagement sowie deren Verankerung in der Personalstrategie. Die Ziele müssen mit eindeutigen Messgrößen – wie beispielsweise Fehlzeitenquoten, Fluktuationsrate, Anteil Teilzeitarbeit in Führungspositionen etc. – sowie zielgruppenspezifischen Maßnahmen hinterlegt und deren Erfolg regelmäßig überprüft werden.

Die stressbedingten Erkrankungen im mittleren Management (Burnout, Muskel- und Skeletterkrankungen etc.) häufen sich und sollen mindestens auf Vorjahresniveau reduziert werden. Nach der Ursachenanalyse (Einzelgespräche, Gesundheitsuntersuchungen etc.) können auf der individuellen Ebene z.B. Coachings zur Entwicklung einer persönlichen Balanced-Scorecard, Trainings zum Zeit- und Selbstmanagement, Ernährungs- und Stressmanagement-Seminare oder das Angebot von Sportmöglichkeiten bzw. die Einrichtungen von Sportgruppen sowie regelmäßige Vorsorgeuntersuchungen sinnvoll sein. Parallel dazu können Vorgesetzte in speziellen Schulungen Präventions- und Interventionsstrategien bei psychischer/physischer Überbelastung ihrer Mitarbeiter erlernen. Gleichzeitig müssen die auslösenden organisationalen Rahmenbedingungen angepasst werden, je nach Problemursache z.B. mit Hilfe alternativer Arbeitszeitmodelle, veränderter Zielvorgaben, stärkerer Einbeziehung des Middle Managements in Entscheidungsprozesse etc. Die Umsetzung muss kontinuierlich begleitet und die Ergebnisse in regelmäßigen Abständen evaluiert werden, z.B. durch Folgegespräche mit den betroffenen Personen nach sechs Monaten, Vergleich der statistischen Daten wie z.B. Fehlzeitenquote etc., um ggf. sofort korrigierend eingreifen zu können.

Literatur

Badura, B.,Litsch, M.,Vetter, C. (Hrsg.): Fehlzeiten-Report 2000
Europäische Stiftung zur Verbesserung der Lebens- und Arbeitsbedingungen: Dritte Studie über die Arbeitsbedingungen in Europa, 2000
Matlin, M.: Cognition, 5th Edition, Washington, 2001
IAS Institut für Arbeits- und Sozialhygiene Stiftung, Pressemitteilung 04.02.2003
IAS Institut für Arbeits- und Sozialhygiene Stiftung, IAS Impulse Nr. 1/2002
Pfeiffer, W., Scholl, J., Renz, E., Ciré, L.,Kentner, M.: IAS Institut für Arbeits- und Sozialhygiene Stiftung, Querschnittsstudie zum kardiovaskulären Risikofaktorenprofil von Managern, 1999

Kapitel 2

Konzepte des Gesundheitsmanagements im Unternehmen

Strategien zur Implementierung des Gesundheitsmanagements im Unternehmen

Mathias Kesting & Matthias T. Meifert

Ein Gesundheitsmanagement im Unternehmen kann nicht ausschließlich von einem zentralen Verantwortungsbereich bzw. einer Abteilung im Unternehmen betrieben werden, will es dem Anspruch eines modernen Arbeits- und Gesundheitsschutzes gerecht werden und darüber hinaus auf eine systematische Gesundheitsförderung im Unternehmen abzielen. Um den Anspruch einer „gesunden Organisation" näher zu kommen ist es erforderlich, Gesundheitsmanagement als Gemeinschaftsaufgabe im Unternehmen zu begreifen. Dies bedeutet wiederum, dass 'Gesundheit' im Unternehmen auf oberster Ebene verankert und auf allen Ebenen gelebt werden muss.

Häufig hat das Gesundheitsmanagement in den Unternehmen allerdings mit erheblichen Umsetzungsproblemen zu kämpfen. Das konzeptionslose Vorgehen, welches in einer wenig bedarfsorientierten eher intuitiven Streuung von Interventionsmaßnahmen besteht, kann wohl eher als Regel denn als Ausnahme bezeichnet werden. So wird beispielsweise aus einem aktuellen Handlungsbedarf heraus ein Gesundheitszirkel ins Leben gerufen, der dann aber häufig mit Prioritätsverschiebungen und damit einhergehenden Kapazitätsproblemen zu kämpfen hat. Sollte es im Rahmen dieses Spontanauftritts tatsächlich gelungen sein, Handlungsfelder zu identifizieren und entsprechende Maßnahmen zu generieren findet sich niemand, der im Sinne einer Umsetzungsbetreuung die als notwendig erachteten Maßnahmen realisiert. Daraus folgt die Notwendigkeit, dass ein Gesundheitsmanagement im Unternehmen von der Geschäftsführung gewollt, gefördert und mit eigener Überzeugung getrieben sein muss. Will man nicht der häufig in der Praxis anzutreffenden Gefahr anheim fallen, dass einzelne Maßnahmen vollkommen wirkungslos bzw. wirkungsarm verpuffen und den schalen Nachgeschmack der Erfolglosigkeit hinterlassen.

Im folgenden Artikel werden verschiedene Perspektiven aufgezeigt, die bei der Implementierung eines ganzheitlichen Gesundheitsmanagements im Unternehmen Beachtung finden müssen. Diesen werden die entsprechenden Handlungsfelder des Gesundheitsmanagement zugeordnet. Den Abschluss bildet die Blaupause eines Projektplanes zur Umsetzung eines betrieblichen Gesundheitsmanagements.

1. Gesundheitsmanagement im Unternehmen muss verschiedene Perspektiven einnehmen

Viele Unternehmensverantwortliche verfügen in Bezug auf das Thema Gesundheit heute noch über ein einseitig verhaltensorientiertes Verständnis (vgl. Badura et al., 1999). So betrachtet man Ernährungsseminare und Rückenschulen als wichtige und häufig ausschließliche Maßnahmen zur Förderung der Gesundheit des Einzelnen. In dieser Sichtweise kommt die verhältnisbezogene Perspektive häufig zu kurz. Die sich daraus ergebenden Konsequenzen sollen am Beispiel der Ernährungsberatung dargestellt werden. Werden im Unternehmen mehrere Kurse zur gesunden Ernährung durchgeführt, dann besitzen die Mitarbeiter umfangreiches theoretisches Wissen über die Grundlagen eines physiologisch sinnvollen und leistungsförderlichen Ernährungsverhaltens. Wenn nun gleichzeitig von organisationaler Seite nicht die förderlichen Rahmenbedingungen geschaffen werden, in dem man den Mitarbeitern den Erwerb ernährungsphysiologisch hochwertiger Nahrung ermöglicht wird, dann kann nicht von einer dauerhaft erfolgreichen Verhaltensänderung ausgegangen werden.

Dieses Beispiel zeigt die Notwendigkeit, dass Maßnahmen zur Förderung der Gesundheit des einzelnen an dessen Verhalten, an den Umgebungsbedingungen im Arbeitsumfeld und im Sinne der Worklife Balance darüber hinaus ansetzen müssen.

Dabei lassen sich vier Perspektiven unterscheiden, die bei der Einführung eines Gesundheitsmanagement im Unternehmen Berücksichtigung finden müssen.

» Die Perspektive des Individuums
» Die Perspektive der Arbeitsbedingungen
» Die Perspektive der Organisation
» Die Perspektive der Umwelt

1.1 Die Perspektive des Individuums

Diese häufig einseitig bevorzugte Perspektive betrachtet das Organisationsmitglied als Ansatzpunkt für neues, stärker gesundheitsbezogenes Verhalten. Ihr liegt der Grundsatz der Verhaltensprävention zugrunde. Ziel jeglicher Intervention zur Verhaltensprävention besteht in der Sensibilisierung des einzelnen Organisationmitglieds für ein gesundheitsförderliches Verhalten. Neben der Sensibilisierung in Form von Trainingsmaßnahmen sollte der Aufbau von handlungsrelevantem Wissen erfolgen. Konkrete Ziele dieses individuumszentrierten Vorgehens sind der Aufbau eines gesundheitsorientierten Verhaltens sowohl an der Arbeit als auch im Privatleben.

1.2 Die Perspektive der Arbeitsbedingungen

Arbeitsbedingungen können die Gesundheit eines Menschen mehr oder minder belasten. Ziel jeglicher Interventionen in diesem Bereich ist eine gesundheitsförderliche Gestaltung der unmittelbaren Arbeitsumgebung. Dazu zählen zum einen „Hard Factors", wie z.b. Arbeitsmittel und -werkzeuge, Büroeinrichtungen, Maschinen, abteilungsinterne Prozesse usw., die vor allem im traditionellen Arbeits- und Gesundheitsschutz ausgiebig Beachtung finden. Zum anderen zeigen sich hier aber auch die vom diesem weniger beachteten „Soft Factors" wie z.b. die abteilungsinterne Kommunikationsstruktur, die Abteilungs- bzw. Teamkultur, sowie das arbeitsprozessbezogene Problemlöse- und Konfliktverhalten des Teams, welche mit dem Ziel der Gesundheitsförderung Handlungsrelevanz besitzen. Darüber hinaus findet sich hier auch die Frage der Passung Person – Position, welche von gesundheitlicher Relevanz ist.

1.3 Die Perspektive der Organisation

Diese Perspektive betrachtet den organisationalen Rahmen, welcher in einem Unternehmen existiert. Damit sind die durch die Organisation geschaffenen Bedingungen gemeint, die sowohl das abteilungsbezogene aber auch das darüber hinaus gehende abteilungsübergeifende Verhalten und Erleben beeinflussen. Hier verortete Maßnahmen fallen ebenfalls unter die Begrifflichkeit der Verhältnisprävention. Ziele auf organisationaler Ebene liegen in einer grundlegend gesundheitsförderlichen Gestaltung der Aufbau- und Ablauforganisation, des Führungsstils und der Unternehmenskultur als Ganzes, der Vergütungs- und Anreizsysteme sowie der organisatorischen Regelung der Arbeitszeit.

1.4 Die Perspektive der Umwelt

Die Arbeit endet nicht am Werktor. Aus diesem Grund ist für die Implementierung eines umfassenden Gesundheitsmanagements der Blick über die Unternehmensgrenzen hinaus erforderlich. Ziele dieser Perspektive bestehen in der Förderung der Balance von Arbeit und Privatleben des einzelnen Organisationsmitgliedes, welche als Grundvoraussetzung für dessen Gesundheit betrachtet werden kann. Wichtige zu berücksichtigende Inhalte sollten auch hier die allgemeinen Lebensverhältnisse, sowie das Urlaubs- und Freizeitverhalten sein.

Ein Gesundheitsmanagement im Unternehmen kann nur dann dauerhaft erfolgreich realisiert werden, wenn keine der genannten Perspektiven außen vor bleibt. Folgende Abbildung fasst diese vier Ebenen zusammen:

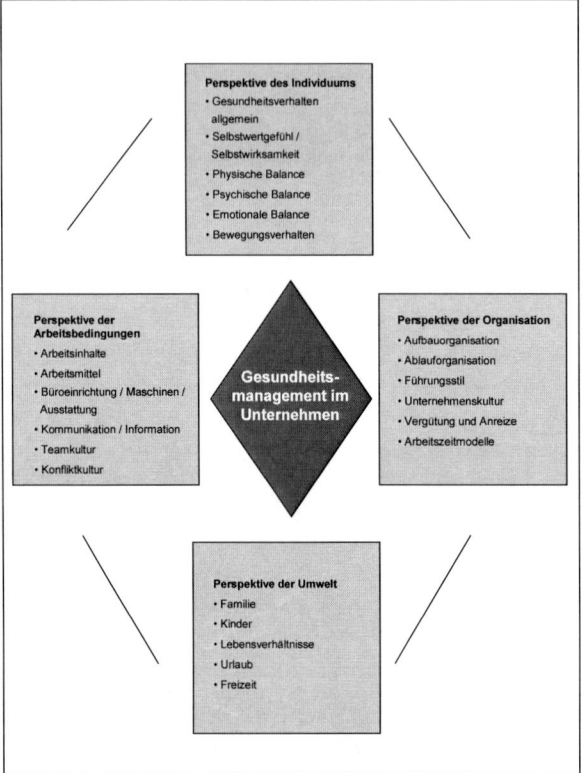

Abb. 1: Perspektiven des Gesundheitsmanagements im Unternehmen

2. Bausteine des Gesundheitsmanagement im Unternehmen

Aus den verschiedenen Betrachtungsperspektiven und den darin beispielhaft dargestellten Handlungsfeldern lassen sich konkrete Ansatzpunkte für Gestaltungsmöglichkeiten im Rahmen des Gesundheitsmanagements im Unternehmen generieren.

2.1 Handlungsfelder und Interventionsansätze auf individueller Ebene

Maßnahmen auf individueller Ebene setzen gezielt am Verhalten des einzelnen Organisationsmitglieds an. Insofern können sie mit Blick auf zukünftig zu erwartendes Verhalten als verhaltenspräventiv bezeichnet werden. Dabei kann man noch zwischen Einzel- oder Gruppeninterventionen unterscheiden.

Zu den Gruppeninterventionen zählen:

» Verhaltenstrainings, die primär am unmittelbaren Gesundheitsverhalten ansetzen. Dazu zählen Trainings zum Ernährungsmanagement, Rückenschule, Bewegungstrainings, Hebe-Trage-Schulungen, Gymnastik, Raucherentwöhnung,
» Verhaltenstrainings, die auf psycho-sozio-emotionaler Ebene ansetzen. Dazu zählen Trainings zum Stressmanagement, Soziale Kompetenz, Entspannungstechniken, Emotionsmanagement, Mitarbeiterführung, Motivation, Kommunikation, Teambuilding, Konfliktmanagement, Mindmanagement, Worklife Balance,
» Verhaltenstrainings, die an der konkreten Aufgabenerfüllung ansetzen. Dazu zählen Trainings zu Arbeitstechniken, zum kreativen Problemlösen, Zeit- und Zielmanagement und Fehlermanagement.

Zu den Einzelinterventionen zählen:

» Medizinisch-Psychologische Betreuung mit dem Ziel, potenzielle physische und psychische Risikofaktoren durch Check-ups zu identifizieren und eine frühzeitige Prävention einzuleiten. Dazu zählen z.b. Herzinfarktrisikobewertungen, psychosomatische Beratungen und Beratungen in speziellen Krankheitsfeldern wir Migräne oder Spannungskopfschmerz,
» Sprechstunden für Mobbingopfer,
» Potenzialassessment mit dem Ziel, die Passung Person-Position unter gesundheitsrelevanter Fragestellung zu überprüfen und ggf. Möglichkeiten der Veränderung aufzuzeigen,
» Einzelcoaching mit dem Ziel, Führungskräfte zu Promotern des Gesundheitsmanagements zu befähigen,
» Einzelcoaching als Krisenintervention mit dem Ziel, einen der Gesundheit abträglichen Lebens- und Arbeitsstil in Intensivbetreuung zu verändern und die individuelle Worklife Balance herzustellen.

2.2 Handlungsfelder bei den Arbeitsbedingungen

Maßnahmen auf der Ebene der Arbeitsbedingungen zielen auf eine gesundheitsgerechte Gestaltung des Handlungs-, Erfahrungs- und Erlebensraums jedes einzelnen Mitarbeiters in seinem konkreten Arbeitskontext ab. Dabei können folgende Ansätze unterschieden werden:

» Gewährleistung hoher Sicherheitsstandards im Arbeitsumfeld,
» Senkung der gesundheitsbelastenden Einwirkungen physikalischer, chemischer, biologischer und radiologischer Einwirkungen,
» Gesundheitsgerechte Gestaltung der abteilungsinternen Arbeitsstrukturen und –prozesse. Dabei Generierung von Arbeitsinhalten, die dem einzelnen Mitarbeiter eigene Entscheidungs- und Handlungsspielräume bieten,

» Gestaltung der Arbeitsplatzbedingungen unter ergonomischen Gesichtspunkten,
» Schaffung der Möglichkeit für den einzelnen, eine seinen individuellen Voraussetzungen und Wünschen entsprechende Verantwortungsübernahme zu tätigen,
» Workshops zur Entwicklung eines Bereichsleitbilds, in welchem gemeinsam vereinbarte Mindeststandards zu einer gesundheitsförderlichen Kommunikations- und Konfliktkultur vereinbart werden.

2.3 Handlungsfelder auf organisationaler Ebene

Maßnahmen auf organisationaler Ebene schaffen in vielen Fällen die Voraussetzung für gesundheitswirksame Maßnahmen auf Abteilungsebene. Dazu zählen:

» Integration des Gesundheitsmanagements in das Zielsystem der Unternehmung durch direkten Einbezug in die Unternehmensleitlinien,
» Damit einhergehend Implementierung eines gesundheitsförderlichen Führungsstils als Teilaspekt der Unternehmensleitlinien,
» Schaffung einer Unternehmenskultur, die eine gesundheitsförderliche Kommunikation und Partizipation jedes Organisationsmitgliedes ermöglicht,
» Verankerung des Gesundheitsmanagements in der Unternehmensstrategie durch Verlinkung mit der Balanced Scorecard als Steuerungsinstrument,
» Berücksichtigung gesundheitsrelevanter Fragestellungen bei jeglichen gestalterischen Maßnahmen (Change) der Aufbau- und Ablauforganisation mit dem Ziel, gesundheitsförderliche Strukturen und Prozesse zu gewährleisten,
» Bereitstellung der erforderlichen finanziellen und personellen Ressourcen für die Umsetzung des Gesundheitsmanagements im Unternehmen,
» Implementierung eines Vergütungsmanagements, welches Aspekte der Mitarbeitergesundheit bei der Anreizgestaltung berücksichtigt,
» Schaffung gesundheitsförderlicher Arbeitszeitmodelle.

2.4 Handlungsfelder in der Lebensumwelt

Maßnahmen auf der Ebene der Lebensumwelt zielen auf eine Verbesserung der Worklife Balance jedes einzelnen Mitarbeiters. Ansätze zur Intervention und Beratung finden sich dort in den Bereichen:

» Familienfreundliche Gestaltung der Arbeitszeit und des Arbeitsortes,
» Unterstützung alleinerziehender Eltern durch Kinderbetreuung,
» Sozialberatung in ökonomisch schwierigen Lebenslagen,
» Psychosoziale Betreuung,
» Suchtprophylaxe,
» Freizeitmanagement – Schaffung betrieblicher Angebote zur Freizeitgestaltung,
» Förderung der Gesundheit durch Urlaubsmanagement – Beratung des Mitarbeiters bei der individuellen Urlaubsgestaltung vor dem Hintergrund eines maximalen Erholungseffektes.

Strategien zur Implementierung des Gesundheitsmanagements

Abb. 2: Handlungsfelder des Gesundheitsmanagements

3. Konkrete Schritte zur Einführung des Gesundheitsmanagements in das Unternehmen

Um ein Gesundheitsmanagement im Unternehmen zu implementieren ist es erforderlich, ein systematisches Vorgehen zu beschreiben, welches sich der Methodik des Projektmanagement bedient. Ansonsten läuft der Versuch Gefahr, sich in spontanen und wenig strukturierten Einzelmaßnahmen zu verlieren. Dazu bieten sich die nachfolgend aufgeführten Projektschritte an, die von einer Zieldefinition über die verschiedenen Schritte der Vorbereitung und Planung, der Durchführung und der Evaluation bzw. des Controllings zur Abschlussphase führen.

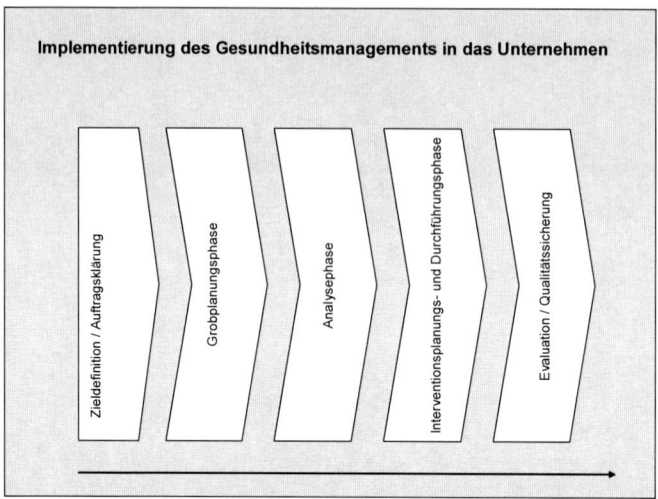

Abb. 3: Schritte bei der Einführung des Gesundheitsmanagements

3.1 Von der Zieldefinition zur Auftrags-, Rollen- und Ressourcenklärung

An erster Stelle steht eine Zieldefinition. Hier stellen sich die Fragen, was konkret mit einem Gesundheitsmanagement im Unternehmen erreicht werden soll, welche Hintergründe und Motive zu dieser Absicht geführt haben, wie die definierten Ziele gemessen werden könnten? Schon von dieser ersten Phase an empfiehlt sich die Einbeziehung einer neutralen Expertensichtweise. Die ersten Schritte sollten in einem Kick-off-Workshop definiert werden.

Die Zieldefinition ist von besonderer Bedeutung, da sich alle weiteren Schritte an den vorab definierten Vorstellungen orientieren. An dieser Stelle wird sozusagen der Handlungsrahmen abgesteckt. Die Ziele ergeben sich dabei nicht ausschließlich aus der organisationalen Problemsituation sondern müssen immer aus einem Abwägungsprozess zwischen den Möglichkeiten und den Handlungsfeldern des Unternehmens resultieren. Zu der Zieldefinition gehört somit auch eine erste Festlegung der Vorgehensbreite- und tiefe, also die Frage eines unternehmensweiten Vorgehens oder in einem priorisierten Bereich. Das genaue Vorgehen lässt sich allerdings erst nach einer Analysephase bestimmen.

Im Rahmen dieser ersten Phase sollte auch eine Auftrags- und Rollenklärung erfolgen und die Zusammensetzung der Projektgruppe definiert werden. Dabei kann die Qualifikation der verantwortlichen Akteure als erfolgskritisch betrachtet werden. Der Projektgruppe sollten ein Vertreter der Unternehmensleitung, Arbeitnehmervertreter, externe Berater, externe Institutionen wie Berufsgenossenschaft und Krankenkasse, sowie Vertreter aus den Bereichen Arbeitssicherheit, Arbeitsschutz, betriebsärztlicher Dienst, Sozialdienst und Personal angehören.

An dieser Stelle ist die aktive Beteiligung der obersten Managementebene ein absolutes Muss. Nur diese kann das letztendliche „go" für erforderliche personelle, zeitliche und finanzielle Ressourcen geben. Hier sollte vor allem eine regelmäßige und klar definierte Kommunikation und Berichtstattung zwischen der Projektgruppe und dem Top-Management installiert werden.

3.2 Grobplanungsphase

In der ersten Planungsphase erfolgen die Vorbereitung für die Realisierung des Gesundheitsmanagements im Unternehmen. Dazu ist es erforderlich, die Binnenstruktur des Projektes zu bestimmen. Hier müssen Fragen der zeitlichen Verfügbarkeit der einzelnen Projektteilnehmer sowie die konkrete Terminierung von Gremien und Arbeitskreisen erfolgen. Dazu bietet sich ein Projektstrukturplan an, der eindeutige Meilensteine definiert, an denen im Vorfeld definierte Ziele hinsichtlich ihrer Erreichungsgrades überprüft werden können. Mit Blick auf die Durchführungsphase sollte in der Planungsphase eine Klärung herbeigeführt werden, welche Instrumente im weiteren Verlauf erforderlich werden. Insbesondere sollte schon in der Planungsphase die systematische Evaluation vorbereitet werden. Diese erfolgt sowohl prozessbegleitend als auch abschließend.

3.3 Analysephase

Bevor man nun heran geht, Daten zu analysieren und Befragungen durchzuführen ist eine umfassende Information aller Organisationsmitglieder erfolgskritisch. Gerade diese Information sowohl zum Auftakt als auch in kontinuierlicher begleitender Form zeigt sich vor dem Hintergrund der notwendigen Partizipation als unbedingt erforderlich. Nachdem nun die Führungskräfte und Mitarbeiter bzgl. des gemeinsamen Vorhabens über verschiedene Medien informiert wurden, kann in einem nächsten Schritt die Analyse beginnen.

Dabei empfiehlt sich schon in der Analysephase die Bildung von professionell moderierten Gesundheitszirkeln, die hinsichtlich ihrer Methodik an die Qualitätszirkel aus dem Total Quality Management angelehnt sind. In den Gesundheitszirkeln, welche über alle Phasen des Gesundheitsmanagements im Unternehmen aktiv bleiben sollten, können schon in der Analysephase wichtige Handlungsfelder für eine spätere Intervention bestimmt werden. Weitere wichtige Instrumente der Analyse sind nachfolgend aufgeführt:

» Gesundheitsbericht: Dieser sollte sich sowohl aus unternehmensinternen anonymisierten Daten (Betriebsärztliche Diagnosen, Unfallstatistiken, Belastungsdaten, Gefährdungsbeurteilungen, frühere Befragungen) als auch aus Daten der Krankenkassen zusammensetzen,

» Mitarbeiterbefragungen: Mit diesen wird entsprechend einem weitgefassten Gesundheitsbegriff die Ist-Situation der Mitarbeiter und Führungskräfte hinsichtlich der in den vorab dargestellten Handlungsfeldern der vier Perspektiven diagnostiziert,
» Unternehmensdiagnose: Mit diesem Tool werden ausgewählte Vertreter des Unternehmens befragt. Ziel ist es, den Grad der gesundheitsförderlichen Voraussetzungen der Organisation zu bestimmen. Ergebnisse dieser Diagnose liefern Aussagen zu der Strategie des Unternehmens, der Führungs- und Unternehmenskultur und den unternehmensweiten Angeboten zur Förderung von Gesundheit und Worklife Balance,
» Kantinendiagnose: Hier erfolgt eine kritische Überprüfung der Unternehmenskantine unter ernährungsphysiologischen Gesichtspunkten,
» Arbeitsplatzanalyse: Die Arbeitsplatzanalyse die der Identifikation gesundheitshemmender Bedingungen im unmittelbaren Arbeitsumfeld,
» Health-Risk-Assessment bzw. Check-up: Mit diesem Instrument erfolgt die Analyse von Erkrankungs- und Gefährdungsrisiken der Mitarbeiter und Führungskräfte.

3.4 Interventionsplanungs- und Durchführungsphase

In der Durchführungsphase erfolgt als erstes eine detaillierte Ziel- und Interventionsplanung auf der Basis der Auswertungen der Analyseergebnisse. Dabei müssen Prioritäten gesetzt werden, die eine Bearbeitung der wichtigsten Handlungsfelder vorne anstellt. Auf der Basis der Interventions- und Maßnahmenplanung müssen eindeutige Verantwortlichkeiten für die Umsetzung definiert werden. Darüber hinaus ist es erforderlich, Messkriterien zu definieren. Sehr zu empfehlen ist die Verbindung analysierter Handlungsfelder und Gestaltungsbereiche mit der Gesamtstrategie des Unternehmens über das Konzept der Balanced Scorecard, die damit auch gleichzeitig ein effizientes Controlling- und Steuerungsinstrument darstellt. Die Arbeit in den Gesundheitszirkeln sollte auch nach der Analysephase im Sinne eines kontinuierlichen Verbesserungsprozesses stattfinden.

3.5 Evaluation und Qualitätssicherung

Eine besondere Bedeutung beim Gesundheitsmanagement im Unternehmen kommt dem Thema Evaluation und Qualitätssicherung zu. Um in Zukunft zu zeigen, dass sich Gesundheitsmanagement langfristig, und häufig auch kurzfristig rentiert ist es erforderlich, eine systematische Evaluation zu betreiben. Durch ein derartiges Vorgehen kann die Schwelle der Entscheidung bei Unternehmensverantwortlichen für ein größeres Projekt deutlich gesenkt werden. Instrumente und Strategien der Evaluation sollten natürlich im Vorfeld definiert sein und entsprechend begleitend eingesetzt werden. Dabei lassen sich verschiedene Strategien verfolgen, die miteinander kombiniert werden sollten, um optimale Resultate zu erzielen. Grundsätzlich kann die Evaluation, die begleitend zur Einführung einer Maßnahme durchgeführt wird von einer solchen unterschieden werden, die die

Gesamtwirksamkeit einer Intervention herausstellt. Im ersten Fall spricht man von formativer, im letzteren von summativer Evaluation. Bezüglich des Vorgehens bei der Evaluation lassen sich unterschiedliche Strategien aufführen, welche allerdings auch hinsichtlich ihres wissenschaftlichen Anspruchs und Aussagekraft differieren:

» Experimentelles Design: Dieses beinhaltet die Bildung einer äquivalenten Versuchs- und Kontrollgruppe bei gleichzeitiger Kontrolle umgebender Variablen. Dieses Design lässt sich idealtypisch im Unternehmensalltag kaum realisieren.

» Pretest-Posttest Design: Bei diesem Vorgehen wird eine vorher-nachher Untersuchung durchgeführt an ein und derselben Stichprobe. Nachteile können bei mangelnder Berücksichtigung einflussreicher Störvariablen entstehen.

Hinsichtlich der Evaluation sollte versucht werden, eine gute Mischung aus beiden diesen beiden Strategien zu realisieren. Generell können viele der zur Analyse verwendeten Instrumente während des Projektverlaufs an definierten Meilensteinen eingesetzt werden, um bei kostenintensiven Interventionen frühzeitig mögliche Zielabweichungen zu korrigieren.

4. Fazit

Die Komplexität des Themas Gesundheit verbietet ein unsystematisches und wenig bedarfsgerechtes Vorgehen im Unternehmen. Dieses führte in der Vergangenheit häufig dazu, dass schon im Vorfeld zum Scheitern verurteilte Einzelinterventionen die Bedeutung und die Priorität des gesamten Ansatzes in Frage stellten. Aus diesem Grund stellt eine systematische, am Projektmanagement angelehnte Methodik die einzig sinnvolle und nachhaltige Möglichkeit dar, die Gesundheit und Leistungsfähigkeit im Unternehmen dauerhaft zu steigern und messbar zu gestalten. Vertiefende Betrachtung der in diesem Artikel angerissenen Themen liefern die folgenden Artikel dieses Kaptitels.

Balanced Scorecard und betriebliches Gesundheitsmanagement - Den Unternehmenserfolg steigern durch die effiziente Steuerung der Humanressourcen

Philip Janssen, Michael Kentner & Carsten Rockholtz

In den vergangenen 30 Jahren haben Gesellschaft und Wirtschaft in den Industrienationen einen Wandel erlebt, dessen Dynamik alle vorherigen sozioökonomischen Entwicklungsprozesse in den Schatten stellt. Neben einer zunehmenden Individualisierung sowohl des Lebensstils als auch der Arbeit ist eine steigende Bedeutung des Humankapitals als Wettbewerbsfaktor zu beobachten. Derjenige Betrieb, der die gesündesten, leistungsfähigsten, kenntnisreichsten, kreativsten und einsatzfreudigsten Mitarbeiter an sich binden kann, vergrößert seine Wettbewerbschancen entscheidend.

Die jetzigen sowie zukünftige gesellschaftliche und wirtschaftliche Herausforderungen machen es dringend erforderlich, nicht nur Teilfunktionen der menschlichen Ressourcen – beispielsweise die körperliche Leistungsfähigkeit oder das Spezialwissen – sondern auch das gesamte psycho-emotionale und soziale Potenzial der Mitarbeiter, den wichtigsten „Rohstoff" der Unternehmen mehr als bisher zu aktivieren und einzusetzen. Den Ansatz hierfür liefert das betriebliche Gesundheitsmanagement (Kentner 2001). Viele Unternehmen haben bereits die steigende Bedeutung des Humankapitals erkannt und in ihren Strategien dokumentiert. Die Formulierung von Strategien und Zielen zur Aktivierung und Ausschöpfung des Humankapitals ist jedoch eine Sache. Eine andere ist es hingegen, sie umzusetzen und aus der Strategie sinnvolle Maßnahmen und Aktionen abzuleiten. Die von Kaplan und Norton entwickelte Balanced Scorecard stellt hierfür ein geeignetes Instrument dar (Kaplan und Norton 1997).

Der nachfolgende Beitrag beschreibt, wie das betriebliche Gesundheitsmanagement mit Hilfe des Instruments der Balanced Scorecard zielorientiert und effizient in Unternehmen umgesetzt werden kann. Hierzu werden zunächst in den Kapiteln 2 und 3 die Ziele des betrieblichen Gesundheitsmanagements bzw. die Ziele des Konzeptes der Balanced Scorecard erläutert. Darauf aufbauend wird in Kapitel 4 beispielhaft eine nach den Grundsätzen des betrieblichen Gesundheitsmanagements ausgestaltete Balanced Scorecard entwickelt.

1. Traditioneller Gesundheits- und Arbeitsschutz versus betriebliches Gesundheitsmanagement

Für zahlreiche physiko-chemische Faktoren liegen wissenschaftlich fundierte Belastungs-Beanspruchungskonzepte vor. Vieles ist mittlerweile auch über die Belastungsseite der psychosozialen Einflüsse bekannt. Lückenhaft und widersprüchlich ist hingegen der derzeitige Erfahrungsschatz im Bereich der individuellen Beanspruchung durch psychosoziale Belastungen. Allerdings dürften keine Zweifel daran bestehen, dass Motivation, Arbeitszufriedenheit und Identifikation mit Unternehmen und Arbeit wichtige Faktoren in der Herstellung von Wohlbefinden und Leistungsfähigkeit von Mitarbeitern sind. Unstrittig ist sicherlich auch, dass damit Gesundheit im weitesten Sinne unterstützt wird. Zwar verbringen wir gerade einmal 10 - 20 Prozent unserer gesamten Lebenszeit am Arbeitsplatz. Dennoch ist die Arbeitswelt für viele Menschen aufgrund der Intensität und Vielfalt der Einflüsse weit über diese Prozentanteile hinaus prägend für die gesamte Biographie und das persönliche, gesundheitliche Befinden (Kentner 2003).

Hier nun setzt das betriebliche Gesundheitsmanagement (BGM) an. Die Individualprävention am Arbeitsplatz wird ergänzt durch eine über die Schnittstelle Mensch und Arbeit hinausgehende Gestaltung des gesamten Lebensraumes Unternehmen. Ziel ist neben gesunden und leistungsfähigen Mitarbeitern das gesunde und produktive Unternehmen.

Das bedeutet nicht nur eine gesundheitsgerechte Gestaltung von Arbeitssituationen und die Minimierung von objektiven Belastungen. Zusätzlich sind individuelle Beanspruchungen durch gesundheitsförderliche Balancen zwischen gesundheitsrelevanten Ressourcen einerseits und Belastungen in der Arbeitssituation andererseits zu reduzieren.

Nach diesem Leitbild ist eine Arbeitssituation gesundheitsförderlich (Kentner 2003), wenn

» sie technisch sicher und ergonomisch beanspruchungsarm ist,
» sie der Qualifikation der betroffenen Person entspricht,
» ihre Zusammenhänge im Betriebsablauf transparent sind,
» die Entscheidungs- und Gestaltungsräume groß genug sind,
» Routine, Kreativität und Motorik angemessen gefordert werden,
» sie möglichst störungsfrei erfüllt werden kann,
» materielle und immaterielle Anreize vorhersehbar sind und als gerecht empfunden werden,
» sie in einem Klima gegenseitiger Unterstützung verrichtet wird und
» eine persönliche Entwicklungsperspektive bietet.

In der nachfolgenden Tabelle wird der traditionelle Gesundheits- und Arbeitsschutz dem betrieblichen Gesundheitsmanagement hinsichtlich Zielen, Nutzen, Aufwand, Akzeptanz und Operationalisierung gegenübergestellt.

	Traditioneller Gesundheits- und Arbeitsschutz	Betriebliches Gesundheitsmanagement
Ziele	» überwiegend Einhaltung von Vorschriften » Vermeidung von Arbeitsunfällen sowie Prävention von Berufskrankheiten und damit Unterstützung von unfallversicherungsrechtlichen Zielen	» Verminderung psychosozialer Belastungen » Verbesserung von Motivation, Arbeitszufriedenheit und Identifikation mit Unternehmen und Arbeit
Nutzen	» Nutzen liegt teilweise weit in der Zukunft	» Nutzen stellt sich rasch ein
Aufwand	» Teilweise erheblich durch permanente Bereitstellung von qualifiziertem Personal	» Evtl. hohe Startaufwendungen für Veränderung der Organisation sowie des Informations- und Führungsverhaltens
Akzeptanz	» In der Breite mäßig, da von außen aufgezwungen	» Gut, da freiwillig und wertschöpfend
Operationalisierung (Methodik)	» Vorschriften und enge Leitlinien	» Auf das Unternehmen angepasste diagnostische und therapeutische Methodik » Indikatorenentwicklung

Tab. 1: Vergleich des traditionellen Gesundheits- und Arbeitsschutzes mit dem betrieblichen Gesundheitsmanagement

Betriebliche Strategien, die diesem Leitbild näher kommen wollen, gehen weit über den herkömmlichen Gesundheits- und Arbeitsschutz hinaus. Sie schließen darüber hinaus die betriebliche Gesundheitsförderung der Krankenkassen und das gesamte strategische Management mit ein.

+	Gesundheits- und Arbeitsschutz
+	Betriebliche Gesundheitsförderung
+	Strategisches Management
=	Betriebliches Gesundheitsmanagement

Abb. 1: Betriebliches Gesundheitsmanagement

Einen systematischen und ganzheitlichen Ansatz zur effizienten Gestaltung des betrieblichen Gesundheitsmanagements bietet die Methodik der Balanced Scorecard, die im Folgenden näher erläutert wird.

2. Grundlagen des Balanced Scorecard-Konzeptes

Die Schwierigkeit des strategischen Managements liegt im Übergang von der Strategiefindung zur Strategieumsetzung. Strategien zu formulieren und lautstark zu verkünden ist einfach. Die formulierten Strategien nachfolgend umzusetzen, bereitet vielen Unternehmen jedoch oftmals große Schwierigkeiten. Die Gründe hierfür sind:

1. Die Strategie ist häufig interpretationsfähig und enthält keine konkreten Verpflichtungen.
2. Die formulierten Ziele sind oft sowohl inhaltlich, zeitlich als auch personell unzureichend konkretisiert.
3. Die abgeleiteten Maßnahmen sind nicht zielgerichtet, die Zuständigkeiten nicht klar abgegrenzt.

Die Balanced Scorecard (BSC) schließt diese Lücke zwischen Strategiefindung und operativer Umsetzung. Grundidee der Balanced Scorecard ist die systematische Transformation der Unternehmensstrategie in konkret nachvollziehbare und vor allem meßbare Ziele, Kennzahlen und Maßnahmen unter Berücksichtigung von vier Perspektiven. Während traditionelle Managementsysteme oftmals rein finanzwirtschaftlich ausgerichtet sind, finden beim BSC-Ansatz auch die nichtfinanziellen Perspektiven Kunden, Prozesse und Potenziale gleichgewichtig Berücksichtigung. Die Fragestellungen der vier Perspektiven lauten:

» Welche finanziellen Ziele müssen wir erreichen? (Finanzen)
» Welche kunden- bzw. marktorientierten Ziele verfolgen wir? (Kunden)
» Welche Arbeits- und Produktionsprozesse müssen wir verbessern? (Prozesse)
» Wie können wir die Entwicklungsfähigkeit des Unternehmens erhöhen? (Potenziale)

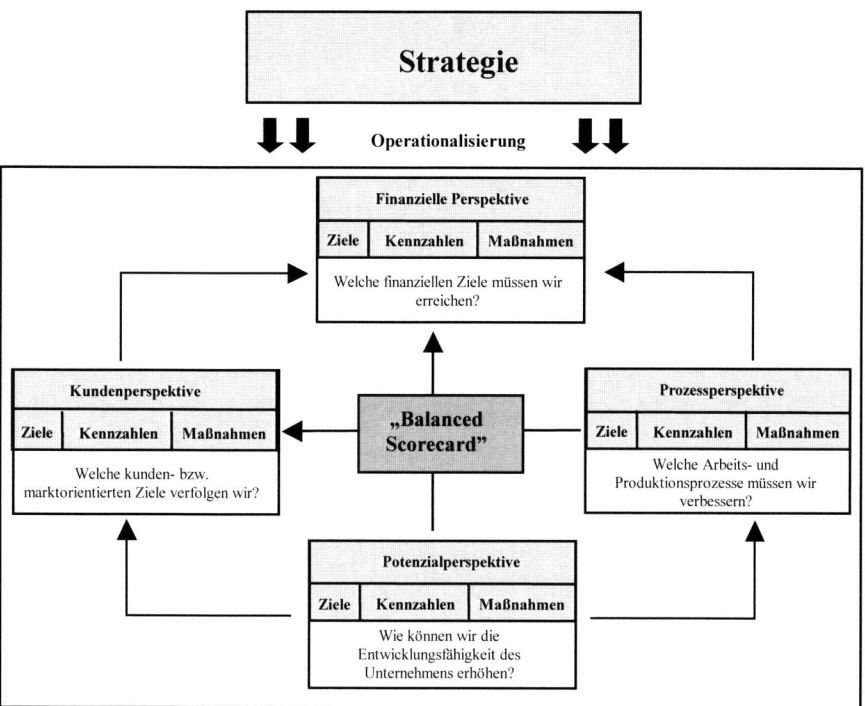

Abb. 2: Balanced Scorecard als Instrument zur Strategieumsetzung

Durch die inhaltlich-logische Verknüpfung der vier Perspektiven untereinander (Ursache-/Wirkungszusammenhänge) wird eine ganzheitliche und umfassende Sichtweise der Strategie im Unternehmen erzeugt sowie ein transparentes Instrument zur Steuerung und Führung des Unternehmens geschaffen. Durch die klaren Ziel- und Maßnahmenvorgaben, heruntergebrochen auf Geschäftsbereichs-, Abteilungs-, Sparten-, Gruppen- und sogar Mitarbeiterebene, macht die Balanced Scorecard die Strategie transparent und kommunizierbar. Jede Organisationseinheit kann ihr und jeder Mitarbeiter kann sein Verhalten konsequent an der Unternehmensstrategie ausrichten.

Entgegen der weit verbreiteten Fehlinterpretation, bei der Balanced Scorecard handele es sich um ein reines Kennzahlensystem, ist diese – richtig verstanden und angewendet – ein umfassendes und ganzheitliches Managementsystem. Durch die systematische Ableitung von Zielen, Kennzahlen und Maßnahmen aus der Unternehmensstrategie stellt die BSC die so wichtige Verbindung zwischen abstrakter Strategie und Aktionsplanung her.

Richtig ist, dass die Balanced Scorecard nichts vollkommen Neues verlangt. Schon immer wurde von Wissenschaft und Praxis die ganzheitliche Sichtweise des Unternehmens und des Unternehmensumfeldes sowie die gesamthafte Berücksichtigung seiner Erfolgsfaktoren proklamiert. Tatsächlich ist die Balanced Scorecard aber das erste und bisher auch einzige Instrument, dass diese Forderung erfüllt. Die wesentlichen Vorteile beim Einsatz der Balanced Scorecard sind:

» Operationalisierung und klare Kommunikation der Unternehmensstrategie,
» Fokussierung auf die strategierelevanten Steuerungsgrößen mit der größten Hebelwirkung,
» Steuerung aller internen und externen Erfolgsfaktoren durch vier Perspektiven,
» Systematische Vernetzung finanzieller und nicht-finanzieller Zielgrößen,
» Möglichkeit der Kopplung mit Vergütungssystem.

Die Verbindung der Balanced Scorecard mit einem variablen Vergütungssystem bewirkt einen Hebeleffekt für die Umsetzung der strategierelevanten Ziele durch die Kopplung mit individuellen Vergütungsanreizen. Die an den Unternehmenszielen ausgerichtete Zielverfolgung und -erreichung jedes einzelnen Mitarbeiters dient der Verbesserung des Unternehmenserfolges insgesamt. Durch regelmäßige Zielvereinbarungs-, Zielverfolgungs- und Zielerreichungsgespräche kommt ein kontinuierlicher, unternehmensweiter Lern- und Entwicklungsprozess in Gang, so dass sich das Unternehmen zu einer lernenden Organisation entwickelt.

3. Realisierung des betrieblichen Gesundheitsmanagements durch den Einsatz der Balanced Scorecard

Basis des Unternehmenserfolges sind die Leistungsfähigkeit der Mitarbeiter sowie die Sicherheit und Effizienz der Arbeitsabläufe im Unternehmen. Hierin kommt der Kerngedanke der Verknüpfung des betrieblichen Gesundheitsmanagements mit dem Balanced Scorecard-Konzept zum Ausdruck. Das betriebliche Gesundheitsmanagement liefert hierfür die notwendigen Inhalte, die Balanced Scorecard das erforderliche Instrumentarium.

Zielsetzung des BSC-BGM-Konzeptes ist die effiziente Nutzung und Steuerung der Human-Ressourcen zur dauerhaften Sicherung und Steigerung des Unternehmenserfolges. Insbesondere die beiden BSC-Perspektiven *Prozesse* und *Potenziale* lassen sich durch das betriebliche Gesundheitsmanagement entscheidend beeinflussen. Stellt man die Balanced Scorecard in einer Pyramidenform dar, wird unmittelbar deutlich, dass diese beiden Perspektiven die Basis des Unternehmenserfolges bilden. Stabilität und Wertschöpfung von *Prozessen* in einem Unternehmen werden wesentlich durch die Gesundheit und Arbeitssicherheit geprägt. Die Innovationskraft und Fähigkeit zum Wandel hängen entscheidend von den Mitarbeitern eines Unternehmens ab. Dies kommt in der *Potenzial*perspektive zum Ausdruck.

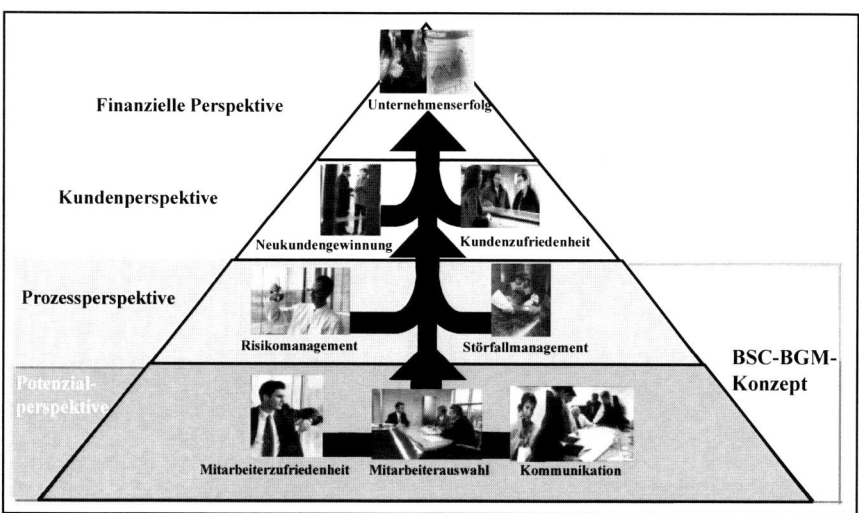

Abb. 3: Balanced Scorecard und betriebliches Gesundheitsmanagement

3.1 Vorteile des BSC-BGM-Konzeptes

Eine nach den Grundsätzen des betrieblichen Gesundheitsmanagements ausgestaltete Balanced Scorecard bedeutet nicht, dass die beiden Perspektiven Finanzen und Kunden in den Hintergrund rücken oder die Perspektiven Prozesse und Potenziale besonders hervorgehoben werden. Auch im BSC-BGM-Ansatz gilt der Grundsatz: Gerade die gleichgewichtige Berücksichtigung aller vier BSC-Perspektiven bildet die Basis des Unternehmenserfolges. Der Vorteil einer BGM-orientierten Balanced Scorecard liegt vielmehr darin, die Maßnahmen des betrieblichen Gesundheitsmanagements und damit den effizienten Einsatz der Humanressourcen systematisch in das strategische Management des Unternehmens zu integrieren. Im Einzelnen bietet der Ansatz folgende Vorteile:

» Integration der im betrieblichen Gesundheitsmanagement aktiven Disziplinen (Medizin, Psychologie/Soziales, Sicherheitstechnik),
» Zusammenführung und Ergänzung interner und externer Ressourcen des betrieblichen Gesundheitsmanagements,
» Identifikation der entscheidenden Stellhebel für das betriebliche Gesundheitsmanagement,
» Gezielte Ableitung und Einleitung von Maßnahmen des betrieblichen Gesundheitsmanagements zur effizienten Nutzung der Humanressourcen,
» Meßbarkeit des Erfolges der durchgeführten Maßnahmen,
» Einfache und klare Kommunikation gegenüber den Mitarbeitern,
» Verbesserung der Unternehmenskultur durch Transparenz („Das Management tut etwas für uns").

Zudem bietet das Konzept der Balanced Scorecard die Möglichkeit, das betriebliche Gesundheitsmanagement langfristig in die Unternehmensplanung und das strategische Management zu integrieren. Viele Unternehmen leiten aus ihrer eher langfristig ausgerichteten Unternehmensstrategie an Geschäftsjahren orientierte Jahres-Scorecards ab. Vor Ablauf eines Geschäftsjahres wird aus den Erfahrungen des vergangenen Jahres eine Scorecard für das nächste Jahr erarbeitet. Der Nutzen hierbei liegt in der Flexibilität des eingesetzten Instruments. So werden erneut Ziele und Maßnahmen formuliert und umgesetzt, die auf den Erfolgen des Vorjahres aufbauen oder aufgrund neuer Erkenntnisse in der Vorjahres-Scorecard noch nicht enthalten waren.

3.2 Ausgestaltung einer BGM-orientierten Balanced Scorecard

Die Balanced Scorecard entsteht durch das systematische Abarbeiten eines standardisierten Vier-Stufen-Plans. In Workshops mit den relevanten Führungskräften und Mitarbeitern des Unternehmens werden gemeinsam die Inhalte der Scorecard erarbeitet. Die Systematik der Vorgehensweise zeigt die nachfolgende Grafik:

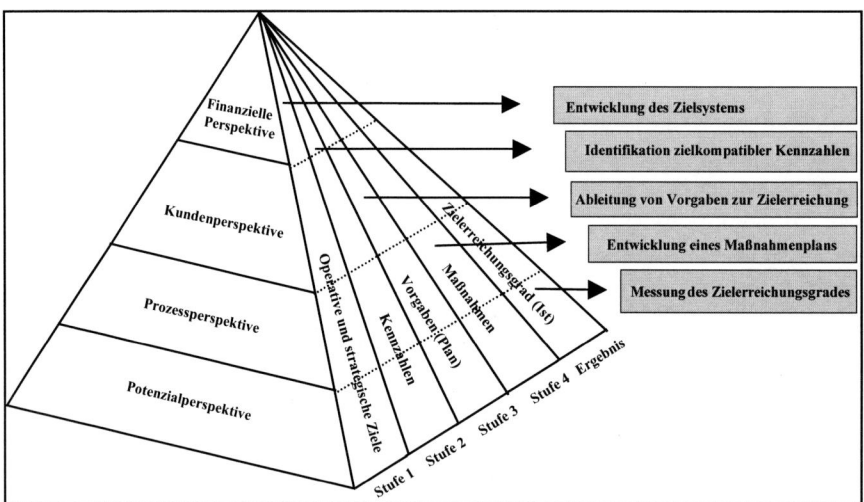

Abb. 4: Vorgehensweise bei der Erarbeitung einer Balanced Scorecard

In einem ersten Schritt wird, abgeleitet aus der Unternehmensstrategie, das BSC-BGM-Zielsystem entwickelt. Für jede der vier Perspektiven werden als Basis für die nachfolgenden Schritte strategische Ziele formuliert und festgelegt. Entscheidend bei der Erarbeitung des Zielsystems ist es, sich auf die wesentlichen strategischen Ziele zu konzentrieren und nicht in einer Vielzahl von Zielen bzw. Projekten „zu verzetteln". Am Ende sollten nicht mehr als 12 - 15 Ziele das Zielsystem der Scorecard bilden. Allerdings ist es auch nicht ratsam, sich von Beginn an gedanklich einzuschränken. Vielmehr sollte der Leitsatz Anwendung finden: Zunächst alle Ideen gelten lassen, Diskussionen zulassen und sich abschließend auf die wesentlichen Ziele konzentrieren.

Nach der Erarbeitung des BSC-BGM-Zielsystems werden die Ziele der vier Perspektiven über inhaltlich-logische Ursache-/Wirkungszusammenhänge miteinander verknüpft. Das Erarbeiten der Ursache-/ Wirkungszusammenhänge des Zielsystems stellt eines der zentralen Elemente einer Balanced Scorecard dar. Die entstehenden Ursache-/Wirkungsketten spiegeln die Kausalität der strategischen Überlegungen wider. Ein humanressourcenorientiertes BSC-Zielsystem mit den zugehörigen Ursache-/Wirkungszusammenhängen zeigt die nachfolgende Abbildung.

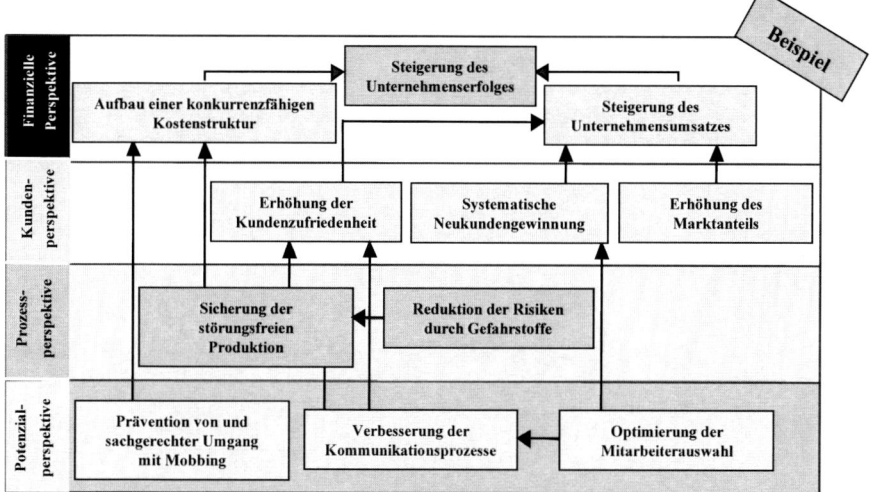

Abb. 5: Zielsystem einer humanressourcenorientierten Balanced Scorecard

Der zweite und dritte Schritt zur inhaltlichen Ausgestaltung der Balanced Scorecard besteht in der Erarbeitung zielkompatibler Kennzahlen bzw. Messgrößen und der Festlegung von Zielvorgaben bzw. Zielwerten für diese Kennzahlen. Im Idealfall wird jedes strategische Ziel durch genau eine Kennzahl hinterlegt. Um die Komplexität handhabbar zu halten und eine Fokussierung zu gewährleisten, sollte die Anzahl der Kennzahlen pro strategischem Ziel auf maximal zwei beschränkt werden. Erst durch die Festlegung eines Zielwertes ist ein strategisches Ziel vollständig beschrieben. Zielwerte sollten anspruchsvoll und ehrgeizig, aber trotzdem realistisch erreichbar sein. Im vierten und letzten Schritt werden die Maßnahmenpakete zur Zielerreichung geschnürt. Aufgabe des Maßnahmenplans ist es, die Umsetzung der strategischen Ziele in konkrete Aktionen sicherzustellen und auf Basis der Vorgaben Arbeitspakete auf den Ebenen der Organisationseinheiten und Mitarbeiter zu definieren.

In der nachfolgenden Tabelle ist eine Matrix dargestellt, in welcher ausgewählte Ziele aus der Prozess- und Potenzialperspektive der BSC mit Einzelmaßnahmen des betrieblichen Gesundheitsmanagements verknüpft sind. Die Einzelmaßnahmen stammen aus der Toolbox der (Arbeits-)Medizin, der Arbeits- und Organisationspsychologie, der Sozialberatung und der (Sicherheits-)Technik. Diese Matrix erhebt keinen Anspruch auf Vollständigkeit und sollte auch nicht in vollem Umfang in einen BSC-BGM-Kontext umgesetzt werden. Mit ihrer Hilfe gelingt aber zweierlei. Erstens findet eine Integration der verschiedenen Fachdisziplinen statt und zweitens wird die Paragraphenperspektive des tradierten Gesundheits- und Arbeitsschutzes auf die Unternehmensperspektive umgestellt. Eine konsequente Zielverfolgung dieses Systems deckt gleichzeitig einen Großteil von legislativen Normen und Vorschriften ab.

Unternehmensziele	Kriterien	Dienstleistungsmodule für Betriebliches Gesundheitsmanagement		
		Medizin	Psychologie/Soziales	Technik
Prozesse sicher und effizient gestalten	Störungsfreie Produktion	• Ergonomie	• Arbeitsplatzgestaltungen • Schwachstellenanalysen	• Sicherheitstechnik (AsiG) • Baustellen-SiGeKo (BaustellV) • Risikoanalysen • Maschinenschutz • Brandschutz • Ergonomie
	Unfallgeschehen	• Unfallanalysen • Schonarbeit	• Unfallanalysen	• Unfallanalysen, -verhütung, -statistik
	Verkehrssicherheit	• Eignungs-, Tauglichkeitsuntersuchungen • FeV-Untersuchungen • Begutachtungsstelle für Fahreignung (FeV)	• Eignungsuntersuchungen • Begutachtungsstelle für Fahreignung (FeV)	• Innerbetriebliche Transporte • Gefahrgutbeauftragter • Ladungssicherung
	Gefahrstoffe Lärm Klima Beleuchtung Vibration	• Arbeitsmedizinische Vorsorgeuntersuchungen (BGV A 5)	• Analyse psychischer Belastungen am Arbeitsplatz	• Messungen • Gefährdungsbeurteilung (ArbSchG) • Betriebsanweisungen • Lärm-, Beleuchtungskataster (Bildschirm-) • Arbeitsplatzgestaltung
	Notfälle Störfälle	• Krankenschwester • Ersthelfer • Erste Hilfe (BGV A 5)		• Notfallmanagement • Störfallmanagement, -beauftragter • Alarm-, Gefahrenabwehrplanung
		Implementierung integrierter Managementsysteme Schulung zu spezifischen Themen Forschung und Entwicklung		

Tab. 2: Potenziale (Abkürzungsverzeichnis im Anhang des Artikels)

Unternehmensziele	Kriterien	Dienstleistungsmodule für Betriebliches Gesundheitsmanagement		
		Medizin	Psychologie/Soziales	Technik
Humanressourcen aufbauen und pflegen	• Gesundheit • Leistungsfähigkeit • Eignung • Persönliches Potenzial	• Arbeitsmedizinische Beratung, Betreuung (ASiG) • Arbeitsmedizinische Vorsorgeuntersuchungen (BGV A 4) • Einstellungs-, Berufstauglichkeitsuntersuchungen • Führungskräfte-Check-up • Reise- und Umweltmedizin	• Personalauswahl, -entwicklung • Assessment Center • Potenzialanalysen • Coaching • Stressimpfung, -management • Zeitmanagement • Gesundheitsgespräche, -zirkel	• Sicherheitstechnische Beratung, Betreuung • Arbeitsschutz-, Umweltschutz-, Qualitätsmanagement • Altersgerechte Arbeitsgestaltung
	• Eignung für Berufe in Verkehrsunternehmen	• Eignungs-, Tauglichkeitsuntersuchungen	• Eignungsuntersuchungen • Begutachtungen	
	• weiche Faktoren: Motivation Zufriedenheit Identifikation (Arbeit, Betrieb) Betriebsklima Kommunikation	• Vorträge, Seminare zu arbeits-, sozial- und präventivmedizinischen Themen • Begleitende Betreuung • Gesundheitstage	• Betriebsklimaanalyse, Mitarbeiterbefragung • Workshops, Moderationen, Moderatorentrainings • Teamentwicklung, Gesprächsführung • Begleiten von Fusionsprozessen • Outplacementberatung	• Schulungen zu Arbeits-, Umwelt- und Brandschutz • Generationenübergreifende Arbeitsorganisation
	• negative Effekte: Mobbing Innere Kündigung Burn out Arbeitssucht	• Fehlzeitenmanagement	• Schulung zu Fehlzeitengesprächen • Psychosoziale Beratung in Einzelgesprächen oder Gruppen • Konfliktmanagement • Deeskalationstechniken	
	• Traumatische Ereignisse	• Begleitende Behandlung	• Konzepte, Schulungen für den Ernstfall • Nachbehandlungen, Debriefing	
	• Sucht	• Suchtberatung • Arbeitsmedizinische Beratung	• Suchtprävention, -intervention	
	• Rehabilitation	• Gutachten • Beratung bei Rehabilitation und beruflicher Wiedereingliederung	• Case assessment, Case management • Konzepte und Einleiten von Maßnahmen zur Wiedereingliederung • Einleiten medizinischer / beruflicher Rehamaßnahmen	• Arbeitsgestaltung für Leistungsgewandelte (SchwbG)
	Implementierung integrierter Managementsysteme Schulung zu spezifischen Themen Forschung und Entwicklung			

Tab. 3: Prozesse (Abkürzungsverzeichnis im Anhang des Artikels)

Balanced Scorecard und betriebliches Gesundheitsmanagement

Unternehmens-ziele	Kriterien	Dienstleistungsmodule für Betriebliches Gesundheitsmanagement		
		Medizin	Psychologie/Soziales	Technik
Prozesse sicher und effizient gestalten	Datensicherheit			• Datenschutz (BDSG)
	Hygiene	• Betriebs-, Krankenhaus-, Lebensmittelhygiene • Medizinprodukte-Sicherheit (MPG) • HACCP-Konzept (InfSchG) • Begutachtung von Arbeitsplätzen		• Produktsicherheit • Keimzahlmessungen
	Umwelt Gewässerschutz			• Analyse, Beratung, Management • Anlagenbezogener Gewässerschutz • Gewässerschutzbeauftragter • Beurteilung der Genehmigungsbedürftigkeit
	Immissionen Emissionen			• Messungen (BImSchG) • Immissionsschutzbeauftragter • Beurteilung der Genehmigungsbedürftigkeit von Anlagen
	Abfälle			• Abfallbeauftragter (KrW-/AbfG u. WHG) • Abfallkonzept, -bilanz • Entsorgerauswahl, -überwachung
	Abwässer			• Beurteilung der Genehmigungsbedürftigkeit • Abwasserbeauftragter • Betriebsüberwachung der Abwassereinleitung
	Implementierung integrierter Managementsysteme Schulung zu spezifischen Themen Forschung und Entwicklung			

Tab. 3: Prozesse (Fortsetzung)

Mit der Festlegung von Maßnahmen werden die Balanced Scorecard und das betriebliche Gesundheitsmanagement zum Leben erweckt und durch die Hinterlegung der Maßnahmen mit verantwortlichen Mitarbeitern und Zeitrahmen der Maßnahmenerfüllung in das Unternehmen transportiert.

Die nachfolgenden Grafiken zeigen beispielhaft und vereinfacht für die Prozess- und Potenzialperspektive die Ergebnisse der Schritte 2 - 4 für eine an den Grundsätzen des betrieblichen Gesundheitsmanagements ausgerichteten Scorecard.

	Strategisches Ziel	Kennzahl	Maßnahmen
Prozessperspektive	› Reduktion der Risiken durch Gefahrstoffe	› Gefahrstoffkonzentration	› Durchführung von Gefahrstoffmessungen und –analysen › Einleitung notwendiger Schutzmaßnahmen
	› Sicherung der störungsfreien Produktion	› Verhältnis von Soll- zu Ist-Arbeitsstunden	› Einsetzen sicherheitstechnischer Methoden › Optimierung der Arbeitsplatz-Ergonomie › Einleiten von Brandschutzmaßnahmen

Abb. 6: Prozess- und Potenzialperspektive einer BGM-orientierten Balanced Scorecard

3. Ausblick: Erfolgsfaktoren bei der Umsetzung einer BGM-Scorecard

Erfahrungsgemäß sind bei der Erarbeitung einer BGM-orientierten Balanced Scorecard fünf Erfolgsfaktoren hervorzuheben:

1. Nehmen Sie sich Zeit für das Ableiten der strategischen Ziele! In dieser Phase bestimmen Sie die Qualität und Wirksamkeit der Balanced Scorecard. Sind die Ziele zu wenig konkret oder nicht strategieadäquat, dann kann auch die Balanced Scorecard dieses Defizit nicht mehr beheben.
2. Haben Sie Mut beim Entwickeln innovativer Kennzahlen!
   Das Denken muss sich ändern: Keine Kennzahl ist für die Ewigkeit geschaffen. Vielmehr prägt die Identifikation und Entwicklung neuer Kennzahlen die Qualität der Balanced Scorecard. Der damit verbundene Implementierungsaufwand zahlt sich aus.
3. Fordern Sie Ihre Mitarbeiter, aber bleiben Sie realistisch!
   Gute Zielwerte sind diejenigen, nach denen man sich ausstrecken muss, um sie zu erreichen. Aber vermeiden Sie Demotivation durch illusorische Vorgaben.
4. Nennen Sie den Verantwortlichen!

Keine strategische Aktion darf ohne Zuordnung von Verantwortlichkeiten festgelegt werden. Erst damit beeinflussen Sie das Verhalten und machen die strategische Aktion wirksam.
5. Entdecken Sie die unternehmensinternen Ressourcen zur Umsetzung des BSC-BGM-Konzeptes!
Viele Unternehmen haben bereits fragmentarisches BGM-Know-how. Woran es oft mangelt, ist eine Verknüpfung dieser im Verborgenen schlummernden internen Potenziale mit koordinierenden und unterstützenden externen Ressourcen.

Darüber hinaus ist bei der Erarbeitung einer BGM-orientierten Balanced Scorecard einem Erfolgsfaktor besondere Beachtung zu schenken:

> Stellen Sie Ihre Mitarbeiter in den Mittelpunkt der Erarbeitung und Einführung der BGM-BSC!

Werden die Ziele und Maßnahmen der Balanced Scorecard von denjenigen nicht akzeptiert oder getragen, die sie verantwortlich umsetzen, bleiben erwünschte Erfolge aus.

Abkürzungsverzeichnis für Tabellen 2 bis 3

ArbSchG	Arbeitsschutzgesetz
ASiG	Arbeitssicherheitsgesetz
BaustellV	Verordnung über Sicherheit und Gesundheitsschutz auf Baustellen
BDSG	Bundesdatenschutzgesetz
BGV A 4	Berufsgenossenschaftliche Vorschrift „Arbeitsmedizinische Vorsorge"
BGV A 5	Berufsgenossenschaftliche Vorschrift „Erste Hilfe"
BImSchG	Bundes-Immissionsschutzgesetz
DatenSchG	Datenschutzgesetz
InfSchG	Infektionsschutzgesetz
KrW-/AbfG	Kreislaufwirtschafts- und Abfallgesetz
MPG	Medizinproduktegesetz
SchwbG	Schwerbehindertengesetz
WHG	Wasserhaushaltgesetz

Literatur

Kaplan, R. S. ,Norton D. P.: Strategien erfolgreich umsetzen. Stuttgart: Schäffer-Poeschel, 1997

Kentner, M.: Betriebliches Gesundheitsmanagement – Von der Individualprävention zur Unternehmensberatung. Arbeitsmedizin – Sozialmedizin – Umweltmedizin, 34, 2001

Kentner, M.: Betriebliches Gesundheitsmanagement. In G. Triebig, M. Kentner, R. Schiele (Hrsg.), Arbeitsmedizin – Handbuch für Theorie und Praxis (S. 879-890). Stuttgart: Gentner, 2003

Wirtschaftlichkeit des betrieblichen Gesundheitsmanagement – Zum Return on Investment der Balance zwischen Lebens- und Arbeitswelt

Rainer Thiehoff

Betriebliches Gesundheitsmanagement ist eine Selbstverständlichkeit – so sollte man glauben: Gesundheit ist die Voraussetzung für Leistungsfähigkeit und damit eine Schlüsselgröße für den Unternehmenserfolg. In der Praxis deutscher und international agierender Unternehmen ist das jedoch keineswegs so selbsterklärend. Denn Investitionen in die Gesundheit kosten Geld und die Messbarkeit des Nutzens eines Lebens in Balance ist mehr als schwierig.

Genauso wie ein Unternehmen aus Wirtschaftlichkeits-, Wettbewerbs-, Prozess- und Imagesicht ausbalanciert werden muss, um langfristig zu überleben, ist eine gelungene Lebensgestaltung nur dann möglich, wenn die Waagen aus Anforderungen und Ressourcen sowie aus Belastungen/Beanspruchungen und Puffern so austariert werden, dass sie nicht auf einer Seite anschlagen und unbeweglich liegen bleiben, z.B. beim Burnout (Kastner 2003). Die richtige austarierte Mischung aus Anforderungen und den Möglichkeiten, ihnen zu entsprechen, macht demzufolge ein erfülltes und gesundes Leben aus. *Worklife Balance* (WLB) ist erreicht.

Das Ziel der WLB ist Sicherheit und Gesundheit bei möglichst erfolgreicher Teilnahme am Arbeitsprozess – also Wohlstand. Gesundheits- und Wohlstandsziele stehen jedoch in einem natürlichen Konflikt zueinander. Arbeite ich ständig zuviel, werde ich krank und kann meinen Wohlstand nicht halten oder vergrößern. Arbeite ich aber ständig zu wenig, dann bin ich vielleicht gesund, aber mit meinen finanziellen Möglichkeiten unzufrieden. Das bedeutet aber auch, es gibt ein Optimum beider Ziele: soviel zu arbeiten, dass ich gesund bleibe und trotzdem mit dem erreichten Wohlstand zufrieden bin. Die Waage ist im Gleichgewicht.

So einfach ist es leider nicht. In Wirklichkeit ist sowohl Arbeit als auch Gesundheit kein ruhiger Fluss. Nicht erst die neuen Formen diskontinuierlicher Arbeit, mehrer Jobs gleichzeitig oder der des Freelancers zeigen uns, dass die psychischen Spitzenbelastungen besonders bedrohlich sind. Auch die schnelle Aufeinanderfolge emotionaler Belastungen (Kündigung, Tod naher Verwandter oder Ehescheidung) können sehr schnell die Grenze zur Überbelastung überschreiten.

Daher muss man in Zeiten Vorsorge treffen, in denen die Belastung niedriger oder die Beanspruchung durch die Arbeit eher zu verkraften ist. Wenn wir uns frühzeitig auf solche Belastungsspitzen vorbereiten oder auch einer möglichen Gesundheitsgefahr vorbeugen, dann sprechen wir von Prävention. Wir investieren vorbeugend in unsere Gesundheit, ohne dass es unbedingt bereits eines konkreten Anlasses dafür bedarf. Wir sorgen vor, weil wir wissen, dass Muskel- und Skeletterkrankungen ab einem Alter von ca. 40 Jahren uns fast alle betreffen werden. Aber auch, wenn wir der Verschlimmerung einer bereits eingetreten Erkrankung entgegen wirken, sind wir präventiv tätig. Prävention und Gesundheitsförderung mildern die Folgen zeitweiliger Überbelastung also ab.

1. Ziele des betrieblichen Gesundheitsmanagements

Auch das Ziel des betrieblichen Gesundheitsmanagements ist die weitgehende Verhinderung von Unfällen und Erkrankungen durch Prävention und Gesundheitsförderung. Allerdings investiert hier nicht das einzelne Individuum, sondern das Unternehmen. Die Logik des betriebswirtschaftlich begründeten Handelns ist es, dass durch intelligente Gestaltung der Arbeitsbedingungen, durch geeignete Personalauswahl und –förderung sowie möglichst optimierte Organisation ... *nichts* passiert – die betrieblichen Prozesse somit nicht gestört werden.

Aus ökonomischer und damit auch betriebswirtschaftlicher Sicht ist allein das Verhältnis von Kosten und Nutzen einer Maßnahme entscheidend. So ist es hinsichtlich Sicherheit und Gesundheit ratsam, aktiv zu werden, wenn die Kosten der Prävention geringer sind als der wirtschaftliche Schaden, der durch eine Erkrankung zu erwarten ist. Sicherheit und Gesundheit beanspruchen – wie die Bereitstellung jedes anderen Wirtschaftsgutes auch – den Einsatz von Ressourcen. Die Lärmkapselung einer Maschine erfordert zusätzliches Dämmmaterial und höheren Arbeitsaufwand. Organisatorische Vorkehrungen der Flugsicherung zur Vorbeugung von gefährlichen Flugzeugannäherungen, den sogenannten Staffelungsunterschreitungen, beanspruchen Arbeitszeit. Die Absturzsicherung des neuen Gerüstes eines Handwerkers erhöht den Kapitalbedarf. Die Kosten zu ermitteln ist relativ leicht.

Viel schwerer fest zu stellen und häufig unklar ist, worin genau der wirtschaftliche Nutzen des betrieblichen Gesundheitsmanagements liegt. Wie ist dieser Nutzen in der Praxis messbar? Erfolgreiche Prävention zeigt sich durch verhinderte schädigende Ereignisse. *Nichtereignisse* jedoch taugen nicht zum Erfolgsnachweis und schon gar nicht für eine statistische Auswertung oder betriebswirtschaftliche Nutzenmessung. Dies zeigt sich auch darin, dass immer nur dann, wenn etwas passiert ist, die Bereitschaft für Sicherheits- und Gesundheitsinvestitionen steigt. Denken Sie an Eschede, den Flughafenunfall in Düsseldorf oder die Anthraxanschläge in den USA.

Jeder will sicher und gesund leben, aber niemand will sich dazu gerne an Regeln halten oder in Vorschriften fügen. Um das richtige Verhalten zu begünstigen wäre es daher schon hilfreich, wenn der wirtschaftliche Nutzen sicherer und gesunder Arbeit unmittelbar erfahrbar und berechenbar wäre. Doch genau daran hapert es, der wirtschaftliche Effekt eines einzelnen nicht stattgefundenen Ereignisses – eines verhinderten Unfalls oder einer vermiedenen Erkrankung – ist eben unsichtbar. Direkt messbar ist lediglich die Veränderung des Potenzials bisher noch nicht verhinderter Unfälle und Erkrankungen. Und selbst wenn der Nutzen – z.B. sportlicher Betätigung – direkt zu einer Steigerung des individuellen Wohlbefindens führt, so gelingt eine Messung solcher Effekte allenfalls durch indirekte, weiche Indikatoren. Das macht die Sache so kompliziert.

2. Wirtschaftlicher Nutzen von Sicherheit und Gesundheit

Die Messbarkeit wirtschaftlichen Nutzens hat immer eine Einzel- und eine gesamtwirtschaftliche Perspektive. Gesamt- bzw. volkswirtschaftliche Betrachtungen des Arbeitsunfähigkeitsgeschehens sind sehr selten. Nur für den Teilbereich der Arbeits- und Wegeunfälle liegen vollständige Ergebnisse vor. Sie wurden zuletzt für das Jahr 1994 ermittelt. Danach entstanden in Deutschland Reproduktions- und Ressourcenausfallkosten in Höhe von 17,8 Milliarden Euro. Die gesamten volkswirtschaftlichen Verluste wurden nach einer sehr weitgefassten Abgrenzung – einschließlich humanitärer Kosten, sowie Ausfällen bei Schattenwirtschaft und Hausarbeit – auf ca. 30,9 Milliarden Euro per anno beziffert (Baum, Heibach, Höhnscheid 1998).

Arbeits- und Wegeunfälle sind mit ca. 5 Prozent nur ein kleiner Teil des gesamten Arbeitsunfähigkeitsgeschehens. Wegen erheblicher datentechnischer und theoretischer Probleme gibt es jedoch noch keine einigermaßen verlässliche volkswirtschaftliche Gesamtbetrachtung. Daher sind wir beim Versuch einer wirtschaftlichen Bewertung der gesamten Arbeitsunfähigkeit weiterhin auf einzelne Ausschnitte und analog interpretierbare Daten angewiesen.

Die indirekten Kosten der krankheitsbedingten Arbeitsunfähigkeit hängen eng von der nicht geleisteten Arbeitszeit ab. Diese wird durch die durchschnittliche Anzahl der Arbeitsunfähigkeitstage in einem Jahr erfasst, multipliziert mit der Zahl der abhängig beschäftigten Arbeitnehmer. Wirtschaftlich bewerten lassen sich die Ausfallzeiten abschließend durch die Multiplikation mit der Höhe des Bruttoeinkommens aus unselbständiger Arbeit. Daraus errechnen sich für die einzelnen Diagnosegruppen folgende *volkswirtschaftliche Produktionsausfälle*:

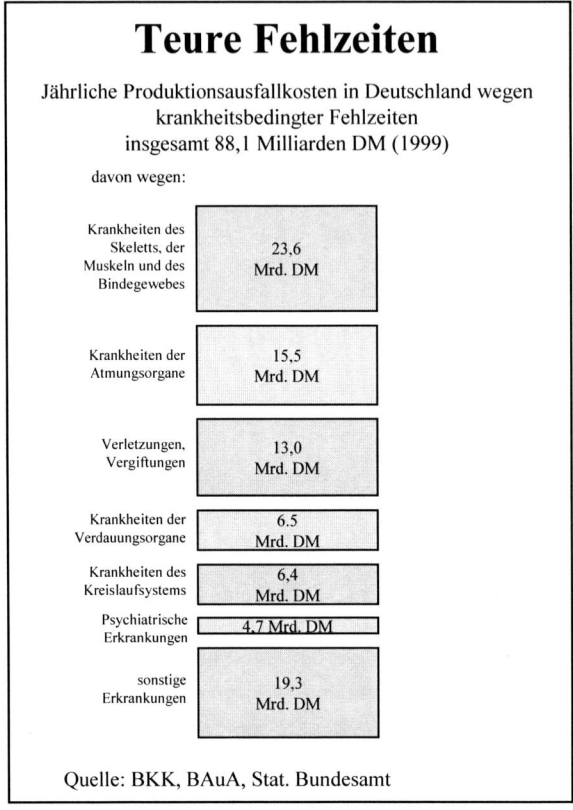

Abb. 1: Teuere Fehlzeiten 1999

Für die direkten Kosten durch Behandlung und Rehabilitation der erkrankten Arbeitnehmer ist noch einmal mehr als der Betrag des Produktionsausfalls selbst aufzuwenden für die fünf größten Krankheitsgruppen nach Angaben der Betriebskrankenkassen für 1995: über 46 Milliarden Euro. Daraus ist zu schließen, dass der volkswirtschaftliche Schaden – direkte plus indirekte Kosten – durch Arbeitsunfähigkeit der Erwerbstätigen insgesamt mit über 92 Milliarden Euro anzunehmen ist.

2.1 Ökonomische Bewertung

Die Interpretation dieser Zahlen ist nicht einfach. Noch schwieriger erscheint es jedoch, daraus konkrete Maßnahmen abzuleiten. Natürlich sind Größenordnungen von fast 100 Milliarden Euro Produktionsausfall erschreckend. Die Frage ist nur, wie lassen sie sich vermeiden? Zunächst ist nach den Ursachen zu fragen. Erkrankungen können sowohl durch die Arbeitswelt als auch durch die gesamte Lebensführung hervorgerufen werden. 20 bis 30 Prozent des gesamten Produktionsausfalls durch Arbeitsunfähigkeit können – nach skandinavischen Forschungsergebnissen – als arbeitsbedingt gelten (Nordisk Ministerrat 1993).

Doch es ist gar nicht nötig, diesen häufig problematischen Ursache-Wirkungs-Zusammenhang exakt zu beziffern. 30 bis 40 Prozent der Arbeitsunfähigkeitszeiten sind nach Expertenschätzungen durch betriebliche Präventionsmaßnahmen *vermeidbar*. Aus der Sicht der Unternehmen ist einzig und allein das relevant. Welche Ausfälle und Betriebsstörungen sind vermeidbar und was kostet ihre Vermeidung?

Mit anderen Worten, betriebswirtschaftliche Logik sucht nicht primär nach dem Schuldigen für einen Unfall oder eine Erkrankung. Es wird lediglich rein pragmatisch geprüft, ob sich eigene Präventionsausgaben im Vergleich zum erwarteten Nutzen in jedem speziellen Fall lohnen oder nicht. Im übrigen ist es auch aus Sicht des einzelnen Arbeitnehmer letztlich irrelevant, ob ein Krankheitsrisiko aus der Lebens- oder Arbeitswelt resultiert. Auch hier ist sicherlich das Verhältnis von Aufwand und Ertrag entscheidend, ob ich mit eigenen präventiven Maßnahmen beginnen soll oder nicht.

Obwohl wir also annehmen können, dass durch betriebliche Prävention und Gesundheitsförderung rund ein Drittel aller Arbeitsunfähigkeitszeiten und damit der direkten und indirekten Kosten vermeidbar sind, sagt dies noch nichts über den möglichen wirtschaftlichen Nutzen aus. Denn völlig unbekannt ist auch bei dieser Betrachtung, welche Präventionsaufwendungen zu tätigen wären, um tatsächlich fast 31 Milliarden Euro Produktionsausfall zu verhindern.

2.2 Gesamtwirtschaftliche Schäden durch arbeitsweltbedingte physische und psychische Belastungen

In einer neuen Untersuchung wird erstmals für Deutschland der Versuch unternommen, die arbeitsbedingten Anteile an den verschiedenen Erkrankungen abzuschätzen (Bödecker, Friedel, Röttger, Schroer 2001). Die Untersuchung unterscheidet, wie bereits erläutert, nach direkten und indirekten Kosten.

Zunächst bestätigt sich, dass die Muskel- und Skeletterkrankungen sowohl bei den Fällen, als auch bei den Kosten, den größten Anteil aufweisen. Interessant wird es bei den durch die Arbeitswelt bedingten Ursachen. 1998 gingen 29 % der Arbeitsunfähigkeitsfälle auf körperliche Belastungen und bereits 31 % auf psychische berufliche Belastungen zurück. Dies führt bei den direkten Kosten arbeitsbedingter Erkrankungen zu einen Betrag von 14,9 Milliarden Euro für körperliche und von 11,1 Milliarden Euro für psychische berufliche Belastungen.

Immerhin scheinen hier die psychischen beruflichen Belastungen noch etwas weniger „teuer" zu sein als die körperlichen. Bei der Betrachtung der indirekten Kosten durch Produktionsausfall ändert sich das Bild. 13,5 Milliarden Euro indirekter Kosten für körperliche, stehen bereits 13,4 Milliarden Euro für psychische Belastungen gegenüber. Der Produktionsausfall auf Grund von Arbeitsunfähigkeit ist bei den psychischen Belastungen also offensichtlich schwerwiegender als bei den körperlichen.

Der deutlich erkennbare Trend ist nicht unerwartet: Die psychischen Belastungen am Arbeitsplatz nehmen relativ und absolut zu. Ihre Auswirkungen auf die Gesellschaft und die Unternehmen sind bereits heute auf dem Sprung, alle anderen wirtschaftlichen Belastungen hinsichtlich Sicherheit und Gesundheit in den Schatten zu stellen.

Nicht der Staat, sondern die Unternehmen stehen im Mittelpunkt des Interesses, wenn es um die wirtschaftliche Bedeutung der Prävention geht. Dies hat – wie bereits diskutiert – neben analytischen vor allem umsetzungspraktische Gründe. Die Unternehmen besitzen aus generellen wirtschaftlichen Erwägungen das vergleichsweise stärkste Interesse an der Prävention und damit an der WLB ihrer Mitarbeiter. Am Arbeitsplatz entsteht ein Großteil der physischen und psychischen Belastungen und Beanspruchungen, die durch geeignete Gestaltung der Arbeitswelt minimiert werden können. Zudem ist die „Einwirkungszeit" präventiver Maßnahmen und damit die Chance auf nachhaltige Verhaltensänderungen hier am größten.

Folgerichtig müssen auch geeignete Verhaltensempfehlungen bei den Unternehmen ansetzen. Nicht weil die Unternehmen allein für die Prävention Verantwortung tragen sollten, sondern weil hier die Chancen für die erfolgreiche Umsetzung größer sind. Die Menschen sind direkt erreichbar und können kontinuierlich begleitet werden. Dazu ist es notwendig, dass die verantwortlichen Entscheidungsträger in den Unternehmen über geeignete Steuerungsverfahren verfügen. Denn auch der Aufwand für Sicherheit und Gesundheit unterliegt dem Wirtschaftlichkeitsgebot.

2.3 Unfallkostenrechnungen – ein untauglicher Ansatz

Die ersten speziell dafür entwickelten betrieblichen Verfahren existieren in Deutschland seit mindestens 30 Jahren: die sogenannte Unfall- oder – bei Arbeitsunfähigkeiten – die Ausfallkostenrechnung. Ein typisches Praxisbeispiel stellt der aus der Zeitschrift „Sicher arbeiten" im Jahr 1992 zitierte Fall dar. Üblicherweise werden alle mit einem Unfall verbundenen Kosten, hier aus dem Bereich innerbetrieblicher Transport und Verkehr, den geringen Ausgaben gegenübergestellt, die eine geeignete Schutzmaßnahme verursacht hätte – wenn sie denn vorher installiert worden wäre. Typisch ist zudem, dass mit hochgerechneten Durchschnittswerten kalkuliert wird. Der Tagessatz von 1000 DM wird mit 323 Ausfalltagen multipliziert. Im Ergebnis ergibt sich eine Rentabilität von über zehntausend Prozent – für gewinnmaximierende Unternehmen ein extrem gutes Geschäft. Warum nur ignorieren die Unternehmen eine solche Chance?

Fundstelle:	Zeitschrift SICHER ARBEITEN (1/1992)
Titel:	„Kosten senken durch Unfallverhütung"
Beschreibung:	Unfall mit Personenschaden im Bereich innerbetrieblicher Transport und Verkehr
Berechnung:	323 AU-Tage × 1000 DM ergibt **Unfallkosten** in Höhe von **323.000 DM** für diesen Fall
Kosten Verhütungsmaßnahme:	3.000 DM für ein Schutzgitter
Rentabilität (Gewinn × 100/Kapitaleinsatz):	**10.666 Prozent**
Kommentar:	**Wie ist das möglich?** Industrielle Rentabilitäten liegen günstigstenfalls zwischen 10 und 30 Prozent

Abb. 2: Unfallkostenrechnung

Der Teufel steckt wie immer im Detail. Natürlich weiß man nachträglich (fast) immer genau, welche Präventionsmaßnahme an welcher Stelle einen Unfall verhindert hätte. Doch zur Verhinderung eines Unfalls hätte nicht nur an dieser, sondern an *jeder* potentiellen Gefahrenstelle *vorher* die geeignete Maßnahme ergriffen werden müssen – beispielsweise die Anbringung passender Schutzgitter an möglicherweise mehr als hundert Orten im Unternehmen des gewählten Praxisbeispiels. Hinzu kommt, dass schwere Arbeitsunfälle glücklicherweise seltene Ereignisse sind. Potentielle Kosten hätten also auf mehrere Jahre verteilt werden müssen. Darüber hinaus macht es betriebswirtschaftlich einen enormen Unterschied, wer einen Arbeitsunfall erleidet. Der Ausfall eines hochspezialisierten Anlagenführers ist wesentlich schwerer zu kompensieren, als das unfallbedingte Fehlen eines ungelernten Fließbandarbeiters.

Bei der Definition der sogenannten Unfallkosten wurden zudem Wirkung und Ursache vermischt. Der Ressourcenausfall als Folge von Unfällen wurde zu den Präventionsaufwendungen addiert, die ein Unternehmen zur Vorbeugung gegen Ausfälle vornimmt. Informations- und Steuerungsfunktionen können Unfallkosten daher nicht ausüben: je sicherer der Betrieb wird, desto „teurer" werden seine Ausfälle – ein unsinniges Ergebnis.

Die unausgesprochene Reduzierung des Ursache-Wirkungs-Zusammenhangs auf einen einzigen Grund ist in der Praxis nicht haltbar. Bei Unfällen und Erkrankungen spielen regelmäßig mehrere, von einander beeinflusste Faktoren eine Rolle. Die wirtschaftliche Bewertung einer Einzelmaßnahme durch Unfallkosten ist schon daher nicht möglich. Unfallkostenrechnungen scheiterten außerdem, weil sie die betriebswirtschaftliche Systematik missachteten. Unfälle oder Ausfälle können nicht als *Kostenträger* umdefiniert werden. Kostenträger sind vielmehr die Produkte oder Leistungen des Unternehmens. Die störungsbedingten Auswirkungen auf diese Kostenträger wurden jedoch gar nicht betrachtet.

Das Desaster der Unfallkostenrechnungen hatte auch positive Auswirkungen. Statt der aussichtslosen betriebswirtschaftlichen Einzelbewertung von Maßnahmen rückte nun der Nutzen des gesamten betrieblichen Sicherheits- und Gesundheitssystems in den Vordergrund. Ungeplante Unterbrechungen der Produktion oder des Leistungserstellungsprozesses durch Unfälle oder Arbeitsunfähigkeit erhöhen die Kosten des Produktionsprozesses. Sie führen zu Produktions- und Erlösausfällen oder gar zu Konventionalstrafen – vor allem aber können sie das Vertrauen und die Zufriedenheit der Kunden nachhaltig stören. Schon deshalb trifft jedes Unternehmen Vorsorge gegen Betriebsstörungen und würde selbst dann Sicherheits- und Gesundheitsmaßnahmen ergreifen, wenn es dafür gar keine gesetzliche Verpflichtung gäbe. Hier liegt das originäre wirtschaftliche Interesse der Unternehmen: die effiziente *Sicherung der ungestörten Produktion*.

3. Gesundheitsprävention und Betriebsstörungen

3.1 Monetärer Nutzen

Betrachten wir zunächst die monetären Effekte, die durch Betriebsstörungen verursacht werden. Wie lassen sie sich systematisieren und erfassen? Das Interesse an möglichst einfachen Berechnungs- oder Bewertungsverfahren konzentrierte sich nach den Unfallkosten lange Zeit vor allem auf die Lohn- und Entgeltfortzahlung. Denn für die *Entgeltfortzahlung* wenden die deutschen Unternehmen im langjährigen Durchschnitt etwas mehr als 30 Milliarden Euro jährlich auf.

Abb. 3: Die Fieberkurve der Lohnfortzahlung

Doch aus den gleichen Gründen, wie schon bei den Unfall- und Ausfallkosten erläutert, ist auch die vergleichsweise problemlos zu erfassende Lohn- bzw. Entgeltfortzahlung nicht geeignet, den wirtschaftlichen Nutzen von Gesundheitsschutz- oder Gesundheitsförderungsmaßnahmen abzubilden. Bei der Entgeltfortzahlung handelt es sich betriebswirtschaftlich gesehen um neutralen Aufwand, der keinen betrieblichen Leistungsverzehr und damit keine Kosten darstellt. Nur wirklich in die Produktion einfließende Leistungen sind Kosten; die Arbeitsunfähigkeit ist betriebswirtschaftlich gesehen eine „Nichtleistung" – also auch kein Kostenfaktor. Entgeltfortzahlung ist demzufolge lediglich eine kalkulatorische Planungsgröße. Dies ist schwer zu verstehen. An einem Beispiel wird es deutlicher. Wenn ein Unternehmen nicht unter Volllast arbeitet, werden einzelne Mitarbeiter zwar bezahlt, aber sie produzieren nicht. Fällt nun ein Arbeitnehmer aus, der von einem nicht ausgelasteten Kollegen ersetzt wird, bleibt der Personalaufwand insgesamt trotzdem unverändert. Der ungeplante Produktionspuffer hat den drohenden Produktionsausfall verhindert.

Aus diesem Grund reicht es nicht aus, wenn ein Unternehmen – möglicherweise durch große Präventionsanstrengungen – die Zahl seiner Arbeitsunfähigkeitstage zu senken vermag. Denn die geringere Zahl der Ausfalltage allein bewirkt noch keine betriebswirtschaftliche Ergebnisverbesserung. Nur wenn mit dem nun größeren einsetzbaren Arbeitskräftepotenzial auch entsprechend mehr produziert und abgesetzt wird, hätte das Unternehmen einen wirtschaftlichen Vorteil. Das Unternehmen muss also den erzielten Produktivitätsvorteil tatsächlich auch „einsammeln" können.

Statt dessen muss die Theorie der *Betriebsunterbrechung* zur Ermittlung der betriebswirtschaftlichen Konsequenzen unfall- oder krankheitsbedingter Abwesenheit herangezogen werden (Kollerer 1978). Danach verursacht die abwesenheitsbedingte Störung der betrieblichen Produktions- oder Leistungserstellung sehr wohl einen betriebswirtschaftlichen Schaden. Dieser liegt in der Höhe des durch die Arbeitsunfähigkeit tatsächlich *ausfallenden Umsatzes* zuzüglich derjenigen Mehrkosten, die bei ungestörtem Betriebsablauf nicht entstanden wären.

Doch selbst wenn es gar nicht zu einer Betriebsstörung kommt, können Kosten angefallen sein. Diese verbergen sich in den Produktionspuffern (personelle oder technische Überkapazitäten), deren Existenz mögliche Umsatzausfälle verhindert. Nimmt die Störungssicherheit durch betriebliche Sicherheits- und Gesundheitsmaßnahmen zu, so kann auf Teile dieser Produktionspuffer verzichtet werden – dies verringert die Produktionskosten – oder die Produktion kann bei unveränderten Kosten ausgeweitet werden. Im Verzicht auf abbaubare Personalpuffer oder in deren Aktivierung zur Erhöhung des Outputs liegt folglich der monetäre Nutzen.

Wie schon bei der Kritik der Unfallkostenrechnung erläutert, zählt für ein Unternehmen wirtschaftlich gesehen allein das Verhältnis von Ressourceneinsatz zu Produktionsergebnis, also von Input zu Output. Nur wenn sich dieses Verhältnis durch Sicherheits- und Gesundheitsmanagement verbessert, liegt wirtschaftlicher Nutzen vor. Es kommt daher auf die produktions- oder umsatzbezogenen Konsequenzen an, die geringere Mitarbeiterausfälle für ein Unternehmen besitzen – aber nicht auf den Umfang der Entgeltfortzahlung.

3.2 Nicht monetärer Nutzen

Neben die direkten geldlichen Auswirkungen des betrieblichen Gesundheitsschutzes auf Personal- und Personalnebenkosten treten zunehmend die indirekten *weichen* Nutzenindikatoren. Gerade diese entscheiden aber häufig über Erfolg oder Misserfolg einer Investition oder gar eines ganzen Unternehmens.

Hohe Präsenz, Einsatzfähigkeit und Leistungsbereitschaft der Mitarbeiter lassen sich nur erreichen, wenn Unfällen, Berufskrankheiten und arbeitsbedingten Erkrankungen entschieden und wirksam vorgebeugt wird. Damit werden gleichzeitig die Voraussetzungen für eine Erhöhung der Arbeitszufriedenheit verbessert und die für eine hohe Produktivität notwendige Motivation der Mitarbeiter gestärkt. Positiv wirkt sich auch die Förderung individueller Gesundheitskompetenzen bei den Mitarbeitern aus. Denn Kenntnisse über gesundheitliche Zusammenhänge erhöhen nicht nur das Gesundheitspotenzial und verbessern das Bewältigungsverhalten, sie wirken sich auch auf die Zusammenarbeit und die Kommunikation im Unternehmen aus. So dürfte z.B. allein die Vermeidung von Mobbing enorme Auswirkungen auf die Produktivität besitzen.

Die durch die Globalisierung beschleunigt zunehmende Durchsetzung schlanker Produktions- und Dienstleistungskonzepte zielt auf das Reduzieren von verzichtbaren Personalpuffern und Kapazitäten. Damit werden Produktionskosten gesenkt. Doch bei minimierten oder auch nur verringerten Personal- und Produktionspuffern wird die zuverlässige Einsatzfähigkeit und -bereitschaft des verbleibenden Mitarbeiterstamms immer wichtiger. Ohne Gesundheitsprävention wäre ein Unternehmen unfall- und krankheitsbedingten Störungen des Leistungserstellungsprozesses in hohem Maße ausgeliefert.

4. Betriebswirtschaftliche Steuerung des Gesundheitsmanagements

Betriebliches Gesundheitsmanagement erfordert eine in betriebswirtschaftliche Abläufe und Ereignisse integrierte Steuerung. Dazu sind die notwendigen Entscheidungen genauso vorzubereiten und zu überprüfen, wie es im Rahmen betriebswirtschaftlicher Prozesse üblich ist. Geeignete Instrumente hierfür sind die Verfahren der *erweiterten Wirtschaftlichkeitsrechnung*, die *Controllingsysteme* und die *effizienzgesteuerten Präventionsprogramme*. Dies sind einzelne Bausteine für ein betriebliches Gesundheitsmanagement (Thiehoff 2000).

4.1 Erweiterte Wirtschaftlichkeitsverfahren

Erweiterte Wirtschaftlichkeitsverfahren geben dem Planer Hilfen für die systematische Aufdeckung von Schwachstellen und die Berücksichtigung von nicht monetarisierbaren oder quantifizierbaren Zielbeiträgen bei der Beurteilung von *Investitionsalternativen*. Die größere Transparenz des Planungsergebnisses durch Offenlegung des Bewertungsprozesses und die nachträgliche Kontrollierbarkeit der prognostizierten Nutzwerte verleiht dem Entscheidungsvorbereiter in der Praxis größere Kompetenz.

Neben eine detaillierte konventionelle Investitions- oder Kostenvergleichsrechnung stellen erweiterte Wirtschaftlichkeitsrechnungen als die am weitesten entwickelte Variante ganzheitlicher Investitionsplanungsverfahren, eine speziell angepasste *Nutzwertanalyse* für schwer- oder nichtmonetarsierbare Bewertungskriterien. Durch gewichtete Punktwerte lassen sich die Zielerreichungsgrade unterschiedlicher menschen- und gesundheitsgerechter Gestaltungslösungen miteinander vergleichen.

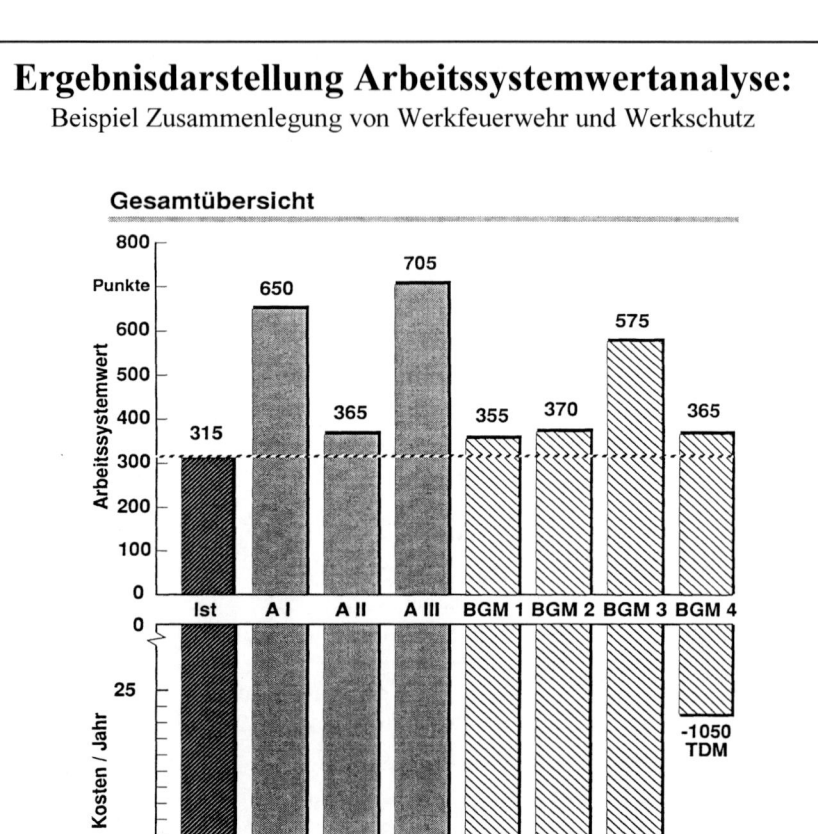

Abb. 4: Ergebnis erweiterter Wirtschaftlichkeitsrechnung

Ganzheitliche Investitionsplanungen finden nicht regelmäßig, sondern nur anlassbezogen statt. Daher werden zusätzlich kontinuierlich einsetzbare Instrumente benötigt, um stetige Effizienzverbesserungen des betrieblichen Gesundheitsschutzsystems zu erreichen. Voraussetzung dafür sind laufende Vergleiche von wirtschaftlichen Inputs und Outputs, um die *wirtschaftlichste Verwendung* der Gesundheitsschutzmaßnahmen herausfinden zu können. Eine solche Steuerung benötigt indes ein leistungsfähiges Controlling, das heute konzeptionell und praktisch erst in Ansätzen vorliegt. Doch einige Beispiele zeigen, dass sowohl die Steuerung einzelner Zielindikatoren, als auch die Steuerung eines Gesamtbudgets für alle Arbeits- und Gesundheitsschutzmaßnahmen möglich ist (Zangemeister 2000).

4.2 Controllingsysteme

Ein erster Schritt in Richtung praktischer Umsetzung solcher Verfahren ist das von der Bundesanstalt für Arbeitsschutz und Arbeitsmedizin entwickelte *Arbeitsschutzkostencontrolling*. Für das betriebliche Arbeitsschutzsystem ist die wirtschaftliche Leistung eine möglichst hohe Verfügbarkeit des Produktionsprozesses, also der weitgehend störungsfreie Betriebsablauf. Dieser Nutzen lässt sich nicht direkt quantifizieren, sondern nur indirekt durch Indikatoren darstellen, z.B. durch die Zahl der ungestörten Arbeitsstunden (ermittelt als Differenz von eingekauften Arbeitsstunden abzüglich Ausfallstunden durch Unfall). Werden die Kosten des Arbeitsschutzsystems durch die ungestörten Arbeitsstunden dividiert, erhält man einen Effizienzindikator, der die Veränderungen von Input und Output betriebswirtschaftlich bewertet und darstellt (Thiehoff 2000, S. 93 ff.).

Die Kosten der ungestörten Arbeitsstunde sind der Quotient aus den Kosten des Arbeitsschutzsystems (alle Aufwendungen für Arbeits- und Gesundheitsschutzmaßnahmen) und der Anzahl der ungestörten Arbeitsstunden. Verminderte Ausfallzeiten führen zu einem Anstieg der ungestörten Arbeitsstunden und folglich zum Sinken des Quotienten aus Arbeitsschutzaufwendungen und ungestörten Arbeitsstunden – höhere Ausfallzeiten lassen den Indikator ansteigen.

Durch den Vergleich der Effizienzindikatoren zwischen Betrieben, Betriebsteilen und einzelnen Arbeitssystemen, mit Durchschnittswerten der Branchen und Berufsgenossenschaften sowie durch Aufbau von Zeitreihen wird der wirtschaftliche Erfolg der Anstrengungen für den Arbeitsschutz unmittelbar vergleichbar. Doch der eigentliche Vorteil, den Controllingansätze bieten, ist die Möglichkeit von Lernprozessen. Ein Unternehmen, das die Effizienz seiner Arbeitsschutzaufwendungen regelmäßig kontrolliert, verbessert sein Wissen um die Wirksamkeit der einzelnen ergriffenen Maßnahmen. Im Laufe der Zeit wird es daher immer bessere Maßnahmenkombinationen herausfinden. Damit gelingt es entweder, mit dem gleichen Budget eine höhere Ausfallsicherheit oder eine vorgegebene hohe Ausfallsicherheit mit immer geringeren Kosten zu erreichen.

Das Arbeitsschutzkostencontrolling als Instrument zur Wirtschaftlichkeitsanalyse zielt sinnvoller weise nicht mehr auf den wirtschaftlichen Erfolg im Sinne von Gewinn und Verlust – wie es noch die Unfallkostenrechnungen beabsichtigten. Beantwortet wird vielmehr die Frage, wie ein Unternehmen feststellt, kontrolliert und bewusst beeinflusst, ob es für die eingesetzten Ressourcen tatsächlich den bestmöglichen Gegenwert in Form minimierter Betriebsstörungen erzielt.

4.3 Effizienzgesteuerte Präventionsprogramme

Den weitgehendsten Ansatz für die Steuerung des betrieblichen Sicherheits- und Gesundheitssystems bietet das Verfahren effizienzgesteuerter Präventionsprogramme (EPP), das sich auf die Ideen der BSC stützt. In dieses Präventionssteuerungsverfahren sind die verschiedenen Unternehmenssichten der BSC integriert (Wirtschaftlichkeits- Wettbewerbs-, Mitarbeiter- und Kundensicht), genauso wie die Idee der lernenden Organisation (Hoeldtke, Waidmann, Waschetzko 2002). Das Unternehmen macht kontinuierlich Erfahrungen mit Akzeptanz und Effizienz der getroffenen Maßnahmenauswahl. Durch die ökonomische Erfolgsmessung der durchgeführten Präventionsprogramme werden zudem die Mitarbeiter indirekt und teilweise auch direkt beteiligt. Die Ziele und die Zielgewichte des EPP – vergleichbar einer Scorecard für Gesundheitsprävention – legt das Unternehmen fest. Legitimieren kann jedoch nur die Unternehmensführung.

Das EPP beinhaltet analog zur BSC sowohl monetäre als auch nicht monetäre Kennzahlen. Ihre Veränderungen zeigen die Wirksamkeit der gewählten Präventionsmaßnahmen an. Für die monetären Indikatoren werden dazu neuere betriebswirtschaftliche Erkenntnisse herangezogen, wie sie sich aus der dargestellten Kritik der Unfall- und Ausfallkostenrechnungen ergaben.

Effizienzsteuerung ist ein Prozess, der im Sinne eines Regelkreises kontinuierlich Maßnahmenauswahl und -intensität mit dem Grad der Zielerreichung vergleicht. Ergebnis der regelmäßigen Vergleiche sind Bewertungen des gewählten Maßnahmenmixes, um bei festgestellten Zielabweichungen oder Defiziten Steuerungsmaßnahmen durchführen zu können. Damit wird eine kontinuierliche Verbesserung des Systemzustandes und die Anpassung an die notwendigen – sich im Zeitablauf änderbaren – Zielvorgaben erreicht.

Zu den wirklich wichtigen Umsetzungsproblemen eines EPP in der betrieblichen Praxis gehört die Beschränkung auf eine handhabbare Zahl von Kenngrößen. Zudem muss die Darstellung der Ergebnisse so anschaulich wie möglich sein, um Veränderungen leichter erkennen zu können und trotzdem einen Gesamtüberblick zu behalten. Dies gelingt heute nur mit IT-technischer Hilfe (Schweres, Sengotta, Roesler 1999).

Wirtschaftlichkeit des betrieblichen Gesundheitsmanagement 71

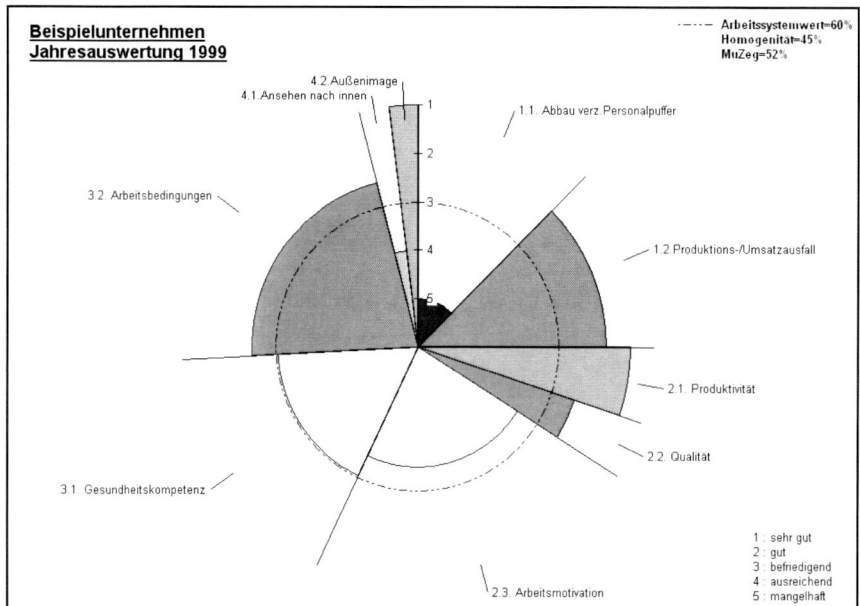

Abb. 5: Praxisbeispiel Kreissektordiagramm

Die Abbildung 4 zeigt die graphische Darstellung der Bewertungsergebnisse aller Kriterien des Kennzahlensystems eines fiktiven Beispielunternehmens. Im sogenannten Kreissektordiagramm wird die Gesamtheit aller Kennzahlen über einen Kreisbogen von 360° dargestellt. Jeder *Kreisabschnitt* repräsentiert Gewicht und Bewertung eines Kriteriums. Die *Öffnungswinkel* der jeweiligen Sektoren veranschaulichen die absolute Gewichtung und die Radien die Bewertung des dargestellten Kriteriums. Eine hohe Gewichtung führt zu großen Öffnungswinkeln und eine gute Bewertung zu großen Radien. Die Unterkriterien bestimmen jeweils die Öffnungswinkel und die Radien der Oberkriterien.

Die Summe der erreichten Nutzwerte aller Kriterien (in Prozent) werden als *Arbeitssystemwert* bezeichnet. Seine Veränderungen geben bereits einen guten Überblick über die Gesamtentwicklung. Doch gegenläufige Veränderungen von Kriterien können sich so auswirken, dass trotz starker struktureller Verschiebungen die Nutzwertsumme unverändert bleibt. Entwicklungen oder Trends werden in diesem Fall möglicherweise verschleiert. Durch die graphische Darstellung im Rahmen von Kreissektordiagrammen wird diese Schwäche jedoch aufgefangen. Der in Abbildung 4 ausgewiesene *Arbeitssystemwert* von 60 % repräsentiert zudem den gewichteten Durchschnitt aller Bewertungsergebnisse. Er stellt die Summe der Nutzwerte der einzelnen Kriterien, umgerechnet in Prozent dar. Würde bei allen Kriterien ein "sehr gut" erreicht, läge er bei 100 % und würde durch einen Vollkreis bei 1.0 angezeigt.

Die *Homogenität* der Kriterienausprägung ist ein Maß für die Streuung der Bewertungen. Sie kann als Vernachlässigungs- oder Einheitlichkeitsfaktor interpretiert werden. Steigende Werte zeigen größere Homogenität und damit eine größere Stabilität des Arbeitssystemwertes bei möglichen Veränderungen von Gewichtungen an. In unserem Beispielunternehmen liegt die Homogenität fast im Mittel bei 45 %.

Der *multidimensionale Zielerfüllungsgrad* (MuZeg) setzt sich aus dem Arbeitssystemwert und der Homogenität zusammen. Auf diese Weise wird auch die Einheitlichkeit der Kriterienerfüllung mit abgebildet. Nur wenn die Zielerreichungsgrade aller Kriterien mehr als mittlere Werte annehmen, wird der multidimensionale Zielerfüllungsgrad ebenfalls in Richtung 100 Prozent tendieren. Ein multidimensionaler Zielerfüllungsgrad, der wie im Praxisbeispiel mit 52 % nur leicht über dem Mittel liegt, zeigt ein vielversprechendes Verbesserungspotenzial an.

Die Bewertung der verwendeten Kriterien erfolgt nach einem modifizierten *Schulnotensystem*, um eine übersichtliche Gesamtdarstellung für die angestrebten periodischen Vergleiche zu ermöglichen. Dieses differenziert nur nach ganzen und halben Notenstufen: 1 / 1,5 / 2 / 2,5 / 3 / 3,5 / 4 / 4,5 / 5 und 6 für einen untragbaren oder nicht gesetzeskonformen Zustand.

Ein Vergleich der Einzelkriterien mit dem durchschnittlichen Bewertungsergebnis ist schon durch Augenschein möglich. Zudem springen die wichtigen Beurteilungskriterien beim Kreissektordiagramm durch große Öffnungswinkel ins Auge. Geringere Bewertungen führen zu kleineren Segmenten. Tiefe Einschnitte zeigen einen schlechten Erfüllungsgrad der Kriterien an, während Segmente, die fast bis an die Grenzen des Vollkreises reichen, einen hohen Erfüllungsgrad repräsentieren. Ist ein großes Segment nur geringfügig ausgefüllt, dann ist offensichtlich ein wichtiges Ziel nur schlecht (5.0) erreicht. Beispiel dafür ist die unter 1.1 abgebildete Wirtschaftlichkeitskennzahl „Abbau verzichtbarer Personalpuffer". Diese kann z.B. auf Grund nicht angepasster zu hoher Produktionskapazitäten schlechte Bewertungen bekommen haben, aber besitzt mit dem absolutem Gewicht von einem Achtel einige Bedeutung.

Das Gegenbeispiel dazu ist das Kriterium 4.1 „Außenimage", das wichtig für die Einstellung der Kunden und Zulieferer zum Unternehmen ist, obwohl ihm absolut nur geringes Gewicht zukommt. Bei dieser nur mit 2 Prozent gewichteten Kennzahl ist mit einer Bewertung von 1.0 der höchst mögliche Erfüllungsgrad realisiert. Entsprechend ist das kleine Segment vollständig ausgefüllt.

Der für das betriebliche Gesundheitsschutzsystem ausgewiesene Arbeitssystemwert von 60 % korrespondiert mit der strichpunktierten Kreislinie. Er liegt über der mittleren Bewertung von 3.5, die einem Arbeitssystemwert von 50 % entspricht. Damit liegen die Zielerreichungsgrade des Beispielunternehmens im Durchschnitt über dem Mittel. Trotzdem fällt auf, dass zwei der absolut wichtigsten Zielkriterien dieses Unternehmens „Arbeitsmotivation" und „Gesundheitskompetenz" nur annähernd durchschnittliche Zielerreichungsgrade aufweisen, also von optimaler Zielerfüllung weit entfernt sind. Die Zielerfüllung wäre besser, wenn die entsprechen Kreissegmente näher zum Vollkreis lägen.

4.4 Zielerreichung und Maßnahmenaufwand

Ursachenanalysen der Zielerreichung müssen Struktur und Aufwand der gewählten Präventionsmaßnahmen berücksichtigen. Die nachstehende Budgetübersicht informiert über die jeweiligen finanziellen Aufwendungen für die einzelnen Maßnahmen.

Budgetaufteilung des Praxisbeispiels

	Tsd. Euro	Tsd. Euro
Maßnahmenkosten:		
• Maßnahmen zur Verbesserung der Arbeitsbedingungen, ergonomischer Art und Rückentrainings	720	
• Maßnahmen zur Aktivierung des Bewegungsverhaltens	533	
• Maßnahmen zur Information und Steigerung der Gesundheitskompetenzen	270	1538
• Organisationsentwicklungs- und organisatorische Maßnahmen	15	
Infrastrukturkosten:		
• Kostenstelle betrieblicher Gesundheitsschutz	272	
davon: Personal 230 Tsd. Euro		342
• Durchführung von Befragungen	70	
davon: Mitarbeiterbefragung 67 Tsd. Euro		
Kosten aus Leistungsverrechnung:		
• Teilnahme Unterweisungen	38	120
• Teilnahme Programmaßnahmen	82	
Summe (ohne klassischen Arbeitsschutz)		2000

Tab. 1: Budgetaufteilung des Praxisbeispiels

Ein Beispiel zur Veranschaulichung: das Musterunternehmen hat für Maßnahmen zur Organisationsentwicklung, zum Führungsverhalten und zur Mitarbeiterzufriedenheit bisher nur geringfügige Mittel verwendet, obwohl diesem Ziel laut eigener Wertschätzung erhebliche Bedeutung zukommt. In diesem Fall dürfte eine Umverteilung der Budgetmittel zu Gunsten geeigneter Organisations- oder Personalentwicklungsmaßnahmen sehr lohnend sein und erwartungsgemäß eine Verbesserung des multidimensionalen Zielerfüllungsgrades hervorrufen.

Durch den Vergleich von Kreissektordiagrammen und jeweils vorangegangener Budgetstruktur der Präventionsmaßnahmen ergeben sich für die Unternehmen eine

Reihe von *Verbesserungshinweisen*. Betriebliche Entscheidungsträger erhalten erste Grundlagen für die Beurteilung der Effizienz bereits realisierter bzw. noch zu schnürender Maßnahmenpakete. Ein Lernprozess wird in Gang gesetzt.

Vereinfachend ausgedrückt kann mit dem Instrumentarium der EPP abgebildet werden, wie sich ein betriebliches Gesundheitssystem im Zeitablauf entwickelt. Dazu werden die einzelnen Kreissektordiagramme aufeinanderfolgend – durch Papier- oder IT-technische Hilfe – miteinander verglichen. Im Rückschluss lassen sich die verschiedenen Maßnahmenzusammensetzungen hinsichtlich ihrer monetären und nicht monetären Zielerreichung beurteilen. Die Steuerung im Rahmen des EPP dient damit Zug um Zug der Annäherung an einen *Optimalzustand* – also der effizientesten Verwendung der eingesetzten Mittel für Präventionsmaßnahmen. Alle Beteiligten lernen, wie die Prävention wirksam und wirtschaftlich gestaltet werden kann. Gesundheitliche und ökonomische Ziele werden gleichzeitig optimiert.

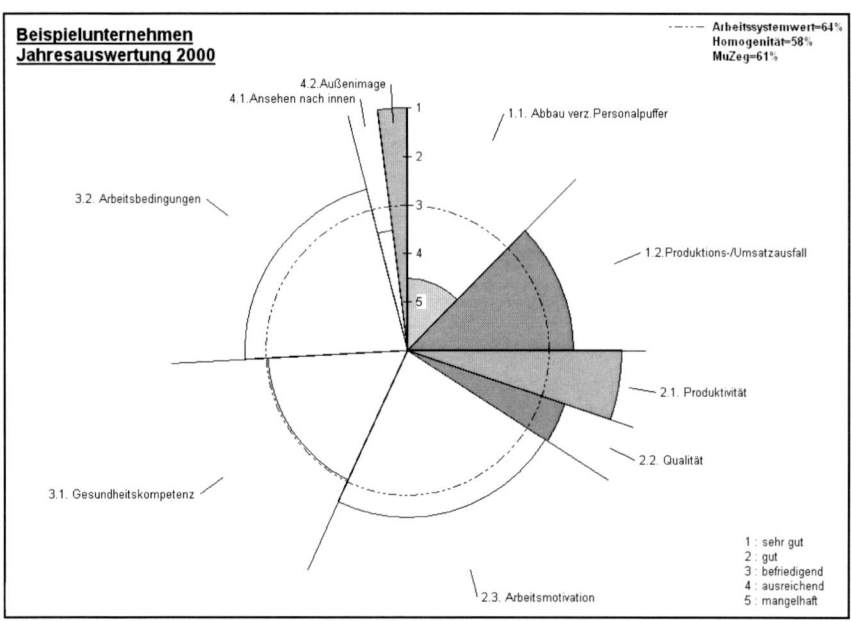

Abb. 6: Kreissektordiagramm Folgejahr

Mit Hilfe des Kreissektordiagramms aus Abbildung 5 kann man den Verbesserungsprozess durch Umverteilung der Mittel z.B. zu Gunsten organisationsverbessernder Maßnahmen illustrieren. Nach Ablauf des Jahres konnte eine Reihe von Erfolgen erzielt werden. So stieg der Arbeitssystemwert um 4 Prozentpunkte, auf 64 %. Noch wesentlich stärker stieg der Multidimensionale Zielerfüllungsgrad, von 52 auf 61 %. Ausschlaggebend dafür war die wesentlich verbesserte Homogenität, die sich durch viele besser erreichte Zielkriterien ausdrückt.

Bei einer Reihe von Einzelzielen übertraf in diesem Beispiel die gemessene Zielerreichung die Vorjahresergebnisse: „Abbau verzichtbarer Personalpuffer", „Arbeitsmotivation", „Ansehen nach innen". Einige Zielerreichungsgrade veränderten sich nicht, andere gaben geringfügig nach: „Produktions-/Umsatzausfälle" und „Arbeitsbedingungen". In der Summe konnte jedoch ein positives Ergebnis erzielt werden, obwohl die Budgethöhe unverändert blieb. Bei gleichem Mittelaufwand wie 1999 war der insgesamt erzielte Präventionserfolg im Jahr 2000 deutlich höher.

5. Ausblick: Vom Gesundheitsmanagement zur Neuen Qualität der Arbeit

Betriebliches Gesundheitsmanagement dient der WLB der Mitarbeiter und führt zu einem Return on Investment. Dieser ist jedoch nur zu einem Teil monetär. Ein größerer – teilweise entscheidender – Teil fällt als „weiche" Faktoren an, die nur mit Hilfe von Indikatoren messbar sind. Daher ist der wirtschaftliche Nutzen von Präventionsmaßnahmen nicht mit Einfachrechnungen, wie z.B. den Unfallkosten zu erfassen. Erst systematisches Controlling – z.B. die Steuerung mit Hilfe von EPP – liefert die betriebswirtschaftlich notwendigen Argumente für die Entscheidungsträger der Unternehmen. Dabei schafft die Einbindung in die Unternehmensplanung mit Hilfe der BSC erst die Voraussetzungen dafür, dass die Balancierungsprozesse zwischen Lebens- und Arbeitswelt gesundheitlich und wirtschaftlich gestaltet werden können.

Die BSC erfüllt dabei nicht bloß die Funktion eines betriebswirtschaftlichen Kennzahlensystems zur besseren Information, sondern sie ermöglicht einen *deduktiven Lernprozess*. Durch Festlegung der Ziele aus Finanz-, Entwicklungs-, Mitarbeiter- und Kundenperspektive werden umfassende und ausgewogene Steuerungsgrößen abgeleitet. Diese ermöglichen eine effiziente Maßnahmenauswahl, die regelmäßig nachsteuernd verbessert werden kann.

Auch für die Gesundheitsprävention ist es der richtige Weg, sich mit Hilfe überprüfbarer und evaluationsfähiger Programme in die Unternehmenspolitik einzuordnen. Das EPP sieht dazu eine eigene *Scorecard für Gesundheitsprävention* vor, mit Hilfe derer die Maßnahmen gesteuert werden. Es reicht jedoch nicht, allein die monetären Auswirkungen zu erfassen. Die nicht monetären weichen Faktoren sind wegen ihrer Bedeutung für die Wettbewerbs-, Mitarbeiter- und Kundenperspektive unverzichtbar. Mit Hilfe des EPP wird somit ein Lernprozess ermöglicht, der den Unternehmensbeteiligten ein Gespür dafür vermittelt, mit welchen Maßnahmen und in welcher Dosierung die höchsten Erfolge erzielt werden können. Neben dem Know How wird das Verständnis gefördert, dass das Unternehmen durch Unfälle, Erkrankungen und gesundheitliche Einschränkungen belastet wird, aber auch, dass Präventionsmaßnahmen finanzielle Ressourcen beanspruchen, die möglichst effizient verwendet werden sollten.

Neben den „richtigen" monetären und nicht monetären Indikatoren, wird ein geeignetes Steuerungsverfahren und die kontinuierliche Verhaltensoptimierung der handelnden Menschen benötigt. Folglich sind *Selbststeuerungsprozesse* erforderlich, mit deren Hilfe die Mitarbeiter eines Unternehmens zu präventivem Gesundheitsverhalten angeregt und immer wieder stimuliert werden. Kontinuierliche Verbesserungsprozesse lassen sich in globalisierten Märkten nur noch mit selbstmotivierenden und selbststeuernden Optimierungsverfahren erreichen.

Durch solche Lösungen wird das Interesse, für die eigene WLB Verantwortung zu übernehmen, gestärkt. Denn Erfolge der Gesundheitsprävention vermeiden nicht nur Überbelastungen, sie erhöhen durch ihre Wettbewerbswirkungen auch die Spielräume für weitere Verbesserungen von Sicherheit und Gesundheit. Man tut nicht nur etwas für die betriebliche Prozessoptimierung, vor allem tut man etwas für sich selbst.

5.1 Managementstrategien für eine neue Qualität der Arbeit

Mit den betrieblichen Balancierungsprozessen von wirtschaftlichen und gesundheitlichen Interessen werden auch Grundlagen zur Verbesserung der Qualität der Arbeit geschaffen (Koalitionsvertrag vom 16.10.2002). Nicht nur für die Gesundheitsprävention, sondern auch für die breitere Klammer einer Neuen Qualität der Arbeit sind betriebswirtschaftliche Evaluierungsverfahren geeignet und notwendig. Denn die wirtschaftlichen Vorteile besserer Arbeitsbedingungen, neuer Arbeitsorganisationsformen sowie der Investitionen in Qualifikation, Leistungsfähigkeit und Gesundheit der Menschen werden sichtbar und rechenbar gemacht.

Das Management der Arbeitsweltfaktoren schafft einen kontinuierlichen evaluierten Rückkopplungskreis, der sowohl das Interesse der Unternehmensleitungen, als auch die Motivation der beteiligten Mitarbeiter immer wieder stimuliert und zu Verbesserungen anreizt. Dieser betriebliche Optimierungsprozess wird für die volkswirtschaftliche Entwicklung in der Zukunft – auch aus demographischen Gründen – immer bedeutsamer. Im globalen Wettbewerb wird nur bestehen können, wer Gesundheit, Qualifikation, Motivation, Kreativität, Lernbereitschaft und Innovationsfähigkeit systematisch fördert. Dies sind die *Schlüsselqualifikationen* der neuen Arbeitswelt (Plattform der Initiative Neue Qualität der Arbeit 2002) und damit das wirtschaftliche Potenzial der Zukunft.

Literatur

Baum, H.; Heibach, M.; Höhnscheid K.-H.: Aktualisierung der volkswirtschaftlichen Ressourcenverluste durch Arbeits- und Wegeunfälle, in: Bundesanstalt für Arbeitsschutz und Arbeitsmedizin (Hrsg.), Schriftenreihe Forschung/Arbeitsschutz, Bd. 808, Dortmund/Berlin 1998

Bödeker, W.; Friedel, H.; Röttger, C.; Schroer, A.: Kosten arbeitsbedingter Erkrankungen., in: Bundesanstalt für Arbeitsschutz und Arbeitsmedizin (Hrsg.), Schriftenreihe Forschung, Bd. 946, Dortmund/Berlin 2001

Hoeltke, K.; Waidmann, R.; Waschetzko; P.: Balanced Scorecard: Werkzeug zur Umsetzung von Strategien, Personalführung 3/2002, S. 56 - 62

Kaplan, R. S.; Norton, D. P.: The Balanced Scorecard – Measures that Drive Performance, Harvard Business Review 1/1992, S. 71 -79

Kastner, M.: Work Life Balance – Schwerpunkte der Forschung, Kongressband Neue Qualität der Arbeit, 2003, S. 57 - 84 <erscheint in Kürze>

Kastner, M.; Gerlmaier, A.: Die Balance von Arbeiten und Leben fördern, Personalführung Plus 2/1999, S. 6 -15

Koalitionsvertrag vom 16. Oktober 2002, www.spd.de

Kollerer, H.: Die betriebswirtschaftliche Problematik von Betriebsunterbrechungen – Planungsgrundlagen zur Berücksichtigung von Betriebsunterbrechungen im Rahmen der Unternehmenspolitik, in: Betriebswirtschaftliche Studien, Bd. 35, Berlin 1978

Krüger, W.; Meis, S.: Probleme und Möglichkeiten der Effizienzkontrolle betrieblicher Arbeitsschutzaktivitäten, in: Bundesanstalt für Arbeitsschutz und Arbeitsmedizin (Hrsg.), Schriftenreihe Forschung, Bd. 640, Dortmund 1991

Nefiodow, L.: Der sechste Kondratieff, St Augustin 2000

Nordisk Ministerrat: Arbejtsmiljö samsunds ökonomi i norden, Universität Linköping, 556:1993

Plattform der Initiative Neue Qualität der Arbeit, 13. Mai 2002, www.inqa.de

Schweres, M.; Sengotta, M.; Roesler, J.: Gesundheits- und Arbeitsschutz in der Investitionsplanung – DV-Unterstützung für erweiterte Wirtschaftlichkeitsrechnungen, in: Bundesanstalt für Arbeitsschutz und Arbeitsmedizin (Hrsg.), Schriftenreihe Forschung, Bd. 849, Dortmund/Berlin 1999

Siegrist, J.: Soziale Krisen und Gesundheit, Göttingen 1996

Thiehoff, R.: Betriebliches Gesundheitsschutzmanagement – Möglichkeiten erfolgreicher Interessenbalance, Berlin 2000

Thiehoff, R.: Wirtschaftliche Bewertung der Arbeitsunfähigkeit durch muskuloskeletale Erkrankunge, Der Orthopäde 10/2002, S. 949 -956

Thiehoff, R.: Wie wird der betriebliche Gesundheitsschutz zum Wettbewerbsfaktor? in: Voss, J. C. (Hrsg.), Handbuch Arbeitsschutz 2002/2003, Köln/München, S. 228 –245

Zangemeister, C.: Erweiterte Wirtschaftlichkeitsanalyse (EWA), in: Bundesanstalt für Arbeitsschutz und Arbeitsmedizin (Hrsg.), Schriftenreihe Forschung, Bd. 879, Dortmund/Berlin 2000

Wie betriebliche Arbeitszeitgestaltung zum betrieblichen Gesundheitsmanagement beitragen kann

Andreas Hoff

„Worklife Balance" ist etwas ganz Persönliches: Für jeden Mitarbeiter, und auf diesen Personenkreis möchte ich mich hier beschränken, dürfte sie etwas anderes bedeuten - und zudem im Verlaufe seines Erwerbslebens immer wieder einmal etwas Neues. Ist dies so, agieren Betriebe (und hiermit meine ich im folgenden immer Management und Betriebs-/Personalrat – wir befinden uns hier schließlich im absoluten Zentrum der gesetzlichen betrieblichen Mitbestimmung) unter Worklife Balance Aspekten hinsichtlich der betrieblichen Arbeitszeitgestaltung dann optimal, wenn:

» die Verteilung der Arbeitszeit weitest möglich den Mitarbeitern selbst obliegt („Flexible Arbeitszeit"),
» jeder Mitarbeiter die Dauer seiner Vertragsarbeitszeit frei wählen kann – und zwar immer wieder neu („Wahlarbeitszeit"), und
» niemand gezwungen ist, durchschnittlich mehr Arbeitszeit zu leisten als vertraglich vereinbart („Einhaltung der Arbeitszeit-Vereinbarung").

Schon aus dieser Zusammenstellung ergibt sich, dass die betrieblichen Verhältnisse in der hier untersuchten Dimension in der Regel alles andere als günstig sind: Starre Anwesenheitspflichten reglementieren immer noch die meisten Mitarbeiter (wobei dies in Deutschland sogar weniger ausgeprägt sein dürfte als in den allermeisten anderen Ländern), viele Teilzeitwünsche werden noch immer gar nicht erst geäußert, weil man Konsequenzen für die weitere Karriere fürchtet, und Mehrarbeit – bezahlte wie unbezahlte – ist in den meisten Betrieben gerade in höheren Positionen weit verbreitet.

Welche Möglichkeiten es gibt, hier weiter zu kommen – damit möchte ich mich im folgenden beschäftigen. Dabei wird schnell sehr deutlich werden, wie eng die drei genannten Arbeitszeit-Gestaltungsfelder miteinander verknüpft sind.

1. Flexible Arbeitszeit

Ein weitest möglich von den Mitarbeitern selbst gesteuertes flexibles Arbeitszeitsystem ist Grundvoraussetzung für das fortlaufende Ausbalancieren der berufli chen und persönlichen Belange vor dem Hintergrund der vertraglich vereinbarten Arbeitszeit. *Ohne* ein solches System können diesbezüglich stets nur suboptimale Ergebnisse erreicht werden.

Das wichtigste Kennzeichen flexibler Arbeitszeitsysteme ist die Abwesenheit von Anwesenheitspflichten zu vorgegebenen Zeiten ohne konkreten Aufgabenbezug, wie sie starre Arbeitszeitsysteme und Mischsysteme wie die herkömmliche Gleitzeit (mit Kernzeit) kennzeichnen, die sich hiervon noch nicht ganz gelöst haben. Hinzu kommen *kann* auch eine Flexibilität des Arbeitsortes, soweit dies von der jeweiligen Arbeitsaufgabe her möglich ist. Es gibt drei Typen selbstgesteuerter flexibler Arbeitszeitsysteme:

» *Konventionelle flexible Arbeitszeitsysteme* mit Zeitkonto und der dafür erforderlichen Zeiterfassung. Diese erfolgt heute noch meist auf Basis einer technischen Erfassung der Anwesenheitszeiten, wobei jedoch in letzter Zeit die direkte Arbeitszeit-Selbsterfassung am PC zunimmt: Nur diese ermöglicht nämlich eine flexible Durchmischung von Arbeitszeit und Freizeit, wie sie moderne Arbeitsumgebungen kennzeichnet, in denen ebenso im Betrieb *nicht* gearbeitet werden darf (z.B. private Telefonate, Surfen im Internet, Raucherpause, Schlafen („power nap")) wie Arbeitszeit außerhalb des Betriebes möglich ist; manche Leute haben nun einmal ihre besten Ideen in der Badewanne, und ein PC zu Hause gehört heutzutage immer mehr zur Grundausstattung der Mitarbeiter, was von einigen Firmen sogar stark gefördert wird – bis hin zum Stellen einer solchen Ausstattung.

» *„Vertrauensarbeitszeit"* ohne Zeitkonto und verpflichtende Zeiterfassung, bei der der Arbeitgeber darauf vertraut, dass die Mitarbeiter ihre Vertragsarbeitszeit auch ohne Zeitkontrolle erbringen. Vertrauensarbeitszeit tritt besonders bei Mitarbeitern mit großen zeitlichen Handlungsspielräumen zunehmend an die Stelle konventioneller flexibler Arbeitszeitsysteme, kann aber auch als individuelle Option innerhalb solcher Systeme vorgesehen werden („optionale Vertrauensarbeitszeit").

» *„Arbeitszeit-Freiheit"*, bei der – auf Dauer oder für eine bestimmte Zeitspanne – ein anderer Leistungsmaßstab an die Stelle der Arbeitszeit tritt. Derartige, an der Oberfläche arbeitszeitfreie Systeme findet man beispielsweise oft im Außendienst, wo Zeitkontrolle praktisch nicht möglich ist und deshalb schon immer der Zwang bestand, sich über alternative Leistungsmaßstäbe Gedanken zu machen. Im Arbeitsverhältnis kann die Arbeitszeit jedoch niemals auf Dauer suspendiert werden. Vielmehr bleibt die Vertragsarbeitszeitdauer bei der Bemessung des zu leistenden Pensums (z.B. der Größe des zu betreuenden Vertriebsgebietes) im Hintergrund wirksam.

Je geringer die zeitlichen Handlungsspielräume der Mitarbeiter – beispielsweise im Schichtbetrieb – sind, desto eher kommen konventionelle flexible Arbeitszeitsysteme zum Einsatz; je größer diese Spielräume sind, desto mehr liegt Arbeitszeit-Freiheit nahe. Aber ganz unabhängig von der im einzelnen Fall gewählten Form der flexiblen Arbeitszeit wird die fortlaufende individuelle Worklife Balance hierin dadurch gefördert, dass alle auf die Verteilung ihrer Arbeitszeit gerichteten Wünsche der Mitarbeiter realisiert werden können, soweit sie mit Kundenbedarf („Arbeiten, wenn Arbeit da ist") und Wirtschaftlichkeit („Nicht arbeiten, wenn keine Arbeit da ist") vereinbar sind. Von ganz herausragender Bedeutung ist in diesem Zusammenhang jedoch auch, dass zur richtigen Zeit *abwesende* Mitarbeiter in gleicher Weise zum Erfolg des Betriebes beitragen wie zur richtigen Zeit Anwesende, Abwesenheit zur richtigen Zeit aber erfahrungsgemäß sehr viel schwieriger ist.

Damit die hierfür erforderlichen Freiheitsgrade auch tatsächlich erreicht werden können, kommt es nun entscheidend darauf an, dass Kundenbedarf und Einsatz des einzelnen Mitarbeiters jeweils weitest möglich voneinander entkoppelt werden; nur dann nämlich kann der Mitarbeiter auch einmal ohne schlechtes Gewissen abwesend sein, was wiederum für die Einhaltung der gewählten Arbeitszeitdauer von ausschlaggebender Bedeutung ist – siehe im Einzelnen unten. Hierfür möchte ich zwei einfache Beispiele anführen:

» Im flexiblen Tagesdienst sollte stets mit *„Servicezeiten"* (andere, meines Erachtens weniger gut geeignete gängige Begriffe hierfür, die jedoch grundsätzlich nichts anderes meinen, sind „Funktionszeit", „Ansprechzeit", „Öffnungszeit" und „Betriebszeit") gearbeitet werden, während derer die Organisationseinheit ihren Kunden ein bestimmtes Leistungsniveau unabhängig von der Verfügbarkeit einzelner Mitarbeiter garantiert: etwa eine Bankfiliale ihren externen Kunden und die Personalabteilung, die Instandhaltung und der IT-Bereich ihren internen Kunden. Auch wenn die Dauer der Servicezeit im Sinne der Kunden oft über die Kernzeit hinausgeht, die von der Servicezeit in der Regel abgelöst wird, und die Servicezeit daher von vielen Mitarbeitern zunächst als Beeinträchtigung ihrer zeitlichen Gestaltungsmöglichkeiten empfunden wird, schafft erst dieser Übergang den für sie maximal möglichen Freiheitsgrad: Dann haben die Kunden nämlich nicht mehr Anspruch auf einen bestimmten Mitarbeiter (auch wenn sie dies, leider oft unterstützt von der Führungskraft, die es dem Kunden zu Lasten ihrer Mitarbeiter besonders recht machen möchte, vielfach gern weiterhin hätten), sondern auf ein bestimmtes Leistungsniveau. Ist dieses Leistungsniveau durch die Teamkollegen sicher gestellt, kann ein Mitarbeiter in Absprache mit diesen z.B. mittags gehen, später kommen, die Arbeitszeit länger unterbrechen oder den ganzen Tag frei machen – eben Work und Life vor dem Hintergrund der vereinbarten Arbeitszeitdauer in Balance halten.
» Dort, wo diese Art fortlaufender gegenseitiger Vertretung in Form der gemeinsamen Wahrnehmung der sofort zu erledigenden Arbeitsaufgaben nicht klappt, weil – wie etwa bei der bankseitigen Betreuung vermögender Privatkunden – zwischen Mitarbeiter und Kunde ein ganz besonderes Vertrauensverhältnis besteht (das ist jedoch in der Gesamtbetrachtung die große Ausnahme), muss man als die Voraussetzungen für die Worklife Balance seiner Beschäftigten schaffender Betrieb den betreffenden Mitarbeitern die Möglichkeit geben, sich mit einem Handy frei zu bewegen, um den unerwünschten Vertretungsfall auf Urlaube u.ä. beschränken zu können. Auch wenn die meisten Kunden durchaus Rücksicht zu nehmen in

ten Kunden durchaus Rücksicht zu nehmen in der Lage sind, führt dies doch zwangsläufig zu einer Durchmischung von Privat- und Arbeitszeit, die nicht für jeden akzeptabel ist, was dann für die Betreffenden die Besetzung der dies erfordernden Positionen ausschließt.

» Ist – auf dem anderen Extrem – im *Schichtbetrieb* die durchgehende Besetzung eines Arbeitsplatzes erforderlich, schließt dies Flexibilität für die Mitarbeiter keineswegs aus – wobei der diesbezügliche Entwicklungsstand auch in Deutschland noch weit hinter dem Möglichen zurück hängt. So sollten im Schichtbetrieb beispielsweise stets Zeitkonten geführt werden, auf denen Abweichungen der tatsächlich geleisteten Arbeitszeit von der Vertragsarbeitszeit verbucht werden und auf die auch die Mitarbeiter zugreifen können. Für die Mitarbeiter am günstigsten sind dabei Schichtsysteme, in denen *mehr* als die Vertragsarbeitszeit eingeteilt wird, weil dies zu einem kontinuierlichen Aufbau von Zeitguthaben führt, die dann (außer z.B. zur betriebsseitigen An- und Absage von Schichten entsprechend den marktseitigen Anforderungen) zu einer mitarbeitergerechten weitest möglichen Individualisierung des tatsächlichen Einsatzplans genutzt werden können.

» Darüber hinaus sollten die Mitarbeiter auch den Schichtwechselzeitpunkt im Rahmen der gesetzlichen Möglichkeiten (insbesondere der Tageshöchstarbeitszeit von derzeit 10h ausschließlich Pausenzeit) mit einem geeigneten Ablöser frei bestimmen können, um sich so beispielsweise selbst für einen Kinoabend mit dem Partner „freispielen" zu können (man wechselt beispielsweise statt um 22:00 am betreffenden Abend schon um 19:30). Hierfür hat sich im Übrigen das Prinzip „Vertrauensarbeitszeit" besonders bewährt: Die entstehende Zeitdifferenz sollte nicht über die Zeitkonten verbucht, sondern im Wege des Naturaltauschs vom Tauschpartner dann zurückgeholt werden, wenn man selbst einmal Freizeit benötigt.

» Und schließlich gibt es in flexiblen Schichtsystemen auch noch die Möglichkeit, dass sich Teams z.B. über die Verteilung von Urlaub, Freischichten und sonstigen planbaren Abwesenheitszeiten etwa zur Weiterbildung verständigen und dabei auch, analog zum flexiblen Tagesdienst (weitest mögliche Gleichbehandlung!), die hierfür einzuäumenden Freiheitsgrade für persönliche Zwecke nutzen können.

Bei der Einführung eines flexiblen Arbeitszeitsystems als zwingende Grundlage für eine fortlaufende Worklife Balance der Mitarbeiter kommt es selbstverständlich auf die jeweils getroffenen Regelungen an – viel mehr jedoch noch darauf, sicher zu stellen, dass von diesen Regelungen dann auch bestimmungsgemäß Gebrauch gemacht wird. Den „Flaschenhals" stellen hierbei in der Regel kontrollfixierte Führungskräfte (besonders auch im Top-Management) und oft leider auch Betriebs-/Personalräte dar, die sich mit dem Gedanken einer aufgabengerechten Arbeitszeit-Selbststeuerung durch die Mitarbeiter im Team naturgemäß schwer tun. Dort, wo das hierfür nötige gegenseitige Vertrauen (noch) nicht ausreichend vorhanden ist, hat Worklife Balance im praktischen Vollzug keine Chance. Mitarbeiter, schaut auf Eure Führungskräfte!

2. Wahlarbeitszeit

„Wahlarbeitszeit" bedeutet in ihrer reinsten Form, dass der Mitarbeiter die *Dauer* seiner Vertragsarbeitszeit immer wieder neu frei bestimmen kann – natürlich im Rahmen der gesetzlichen und ggf. der tarifvertraglichen Bestimmungen, in Deutschland also nicht über 48 Wochenstunden bzw. ggf. die tarifliche Regelarbeitszeit (von z.B. in der westdeutschen Metallindustrie derzeit 35 und für einen Teil der Mitarbeiter bis zu 40 Wochenstunden) hinaus; die *Verteilung* der Arbeitszeit ist hiervon nicht berührt. Wahlarbeitszeit ist damit mehr als Teilzeitarbeit: Mit ihr werden die Grenzen zur Vollzeitarbeit ganz bewusst durchlässig gestaltet. Dazu tragen auch neuartige langzyklische Teilzeit-Formen bei, bei denen der Mitarbeiter seine Vertragsarbeitszeit reduziert, aber mit der vormaligen Vertragsarbeitszeitdauer weiter arbeitet, wodurch sich auf einem Langzeitkonto ein entsprechender Anspruch auf bezahlte Freistellung aufbaut. Wie sehr gerade an dieser Stelle die Grenzen zwischen Vollzeit- und Teilzeitarbeit mehr und mehr verschwimmen, zeigt im Übrigen auch die insbesondere von Großunternehmen ihren Mitarbeiter zunehmend eingeräumte Option, Entgeltansprüche via Langzeitkonto in Ansprüche auf bezahlte Freistellung umzuwandeln: Ist denn ein Vollzeitmitarbeiter, der beispielsweise 25% seines Jahresentgelts in bezahlte Freizeit umsetzt, nicht eigentlich teilzeitbeschäftigt?

Wahlarbeitszeit findet grundsätzlich ohne Wechsel der Arbeitsaufgabe statt und beinhaltet die Option zur (Wieder-)Aufstockung der Vertragsarbeitszeit, womit zugleich die nach meiner Erfahrung wichtigsten – und zugleich meist sträflich vernachlässigten – Punkte für die Akzeptanz individuell verkürzter Arbeitszeiten benannt wären. Dabei ist in der betrieblichen Praxis eine gewisse Asymmetrie unverzichtbar und auch nicht schädlich: Während die Reduzierung der Vertragsarbeitszeit wie eine Teil-Kündigung wirkt, die für den Betrieb die Kosten senkt und ihm Produktivitätschancen bietet, ist es bei der (Wieder-)Anhebung der Vertragsarbeitszeit genau umgekehrt: Dabei handelt es sich um eine Teil-Neueinstellung, die die Kosten steigert und Produktivitätsrisiken in sich birgt. Daher muss im letztgenannten Fall der betriebliche Bedarf zwangsläufig im Vordergrund stehen – wobei bei zusätzlichem Personalbedarf der/die eine Aufstockung seiner Vertragsarbeitszeit wünschende Mitarbeiter Vorrang genießen sollte. Genau dies sieht im übrigen auch das seit Anfang 2001 geltende Teilzeit- und Befristungsgesetz (TzBfG) vor.

Die Voraussetzung dafür, dass sich jeder Mitarbeiter tatsächlich die für ihn gerade passende Vertragsarbeitszeitdauer aussuchen kann, ist wiederum ein flexibles Arbeitszeitsystem – siehe oben –, weil ein solches niemals auf eine bestimmte Arbeitszeitdauer zugeschnitten ist. Das gilt beispielsweise auch im von einem Zeitkonto begleiteten flexiblen Schichtbetrieb: Hier wirkt sich eine Veränderung der Vertragsarbeitszeit „nur" in Form einer entsprechend veränderten individuellen Zahl von Frei- bzw. Zusatzschichten aus, ohne dass das Schichtsystem selbst verändert werden müsste.

Schwierigkeiten mit der Umsetzung des TzBfG haben somit vor allem diejenigen Betriebe, in denen noch starre Arbeitszeitregelungen herrschen. Hier hat die Teilzeitarbeit notwendig immer eine Sonderstellung – wie sich auch schon an altertümlichen Begriffen wie „Teilzeitstelle" zeigt. Ihr Kennzeichen ist die Sonderregelung im Einzelfall – die spezielle Kernzeit (falls Teilzeitbeschäftigte nicht sogar gänzlich aus der Gleitzeit herausfallen), die spezielle Verteilung der Arbeitszeit (zwei Tage voll, ein Tag halb; Montag bis Donnerstag vormittags; etc.), das spezielle Zeitkonto, die spezielle Teilzeitschicht. Dadurch wird Teilzeitarbeit zu einem Fremdkörper, von dem es in einem Betrieb nicht zu viele geben darf, damit noch „vernünftig" gearbeitet werden kann.

Auch wenn solche „Teilzeit-Reservate" ihren Initiatoren meist sehr entgegen kommen, stehen sie der Verallgemeinerung der Teilzeitarbeit doch sehr im Wege – schon weil seit dem Inkrafttreten des TzBfG in den Betrieben die Angst vor Präzedenzfällen grassiert: Wird einem Mitarbeiter eine „eigentlich" unsinnige Arbeitszeit-Verteilung gewährt (zum Beispiel Halbtagsarbeit vormittags in einer den ganzen Tag benötigten Funktion), wird man dies einem anderen künftig auch nicht verweigern können.

Daher sollte es zugunsten der weiteren Ausbreitung von Wahlarbeitszeit für die Teilzeitbeschäftigten grundsätzlich keine Sonderregelungen hinsichtlich der Verteilung ihrer Arbeitszeit mehr geben. Im flexiblen Arbeitszeitsystem gibt es hierfür auch keine Argumente: Hier nehmen die Teilzeitmitarbeiter, natürlich im Rahmen ihrer reduzierten Vertragsarbeitszeitdauer, z.B. ebenso an der gemeinsamen Abdeckung von teamorientierten Servicezeiten und der Erfüllung anderer Leistungsversprechen teil wie die Vollzeitbeschäftigten, was die Berücksichtigung ihrer persönlichen Belange im Rahmen der jeweiligen Möglichkeiten ja gerade einschließt.

3. Einhaltung der (Arbeitszeit-)Vereinbarung

Aktuelle Veröffentlichungen zum offensichtlich vielfach aus der Balance geratenen Verhältnis von Work und Life (der eigentliche Grund für die Aktualität dieses Themas) betonen sehr oft, dass die Flexible Arbeitszeit – besonders in ihren unkonventionellen Formen ohne Zeitkonto und Zeiterfassung – zu einem „Arbeiten ohne Ende" führen könne oder, in der fundamentalistischen Variante, zwangsläufig dazu führe. Auch wir stellen in unserer Beratungsarbeit sehr häufig fest, dass ein Teil der Zeitkonten überläuft und nicht in der verabredeten Weise gesteuert wird, analog hierzu bei Vertrauensarbeitszeit die Unterstützung der Mitarbeiter in Überlast-Situationen unterbleibt und bei Arbeitszeit-Freiheit übermäßige Arbeitspakete geschnürt werden. Was aber helfen Flexible Arbeitszeit und Wahlarbeitszeit den Mitarbeiter, wenn sie im Ergebnis dann doch nicht die jeweils gewünschte Worklife Balance realisieren können?

Damit wird die Einhaltung der jeweiligen Arbeitszeit- bzw. der diese im Falle von Arbeitszeit-Freiheit ersetzenden sonstigen Vereinbarung für diejenigen Mitarbeiter, die dies wünschen (und nicht, was im Sinne von individueller Worklife Balance außerhalb von Arbeitszeit-Freiheit natürlich ebenfalls vorstellbar ist, an bezahlter Mehrarbeit interessiert sind), zur Nagelprobe für die Ernsthaftigkeit, mit der der Betrieb sie bei der Verfolgung ihrer Zeitinteressen unterstützt. Entscheidend hierfür ist wiederum nicht allein die sachgerechte Ausgestaltung der Arbeitszeit-Regeln, sondern vor allem der Umgang hiermit – in erster Linie durch die Führungskräfte, die sich den ihnen hierbei zukommenden Planungs- und Steuerungsaufgaben nach meiner Erfahrung gern entziehen.

Was getan werden kann, um die Führungskräfte diesbezüglich in die Pflicht zu nehmen, hängt vom gewählten Typus der Flexiblen Arbeitszeit ab:

» In konventionellen Systemen sollte das *Zeitkonto* nicht zu groß gewählt werden und damit – soweit von dem Mitarbeiter gewünscht – ein frühzeitiges Gegensteuern der Führungskraft erforderlich sein. Das meines Erachtens derzeit bestverfügbare Verfahren wurde im Jahr 2000 unter meiner Mitwirkung bei der Darmstädter Software AG entwickelt. Hier ist das Zeitkonto auf +/-60h begrenzt; überschießende Zeitsalden verfallen, anders als in konventionellen Gleitzeitkonten, *sofort* (und nicht erst am Monats-, Quartals- oder Jahresende) – im Plusbereich zu Lasten des Mitarbeiters, im Minusbereich zu Lasten des Arbeitgebers. Letzteres soll den üblicherweise unbeliebten Minusbereich des Zeitkontos aufwerten und den Mitarbeiter veranlassen, z. B. bei Arbeitsmangel zwischen zwei Projekten zu Hause zu bleiben: Sein Nachleistungsrisiko ist schließlich auf 60h begrenzt, und für den Arbeitgeber ist es allemal besser, die Mitarbeiter starten das neue Projekt bei einem Saldo von –60 h als bei 0.

» Sieht ein Mitarbeiter nun die Gefahr, dass ihm geleistete Arbeitszeit gekappt wird, hat er die Möglichkeit, Unterstützung bei seiner Führungskraft einzufordern, die diese auch nicht verweigern darf. Kann der Mitarbeiter dann nicht kurzfristig entlastet werden – in erster Linie durch das Weglassen oder Verschieben von Arbeitsaufgaben –, hat die Führungskraft die Möglichkeit, mit ihm auf beidseits freiwilliger Basis „Zusatz-Zeitbudgets" zu vereinbaren (nicht anordnen! Wenn der Mitarbeiter auf der Einhaltung seiner Vertragsarbeitszeit besteht, muss eine andere Lösung gefunden werden), durch die die +60h-Grenze entsprechend angehoben wird. Innerhalb dieser Zusatz-Zeitbudgets geleistete Arbeitszeit wird dann nach Wahl des Mitarbeiters vergütet oder seinem Langzeitkonto gutgeschrieben.

» Damit nun die Führungskraft auch tatsächlich in der genannten Weise unterstützend agiert, werden die erfolgten Tages-Kappungen monatsweise durch eine paritätisch aus jeweils drei Vertretern von Management und Betriebsrat besetzte „Arbeitszeitkommission" überprüft. Stellt sich dabei heraus, dass der Mitarbeiter unfreiwillig in die Kappung gegangen ist und eventuell sogar die Führungskraft angefragte Unterstützung nicht gegeben hat, führen Mitglieder der Arbeitszeitkommission Gespräche mit den Beteiligten mit dem Ziel, dass solche Kappungen in Zukunft nicht mehr vorkommen. Bereits erfolgte Kap-

pungen werden aber niemals zurückgenommen, um den Handlungsdruck bei den Beteiligten aufrecht zu erhalten.
» Bei Vertrauensarbeitszeit kommt es analog hierzu darauf an, dass die Führungskraft nicht nur unterstützend agiert, sobald der Mitarbeiter eine „Überlast-Situation" anzeigt (und nur von ihm kann hier diese Meldung normalerweise ja kommen), sondern auch fortlaufend signalisiert, dass ihr solche Meldungen sehr willkommen sind – nicht nur, weil sie wichtige Hinweise für die zukünftige Organisation und Verteilung der Arbeit beinhalten können, sondern auch, weil die Mitarbeiter sich sonst eventuell nicht trauen, solche Meldungen abzugeben; man könnte ja als „Schwachleister" dastehen...
» Auch hier sollte eine betriebliche Instanz vorhanden sein, an die sich die Mitarbeiter wenden können (und dann auch tatsächlich wenden), wenn sie von ihrer Führungskraft nicht ausreichend unterstützt werden.
» Bei Arbeitszeit-Freiheit schließlich kommt es analog vor allem auf die Aushandlung eines der Dauer der vereinbarten Arbeitszeit angemessenen Arbeitspaketes an. Auch die Ergebnisse solcher Aushandlungsprozesse sollte der Mitarbeiter durch eine betriebliche Instanz überprüfen lassen können.

Führungskräfte, die zu einem fairen Umgang mit ihren Mitarbeitern nicht in der Lage sind, sind bei Flexibler Arbeitszeit jedenfalls dann fehl am Platze, wenn ein solches System *auch* mit der Zielsetzung praktiziert wird, den Mitarbeitern die jeweils gewünschte Worklife Balance zu ermöglichen.

4. Fazit

Bereits auf der Arbeitszeit-Regelungsebene kann also sehr viel für die Worklife Balance der Mitarbeiter getan werden – durch eine jeweils größt mögliche Arbeitszeitflexibilisierung, kombiniert mit der Einführung von Wahlarbeitszeit und der institutionell abzusichernden Garantie, dass die jeweiligen (Arbeitszeit-) Vereinbarungen dann auch tatsächlich eingehalten werden. Dabei darf allerdings nicht übersehen werden, dass die eigentlichen Probleme bei der Verwirklichung von Worklife Balances weit überwiegend nicht auf der Arbeitszeit-Ebene, sondern in der betrieblichen Organisation und Kultur liegen: Das Arbeitszeitsystem kann noch so flexibel sein – wenn der einzelne Mitarbeiter nicht auch einmal abwesend sein kann, weil er in ausreichendem Maße von seinen Team-Kollegen vertreten wird und/oder im tatsächlichen Notfall über Handy erreichbar ist, und dies auch kulturell sein *darf* (d.h., keine Sprüche wie „Halber Tag Urlaub?" oder „Arbeiten wir jetzt Teilzeit?", wenn jemand um 17:00 geht), ist nichts geholfen. Schließlich muss der Mitarbeiter in selbstgesteuerten flexiblen Arbeitszeitsystemen letzten Endes selbst dafür sorgen und daher auch dafür sorgen können, dass seine persönliche Worklife Balance stimmt.

Insofern muss bei der unter Worklife Balance Aspekten unverzichtbaren Einführung eines flexiblen Arbeitszeitsystems besonders darauf geachtet werden, dass Organisation und Kultur entsprechend „mitwachsen" und der Mitarbeiter dadurch die erforderliche Unterstützung erhält. Der Schlüssel zum Erfolg liegt bei den Führungskräften, die zum einen den zur richtigen Zeit abwesenden Mitarbeiter wertzuschätzen lernen müssen und zum anderen den Druck von oben eben nicht nur einfach nach unten durchreichen dürfen, sondern bei Überforderungen gemeinsam mit ihren Mitarbeitern Gegendruck erzeugen müssen, ohne den auch die höheren Managementebenen wichtiger Informationen verlustig gehen. Ohne ein solches Führungsverhalten kann weder das in jeder Art flexiblem Arbeitszeitsystem erforderliche Vertrauen wachsen, noch hiervon ein positiver Beitrag zur Worklife Balance der Mitarbeiter erwartet werden.

Vergütungspolitik: Auswirkungen von Anreizsystemen auf die Gesundheit von Führungs- und Fachkräften

Martin von Hören

„Vergütung und Gesundheit der Mitarbeiter" – spontan werden bei Nennung dieser beiden betrieblichen Handlungsfelder wohl ganz überwiegend Entgeltformen assoziiert, die Arbeitnehmer gewissermaßen ohne Rücksicht auf Verluste zu Höchstleistungen antreiben und dabei Raubbau an dem persönlichen Leistungspotenzial bis hin zu nachhaltigen gesundheitlichen Schädigungen fördern. Der Klassiker dieser so charakterisierten Entgeltformen ist der Akkordlohn. Aber auch bei modernen Prämien- und Bonusregelungen für höherqualifizierte Beschäftigte wird zunehmend beklagt, dass sie dazu (ver)führen, zur Erreichung immer anspruchsvollerer Ziele quasi „grenzenlos" zu arbeiten.

„Akkord ist Mord" ist dann auch die drastische Zuspitzung des Erlebens der Betroffenen, dass für die eigene bzw. die Familienexistenz auskömmliche Löhne in der Akkordarbeit häufig nur unter Gefährdung des eigenen Leistungsvermögens zu erzielen waren. In dieser Lohnform äußerten sich bereits die unterschiedlichen Interessen, die bei der Wahl und Anwendung von Entgeltformen eine Rolle spielen: Für den Mitarbeiter ist dies vor allem das Interesse an einem möglichst hohen und stetigen Einkommen einerseits, andererseits an einer Ausgewogenheit zwischen dem erzielten Einkommen und dem erbrachten Einsatz an Arbeitsmühe, Zeit, Belastung usw. Für ihn geht es darum, dass die Arbeitsbelastung sein langfristiges Arbeitsvermögen und seine Lebensverhältnisse nicht zu sehr beeinträchtigt. Für das Unternehmen stellen Löhne und Gehälter Personalkosten dar. Vor allem können sie jedoch dazu dienen, den Einsatz des Humankapitals möglichst ertragreich zu gestalten, also durch geeignete Entgeltformen Quantität und Qualität der Arbeitsergebnisse positiv zu beeinflussen. Damit erschöpfen sich die Funktionen von Vergütung keineswegs, zu nennen sind beispielsweise noch mittelfristige Aspekte wie der Erhalt des Humankapitals für das Unternehmen. Diese Interessen sind teils gegensätzlich, teils gleichgerichtet; häufig stehen sowohl auf Mitarbeiter- als auch auf Unternehmensseite kurzfristige gegen langfristige Interessen.

Die Lohnform Akkord mit ihrer direkten Koppelung von Ausbringung und Einkommen ist Ausdruck der genannten Verbindung von Einkommensinteresse der Beschäftigten und Leistungsinteresse des Unternehmens. Die sich um dieses Grundmodell rankenden Konflikte auf betrieblicher oder überbetrieblicher Ebene, aber auch das individuelle Einrichten der Akkordarbeiter in die Gegebenheiten durch Schaffung unbeobachteter Verbesserungen, Herausarbeiten von Puffern u. a. m. resultieren aus den sich überlagernden Interessenspositionen. Auf der einen Seite stand das Interesse der Beschäftigten, die aus der Tätigkeit im Leistungslohn resultierende Belastung zu begrenzen – dies nicht zuletzt im Interesse einer langfristigen Einkommenssicherung –, auf der anderen Seite das Interesse der Unternehmen an einer möglichst wirtschaftlichen Produktion (Lang/Meine/Ohl 2001: 223 ff.).

Die Brisanz des Themas ist offenkundig. Offenkundig ist angesichts der angerissenen Interessenpositionen aber auch, dass einfache Lösungen wohl kaum zu finden sind.

Das Ziel dieses Beitrages besteht darin, das Spannungsverhältnis von Vergütung und Gesundheit unter Bedingungen zu beleuchten, unter denen der Akkordlohn auch im gewerblichen Bereich schon lange nicht mehr die dominierende Entgeltform ist. Gezeigt werden soll, dass auch jetzt noch Zusammenhänge zwischen Vergütung und gesundheitlicher Situation der Mitarbeiter bestehen, welche beeinträchtigenden Wirkungen bestimmte Gestaltungsformen von Anreizsystemen haben können und welche Ansätze in modernen Entgeltsystemen zu einer Reduzierung beeinträchtigender Wirkungen beitragen können.

1. Macht Vergütung krank?

Die aus der Berufswelt resultierenden gesundheitsschädigenden Einflüsse sind ein traditionelles Thema der Arbeitswissenschaft. Zu Zeiten der Dominanz körperlicher Arbeit waren es vor allem die physisch schädigenden Aspekte von Arbeitsumgebung und Arbeitstätigkeit, die im Mittelpunkt des Interesses standen: Arbeit, die „auf die Knochen geht".

Mit der nachhaltigen Verbesserung von Arbeitsbedingungen, vor allem aber dem Bedeutungsrückgang körperlicher Arbeit zugunsten von administrativen und intellektuellen Tätigkeiten ist das Problem offenbar nicht vom Tisch: Andere – psychische und psychosomatische – Erkrankungsformen nehmen zu (Volk 2002: 23). Arbeit geht nicht mehr auf die Knochen, sondern auf das Herz-Kreislauf-System, den Magen, den Rücken, auf Ohren, Augen und die Seele. Sammelbegriff für die vermutete Ursache ist – so allgemein wie unpräzise – „Stress".

„Mehr als die Hälfte der Manager klagt regelmäßig über Befindungsstörungen wie Rücken- und Gelenkschmerzen, Schlafstörungen oder Herzstolpern" (Kienbaum 2003: 6), so ein Befund einer Befragung unter Führungskräften der ersten und zweiten Führungsebene. Auch wenn in Zeiten wirtschaftlicher Stagnation krankheitsbedingte Abwesenheiten meist abnehmen, steigen doch gegenwärtig gesundheitliche Belastungen eher an. Faktoren, die schon in den letzten Jahrzehnten zu einer zunehmenden Leistungsverdichtung geführt haben, wie die Veränderung der

Wettbewerbssituation (Internationalisierung, kürzere und schnellere Produktzyklen als Reaktion auf wandelnde Kundenbedürfnisse) und zunehmende Ungewissheit über die Zukunft des Unternehmens (Stichwort: Unternehmensverkäufe und -zusammenschlüsse) oder des Arbeitsbereichs (Stichwort: Reorganisationen in kurzen Zyklen) werden gegenwärtig durch die aktuelle wirtschaftliche Situation überlagert. Die derzeitige ungewöhnlich lang anhaltende pessimistische Stimmung in den Unternehmen mit den entsprechenden realwirtschaftlichen Konsequenzen sorgt für eine tiefe berufliche und persönliche Verunsicherung auch bei hochqualifizierten Arbeitnehmern und Leitungskräften bis hin zu massiven Existenzsorgen.

Zur Vergütungspolitik besteht hier zunächst ein indirekter Zusammenhang: Die Veränderungen, unter denen Unternehmen seit einiger Zeit operieren, sind nämlich auch die Ursache für den Bedeutungswandel, den Vergütungspolitik erfahren hat und derzeit immer noch erfährt. Vergütung ist kein isoliertes Spezialistenthema mehr, bei dem es vornehmlich um Begrenzung von Personalkosten, Herstellung von Bezahlungsgerechtigkeit oder dergleichen geht. Vielmehr gliedert sie sich ein in die unternehmerischen Führungsinstrumente und wirkt als mächtiger Hebel im Rahmen eines umfassenden „Performance Management", also eines Gesamtsystems zur Leistungssetzung, -beeinflussung, -steigerung, -messung und -honorierung. Indem Führungs- und Steuerungssysteme mit Vergütung verknüpft werden, wirken sie auf das individuelle Leistungsverhalten und entfalten erst ihre eigentliche Kraft. Diese Sichtweise ist unter schwierigeren Rahmenbedingungen im Grunde unverzichtbar, entsprechend ist der Stellenwert von Vergütungspolitik in den Unternehmen in den letzten Jahren deutlich gewachsen.

Da die Führungsinstrumente im Unternehmen den gewachsenen Erfolgsdruck vermitteln, erscheinen sie – und damit auch das Vergütungssystem – durchaus als eine der Ursachen für den steigenden Arbeitsdruck und die damit verbundenen gesundheitlichen Folgen. Die wirkliche Ursache – etwa wie in dem alten Schema „Akkord ist Mord" – ist Vergütung hingegen nicht; Anreizsysteme und Vergütungsinstrumente sind die Scharniere, an denen sich die Notwendigkeiten unternehmerischer Strategieumsetzung mit dem individuellen Handeln von Führungs- und Fachkräften verbinden.

2. Schädigungen durch Gestaltungsdefizite in der Vergütung

Auch wenn Ursachen beruflicher Erkrankungen nicht in erster Linie in den Anreizsystemen liegen, ist gleichwohl die Frage sinnvoll, ob spezifische Ausgestaltungsformen das Auftreten von Belastungserkrankungen fördern. Die Frage ist schon allein deshalb sinnvoll, weil sich hier am ehesten Ansatzpunkte für eine gesundheitsfördernde Gestaltung ergeben könnten.

Eine Reihe von Befunden stützt die Vermutung, dass hohe Belastungen nicht an sich krankheitsverursachend sind bzw. nicht jede Person in gleichem Maße schädigen, sondern dass das Hinzutreten spezifischer Bedingungen die Wahrscheinlichkeit des Auftretens von bestimmten Erkrankungen erhöht:

» So treten gesundheitliche Beeinträchtigungen bei Führungskräften mit geringer Arbeitszufriedenheit deutlich häufiger auf als bei ihren zufriedeneren Kollegen (Kienbaum 2003: 6).
» Es besteht offenbar ein Zusammenhang zwischen der Häufigkeit des Auftretens von Erkrankungen der Herzkranzgefäße und dem Empfinden eines Ungleichgewichts zwischen erbrachten Leistungsanstrengungen und der erlangten Belohnung (Bosma et al. 1998: 70; Peter 2002: 390, Stress 2003: 8).
» Ein weiterer Risikofaktor besteht in geringen Freiheitsgraden bei der Entscheidung, wie und wann eine Arbeit auszuführen ist (Bosma et al. 1998: 71; Peter 2002: 390, Stress 2003: 8).

Schon diese noch recht punktuellen wissenschaftlichen Erkenntnisse machen deutlich, dass Faktoren bei der Gestaltung von Anreiz- und Vergütungssystemen, die von Mitarbeitern auch unabhängig von Gesundheitsaspekten als unangenehm und demotivierend empfunden werden, über diese Unzufriedenheit hinaus ein pathogenes Potenzial beinhalten. Zu nennen sind hier insbesondere:

» fehlende Sinngebung der Arbeitstätigkeit durch mangelnde Einordenbarkeit ihres Wertes und ihrer Bedeutung im Gesamtunternehmenszusammenhang: keine formulierte, keine operationalisierte und kommunizierte Unternehmensstrategie, die auf operative Unternehmensziele und letztlich auf die Tätigkeit des einzelnen Mitarbeiters heruntergebrochen wird; damit zusammenhängend
» eine handlungsorientierte Führung, die nicht selten als Gängelung empfunden wird: dem Mitarbeiter wird gesagt, was er tun soll, nicht was er erreichen soll,
» fehlende oder unzureichende persönliche Rückmeldung über Leistung und Erfolg des Mitarbeiters: Fehlen oder ritualisiertes Abhalten von Mitarbeitergesprächen, Leistungs- und Potenzialbeurteilungen,
» fehlende Transparenz des Zusammenhangs zwischen Leistung und Lohn – unter „Lohn" wird hier der gesamte Komplex von Anreizen durch kurzfristige und direkt monetäre Elemente wie Prämien- oder Tantiemezahlungen sowie Gehaltssteigerungen bis hin zu perspektivisch wirkenden Komponenten wie Beförderungs- und Karrieremöglichkeiten verstanden – Kriterien für die Festlegung fixer und variabler Entgeltbestandteile fehlen oder sind nicht kommuniziert,
» vor allem aber der fehlende Zusammenhang selbst zwischen Leistung und Erfolg einerseits, dem Lohn im angeführten Sinne andererseits: Leistungs- und erfolgsbezogene Entgeltbestandteile fehlen entweder ganz oder sind von vergleichsweise geringem Umfang.

3. Konsequenzen für die Gestaltung von Vergütungssystemen

Die geschilderten Gestaltungsdefizite sind der Grund dafür, dass betriebliche Anreizsysteme bereits seit längerem einer kritischen Überprüfung unterzogen und weiterentwickelt bzw. neugestaltet werden. Zunehmend setzt sich die Erkenntnis durch, dass gut gestaltete Anreiz- und Vergütungssysteme ein kritischer Wettbewerbsfaktor sind, wenn es darum geht, Leistungsträger für ein Unternehmen zu gewinnen, sie an das Unternehmen zu binden und ihr Engagement und ihren Erfolg zu fördern. Der Aspekt der Gesundheitsförderung ist hierin bereits enthalten: Zur Bindung von Mitarbeitern gehört auch zu verhindern, dass diese ein Unternehmen krankheitsbedingt verlassen. Zur Förderung von Engagement und Erfolg gehört auch, dafür zu sorgen, dass Leistungsträger ihre Leistungen physisch und psychisch überhaupt erbringen können.

Wenn gestaltende Maßnahmen der Vergütungspolitik darüber hinaus unmittelbar gesundheitsbeeinträchtigende Faktoren der Anreizsysteme reduzieren oder beseitigen, ist dies sicherlich mehr als ein willkommener Nebeneffekt, auch wenn die primären Gründe in der Suche nach leistungssteigernden Maßnahmen der Mitarbeiterführung liegen.

Unter dem Blickwinkel der zuvor genannten Defizite werden im folgenden einige Gestaltungsformen moderner Vergütungssysteme aufgeführt. Dabei liegt der Fokus der Betrachtung darauf, wie Demotivation und gesundheitsbeeinträchtigende Belastung reduziert werden können, ohne aus dem Auge zu verlieren, dass der Hauptzweck aller Anreizinstrumente letztlich die Förderung unternehmerischen Erfolges ist. Jedoch: Dies wird vor allem dann gelingen, wenn durch die Anreizsysteme möglichst weitgehend eine Win-Win-Situation zwischen Unternehmen und Mitarbeiter hergestellt wird.

3.1 Zielorientierte Führung

Eine Unternehmens- und Personalführung, bei der aus einer Unternehmensstrategie schrittweise operative Jahresziele des Unternehmens, seiner Organisationseinheiten und letztlich jedes Mitarbeiters abgeleitet werden, ist – wenn auch bei weitem noch nicht in jedem Unternehmen tatsächlich bzw. vollständig praktiziert – heute ohne Alternative. Zu stark ist der Druck unter schwierigeren Wettbewerbsbedingungen, ungerichtetes Tun im Unternehmen und die daraus resultierenden Effizienzverluste möglichst zu reduzieren. „Führen mit Zielen" oder „Management-by-Objectives", „Balanced Scorecard", „wertorientierte Unternehmensführung" mit daraus abgeleiteten Systemen von Wert- und Leistungstreibern sind unterschiedliche Facetten dieses Mechanismus.

Für den einzelnen Mitarbeiter werden durch diese Instrumente Unternehmensstrategien auf die eigene Tätigkeit hin operationalisiert, die eigene Funktion im Gesamtzusammenhang wird damit weniger sinnentleert, als wenn – wie gerade in großen Organisationen häufig anzutreffen – der eigene Beitrag zum Gesamterfolg kaum im einzelnen verständlich ist. Man bleibt zwar ein – häufig kleines – Rädchen im Getriebe, aber die eigene Funktion und vor allem die Auswirkungen der eigenen Aktivitäten werden verständlich und damit sinnvoller, wenn Zielgrößen und Leistungsparameter der eigenen Tätigkeit nachvollziehbar aus übergeordneten Zielen abgeleitet werden können.

Damit verbunden ist ein weiterer wesentlicher Aspekt zielorientierter Führung, nämlich die Abkehr von der Handlungsorientierung zugunsten einer Fokussierung auf die zu erbringenden Resultate. Dies fördert bei Mitarbeitern, die zunehmend intolerant gegenüber einer alles im Detail vorschreibenden Führung sind, die Arbeitszufriedenheit. Zugleich werden ihnen die geforderten Handlungsspielräume eingeräumt, innerhalb derer sich Kreativität und unternehmerisches Denken erst entfalten können.

Führung ist dabei nicht aus der Verantwortung entlassen: Gerade unter Gesundheitsaspekten ist es Aufgabe der Vorgesetzten sicherzustellen, dass die übertragene Eigenverantwortlichkeit für Resultate nicht – sozusagen als Ausfluss von „Sachzwängen" (Baethge/Denkinger/Kadritzke 1995: 137) – zu einer unbegrenzten und schädlichen Ausweitung der Arbeitszeit durch die Mitarbeiter selbst führt. Als „Coach" kann der Vorgesetzte Impulse in Richtung ressourcenschonender Selbstorganisation und effektiven Zeitmanagements des Mitarbeiters geben. Nur scheinbar ein Nebenaspekt ist in diesem Zusammenhang seine Verantwortung dafür, dass Urlaubsansprüche der unterstellten Mitarbeiter nicht über Gebühr auflaufen oder gar verfallen, sondern tatsächlich zur Erholung verwendet werden.

3.2 Rückmeldung und Beurteilung

Besonders in zielorientierten Führungs- und Vergütungssystemen kommt eine zentrale Rolle dem Mitarbeitergespräch zu. Dieses kann eine ganz Reihe von Zwecken erfüllen: Potenzialbeurteilung, Feststellung von Entwicklungsbedarfen, Festlegung von Entwicklungs- und Karriereschritten, Zielvereinbarung und -beurteilung, Coaching, Leistungsbeurteilung, Gehaltsüberprüfung sind an sich unverzichtbare Inhalte, die – ohne die jeweilige Führungskraft zu überfordern – in einen sinnvollen Gesamtzusammenhang gebracht werden müssen.

Wesentlicher Aspekt des Mitarbeitergesprächs ist in dem hier diskutierten Zusammenhang die organisierte Rückmeldung über erbrachte Leistungen. Hinlänglich bekannt sind die zahlreichen Probleme im Zusammenhang mit der klassischen merkmalsorientierten Leistungsbeurteilung (Lattmann 1994: 94 ff.). Zu nennen sind hier insbesondere die Scheu von Führungskräften, ihren Mitarbeitern eine kritische Rückmeldung zu geben, besonders zu Merkmalen wie bspw. Sorgfalt, Initiative oder Flexibilität, die nahe an schwer veränderlichen Persönlichkeitsmerkmalen liegen, und ihre oft eingeschränkte Fähigkeit, Beurteilungen gegenüber den beurteilten Mitarbeitern angemessen zu begründen. Das Verfahren der zielorientierten Leistungsbeurteilung schafft zum Teil Abhilfe: Vielen Führungskräften fällt es leichter, scheinbar über eine Sache – nämlich den Erreichungsgrad vereinbarter Ziele – zu sprechen als über persönliche Eigenschaften des Geführten. Zudem wirken Ziele, wenn sie messbar oder zumindest anhand von Sachkriterien überprüfbar formuliert sind, sowohl negativen Willkür- als auch (scheinbar) positiven Gefälligkeitsbeurteilungen entgegen. Schließlich wird dadurch, dass immer über Jahresziele gesprochen wird, auch eine Ritualisierung erschwert, bei der einfach die Beurteilung des Vorjahres fortgeschrieben wird. Die Verbindung dieser Zielerreichungsbewertung mit Vergütung fördert die notwendige Ernsthaftigkeit nicht nur bei der Zielverfolgung, sondern auch bei der Durchführung des Beurteilungsgespräches – es geht ja schließlich um etwas. Dagegen versuchen viele Unternehmen die gleichzeitig zu Förderzwecken als sinnvoll empfundene Gesamtbeurteilung des Mitarbeiter vom Entgeltsystem zu entkoppeln, um diesem Instrument trotz aller Widrigkeiten überhaupt eine Chance zu geben.

Ein weiterer Aspekt von Rückmeldung und Anerkennung ist wichtig: Dadurch, dass sie nicht nur im Gespräch ausgedrückt werden, sondern auch finanzielle Konsequenzen haben, wird ihre Bedeutung für den Mitarbeiter noch einmal betont. Zwar muss nicht jede positive Rückmeldung mit Vergütungskonsequenzen verbunden sein – eine solche Inflationierung kann leicht Abnutzungseffekte erzeugen –, häufige Anerkennung ohne jede materielle Konsequenzen wirft bei Mitarbeitern jedoch auf Dauer die Frage nach ihrer tatsächlichen Bedeutung hervor. Insofern ist ein Vergütungssystem, das Erfolge angemessen honoriert, von großer Bedeutung, um im Mitarbeitergespräch ausgedrückte Anerkennung zu unterstreichen. Dies bezieht sich übrigens nicht nur auf die Erreichung von Zielen, auch Leistungen außerhalb von Zielen werden in vielen Unternehmen mittels einer sogenannten Spontanprämie für außergewöhnliche und unerwartete Leistungen besonders honoriert.

3.3 Attraktive und transparente Vergütungsregelungen

Eine der wichtigsten Konsequenzen aus den oben geschilderten Befunden ist die Notwendigkeit, dass sich Leistung überhaupt und das auch noch in transparenter Form in den Anreizsystemen, insbesondere in den Vergütungsregelungen, niederschlägt. Hier besteht erheblicher Handlungsbedarf. Es geht dabei um zwei Aspekte: erstens die Attraktivität des Vergütungssystems und zweitens die Transparenz seiner Wirkungsweise.

Ad 1: Geht man davon aus, dass sich das Lohnen von Leistung vor allem in den leistungsorientierten, sprich variablen Entgeltbestandteilen ausdrückt, so ist selbst bei Führungskräften zu konstatieren, dass zwar die große Mehrzahl Teile des Gehalts in variabler Form bezieht, der variable Anteil jedoch in den meisten Fällen deutlich unter 20 Prozent liegt (Kienbaum 2002: 57). Bei unteren Führungskräften sowie bei Mitarbeitern ohne Führungsverantwortung ist die Bedeutung variabler Vergütungsteile noch erheblich geringer.

Wird die Forderung „Leistung soll sich lohnen" ernst genommen, besteht hier in der Mehrzahl der Unternehmen erheblicher Handlungsbedarf, attraktive leistungsorientierte Entgeltbestandteile zu realisieren. (Auf der anderen Seite mag auch eine zu hohe Variabilität der Bezüge für die Mitarbeiter Probleme mit sich bringen; da die gegenwärtige Situation jedoch von eher niedrigen variablen Entgeltanteilen geprägt ist, ist das Überschreiten einer ohnehin schwer ermittelbaren optimalen Variabel-Fix-Relation als Problem z. Zt. von eher untergeordneter Bedeutung.)

Zur Attraktivität der Vergütung gehört auch, dass die Einkommenschancen nach oben nicht zu früh begrenzt werden. Häufig – so die Erfahrung bei der Neugestaltung von Vergütungssystemen – wird der Verdienstspielraum für Topleistungen in der – in gewissem Maße verständlichen – Angst, das System könne zu teuer werden, nicht genügend ausgefahren. Stellt man freilich sicher, dass hohe Zahlungen nur bei entsprechend großen Erfolgen fließen – die sprichwörtliche Gewinner-Gewinner-Situation –, ist gegen ein hohes Bonuspotenzial im Spitzenbereich wenig einzuwenden. Vielmehr trägt dieses dazu bei, dass gerade diejenigen, die für besondere Erfolge auch einen hohen Einsatz zeigen, sich für diesen Einsatz angemessen entlohnt fühlen.

Ad 2: Dass sich Mitarbeiter für Leistung als angemessen entlohnt fühlen, hat nicht nur damit zu tun, dass sie es tatsächlich werden, sondern dass sie es auch so begreifen: Es geht als um die Nachvollziehbarkeit des Zusammenhangs zwischen Lohn und Leistung.

Durch den Übergang zu zielorientierten Bonussystemen zumindest bei Führungskräften, aber auch darüber hinaus ist bei den variablen Entgeltbestandteilen dieser Zusammenhang heute zunehmend, aber noch lange nicht flächendeckend gegeben. Aber auch hier ist im Detail zu fordern, dass der Zusammenhang zwischen Lohn und Leistung nicht durch zu viele unbeeinflussbare Faktoren verwässert wird. Bei dem Mitarbeiter, der ja schon bei der Verfolgung seiner Ziele mit zum Teil wenig beeinflussbaren Widrigkeiten zu kämpfen hat, stellt sich sonst leicht das Gefühl ein, nicht übersehbaren Einflussgrößen oder gar Willkür ausgeliefert zu sein.

Etwas komplizierter ist die Forderung bei anderen Anreizkomponenten, wie der Entwicklung der Bezüge im Zeitverlauf und den Karrieremöglichkeiten, zu realisieren. Gehaltssysteme haben neben einer internen Ordnungsfunktion für das Unternehmen gegenüber dem Mitarbeiter auch die Funktion, ihm zu signalisieren, welche Leistungen, Kompetenzzuwächse und Erfolge sich für ihn im Gehalt niederschlagen. Die Scheu vor bürokratischen Laufbahnsystemen, wie sie aus dem öffentlichen Sektor bekannt sind, oder vor aufwändigen regelmäßigen Bewertungsrunden sollte nicht dazu führen, auf offen gelegte Kriterien für Gehaltsentwicklung und Beförderungen gänzlich zu verzichten. Auch hier ist wiederum auf die Bedeutung eines systematischen Mitarbeitergespräches zu verweisen.

Angesichts der Verflachung von Hierarchien in vielen Unternehmen und der zunehmenden Bedeutung sogenannter Wissensarbeit ist dabei die Notwendigkeit gewachsen, qualifizierten Mitarbeitern auch jenseits eines Aufstiegs in der Führungshierarchie Perspektiven in der Entwicklung von Verantwortung und Einkommen zu eröffnen. Die Parallelität von Führungs-, Fach- und Projektlaufbahnen ist eine geeignete Antwort hierauf. Zur Glaubwürdigkeit dieses Instruments gehört, dass Chancen auf Einkommen und Status für hochqualifizierte Spezialisten denen für Mitarbeiter vergleichbar sind, die Führungsverantwortung übernehmen. Es gilt aber auch die Tatsache und dies sollte nicht verschwiegen werden, dass die angesprochene Parallelität nach oben meist nicht unbegrenzt ist.

Bei aller Relativierung eines absoluten Gerechtigkeitspostulats haben Gehaltssysteme die Funktion, dafür zu sorgen, dass der Mitarbeiter seine Vergütung als gerecht empfindet. Gerechtigkeit bedeutet dreierlei: Der Aspekt der Leistungsgerechtigkeit wurde bereits hinlänglich ausgeführt. Der Aspekt der Funktionsgerechtigkeit hebt auf die Wertigkeit einer Position innerhalb eines Unternehmens ab, es geht also um die relative Positionierung einer Tätigkeit gegenüber anderen. Schließlich geht es um Marktgerechtigkeit, also darum sicherzustellen, dass die Vergütung für eine Position wettbewerbsfähig am Arbeitsmarkt ist. Es ist Aufgabe von Vergütungssystemen, diesen dreifachen Bezug sicherzustellen und durch geeignete Kommunikation der Vergütungsprinzipien dafür zu sorgen, dass dies von den Mitarbeitern auch so wahrgenommen wird.

3.4 Arbeitszeit

Die Rolle einer der jeweiligen Lebensphase angepassten Arbeitszeitgestaltung wird in diesem Band an anderer Stelle behandelt; daher erfolgen hier nur wenige Anmerkungen zu den Aspekten, die das Vergütungssystem im engeren Sinne berühren.

Wenn – wie eine Befragung unter Führungskräften kürzlich zeigte – der herausragende Wunsch von Führungskräften als Konsequenz der hohen Belastung in der aktiven Berufszeit in einer Verkürzung der Lebensarbeitszeit besteht (Verband 2002: 39), hat dies für die Gestaltung der Arbeitszeit- und Vergütungssysteme zwei Konsequenzen:

» Erstens müssen die Systeme eine flexible Arbeitszeitgestaltung entsprechend der Bedürfnisse der Mitarbeiter überhaupt vorsehen, und dies bei möglichst weitgehender Flexibilität und nach Möglichkeit ohne erhebliche zusätzliche Belastungen für das Unternehmen. Ansätze wie die Zeitwertpapiere von VW (Grawert/Knoll 1999) oder zeitinvest der Deutschen Bank (Buchs/Schmidt-Narischkin 2001) sind prominente Beispiele. Besonders im außertariflichen Bereich ist ein Ansparen von Zeit meist kaum möglich, da eine längere Arbeitszeit durch die erhöhten Bezüge häufig bereits abgegolten ist. Um auch diesem Kreis den Aufbau von Zeitguthaben zu ermöglichen, kann jedoch der

Tausch von Geld, beispielsweise von Teilen der variablen Vergütung, in Zeitguthaben angeboten werden.

» Zweitens muss aber – und dies unterstreicht die schon erläuterte Notwendigkeit attraktiver variabler Vergütungsregelungen – auch der Umfang, in dem Geld bzw. Zeit angespart werden kann, ein früheres Ausscheiden, aber auch ein zeitweises Aussteigen aus dem Beruf zur physischen und psychischen Regeneration, für Weiterbildungszwecke, Familienphasen u. a. überhaupt erst ermöglichen.

3.5 Weitere gesundheitsfördernde Elemente von Vergütungssystemen

Neben den geschilderten „großen" Themen finden sich in Vergütungssystemen noch einige weitere Detailregelungen, die unter dem Gesichtspunkt der Gesundheitsförderung einer größeren Aufmerksamkeit bedürfen. Zu nennen sind hier insbesondere folgende Aspekte:

» Zwar wurde oben gefordert, dass Vergütungspolitik attraktive Anreize bieten soll, damit Engagement und Erfolge von den Mitarbeitern als lohnend empfunden werden. Andererseits bergen extreme Anreize – beispielsweise progressive und ungedeckelte Vergütungsfunktionen – durchaus die Gefahr eines Raubbaus an persönlichen Ressourcen der Mitarbeiter, aber auch der ihnen unterstellten Mitarbeiter in sich. Wenn dieser Gefahr nicht anderweitig begegnet werden kann, ist dies – neben anderen Überlegungen – durchaus eine Begründung für eine nicht zu aggressive Gestaltung von Bonus- oder Prämiensystemen im Spitzenbereich, indem bspw. ab einem Maximalwert keine weitere Steigerung des Einkommens durch Mehrleistung mehr vorgesehen wird („Deckelung", „Cap"). Ein solcher Maximalwert sollte im Interesse der Anreizwirksamkeit freilich nicht zu niedrig liegen und kann andererseits – je nach Mitarbeitergruppe – durchaus Akzeptanzprobleme hervorrufen.

» Im Rahmen der zunehmenden Verbreitung zielorientierter variabler Entgeltsysteme bis in den Tarifbereich hinein wächst die Bedeutung von Gruppen- bzw. Teamprämien. Dieses Instrument setzt auf die Selbstorganisation der Gruppe im Interesse der gesetzten Ziele, aber auch auf die gegenseitige Beeinflussung der Gruppenmitglieder. Wird der Druck auf tatsächlich oder vermeintlich schwächere Gruppenmitglieder zu stark, kann dies für die Betroffenen schwerwiegende gesundheitliche Konsequenzen haben. Solchen unerwünschten Entwicklungen kann ein Stück weit bereits durch das Vergütungssystem selbst entgegengewirkt werden; eine wichtige Frage besteht dabei darin, in welchem Maße eine Gruppenprämierung und eine Differenzierung nach Leistung innerhalb einer Gruppe vorgenommen werden sollen. Darüber hinaus können aber auch Entwicklungs- und Qualifizierungsaktivitäten oder organisatorische Maßnahmen beim Aufgabenzuschnitt der einzelnen Mitarbeiter und der Zusammensetzung einer Gruppe erforderlich werden.

» Zu den nichtmonetären Zusatzleistungen eines Unternehmens, die eine gesundheitsfördernde Wirkung haben, zählen betrieblich veranstaltete oder geförderte Gesundheitskurse, Betriebssport, aber auch die Qualität des Essens in Kantinen und Casinos. Bildungsangebote, die auf ein wirksames Zeitmanagement zielen, können zur Reduzierung der aus einem hohen Arbeitsvolumen resultierenden gesundheitsgefährdenden Belastungen beitragen.
» Auch Gruppenverträge bei Unfallversicherungen oder Krankenzusatzversicherungen verschaffen dem Mitarbeiter aufgrund der Einkaufsvorteile der Unternehmen einen verhältnismäßig günstigen Beitrag zur Erhaltung seiner Arbeitskraft und Gesundheit.
» Besonders im Bereich höherer Führungskräfte haben in Deutschland im Vergleich bspw. zu den USA betrieblich veranlasste bzw. geförderte medizinische Check-Ups noch eine deutlich geringere Bedeutung. Ihre Bedeutung ist nicht zu unterschätzen: Über die konkrete Diagnose hinaus sensibilisieren sie die Führungskräfte für die gesundheitlichen Aspekte ihres beruflichen Einsatzes.

4. Fazit

Die genannten Maßnahmen signalisieren über ihren konkreten Nutzen hinaus, dass dem Unternehmen der gesundheitliche Zustand seiner Mitarbeiter nicht gleichgültig ist. Sie sind Indikator einer um „Nachhaltigkeit" – um diesen Begriff aus der politischen Diskussion aufzugreifen – bemühten Personal- und Vergütungspolitik. Bei dieser bleibt das Hauptmotiv, aus dem Humankapital für Unternehmen größtmöglichen Nutzen zu schöpfen, sie erkennt allerdings die Notwendigkeit an, dies nicht nur für den Moment zu tun. Wenn kreative und engagierte Mitarbeiter ein entscheidender Wettbewerbsfaktor sind, geht es darum, diese Talente dem Unternehmen zu erhalten und sie dem Unternehmen gesund zu erhalten. In Zeiten, in denen die Wechselbereitschaft aufgrund der Arbeitsmarktsituation nicht besonders ausgeprägt ist und zugleich ein hoher Druck auf die Personalkosten besteht, existiert eine gewisse Versuchung, diese Aspekte in den Hintergrund treten zu lassen, mit möglicherweise erheblichen Folgen. Wie Unternehmen mit ihren Mitarbeitern umgehen, zeigt sich nicht so sehr in guten, sondern viel mehr in schwierigen Zeiten. Die Formulierung von an Kontinuität und „Nachhaltigkeit" orientierten Prinzipien in personal- und vergütungspolitischen Grundsätzen ist da schon – bei aller erforderlichen Flexibilität im Detail – ein wichtiger Orientierungspunkt.

Literatur

Baethge, M., Denkinger, J., Kadritzke, U.: Das Führungskräfte-Dilemma: Manager und industrielle Experten zwischen Unternehmen und Lebenswelt, Frankfurt am Main, New York 1995

Bosma, H., et al.: Two Alternative Job Stress Models and the Risk of Coronary Heart Disease. American Journal of Public Health (88).1 1998.68 – 74

Buchs, G., Schmidt-Narischkin, N.: Das Zeitwertkonto „zeitinvest" bei der Deutschen Bank AG. Personalführung (34) 10 2001, 36 – 41

Grawert, A., Knoll, L.: Das Zeit-Wertpapier der Volkswagen AG. Personalwirtschaft (26) 6 1999, 63 – 68

Kienbaum Managements Consultants GmbH (Hrsg.): Vergütungsstudie 2002. Band I: Leitende Angestellte, 40. Ausgabe, Gummersbach 2002

Kienbaum Managements Consultants GmbH (Hrsg.): Zeitmanagement & Worklife-Balance internationaler Top-Manager, Berlin 2003

Lang, K., Meine, H., Ohl, K. (Hrsg.): Handbuch Arbeit – Entgelt – Leistung. Tarifanwendung im Betrieb, 3., überarbeitete Aufl., Frankfurt am Main 2001

Lattmann, C.: Die Leistungsbeurteilung als Führungsmittel, 2., verbesserte Aufl., Heidelberg 1994

Peter, R.: Berufliche Gratifikationskrisen und Gesundheit. Pschotherapeut (47) 6 2002, 386-398

Stress verdoppelt Herzinfarktrisiko. Gesundheitsvorsorge am Arbeitsplatz. Personalführung (36) 1 2003, 8

Verband der Führungskräfte/Verband Angestellter Führungskräfte e. V. (Hrsg.): Gehalts- und Arbeitszeitsituation 2002, Essen/Köln 2002

Volk, H.: Macht die Berufswelt krank? Psychische Erkrankungen auch unter Managern nehmen zu. Frankfurter Allgemeine Zeitung Nr. 302 v. 30.12.2002, 23.

Gesundheitsförderliche Arbeitsgestaltung

André Büssing, Jürgen Glaser & Thomas Höge

Moderne Gesundheitsförderung im Betrieb umfasst zahlreiche Strategien, Konzepte und Programme (z.B. zum Überblick Badura, Ritter & Scherf, 1999; Bamberg, Ducki & Metz, 1998). Während in der Vergangenheit vor allem die Verhütung von Arbeitsunfällen und branchentypischen Berufserkrankungen im Mittelpunkt stand, hat sich das Bild in den letzten Jahren grundlegend gewandelt. So zeigt das Krankheitspanorama in jüngeren Statistiken von Berufsgenossenschaften und Krankenkassen, dass traditionelle Risiken wie etwa Schädigungen durch Gefahrenstoffe oder Berufsunfälle rückläufig sind, wohingegen psychische Belastungen am Arbeitsplatz immer mehr um sich greifen (Deutsche Angestelltenkrankenkasse, 2002). Diesem Trend muss durch entsprechende Maßnahmen im betrieblichen Arbeits- und Gesundheitsschutz verstärkt begegnet werden.

Wie die Gesundheit und das Wohlbefinden von Beschäftigten über eine gesundheitsgerechte und gesundheitsförderliche Gestaltung von Arbeits*bedingungen* erhalten und gefördert werden kann wird in diesem Artikel vorgestellt und diskutiert.

1. Konzepte gesundheitsförderlicher Arbeitsgestaltung

1.1 Verhaltens- versus Verhältnisprävention

Gesundheitspräventive Maßnahmen im Unternehmen können danach unterschieden werden, auf wen oder was sich die Maßnahmen beziehen. *Verhaltensprävention* geht davon aus, dass jeder Mensch mit Hilfe seines eigenen Verhaltensrepertoires Krankheiten und Stress vorbeugen kann (Klotter, 1999). Maßnahmen der Verhaltensprävention richten sich demnach mit einer Vermittlung geeigneter Präventionstechniken an den einzelnen Beschäftigten (z.B. Kurse zu rückengerechtem Arbeiten, Entspannungs- und Fitnesstraining, Ernährungsberatung). Mit Maßnahmen der *Verhältnisprävention* wird hingegen versucht, die Ursachen von Krankheiten und Stress in der Arbeitssituation selbst zu beseitigen bzw. zu vermeiden. Verhältnisprävention im Betrieb ist also gekoppelt an Maßnahmen der Gestaltung von Arbeitsplätzen, Arbeitsaufgaben oder Arbeitsorganisation. Bisweilen wird in der Praxis jedoch die betriebliche Gesundheitsförderung mit Maßnahmen der Verhaltensprävention gleichgesetzt, ohne eine Verhältnisprävention weiter in Betracht zu ziehen. Dies mag daran liegen, dass verhaltenspräventive Maßnahmen kostengünstiger erscheinen und in der Regel schneller umgesetzt werden können. Außerdem verbleibt dann die Verantwortung für Gesundheit und Wohlbefinden beim Beschäftigten und die möglichen Ursachen im betrieblichen Umfeld können ausgespart werden. Problematisch ist an einseitigen verhaltenspräventiven Maßnahmen jedoch, dass sie kompensatorisch ausgerichtet sind, wenn gesundheitsrelevante betriebliche Schwachstellen weiter bestehen. Verhältnisprävention in Form gesundheitsförderlicher Arbeitsgestaltung, die an den Wurzeln gesundheitsrelevanter Probleme ansetzt, dürfte die wirksamere Form der Verbesserung sein, denn ihre Wirkungen sind struktureller Natur und bieten damit mehr Aussicht auf Nachhaltigkeit (Thiehoff, 1998).

1.2 Strategien der Arbeitsgestaltung

Die Arbeitspsychologie unterscheidet Strategien der Arbeitsgestaltung (Tabelle 1). Zu diesen Strategien zählen die *korrektive, präventive, prospektive, differenzielle* und *dynamische* Arbeitsgestaltung.

Strategie	Ziel
Korrektive Arbeitsgestaltung	Korrektur erkannter Mängel
Präventive Arbeitsgestaltung	Vorwegnehmende Vermeidung gesundheitlicher Schädigungen und Beeinträchtigungen
Prospektive Arbeitsgestaltung	Schaffung von Möglichkeiten der Persönlichkeitsentwicklung
Differenzielle Arbeitsgestaltung	Angebot verschiedener Arbeitsstrukturen, zwischen denen Beschäftigte wählen können
Dynamische Arbeitsgestaltung	Möglichkeit der Erweiterung bestehender oder Schaffung neuer Arbeitsstrukturen, die dem Lernfortschritt und Veränderungen in Leistung und Persönlichkeit der Beschäftigten Rechnung tragen

Tab. 1: Strategien der Arbeitsgestaltung (nach Ulich, 2001)

Korrektive Arbeitsgestaltung bezieht sich auf das Beheben von erkannten Mängeln. Der häufigste Fall ist die Korrektur von Bedingungen, die aus der mangelnden Berücksichtigung von ergonomischen Anforderungen durch die Planer eines Arbeitsplatzes resultieren. Beispiele für korrektive Arbeitsgestaltung wären etwa die Beschaffung von ergonomisch optimalen Bürostühlen, nachdem Rückenbeschwerden bei Mitarbeitern aufgetreten sind, oder die nachträgliche Verschalung von Maschinen zur Verminderung der Lärmbelastung im Bereich der Produktion.

Präventive Arbeitsgestaltung versucht hingegen schon bei der Einrichtung von Arbeitsplätzen mögliche körperliche und psychische Belastungen zu erkennen und so zu berücksichtigen, dass diese erst gar nicht auftreten. Ein Beispiel dafür wäre die Entwicklung und der Einsatz von Maschinen, die mittels technischer Dämpfung weniger Lärm verursachen oder ein optimales Lichtdesign in einem neuen Bürogebäude. Die präventive Form der Arbeitsgestaltung verfügt über einen hohen Wirkungsgrad. Leider werden in vielen Fällen bei der Planung weder Experten aus der Praxis (erfahrene Beschäftigte) noch aus den Arbeitswissenschaften angemessen beteiligt, so dass präventive Arbeitsgestaltung nicht selten nur unzureichend umgesetzt wird.

Eine *prospektive Arbeitsgestaltung* richtet sich darüber hinaus auf die Schaffung oder Neugestaltung von Arbeitssystemen oder Arbeitsaufgaben mit gesundheitsfördernden Bedingungen für die Beschäftigten, die – ganz im Sinne eines erweiterten Gesundheitsbegriffs – auch persönlichkeitsförderliche Aspekte einschließen. Im Mittelpunkt steht nicht mehr allein die Vermeidung von gesundheitsschädlichen Belastungen, sondern die Gestaltung von Arbeitsbedingungen, die zur persönlichen Entwicklung der Beschäftigten beitragen. Dies lässt sich insbesondere durch Maßnahmen des *Job-Enrichment* erreichen, mit denen Arbeitstätigkeiten zu anforderungshaltigeren, zumeist komplexeren Tätigkeiten restrukturiert werden. Beispiele sind die Einführung von teilautonomen Arbeitsgruppen in der Fertigung (Fertigungsinseln etwa in der Automobilindustrie) oder von teilautonomen Teams im Banken- und Versicherungssektor. Mitglieder solcher teilautonomen Gruppen oder Teams haben in der Regel nicht nur ein breiteres Spektrum, sondern auch anspruchsvollere planerische, dispositive und kontrollierende Aufgaben zu bewältigen. Auf diesem Weg erhalten die Beschäftigten mehr Möglichkeiten, ihre Qualifikationen und Kompetenzen in die Arbeit einzubringen und diese im Arbeitsprozess weiter zu entwickeln.

Kompetenzen, Erwartungen und Bedürfnisse von Beschäftigten können sich stark voneinander unterscheiden. Daher ist es wichtig, auch individuelle Unterschiede bei Arbeitsgestaltungsmaßnahmen mit zu berücksichtigen. Man spricht hier von *differenzieller Arbeitsgestaltung*. Dahinter steht die Überlegung, dass es nicht einen einzigen allgemein gültigen Weg gibt, eine Arbeitsaufgabe gut zu bewältigen. Vielmehr sollten Aufgaben, Abläufe und technische Mittel optimal auf die individuellen Voraussetzungen der vorhandenen Personen abgestimmt werden und durch die Betroffenen im Vollzug ihrer Arbeitstätigkeit jederzeit und nach Möglichkeit selbständig auf neue Umstände und Voraussetzungen angepasst werden können. Dies erfordert flexible Arbeitsformen (z.B. flexible Arbeitszeitmodelle, Telearbeit), Freiheitsgrade zur Gestaltung von Arbeitsabläufen (z.B. Variation von Arbeitsvorgängen) oder individuell anpassbare Arbeitsmittel (z.B. Möbel, Bildschirme, Software). Diese Möglichkeiten sollten nicht nur bei der Aufnahme, sondern auch im weiteren Verlauf der Arbeit bestehen, da sich individuelle Voraussetzungen (z.B. familiäre Bedingungen) auch verändern können (vgl. dynamische Arbeitsgestaltung).

Das Angebot alternativer Arbeitsstrukturen nimmt Abschied vom tayloristischen Gedanken des "one best way", berücksichtigt aber noch nicht Prozesse der persönlichen Entwicklung von Arbeitnehmern, also die *intra*individuelle Differenz über die Zeit. Daher bedarf es in Ergänzung zur differenziellen Gestaltung auch einer *dynamischen Arbeitsgestaltung*. Mit anderen Worten: Das Angebot individuell anpassbarer Arbeitsformen, Arbeitsmittel und Arbeitsinhalte sollte nicht nur einmalig, sondern kontinuierlich arbeitsbegleitend gegeben sein. Es geht bei der dynamischen Arbeitsgestaltung um die Berücksichtigung von Lernfortschritten der Mitarbeiter ebenso wie um Veränderungen in persönlichen Lebensbedingungen (z.B. nach Familiengründung), in Leistungsvoraussetzungen (z.B. im Alter) und von individuellen Werten und Einstellungen.

Für alle genannten Strategien der Arbeitsgestaltung gilt, dass sie den Beschäftigten nicht "übergestülpt" werden sollten, sondern dass die Mitarbeiter bei der Entwicklung der Maßnahmen einzubeziehen und ihre Expertise, Erfahrung und Interessen zu berücksichtigen sind (*partizipative Arbeitsgestaltung*).

2. Arbeitsbedingungen und Gesundheit

Konzepten gesundheitsförderlicher Arbeitsgestaltung liegt die Prämisse zu Grunde, dass Arbeit die Gesundheit und das Wohlbefinden der Mitarbeiter bei entsprechender Gestaltung fördern kann. Man spricht von gesundheitsförderlicher bzw. humaner Gestaltung von Arbeit; sie stellt eine an arbeitspsychologischen Kriterien orientierte Form der Arbeitsgestaltung dar. Dass sich bestimmte Arbeitsbedingungen schädlich auf die physische Gesundheit von Beschäftigten auswirken können, dürfte angesichts der arbeitsmedizinischen Erkenntnisse zu Berufserkrankungen nicht weiter erklärungsbedürftig sein. Hingegen sind die Mechanismen, wie Arbeit Gesundheit fördern kann, weniger bekannt und erforscht. In der Arbeitspsychologie finden sich eine Reihe von Konzepten, Modellen und Theorien, in denen die Wirkungen von Arbeitsbedingungen auf die Entstehung von Arbeitsstress beschrieben und erklärt werden. Zudem existieren Modelle, die eine Förderung der Gesundheit durch Gestaltung von Arbeit erklären.

2.1 Erklärungsmodelle zur Wirkung von Arbeitsbedingungen auf Gesundheit

Ein weit verbreiteter arbeitswissenschaftlicher Ansatz zur Wirkung von Arbeitsbedingungen auf Gesundheit ist das Belastungs-Beanspruchungs-Konzept (ausführlich bei Büssing, 1999; Oesterreich, 1999). Danach werden *Belastungen* verstanden als die Gesamtheit der Einflüsse, die von außen auf den Arbeitenden einwirken. Demgegenüber sind *Beanpruchungen* die Wirkungen dieser Einflüsse auf den arbeitenden Menschen. Objektiven Belastungen folgt somit subjektive Beanspruchung in Abhängigkeit von individuellen Merkmalen des Arbeitenden wie z.B. Körperkraft, Alter, Eigenschaften oder Kompetenzen. "Belastung" und "Beanspruchung" sind im Belastungs-Beanspruchungs-Konzept nicht negativ besetzt, sondern haben jeweils eine neutrale Bedeutung. Belastungen können zu gering (Unterforderung), optimal oder zu hoch (Überforderung) sein. Bei Über- und Unterforderung wird auch von *Fehlbeanspruchung* gesprochen. Eine wesentliche Facette des Belastungs-Beanspruchungs-Konzepts bilden die *physischen* Belastungen bei der Arbeit (z.B. Heben und Tragen, Lärm, Licht, Schwingungen, Stäube), die etwa zur Beanspruchung des Muskel-Skelett-Apparates, der Sensorik oder des Herz-Kreislauf-Systems führen können. Kritisch an diesem Konzept – insbesondere für die *psychische* Belastung und Beanspruchung – ist der Umstand, dass es die aktive, nicht zuletzt gedankliche Auseinandersetzung von Personen mit den Belastungen nicht angemessen berücksichtigt.

Hier setzt das *transaktionale Stressmodell* an (z.B. Lazarus & Folkman, 1984). Dieses Modell thematisiert Entstehungsbedingungen von Stress und deren gesundheitliche Auswirkungen. Im Mittelpunkt dieses Stressmodells stehen die Wechselwirkungen zwischen Person und Umwelt sowie die gedanklichen Bewertungsprozesse der Person. Nach dieser Konzeption entsteht Stress dann, wenn ein Ereignis/eine Situation als Bedrohung oder Schädigung/Verlust bewertet wird, und die Person davon ausgeht, dass sie nicht über die notwendigen Fähigkeiten und Möglichkeiten verfügt, das Ereignis/die Situation angemessen zu bewältigen. Stress äußert sich zunächst vor allem in negativen emotionalen Spannungszuständen, die mittel- und längerfristig zu einer Schädigung der psychischen und physischen Gesundheit führen können. Mit der zentralen Rolle individueller Bewertungsprozesse für die Entstehung von Stress wird deutlich, dass das transaktionale Stressmodell eine personenbezogene Perspektive einnimmt. Damit wird es schwierig, aus diesem Modell arbeitsgestalterische Maßnahmen im Sinne der oben beschriebenen Verhältnisprävention abzuleiten. Denn während beispielsweise ein Mitarbeiter die Erweiterung seiner Entscheidungsspielräume als willkommene Herausforderung bewertet, kann ein anderer Mitarbeiter dieselbe Gestaltungsmaßnahme als eine Überforderung oder gar Bedrohung erleben.

Das auf der psychologischen Handlungsregulationstheorie (z.B. Volpert, 1987) beruhende *Konzept der psychischen Anforderung und Belastung in der Arbeit* eignet sich eher für die Ableitung arbeitsgestalterischer Maßnahmen (für einen Überblick Leitner, 1999; Oesterreich, 1999). Mit diesem Konzept wird zwischen gesundheits- und persönlichkeitsförderlichen und damit positiv zu bewertenden *Anforderungen* der Arbeitstätigkeit einerseits sowie negativ auf die Gesundheit und das Wohlbefinden wirkenden *Belastungen* andererseits unterschieden. Sowohl in Bezug auf Anforderungen als auch Belastungen wird eine *bedingungsbezogene Perspektive* eingenommen, d.h. es geht nicht um die individuellen Charakteristika und Eigenarten der Arbeitenden, sondern vielmehr um Merkmale der Arbeitsaufgaben, die sich in besagten positiven Anforderungen oder negativen Belastungen äußern.

Gesundheitsförderliche Anforderungen von Arbeitsaufgaben werden im Konzept der vollständigen Tätigkeit (vgl. Abschnitt 2.2) mit gestaltungsrelevanten Kriterien umrissen, so etwa Variabilität, Planungs- und Entscheidungserfordernisse.

Bei den Belastungen handelt es sich hingegen um Merkmale bzw. Bedingungen der Arbeitstätigkeit und der Arbeitsumgebung, die das Erreichen eines Arbeitszieles behindern oder gar unmöglich machen. Eine Form solcher psychischen Belastungen sind die sogenannten *Regulationsbehinderungen*. Beispiele wären etwa Störungen im technischen System (z.B. Computer-"Abstürze"), Unterbrechungen von Arbeitsabläufen oder ein mangelhafter Informationsfluss im Unternehmen. Derartige Regulationsbehinderungen verursachen für die Mitarbeiter einen Zusatzaufwand, um Arbeitsziele dennoch erreichen zu können. Zusatzaufwand wäre beispielsweise das Wiederholen von Tätigkeiten (z.B. nach Unterbrechungen im Arbeitsablauf), eine erhöhte körperliche oder mentale Anstrengung, die Ausdehnung der Arbeitszeit oder die Beschleunigung des Arbeitstempos unter Inkaufnahme von Qualitätseinbußen. Solcher Zusatzaufwand wird in der Regel zur erlebten Beanspruchung in Form von Stressreaktionen führen, seien es nun physiologische (Pulsschlag, Blutdruck etc.), psychologische (Belastung, psychosomatische Beschwerden, Unzufriedenheit etc.) oder verhaltensbezogene Stressreaktionen (erhöhter Nikotinkonsum, aggressives Verhalten etc.).

Belastungen können auch dauerhaft das Arbeitshandeln beeinträchtigen. Dabei kann es sich z.B. um permanenten Zeitdruck oder Umgebungseinflüsse wie Lärm, schlechte Beleuchtung oder Stäube handeln. Bei solchen dauerhaften Beeinträchtigungen des Arbeitshandelns spricht man von *Regulationsüberforderungen*, denn es bleibt keine andere Möglichkeit, als solche Belastungen hinzunehmen bzw. zu ertragen, sofern sie nicht durch korrektive Gestaltung des Arbeitsplatzes abgebaut werden.

Die hier zusammengefassten drei Konzepte bzw. Modelle zeigen eine unterschiedliche Nähe zur gesundheitsförderlichen Arbeitsgestaltung; das Modell der psychischen Anforderungen und Belastungen in der Arbeit und die damit verbundenen Analyse- und Bewertungsmethoden (z.B. Büssing & Glaser, 2002; Oesterreich, Leitner & Resch, 2000; im Überblick Dunckel, 1999; Resch, 2003) erlauben eine konkrete Anwendung und praktische Umsetzung in der Arbeitsgestaltung.

2.2 Kriterien gesundheitsgerechter Arbeit

In den Arbeitswissenschaften werden verschiedene Kriterien zur Bewertung von Arbeitstätigkeiten vorgeschlagen. Eine weit verbreitete Systematik basiert auf einem vierstufigen Ebenenmodell (vgl. Richter & Hacker, 1998). Es wird zwischen den Kriterien *Ausführbarkeit, Schädigungslosigkeit, Beeinträchtigungsfreiheit* und *Persönlichkeitsförderlichkeit* unterschieden (Abbildung 1).

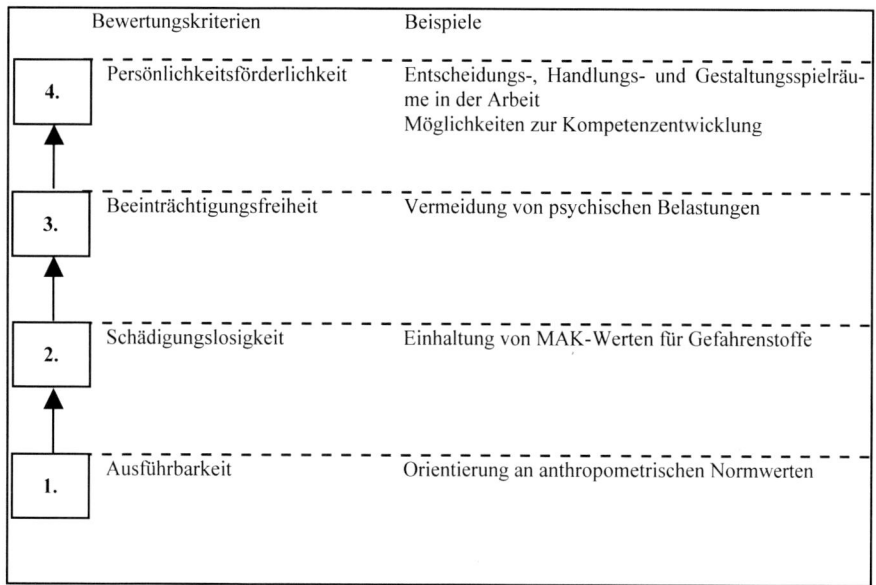

Abb. 1: Kriterien zur Bewertung von Arbeitstätigkeiten (vgl. Richter & Hacker, 1998)

Das Modell ist hierarchisch angelegt, d.h. für jedes Kriterium müssen auch die Mindestanforderungen der darunter liegenden Ebene erfüllt sein. Zunächst müssen also im Sinne der *Ausführbarkeit* die ergonomischen Voraussetzungen für ein zuverlässiges, längerfristiges Verrichten der Tätigkeit gegeben sein (z.B. körperliche Eignung). Arbeitstätigkeiten sollen darüber hinaus das Kriterium der *Schädigungslosigkeit* erfüllen; die Arbeit darf demnach keine Risiken aufweisen, die arbeitsphysiologisch gesicherte Grenzwerte erreichen oder überschreiten. Solche Grenzwerte werden etwa in Normen oder mit sogenannten MAK- (maximale Arbeitsplatzkonzentration) Werten festgelegt. Das Kriterium der *Beeinträchtigungslosigkeit* schließt darüber hinaus psychische Belastungen explizit mit ein, die etwa durch andauernden Zeitdruck, durch Rollenkonflikte oder soziale Stressoren entstehen. Die vierte und höchste Bewertungsebene bildet das Kriterium der *Persönlichkeitsförderlichkeit*. Dieses Kriterium ist in vieler Hinsicht gleich zu setzen mit den Anforderungen an eine *vollständige Tätigkeit* (Hacker, 1998). In Folge der Arbeitsteilung in Organisationen resultieren nicht selten Tätigkeiten, die den menschlichen Fähigkeiten, Fertigkeiten und Bedürfnissen zu eigenständigem, bewusstem und flexiblem Handeln nicht gerecht werden. Arbeitstätigkeiten gelten insbesondere dann als "unvollständig", wenn insbesondere dann als "unvollständig", wenn Mitarbeiter von Planungen und Entscheidungen ausgeschlossen werden und im Extrem an hocharbeitsteilige Fließbandarbeit oder hochroutinisierte Arbeitsvollzüge ohne Lernchancen gebunden sind. Je stärker hingegen Fähigkeiten, Fertigkeiten und Bedürfnisse qualifikationsgerecht in die Arbeit eingebracht und dort weiterentwickelt werden können, desto persönlichkeitsförderlicher ist Arbeit mit all den positiven Konsequenzen für Leistung, Kompetenz, Motivation und Zufriedenheit.

3. Von der Analyse zur Gestaltung

3.1 Mehrebenenanalyse, Arbeitsgestaltung und Organisationsentwicklung

Aufbau- und Ablauforganisation in komplexen Unternehmen sind Teil offener, soziotechnischer Systeme. Eine Organisation nimmt aus der Umwelt einen Input auf (z.B. Aufträge, Zulieferung, Information) und transformiert diesen Input im Prozess der Dienstleistung oder Produktion zu einem Output (Waren, Produkte, Bildung, Gesundheit etc.). Im Mittelpunkt steht die primäre Aufgabe, also besagter Prozess der Dienstleistung oder Produktion, sekundäre Aufgaben betreffen die Systemerhaltung und -entwicklung, also Einrichtung, Erneuerung und Reparatur etwa von Technik und Organisation. Die gemeinsame Optimierung von technischem Teilsystem (Betriebsmittel, technologische, räumliche Bedingungen) und sozialem Teilsystem (v.a. Kunden und Mitarbeiter) ist ein Kernanliegen der Arbeitsgestaltung in soziotechnischen Systemen, dafür ist die Analyse der Strukturen, Prozesse und Bedingungen eine notwendige Voraussetzung.

Dazu sind verschiedene Ebenen zu unterscheiden. Zunächst die *Ebene der Individuen* bzw. der Mitarbeiter im Unternehmen mit ihren jeweiligen Bedürfnissen und Qualifikationen. Diese Bedürfnisse (z.B. nach Selbstorganisation, Kompetenzentwicklung) und Qualifikationen (Fähigkeiten, Fertigkeiten, Wissen) sind nach dem Prinzip der differenziellen Arbeitsgestaltung zu berücksichtigen, will man nicht die Gefahr einer mangelnden Akzeptanz oder gar eines aktiven Widerstandes gegenüber Veränderungsmaßnahmen laufen. Auf der *Ebene der Arbeitsaufgabe* lassen sich weitere Kriterien für eine gesundheitsförderliche Arbeitsgestaltung bestimmen, so vor allem anforderungsgerechte, belastungsarme Arbeit mit ausreichenden Ressourcen.

Auf der *Ebene der Arbeitsgruppe/Organisationseinheit* sind die Arbeitsaufgaben je nach Grad der Arbeitsteilung enger oder weniger eng verzahnt und integriert. Auf dieser Ebene erlauben Ansätze der soziotechnischen Systemgestaltung eine gesundheitsförderliche Arbeitsgestaltung. Wichtig sind dabei vor allem Prinzipien der Selbstregulation von Arbeitsgruppen, der Polyvalenz (im Sinne der Mehrfachqualifikation) von Mitarbeitern oder der Unabhängigkeit von Organisationseinheiten, indem etwa Störungen bzw. Verbesserungen im Arbeitsprozess von den Arbeitsgruppen eigenständig behoben bzw. initiiert und umgesetzt werden.

Und schließlich ist im Zuge einer soziotechnisch orientierten, gesundheitsförderlichen Arbeitsgestaltung auch die Ebene der Gesamtorganisation zu berücksichtigen. Hier sind die Aufbau- und Ablauforganisation (z.b. Formen der Organisationsstruktur in Linien-, Stabs-, Matrix- oder Projektorganisation, Grad der Zentralisierung), Unternehmensstrategien (z.B. lean production), die Logistik des Arbeits- bzw. Produktflusses ebenso wie die Anzahl und Qualität von Schnittstellen und viele andere organisationale Aspekte von Bedeutung. Die *Ebene der Gesamtorganisation* setzt den Rahmen und beeinflusst – vermittelt durch die anderen Ebenen – die Vollständigkeit von Arbeitsaufgaben und somit die Möglichkeiten zur Gesundheitsförderung in der Arbeit.

Eine so verstandene Analyse und Bewertung von Organisations- und Arbeitssystemen kann nicht ad hoc in der betrieblichen Praxis erfolgen, sondern bedarf einer theoretischen Fundierung, die zum einen Annahmen und Erklärungen über die Beziehungen zwischen den organisationalen Ebenen und zum anderen eine Entwicklung von Methoden der Arbeits-, Tätigkeits- und Organisationsanalyse erlaubt. Zwei solcher Mehrebenenansätze zur Analyse; Bewertung und Gestaltung sollen im Folgenden anhand von zwei Fallbeispielen vorgestellt werden. Dabei handelt es sich zum einen um eine Organisationsentwicklung im Krankenhaus, die auf Grundlage des Organisationsstruktur-Tätigkeit-Individuum-(OTI)-Konzepts von Büssing (1992) und mit Hilfe des Tätigkeits- und Arbeitsanalyseverfahren für das Krankenhaus (TAA-KH; Büssing & Glaser, 2002) wissenschaftlich begleitet und evaluiert wurde. Zum anderen wird die Organisationsentwicklung in einem Industriebetrieb vorgestellt, die konzeptuell und methodisch auf dem Mensch-Technik-Organisation-(MTO)-Ansatz von Strohm und Ulich (1997) aufsetzt, und ebenfalls wissenschaftlich begleitet und evaluiert wurde.

3.2 Gesundheitsförderliche Arbeitsgestaltung in einem Krankenhaus

Ein Allgemeinkrankenhaus der Regelversorgung in der Rechtsform einer GmbH mit 517 Mitarbeitern nahm als betriebliches Projekt an einer Längsschnittstudie des Lehrstuhls für Psychologie der Technischen Universität München (TUM) teil, die vom Bundesministerium für Bildung und Forschung (BMBF) gefördert wurde. Die Situation im Betrieb im Jahr 1993 (kurz nach Inkrafttreten des Gesundheitsstrukturgesetzes) war durch erheblichen Kostendruck (Deckelung der Krankenhausausgaben), eine unbefriedigende Arbeitssituation insbesondere im stationären Pflegedienst, und der damit verbundenen, für die Pflege typischen Fluktuation und Berufsflucht gekennzeichnet. Das betriebliche Projekt wurde zwischen 1993 und 1996 vom Lehrstuhl für Psychologie der TUM formativ evaluiert (ausführlich Büssing & Glaser, 1999) während die Beratung bei der Umsetzung vor Ort und die Steuerung des betrieblichen Projekts von einer Europäischen Unternehmensberatung (prognos AG) unterstützt wurde.

Zu Beginn des Vorhabens wurden mit einer Projektsteuerungsgruppe, bestehend aus Entscheidungsträgern aller Abteilungen in Medizin, Pflege und Verwaltung des Krankenhauses, und einem Projektteam, bestehend aus vier internen Entscheidungsträgern in Pflege und Verwaltung sowie zwei externen Projektbegleitern, die erforderlichen Projektstrukturen implementiert. Auf zwei Modellstationen sollten exemplarische Maßnahmen zur Reorganisation der Arbeitsabläufe in Richtung auf eine patientenorientierte Pflege und Versorgung sowie zum Abbau von Arbeitsbelastungen in der Pflege eingeleitet werden. Gespeist mit Ergebnissen aus betrieblichen Schwachstellenanalysen und wissenschaftlicher Ist-Analyse (siehe unter Evaluation) wurden Arbeitsgruppen (moderierte Qualitätszirkel nach dem bottom-up-Prinzip) mit Experten v.a. aus der Pflege eingerichtet; diese Arbeitsgruppen sollten Lösungen für die folgenden arbeitsorganisatorischen Problemschwerpunkte in der Pflege erarbeiten:

» funktionale Pflege, d.h. verrichtungsorientierte Abläufe unter Weisung der Schichtführung,
» geringe Patientenorientierung im Arbeitsablauf,
» Zentralisierung von Planung und Entscheidung, verbesserungsfähiges Anforderungsprofil,
» hohe Arbeitsbelastungen bei steigendem Zeitdruck,
» Probleme an den Schnittstellen zwischen Abteilungen und Stationen,
» sozial unverträgliche Arbeitszeiten, v.a. Diskrepanz zwischen hohen Flexibilitätsanforderungen und geringer Zeitsouveränität der Mitarbeiter im Dreischicht-Betrieb.

Nach Vorstellung der Gestaltungskonzepte und Verabschiedung von Lösungsmaßnahmen in der Projektsteuerungsgruppe, wo auch Wechselwirkungen an organisatorischen Schnittstellen bzw. mit abteilungsspezifischen Prozessen abgestimmt wurden, kam es zur Umsetzung auf zwei Modellstationen. Die Maßnahmen wurden in enger Kooperation mit den Arbeitsgruppen und unter prozessnaher Anleitung und Beratung durch das Projektteam schrittweise umgesetzt. Die Organisationsentwicklung basierte wesentlich auf folgenden Maßnahmenbündeln:

» Reorganisation des Pflegesystems durch Einteilung in Pflegebereiche mit eindeutig geregelter Zuständigkeit und umfassender pflegerischer Kompetenz,
» Umsetzung einer individuellen geplanten Pflege mit eigenständiger Überprüfung von Pflegezielen unter Einbezug und bei bestmöglicher Förderung des Patienten,
» Reintegration planerischer Aufgabenbestandteile sowie Auslagerung pflegefremder Tätigkeiten an unterstützende Dienste,
» Umgestaltung baulich-räumlicher Strukturen, Verbesserung der Arbeitsmittel-Ausstattung, Absprachen zur Verringerung der Asynchronizität v.a. medizinischer/pflegerischer Prozesse,
» Förderung des Informationsaustauschs und der gemeinsamen Problemlösung zwischen und innerhalb von Berufsgruppen und Abteilungen,
» Erprobung von unterschiedlichen Arbeitszeitmodellen und Personaleinsatzplänen.

Im Sinne einer formativen Evaluation wurden die Modellstationen im Vergleich zu zwei Kontrollstationen zu vier Messzeitpunkten (Ist-Analyse, zwei Prozessanalysen, Abschlussanalyse) spezifisch analysiert. Die Ergebnisse wurden in Forschungsberichten und Rückmeldungspräsentationen vorgestellt, mit Blick auf ihre Implikationen für die Arbeitsgestaltung diskutiert und zum Teil in themenspezifischen Workshops vertieft.

Im Sinne der Mehrebenenanalyse nach dem OTI-Konzept wurden mit dem TAA-KH zu allen Messzeitpunkten repräsentative schriftliche Befragungen aller Mitarbeiter im Pflegedienst durchgeführt. Neben der Beurteilung von Arbeitsbedingungen durch die Betroffenen erfolgte eine Diagnose der psychophysischen Verfassung (Gesundheit) der Mitarbeiter. Zudem wurden von geschulten Arbeitspsychologen auf allen Stationen Ganzschichtbeobachtungen durchgeführt und durch Doppelanalysen wissenschaftlich abgesichert. Auf der Ebene der Gesamtorganisation wurden ausführliche Experteninterviews mit Geschäftsführung, Direktoren, Betriebsratsvorsitzenden und anderen betrieblichen Entscheidungsträgern – unterfüttert durch Statistiken und Dokumente – geführt. Spezifische Belange der Arbeitsorganisation (z.B. Voraussetzungen und Optionen zur Gestaltung des Pflegesystems) und ihre betrieblichen und individuellen Auswirkungen wurden in Gruppen- und Einzelinterviews erörtert. Methodik und Ergebnisse dieser Fallstudie sind ausführlich dokumentiert (u.a. bei Büssing, Barkhausen, Glaser & Schmitt, 1998; Büssing & Glaser, 2002).

Einige Ergebnisse der Arbeitsgestaltung und Organisationsentwicklung im Krankenhaus seien hier exemplarisch genannt:

» vollständigere Aufgabenstrukturen,
» höhere Motivation/Zufriedenheit der Mitarbeiter,
» stärkere Patientenorientierung in Arbeitsabläufen, weniger Rundgänge und mehr Bezug und Beziehung zwischen Pflegekraft und Patient, im Ergebnis somit höhere Pflegequalität,
» höhere Anforderungen an Selbstorganisation, Eigenverantwortung und Kooperation,
» erheblicher Abbau von Arbeitsbelastungen,
» verbesserte Kooperation/Kommunikation mit anderen Berufsgruppen und Diensten; weniger Qualitätseinbußen an Schnittstellen und Verbesserungen im Teamklima,
» verbesserte Akzeptanz des Arbeitszeitsystems,
» jedoch: neuartige Belastungen, v.a. aufgrund der emotionalen Nähe in der Interaktion mit den Patienten.

Die vorrangigen Ziele, die auf Abbau von Arbeitsbelastungen, Entwicklung und Erprobung eines patientenorientierten Pflegesystems und auf Gesundheitsförderung gerichtet waren, konnten im wesentlichen erreicht werden. Die Veränderungen stellten sich auch zum Zeitpunkt der Abschlussevaluation noch als nachhaltig dar. Von der Modernisierung der Pflege gingen wichtige Impulse für andere Bereiche des Krankenhausbetriebs aus. Trotz des Erfolgs hat sich gezeigt, dass mit dem substanziellen Abbau der Arbeitsbelastungen und mit den gesundheitsförderlichen vollständigen Aufgabenstrukturen zu Gunsten von Mitarbeitern und Patienten ("Kunden") eine Verdichtung von Aufgaben insbesondere in der Interaktion mit den Patienten einherging. Mit dieser Arbeitsverdichtung kam es zu neuartigen Belastungen, die sich etwa in erhöhter emotionaler Erschöpfung der Mitarbeiter niederschlugen.

Das Krankenhaus hat sich trotz erheblichen Kosten- und Konkurrenzdrucks erfolgreich und mit positiven Bilanzen im Wettbewerb gehalten. Es erprobt und praktiziert weiterhin moderne Formen der Arbeitsorganisation – ausgehend von verändertem Wettbewerb und aktueller Gesetzgebung. Seit dem Projektende im Jahr 1997 begleitet eine Mitarbeiterin des Krankenhauses den kontinuierlichen Verbesserungsprozess.

3.3 Gesundheitsförderliche Arbeitsgestaltung in einem Industriebetrieb[1]

Ein mittelständisches Unternehmen in der Maschinenbau-Branche hatte vor Beginn des Projektes eine traditionelle Organisationsstruktur (funktionale Arbeitsorganisation, zentralisierte Führung). In dem Unternehmen waren 160 Mitarbeiter beschäftigt, und es war angesichts des steigenden Konkurrenzdrucks mit zahlreichen Schwierigkeiten konfrontiert. Dabei handelte es sich insbesondere um eine unzureichende Termintreue sowie um interne Probleme mit langen Produktzyklen, um eine allzu abteilungsfokussierte Planung, begleitet durch Verantwortungsdiffusion. Verschiedene Mitarbeitergruppen waren in ihrer Arbeit qualitativ unterfordert. Um die Wettbewerbsposition am Markt zu stärken, hat sich das Unternehmen entschlossen, einen grundlegenden Veränderungsprozess einzuleiten. Das Projekt wurde im Auftrag des Unternehmens in einem Zeitraum von knapp dreieinhalb Jahren durch das Institut für Arbeitspsychologie (IfAP) der Eidgenössisch-Technischen Hochschule (ETH) Zürich arbeitspsychologisch begleitet und beraten.

Zum Jahresende 1994 wurde zwischen der Betriebsleitung und der arbeitspsychologischen Begleitung/Beratung die Kooperation und der Projektbeginn vereinbart. In einem Workshop mit Führungskräften des Unternehmens wurden die Projektziele geklärt und verabschiedet. Zudem wurden Projektstrukturen in Form eines Projektteams eingeführt. Danach wurde zunächst eine Mehrebenenanalyse (Ist-Analyse) nach dem MTO-Ansatz im Gesamtunternehmen vorgenommen (siehe unter Evaluation). Die Ergebnisse wurden dem Management, dem Projektteam und den Mitarbeitern des Unternehmens präsentiert. Ab Mitte 1995 wurden eine prozessorientierte Organisations- und Führungsstruktur konzipiert und Prinzipien erhöhter Selbstorganisation in der Fertigung des Betriebes eingeführt. Zudem wurde das Entlohnungssystem modifiziert und insbesondere um Erfolgsprämien für erreichte Gruppenziele ergänzt. Im folgenden Jahr wurden weitere Workshops und Veranstaltungen durchgeführt, um das Management und die Mitarbeiter des Unternehmens mit den neuen Arbeits- und Führungsstrukturen und mit dem modifizierten Entlohnungssystem vertraut zu machen. Vier interne Coaches unterstütz-

---

[1] Wir danken Oliver Strohm für die Möglichkeit, das Fallbeispiel zu nutzen (ausführlicher bei Strohm, 2002).

ten den Prozess der Implementierung von Maßnahmen. Darüber hinaus wurden von den Mitarbeitern gewählte Gruppensprecher (als neu geschaffene Funktion) in Techniken der Problem- und Konfliktlösung in Gruppen eingewiesen. Und nicht zuletzt wurden Workshops zur Implementierung der Maßnahmen veranstaltet, die sich mit den jeweils relevanten Themen in drei ausgewählten Arbeitssystemen der Organisation befassten. Diesen Implementierungsworkshops, an denen alle Mitarbeiter der Arbeitssysteme teilnahmen, kam im Veränderungsprozess eine tragende Rolle zu. Wesentliche Themen dieser Workshops waren:

» Spezifizierung von Aufgaben und von Arbeitsprozessen mit Blick auf Input, Transformation und Output des Arbeitssystems,
» Vereinbarungen zur internen Arbeitsorganisation,
» Bestimmung der Ist- und Sollgrößen zur Polyvalenz der Beschäftigten,
» Entwicklung eines Trainingsprogramms zum Lernen am Arbeitsplatz,
» Vereinbarungen zur Führung und Koordination der Sekundäraufgaben im Arbeitssystem,
» Vereinbarung von Regeln für die Zusammenarbeit im Team,
» Sensibilisierung für die sozialen Belange von Arbeitsgruppen,
» Vereinbarung von Leistungszielen für die Arbeitssysteme.

Zu Jahresmitte 1996 wurde in den drei Arbeitssystemen des Betriebes begonnen, in veränderten Strukturen und Prozessen zu arbeiten. So konnten im Sinne eines Pilotprojekts Erfahrungen mit den Maßnahmen gesammelt werden. Das Führungsverhalten wurde durch eine schriftliche Befragung der Mitarbeiter evaluiert und die Ergebnisse zur veränderten Führungsstruktur wurden Führungskräften und Mitarbeitern präsentiert. Schließlich wurden die veränderten Arbeits- und Führungsstrukturen auf den Gesamtbetrieb ausgeweitet. In dieser Phase wurden auch die Bonussysteme im Rahmen des modifizierten Entlohnungssystems umgesetzt. Eine erste Evaluation des neuen Unternehmenskonzepts wurde in 1997 zunächst im Rahmen eines Workshops mit der Betriebsleitung und den Gruppensprechern der Arbeitssysteme vorgenommen. Mit Abschluss des Vorhabens im Jahr 1998 wurde schließlich erneut eine Mehrebenenanalyse im Gesamtunternehmen durchgeführt. Daraus wurden weitere Veränderungsstrategien und -prozesse abgeleitet.

Die MTO-Analyse unterscheidet sieben Schritte zur Mehrebenenanalyse (ausführlicher Strohm & Ulich, 1997): Analyse auf der Ebene des Unternehmens (z.B. Unternehmensziele, Unternehmensorganisation), Analyse von Auftragsdurchläufen, Analyse von Arbeitssystemen (z.B. Input, Output, Störungen), Analyse von Arbeitsgruppen (Möglichkeiten zur kollektiven Regulation von Arbeitsaufgaben etc.), Analyse von Schlüsseltätigkeiten, personenbezogene Analysen (z.B. Erwartungen der Mitarbeiter) sowie Analyse der soziotechnischen Geschichte des Unternehmens. Die Evaluation der neuen Arbeits-, Organisations- und Führungsstrukturen im Betrieb erfolgte mithilfe von Dokumentenanalysen, Einzel- und Gruppeninterviews sowie anhand einer schriftlichen Befragung der Mitarbeiter. Im Zuge dieser Erhebungen wurden objektive und subjektive Daten gesammelt.

Die Ergebnisse der Evaluation zeigten zahlreiche Verbesserungen, jedoch auch Bereiche auf, die einer weiteren Entwicklung bedurften. Zusammengefasst auch hier einige Ergebnisse:

» größere Unabhängigkeit der Organisationseinheiten und stärkerer Aufgabenzusammenhang innerhalb der Organisationseinheiten,
» gleichbleibende, zum Teil jedoch auch geringere Polyvalenz der Beschäftigten,
» bessere Möglichkeiten zur Selbstregulation und Mitbestimmung in den Organisationseinheiten,
» gestiegenes Kosten- und Qualitätsbewusstsein der Mitarbeiter,
» verbesserter Informationsfluss, bessere Kooperation/Unterstützung in den Arbeitsgruppen,
» stärkere Identifikation der Mitarbeiter mit dem Unternehmen, mehr Möglichkeiten zur Verantwortungsübernahme,
» Zunahme von Arbeitsbelastungen und Anforderungen in der Arbeit.

Die Mehrheit der Mitarbeiter äußerten sich sehr positiv zu den Veränderungen. Insbesondere die erweiterten Möglichkeiten der Mitsprache, der Abbau hierarchischer Führungsstrukturen und das partizipative Design des Gestaltungsvorhabens trugen zur Förderung von Kompetenzen der Mitarbeiter durch neuartige Lernprozesse in der Arbeit bei. Neben den positiven Effekten für die Gesundheit der Mitarbeiter ganz im Sinne einer prospektiven Arbeitsgestaltung waren auch deutliche Verbesserungen hinsichtlich der ökonomischen Ziele des Unternehmens zu verzeichnen:

» verbesserte Termintreue (vorher: 48%; nachher: 87% der Aufträge),
» kürzere Produktzyklen,
» höherer Umsatz und gestiegene Produktivität.

Das mittelständische Maschinenbau-Unternehmen führt seit 1998 eigenständig eine kontinuierliche Verbesserung fort. Ein Mitarbeiter im Personalwesen ist seither für die Steuerung und Überwachung der Veränderungen, z.B. für die Auswahl und das Training von Gruppensprechern sowie für die interne Evaluation der Veränderungen zuständig.

4. Was erhält Menschen gesund? Arbeit und Gesundheit im Spannungsfeld von Person und Situation

Die gesundheitsförderliche Arbeitsgestaltung liegt im Spannungsfeld von Verhaltens- und Verhältnisprävention; es stellt sich die Frage, womit der höchste Nutzen zu erzielen ist und das mit möglichst geringen Kosten. Diese Frage ist selten einfach zu beantworten, zumal mit ihr die wichtige Frage der Nachhaltigkeit verbunden ist.

Die Frage der Nachhaltigkeit bringt ein vielschichtiges Moment in die Arbeitsgestaltung. Zum einen den Umstand, dass das mit gesundheitsförderlicher Arbeitsgestaltung verbundene Wissen in Organisationen nicht umstandslos in Handeln überführt wird, und wir bislang nicht allzu viel darüber wissen, wie dieser Transfer von Wissen in gute betriebliche Praxis gezielt und nachhaltig gefördert werden kann (z.B. Büssing & Herbig, 2003). Zwar bereitet eine differenzielle und dynamische gesundheitsförderliche Gestaltung von Arbeit einen geeigneten Nährboden für einen auf die individuellen und situativen Belange angepassten Transfer von Wissen ins Handeln, doch damit sind notwendige und weniger hinreichende Bedingungen für das Gelingen von Arbeitsgestaltung angesprochen. Die vielfach anzutreffende Überzeugung, Arbeitsgestaltung und die mit ihr einhergehenden veränderten strukturellen und materiellen Bedingungen würden quasi als Selbstläufer zum gewünschten Ergebnis führen, wird von praktischen Erfahrungen ebenso wie von wissenschaftlichen Untersuchungen widerlegt (vgl. Mohr & Semmer, 2002; Semmer, 2003a). Zum anderen zeigen Erfahrungen mit gesundheitsförderlicher Arbeitsgestaltung, dass Nachhaltigkeit dort am ehesten gelingt, wo Gestaltung mit Personalentwicklung verknüpft wird und wo das stattfindet, was Hacker (1998, S. 774) als die Wirkung von förderlicher Arbeitsgestaltung umschreibt: "(sie besteht) in der Persönlichkeitsveränderung als Selbstveränderung vermittels des zielgerichteten Gestaltens eigener Lebens- und Arbeitsbedingungen durch die Arbeitenden".

Vor diesem Hintergrund sollen abschließend zwei Fragen aufgegriffen werden: Erstens soll der Frage nachgegangen werden, welche Rolle den Beschäftigten selbst im Prozess einer gesundheitsförderlichen Arbeitsgestaltung zukommt bzw. wie Arbeitsgestaltung und Persönlichkeitsentwicklung verknüpft sein können. Zweitens soll die Frage beantwortet werden, wo die gesundheitsförderliche Arbeitsgestaltung und der mit ihr verknüpfte betriebliche Arbeits- und Gesundheitsschutz in Deutschland steht und welcher Bedarf sich angesichts des Wandels im Krankheitspanorama betrieblicher Arbeit stellt.

Mit dem transaktionalen Stresskonzept wurde auf die Rolle der Beschäftigten im Prozess der Stressentstehung bzw. auf die Bedeutung der individuellen Bewertung eigener Fähigkeiten und Kompetenzen ebenso wie der verfügbaren Ressourcen hingewiesen. Es kommt danach nicht nur darauf an, wie negativ eine Arbeitssituation tatsächlich ist, sondern auch auf den gedanklichen wie praktischen Umgang der Person mit der Situation. Dass im Stressprozess die Persönlichkeit eine zentrale Rolle spielt, belegen zahlreiche Untersuchungen (zum Überblick Semmer, 2003b). Unter den vielen Ansätzen nimmt das Konzept der Salutogenese von Antonovsky (1987) als ein umfassendes und breites Konstrukt eine besondere Rolle ein. Gesundheit wird hier nicht als "Normalzustand" des Organismus, sondern als Ergebnis aktiven Handelns verstanden. Auf die Frage "Was erhält Menschen gesund?" ist nach Antonovsky (1987) der *Kohärenzsinn* (Sense of Coherence) ausschlaggebend, es handelt sich um ein dauerhaftes Gefühl des Vertrauens, dass die eigene Umwelt sinnhaltig und im Großen und Ganzen vorhersagbar ist. Drei Komponenten tragen zum Kohärenzerleben bei: *Verstehbarkeit* (Comprehensibility) meint, dass die Welt geordnet, konsistent und strukturiert erlebt wird; *Handhabbarkeit* (Manageability) bezieht sich auf die Fähigkeit, die zur Verfügung stehenden Ressourcen zur Bewältigung von Aufgaben realistisch einschätzen zu können und *Bedeutsamkeit* (Meaningfulness) bezieht sich auf das Ausmaß, in dem das Leben als sinnvoll empfunden wird. Zahlreiche empirische Befunde aus der Gesundheits- ebenso wie aus der Arbeitspsychologie belegen die positiven Effekte des Kohärenzsinns für Gesundheit und Wohlbefinden (z.B. Antonovsky, 1991; Söderfeldt et al., 2000). Dabei unterstreichen die Ergebnisse das Zusammenspiel von Arbeit und Person, denn es zeigen sich nicht nur direkte Einflüsse des Kohärenzerlebens auf Gesundheit und Wohlbefinden sondern auch Wechselwirkungen dieses Persönlichkeitsmerkmals mit den Arbeitsbedingungen und Arbeitsbelastungen (z.B. Feldt, 1997; Höge & Büssing, 2003). Die Wirkung von Arbeitsbedingungen und Arbeitsbelastungen ist demnach ganz wesentlich mit abhängig von individuellen Eigenschaften der Arbeitnehmer, die damit konfrontiert sind, und die Berücksichtigung dieser Eigenschaften wie etwa die des Kohärenzerlebens hat eine positive Wirkung im Prozess der Gesundheitsförderung (z.B. Antonovsky, 1996).

Mit dem transaktionalen Stresskonzept, mit dem Kohärenzsinn und anderen individuellen Merkmalen (wie z.B. Anspruchsniveau, Commitment, Kontrollüberzeugungen, Selbstwirksamkeit) wird deutlich, dass Arbeitssituation und individuelle Voraussetzungen von Mitarbeitern im Prozess der gesundheitsförderlichen Arbeitsgestaltung eng ineinander greifen und sich gegenseitig bedingen können. Denn individuelle Merkmale sind zum einen Resultat von Verhältnissen unter denen Personen leben und arbeiten (Sozialisationseffekt) und zum anderen wirken Maßnahmen der Arbeitsgestaltung nicht uniform, sondern setzen neben Anpassung auch die Selektion von Arbeitnehmern mit Blick auf ihre Fähigkeiten, Fertigkeiten und ihr Wissen voraus. Arbeitsgestaltung sollte diese Umstände angemessen berücksichtigen und neben der Verbesserung von Arbeitsbedingungen stets auch die Förderung der Persönlichkeit der Mitarbeiter im Blick haben. Förderlich für die Entwicklung von Gesundheit und Persönlichkeit sind zum Beispiel transparente und somit vorhersehbare Abläufe, Tätigkeitsspielräume, Partizipation an Entscheidungsprozessen, eine als fair erlebte Balance zwischen Anstrengung und Belohnung (materielle wie immaterielle etwa in Form von Anerkennung), eine Balance zwischen hohen Herausforderungen und Erholungsmöglichkeiten oder Möglichkeiten zur Kooperation.

Die zweite Frage danach, wo die gesundheitsförderliche Arbeitsgestaltung und der mit ihr verknüpfte betriebliche Arbeits- und Gesundheitsschutz in Deutschland steht und welcher Bedarf sich angesichts des Wandels im Krankheitspanorama betrieblicher Arbeit stellt, ist mit der gerade behandelten ersten Frage eng verbunden. Denn der Wandel von physischen zu psychosozialen und psychomentalen Arbeitsbelastungen stellt die Gesundheitsförderung und den Arbeits- und Gesundheitsschutz vor neue Herausforderungen, die nicht zuletzt im komplexen Zusammenspiel von Arbeit und Person begründet liegen.

Eine Reihe von Untersuchungen belegen diesen Wandel im Panorama von Gesundheitsförderung sowie Arbeits- und Gesundheitsschutz. So führen beispielsweise das Institut für Arbeitsmarkt- und Berufsforschung (IAB) und das Bundesinstitut für Berufsbildung (BIBB) seit Ende der 1970er Jahre regelmäßige repräsentative Erwerbstätigenbefragungen durch, in denen unter anderem Hauptbelastungsfaktoren in der Arbeit ermittelt werden. Die jüngste Erhebung im Jahr 1999 hat gezeigt, dass psychische Belastungen auf breiter Front zunehmen und inzwischen zu den Hauptbelastungsfaktoren bei der Arbeit zählen (Dostal, Jansen & Parmentier, 2000). Dieser Trend hin zu psychischen Belastungen findet sich auch in vergleichbaren europäischen Studien wieder. So lassen sich den Ergebnissen einer Studie der Europäischen Stiftung zur Verbesserung der Arbeits- und Lebensbedingungen (2002) zufolge für das Jahr 2000 als Hauptursachen für die wachsende Arbeitsbelastung der zunehmende Zeitdruck und das hohe Arbeitstempo geltend machen. Die Internationale Arbeitsorganisation (ILO) stellt ebenfalls hohe Folgeschäden durch die zunehmenden psychischen Belastungen in der Arbeit fest. In Deutschland waren demnach 7% aller Frühinvaliditätsfälle und 6% aller Arbeitsunfähigkeitstage stressbedingt; letztere verursachen geschätzte Produktionsausfälle von jährlich 2.5 Milliarden Euro (vgl. ILO, 2000). Und dies ist – angesichts der Schwierigkeiten bei der Messung psychischer Belastungen – womöglich nur die "Spitze des Eisbergs".

Mit dem Arbeitsschutzgesetz von 1996 zählt die Gefährdungsbeurteilung bei der Arbeit ebenso wie der Abbau von psychischen Belastungen zu den Pflichten des Arbeitgebers. Für die betriebliche Praxis stellen sich jedoch Probleme hinsichtlich Konzeption und Messung psychischer Belastungen. Mit einer Novellierung von Normen zur psychischen Belastung (DIN EN ISO 10075) wurde diesen Defiziten zum Teil Rechnung getragen. Insbesondere die Arbeitspsychologie stellt für die Erfassung und Bewertung psychischer Belastungskonstellationen zahlreiche Instrumente zur Verfügung (z.B. Dunckel, 1999; Resch, 2003). Jedoch stößt die betriebliche Analyse, Bewertung und Gestaltung bei psychomentalen und psychosozialen Belastungen an Grenzen, da die Ursachen solcher Belastungen komplex sind und sich der Erfassung mittels gängiger Methoden der Befragung und Beobachtung zum Teil entziehen.

Themen wie sozialer Stress, Interaktionsstress, Burnout oder Mobbing (z.B. Büssing, 1996; Büssing & Glaser, 2003; Neuberger, 1999) sind seit geraumer Zeit in der Diskussion – im betrieblichen Arbeits- und Gesundheitsschutz bislang jedoch nicht ausreichend verankert. Arbeitgeber suchen Ansatzpunkte zur Bewältigung solcher Problemfelder häufig im persönlichen Gespräch mit den Betroffenen und tendieren nicht selten dazu, diese Probleme zu individualisieren. Jedoch sollten Mitarbeiter nicht allein verantwortlich gemacht werden für Belastungsfaktoren, die aus der Interaktion mit Kunden oder Klienten oder aus der Kooperation/Teamarbeit mit Kollegen in Arbeitsgruppen resultieren. Solche Belastungsfaktoren resultieren in der Regel aus der Wechselwirkung zwischen Person und Situation, diese gilt es zu verstehen und zu gestalten.

Gesundheitsförderliche Arbeitsgestaltung sollte, so der abschließende Leitgedanke, stets einhergehen mit einer Förderung und Entwicklung der Persönlichkeit der Beschäftigten. Mitarbeiter, die an Herausforderungen wachsen und die mit schwierigen Situationen ohne negative Auswirkungen auf die Gesundheit umzugehen vermögen, sind Teil "gesunder Unternehmen" (Cox & Thomson, 2000). Eine gesundheitsförderliche Arbeitsgestaltung versteht diesen Zusammenhang und macht ihn zum Kernanliegen.

Literatur

Antonovsky, A.: Unraveling the mystery of health. San Francisco: Jossey-Bass 1987

Antonovsky, A.: The structural sources of salutogenetic strengths. In C. L. Cooper & R. Payne (Eds.), Personality and stress: Individual differences in the stress process (pp. 67-104). Chichester: Wiley 1991

Antonovsky, A.: The salutogenetic model as a theory to guide health promotion. Health Promotion International, 11, 1996, 11-18

Badura, B., Ritter, W. & Scherf, W.: Betriebliches Gesundheitsmanagement. Ein Leitfaden für die Praxis. Berlin: edition sigma, 1999

Baer, M., Frese, M.: Innovation is not enough: Climates for initiative and psychological safety, process innovations, and firm performance. Journal of Organizational Behavior, 24, 45-68, 2003

Bamberg, E., Ducki, A., Metz, A.-M. (Hrsg.): Handbuch Betriebliche Gesundheitsförderung. Göttingen: Verlag für Angewandte Psychologie, 1998

Bödeker, W., Friedel, H., Röttger, C., Schröer, A.: Kosten arbeitsbedingter Erkrankungen (Schriftenreihe der Bundesanstalt für Arbeitsschutz und Arbeitsmedizin, Fb 946). Bremerhaven: Wirtschaftsverlag NW, 2002

Büssing, A.: Organisationsstruktur, Tätigkeit und Individuum. Untersuchungen am Beispiel der Pflegetätigkeit. Bern: Huber, 1992

Büssing, A.: Burnout at modern workplaces: Current state and future directions. In Bundesanstalt für Arbeitsmedizin Berlin (Ed.), Occupational Health and Safety Aspects of Stress at Modern Workplaces (S. 47-61). Bremerhaven: Verlag für neue Wissenschaft, 1996

Büssing, A.: Psychopathologie der Arbeit. In D. Frey & C. Graf Hoyos (Hrsg.), Arbeits- und Organisationspsychologie. Ein Lehrbuch (S.200-211). Weinheim: Psychologie Verlags Union, 1999

Büssing, A., Barkhausen, M., Glaser, J. & Schmitt, S. (1998). Die arbeits- und organisationspsychologische Begleitforschung der Implementation eines ganzheitlichen Pflegesystems – Evaluationsmethoden und Ergebnisse. In prognos (Hrsg.), Patientenorientierung – eine Utopie? (S. 257-304). Stuttgart: Gustav Fischer

Büssing, A., Glaser, J.: Work stressors in nursing in the course of redesign: Implications for burnout and interactional stress. European Journal of Work and Organizational Psychology, 8, 1999, 401-426.

Büssing, A., Glaser, J.: Das Tätigkeits- und Arbeitsanalyseverfahren für das Krankenhaus – Selbstbeobachtungsversion (TAA-KH-S). Göttingen: Hogrefe, 2002

Büssing, A., Glaser, J.: Arbeitsbelastungen, Burnout und Interaktionsstress im Zuge der Reorganisation des Pflegesystems. In A. Büssing & J. Glaser (Hrsg.), Dienstleistungsqualität und Qualität des Arbeitslebens im Krankenhaus (S. 101-130). Göttingen: Hogrefe, 2003

Büssing, A., Herbig, B.: Implicit knowledge and experience in work and organizations. In C. L. Cooper & I. T. Robertson (Eds.), International Review of Industrial and Organizational Psychology, 18, 2003, 239-280.

Cox, T., Thomson, L.: Organizational healthiness, work-related stress, and employee health. In P. Dewe, M. Leiter & T. Cox (Eds.), Coping, health and organisations (pp. 173-190). London: Taylor & Francis, 2000

Deutsche Angestelltenkrankenkasse: Gesundheitsreport 2002. Hamburg: DAK, 2002

Dostal, W., Jansen, R., Parmentier, K. (Hrsg.): Wandel der Erwerbsarbeit: Arbeitssituation, Informatisierung, berufliche Mobilität und Weiterbildung. Nürnberg: IAB, 2000

Dunckel, H. (Hrsg.): Handbuch Psychologischer Arbeitsanalyseverfahren. Zürich: vdf, 1999

Europäische Stiftung zur Verbesserung der Lebens- und Arbeitsbedingungen: Dritte Europäische Umfrage über die Arbeitsbedingungen 2000. Luxembourg: Amt für amtliche Veröffentlichungen der Europäischen Gemeinschaft, 2002

Feldt, T.: The role of sense of coherence in well-being at work: Analysis of main and moderator effects. Work & Stress, 11, 1997, 134-147.

Hacker, W.: Allgemeine Arbeitspsychologie. Psychische Regulation von Arbeitstätigkeiten. Bern: Huber, 1998

Höge, T., Büssing, A.: The impact of sense of coherence and negative affectivity on the work load – strain – relationship. Journal of Occupational Health Psychology (im Druck)

International Labour Organization [ILO]: Mental health in the workplace. Genf: International Labour Office [Dokument online verfügbar unter URL http://www.ilo.org/public/ english/employment/skills/disability/publ/index.htm; 08.03.2003], 2000

Klotter, C.: Historische und aktuelle Entwicklungen der Prävention und Gesundheitsförderung – Warum Verhaltensprävention nicht ausreicht. In R. Oesterreich & W. Volpert (Hrsg.), Psychologie gesundheitsgerechter Arbeitsbedingungen. Konzepte, Ergebnisse und Werkzeuge der Arbeitsgestaltung (S. 23-69). Bern: Huber, 1999

Lazarus, R. S., Folkman, S.: Stress, appraisal, and coping. New York: Springer, 1984

Leitner, K.: Kriterien und Befunde zu gesundheitsgerechter Arbeit – Was schädigt, was fördert die Gesundheit. In R. Oesterreich & W. Volpert (Hrsg.), Psychologie gesundheitsgerechter Arbeitsbedingungen. Konzepte, Ergebnisse und Werkzeuge der Arbeitsgestaltung (S. 63-80). Göttingen: Hogrefe, 1999

Mohr, G., Semmer, K.: Arbeit und Gesundheit: Kontroversen zu Person und Situation. Psychologische Rundschau, 53, 2002, 77-84

Neuberger, O.: Mobbing - Übel Mitspielen in Organisationen. München: Hampp, 1999

Oesterreich, R.: Konzepte zu Arbeitsbedingungen und Gesundheit. Fünf Erklärungsmodelle im Vergleich. In R. Oesterreich & W. Volpert (Hrsg.), Psychologie gesundheitsgerechter Arbeitsbedingungen. Konzepte, Ergebnisse und Werkzeuge der Arbeitsgestaltung (S. 141-189). Göttingen: Hogrefe, 1999

Oesterreich, R., Leitner, K., Resch, M. (Hrsg.): Analyse psychischer Anforderungen und Belastungen in der Produktionsarbeit – Das Verfahren RHIA/ VERA-Produktion – Handbuch, Manual und Antwortblätter. Göttingen: Hogrefe, 2000

Resch, M.: Analyse psychischer Belastungen. Verfahren und ihre Anwendungen im Arbeits- und Gesundheitsschutz. Bern: Huber, 2003

Richter, P., Hacker, W.: Belastung und Beanspruchung – Streß, Ermüdung und Burnout im Arbeitsleben. Heidelberg: Asanger, 1998

Semmer, N. K.: Job stress interventions and organization of work. In J. C. Quick & L. E. Tetrick (Eds.), Handbook of occupational health psychology (pp. 324-353). Washington, DC: American Psychological Association, 2003a

Semmer, N. K.: Individual differences, work stress and health. In M. J. Schabracq, J. A. M. Winnubst & C. L. Cooper, (Eds.), The handbook of work and health psychology (pp. 82-120). Chichester: Wiley, 2003b

Söderfeldt, M., Söderfeldt, B., Ohlson, C.-G., Theorell, T. & Jones, I.: The impact of sense of coherence and high-demand/low control job environment on self-reported health, burnout and psychophysical stress indicators. Work & Stress, 14, 2000, 1-15

Strohm, O.: Organizational design and organizational development as a precondition for good job design and high job performance. In S. Sonnentag (Ed.), *Psychological management of individual performance* (pp. 95-111). New York: Wiley, 2002

Strohm, O., Ulich, E. (Hrsg.): *Unternehmen arbeitspsychologisch bewerten.* Zürich: vdf, 1997

Thiehoff, R.: Betriebswirtschaftliche Evaluation. In E. Bamberg, A. Ducki & A.-M. Metz (Hrsg.), *Handbuch Betriebliche Gesundheitsförderung* (S. 211-222). Göttingen: Verlag für Angewandte Psychologie, 1998

Ulich, E.: *Arbeitspsychologie.* Stuttgart: Poeschel, 2001

Volpert, W.: Die psychische Regulation von Arbeitstätigkeiten. In U. Kleinbeck & J. Rutenfranz (Hrsg.), *Enzyklopädie der Psychologie, Themenbereich D, Serie III, Bd. 1 Arbeitspsychologie* (S. 1-42). Göttingen: Hogrefe, 1987

WHO: *Ottawa-Charta zur Gesundheitsförderung*. Gamburg: Conraf, 1986

Urlaubsmanagement – Die Rolle von Erholung im betrieblichen Gesundheitsmanagement

Charlotte Fritz & Sabine Sonnentag

In wirtschaftlich ungünstigen Zeiten mögen Themen wie „Urlaub", „Freizeit" und „Erholung" für Unternehmen sowie deren Mitarbeiter als relativ unwichtig erscheinen. Primäres Augenmerk liegt oft auf der Sicherung der Aufträge, die Aufrechterhaltung einzelner Standorte sowie der Erhalt der Arbeitsplätze. Da mutet es beinahe als Luxus an, über Urlaub und Erholung nachzudenken. Dennoch sind gerade in wirtschaftlich unsicheren Zeiten, die meist mit hoher Arbeitsbelastung und hohem Stresserleben einhergehen, Themen wie Urlaub und Erholung von großer Bedeutung, da sie – so hier die These – mit dazu beitragen, die Leistungsfähigkeit der Mitarbeiter langfristig zu gewährleisten. Aus diesem Grund sollten wissenschaftliche Erkenntnisse zur Urlaubs- und Freizeitgestaltung und Facetten der Erholung in ein modernes betriebliches Gesundheitsmanagement einfließen.

In diesem Kapitel wird Urlaub und Erholung als ein spezifischer Aspekt des betrieblichen Gesundheitsmanagements diskutiert wobei dabei vor allem eine arbeits- und organisationspsychologische Perspektive eingenommen wird. Zunächst wird kurz beschrieben, was aus psychologischer Sicht unter Erholung zu verstehen ist und wie Erholungswirkungen theoretisch erklärt werden können. Dann wird auf die Wirkung von Erholung auf das Wohlbefinden und die Arbeitsleistung eingegangen. Anschließend wird die Bedeutung von Dienstreisen und Sabbaticals diskutiert und erörtert, wie Urlaubseffekte möglichst lange erhalten werden können. Das Kapitel schließt mit einer Darstellung von Handlungsmöglichkeiten für das einzelne Individuum sowie das Personalmanagement der Zukunft.

1. Was ist Erholung?

Arbeit geht – insbesondere unter belastenden Bedingungen – mit Beanspruchungen einher, die sich mittelfristig in Beeinträchtigungen der Leistungsfähigkeit und des Wohlbefindens niederschlagen können. Zu nennen ist hier beispielhaft das subjektive Gefühl der Ermüdung am Ende eines langen Arbeitstages. Erholung wird nun aus psychologischer Sicht als ein Prozess beschrieben, der dem Beanspruchungsprozess entgegengesetzt ist (Wieland-Eckelmann & Baggen, 1994; vgl. Abb.1). Idealerweise kehren während des Erholungsprozesses die menschlichen Funktionssysteme in ihrem Ausgangszustand zurück wobei das Wohlbefinden und die Leistungsfähigkeit wieder hergestellt werden (Craig & Cooper, 1992; Meijman

& Mulder, 1998). Erholung ist also deutlich mehr als eine reine Unterbrechung der Arbeit. Wie Allmer (1996) ausführt, kann Erholung unterschiedlich erlebt werden und unterschiedlichen Zwecken dienen. Zu nennen sind Funktionen wie „Energie tanken", „zur Ruhe kommen", „etwas anregendes machen" oder „etwas sinnvolles tun".

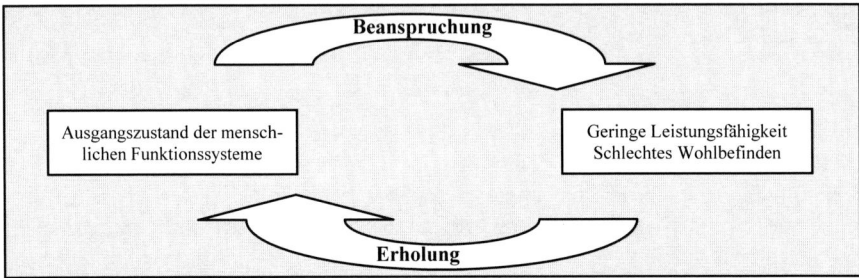

Abb. 1: Regelkreis der Erholung (in Anlehnung an Wieland-Eckelmann & Baggen, 1994)

Der (Arbeits-)Alltag bietet vielfältige Möglichkeiten zur Erholung. Zunächst sind da die Arbeitspausen zu nennen, die bereits seit langem in der Arbeitspsychologie erforscht wurden (Graf, 1925). Etwas längere Erholungsphasen bieten z.B. der Feierabend und das Wochenende. Eine besondere Bedeutung nimmt der Urlaub ein, eine Periode, die – zumindest in der klassischen Version – über längere Zeit „arbeitsfrei" gehalten wird. Dabei ist einschränkend anzumerken, dass ein Urlaub häufig nicht ausschließlich der Erholung dient; viele Menschen widmen sich während der Urlaubszeit auch Aufgaben, zu denen sonst keine Zeit bleibt, beispielsweise der Erledigung von Renovierungs- oder Reparaturarbeiten im Haus.

Urlaub unterscheidet sich von anderen Erholungsperioden wie dem Feierabend oder Wochenende zunächst durch seine Länge. Die Zeitperiode, die nicht durch Arbeit und damit verbundene Belastungen ausgefüllt ist, nimmt zu. Subjektiv wird dies häufig dadurch erlebt, dass der Abstand zur Arbeit größer wird. Durch seine Länge bietet Urlaub gleichzeitig besondere Gestaltungsmöglichkeiten, die während des Feierabends nicht realisierbar sind, vor allem die Möglichkeit zu längeren Reisen.

2. Warum ist Erholung wichtig?

Eine Vielzahl von Untersuchungen aus der Arbeits- und Organisationspsychologie und verwandten Gebieten weist darauf hin, dass ungünstige stressvolle Arbeitsbedingungen langfristig zu einer Schädigung von Gesundheit und Wohlbefinden führen (Kahn & Byosiere, 1992; Sonnentag & Frese, 2003; Zapf & Semmer, in press). Insbesondere hohe Arbeitsbelastung und hoher Zeitdruck, gekoppelt mit geringem Handlungsspielraum haben negative Wirkungen. Zu den Folgen können leichtere Störungen des Befindens, psychosomatische Beschwerden, aber auch Burnout und körperliche Krankheiten gehören. Burnout äußert sich unter anderem in emotionaler Erschöpfung und reduzierter persönlicher Leistungsfähigkeit (Maslach, Schaufeli, & Leiter, 2001).

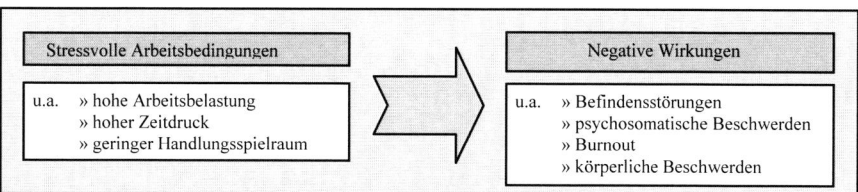

Abb. 2: Negative Wirkungen stressvoller Arbeitsbedingungen

Um eine Verschlechterung von Befinden und körperlichem Zustand in einem frühen Stadium aufzuhalten, ist es notwendig, dass die ungünstigen Arbeitssituationen nicht weiter auf die Person einwirken. Eine primäre Möglichkeit ist dabei die Arbeitsgestaltung, d.h. der Abbau von Belastungen und die Gewährung von Handlungsspielräumen in der Arbeitssituation selbst. Als Ergänzung – sowie in Situationen, in denen dies nur begrenzt möglich ist – bietet es sich für den einzelnen an, für einige Zeit den Belastungen zu „entfliehen", wie es beispielsweise im Urlaub der Fall ist.

3. Erklärungsmodelle zur Bedeutung von Erholung

Die positive Wirkung von Urlaub und anderen Erholungsphasen kann mit zwei theoretischen Modellen erklärt werden, dem Anstrengungs-Erholungs-Modell (Effort-Recovery Model; Meijman & Mulder, 1998) sowie dem Modell der Ressourcenkonservierung (Conservation of Resources; Hobfoll, 1989, 1998). Das Anstrengungs-Erholungs-Modell geht davon aus, dass durch Arbeit und der damit verbundenen – körperlichen oder psychischen – Anstrengung Beanspruchung auftritt. Um die Beanspruchungen aufzuheben und zum Ausgangszustand zurück zu kehren, ist es erforderlich, dass für eine gewisse Zeit keine Anstrengung notwendig ist und insbesondere die durch die Arbeit in Anspruch genommenen Funktionssysteme nicht weiter gefordert werden. Dies bedeutet, dass zur Erholung nicht prinzipiell absolute Ruhe notwendig ist, sondern dass vielmehr spezifische Beanspruchungen ausgeglichen werden sollen. Beispielsweise kann Sport nach anstrengender geistiger Arbeit durchaus erholend wirken, während Sport unmittelbar nach anstrengender körperlicher Arbeit weniger zur Erholung geeignet ist. Meijman und Mulder gehen in ihrem Anstrengungs-Erholungs-Modell weiter davon aus, dass sich Beanspruchungen aufkumulieren und sich zu irreversiblen Störungen des körperlichen oder psychischen Wohlbefindens entwickeln können, wenn Erholungsphasen ausbleiben.

Im Modell der Ressourcenkonservierung nimmt das Konzept der Ressource eine zentrale Stellung ein. Hobfoll (1998) beschreibt Ressourcen als Objekte, Bedingungen, persönliche Merkmale und auch Energien, die direkt oder indirekt für das Überleben wichtig sind bzw. dazu dienen, entsprechende Ressourcen zu gewinnen. Das Modell nimmt an, dass Menschen Stress erleben, wenn sie Ressourcen verlieren, wenn Ressourcen bedroht sind und wenn auf die Investition von Ressourcen kein angemessener Ressourcengewinn folgt. Angewendet auf den Arbeits- und Erholungskontext bedeutet dieses Modell, dass durch ungünstige Arbeitsbedingungen Ressourcen bedroht oder sogar geschädigt werden. Beispielsweise nimmt durch lange Arbeitstage die positive Stimmung ab und Ermüdung und Anspannung steigen; die soziale Interaktion im Privatbereich kann belastet werden. Um diese Bedrohung von Ressourcen auszugleichen, ist es notwendig, dass Menschen erneut in Ressourcen investieren, also beispielsweise Zeit aufbringen, um das Wohlbefinden wieder herzustellen und die sozialen Interaktionen wieder zu normalisieren. Werden infolge von Ressourcenverlust keine Ressourcen wieder gewonnen, können sich Verlustspiralen entwickeln, d.h. das Fehlen einer Ressource führt zum Verlust weiterer Ressourcen. Umgekehrt nimmt Hobfoll (1998) auch an, dass Erlangen und Sichern von Ressourcen Gewinnspiralen nach sich ziehen, d.h. vorhandene Ressourcen können zum Gewinn weiterer Ressourcen eingesetzt werden. Mit Bezug auf das Modell der Ressourcenkonservierung beschreibt Westman (1999) den Urlaub als eine Möglichkeit, Verlustspiralen zu durchbrechen und Gewinnspiralen einzuleiten.

4. Welchen Einfluss hat Urlaub auf das Wohlbefinden?

Aus der Perspektive des Anstrengungs-Erholungs-Modells und des Modells der Ressourcenkonservierung beinhaltet Urlaub somit die Möglichkeit, Ressourcen zu erneuern bzw. aufzubauen (Westman, 1999) und arbeitsbezogene Beanspruchungsfolgen auszugleichen (Allmer, 1996). Die Erholung in Form von Ressourcen(wieder)gewinn hat demnach eine Zunahme an subjektivem Wohlbefinden zur Folge. Wie Befunde zeigen konnten tatsächlich Einflüsse von Urlaub auf verschiedene Formen des Wohlbefindens gefunden werden (Eden, 2001).

So zeigte sich zum Beispiel eine Abnahme des individuellen Stresserlebens durch den Urlaub (Eden, 1990a; Westman & Eden, 1997). Weiterhin fand man einen Anstieg der allgemeinen Lebenszufriedenheit sowie der Zufriedenheit mit einzelnen Lebensbereichen (z.B. Freizeit/Entspannung und Partnerschaft/Familie) (Hoopes & Lounsbury, 1989) als Folge des Urlaubs. Die gesteigerte Lebenszufriedenheit wurde dabei durch eine hohe Zufriedenheit mit dem gerade erlebten Urlaub zusätzlich gefördert (Lounsbury & Hoopes, 1986).

Neben Einflüssen des Urlaubs auf das subjektive Wohlbefinden konnten auch Veränderungen in physiologischen Maßen festgestellt werden. Die Messung von Antikörpern im Immunsystem vor und nach dem Urlaub zeigte eine deutliche Stärkung des Immunsystems durch die längere arbeitsfreie Zeit (Glaser, Kiecolt-Glaser, Speicher & Holliday, 1985).

Mehrfach wurde gefunden, dass Burnout durch Urlaub abnimmt (Etzion, in press; Etzion & Westman, 2001; Westman & Eden, 1997). Ein Vergleich zwischen Arbeitnehmern mit und ohne Urlaub zeigte eine Abnahme des Burnouts bei der Urlaubsgruppe, während der Burnoutlevel bei der arbeitenden Gruppe konstant blieb (Etzion, in press). Die Mitarbeiter fühlten sich folglich nach dem Urlaub weniger emotional erschöpft und gleichzeitig leistungsfähiger.

Weiterhin zeigt sich ein zunächst negativ erscheinender Effekt von Urlaub auf das Wohlbefinden: Zum einen wurde ein Anstieg der Kündigungsintentionen gefunden (Lounsbury & Hoopes, 1986). Mitarbeiter dachten am Ende ihrer Urlaubszeit folglich eher über einen Arbeitsplatzwechsel nach als vor Urlaubsbeginn. Zum anderen scheint Urlaub eine Abnahme des ‚Job Involvements' mit sich zu bringen, was bedeutet, dass die Arbeit weniger als zentrales Lebensinteresse gesehen wird (Lounsbury & Hoopes, 1986). Diese Ergebnisse weisen darauf hin, dass ein Arbeitnehmer die Urlaubszeit auch dazu nutzt, sich von seiner Arbeit zu lösen und neu zu orientieren. Dabei reflektiert er auch über mögliche negative Aspekte seiner Arbeitssituation. Sowohl die dabei entstehende Distanz von als auch die Reflektion über die Arbeit scheinen jedoch durchaus nötige Aspekte des Erholungsprozesses darzustellen.

Insgesamt zeigt sich ein deutlich positiver Effekt von Urlaub auf verschiedene Aspekte des individuellen Wohlbefindens. Arbeitnehmer geben am Ende ihres Urlaubs an, mit ihrem Leben zufriedener zu sein und sich weniger gestresst zu fühlen (Eden, 2001).

5. Welchen Einfluss hat Urlaub auf die Arbeitsleistung?

Befunde zum Zusammenhang von Urlaub und Arbeitsleistung sind weniger zahlreich als die Befunde zur Veränderung des Wohlbefindens. In einer der Untersuchungen zu Urlaub und Arbeitsleistung (Westman & Aharon-Madar, 1998) wurden die Arbeitnehmer gebeten, sowohl vor als auch nach dem Urlaub in einem Fragebogen anzugeben, wie sie das Ausmaß ihrer Arbeitsleistung einschätzen. Die eigene Arbeitsleistung wurde von den Arbeitnehmern kurz nach dem Urlaub höher wahrgenommen als direkt davor. Weitere Studien bestätigen eine Erhöhung der Arbeitsleistung und zusätzlich eine Verringerung der Fehlzeiten direkt nach dem Urlaub (Westman & Etzion, 2001).

Ein zusätzlicher Anhaltspunkt dafür, dass Erholung tatsächlich die Leistung fördert, kann aus einer weiteren Untersuchung abgeleitet werden, in der jedoch nicht der Urlaub, sondern die Erholung am Feierabend im Mittelpunkt stand. Es zeigte sich, dass Personen vor allem dann ein hohes Arbeitsengagement, viel Eigeninitiative und Lernbereitschaft bei der Arbeit zeigen, wenn sie sich am Vorabend besonders gut erholt hatten (Sonnentag, in press). Sie waren also besonders gut in der Lage, neue Dinge bei der Arbeit in Angriff zu nehmen. Möglicherweise trifft eine solche Erholungswirkung auch auf den Urlaub zu.

Die Tatsache, dass Einflüsse von Urlaub auf das Arbeitsverhalten noch recht wenig untersucht wurden, könnte unter anderem darauf zurückzuführen sein, dass es schwieriger ist, Veränderungen in der Arbeitsleistung zu messen als im subjektiven Wohlbefinden. Wenn Arbeitnehmer in vorgegebenen Fragebögen z. B. angeben, ihre Leistung habe sich nach dem Urlaub gesteigert, so sollten zusätzlich Beurteilungen der Arbeitsleistung durch den Vorgesetzten oder Kollegen erfolgen. Die objektivste Messung von Veränderungen in der Arbeitsleistung durch den Urlaub würde sicherlich durch ‚harte Zahlen' gewährleistet werden. Solche objektiven Messungen könnten sich dabei beispielsweise auf gesteigerte Produktionszahlen oder reduzierte Fehlzeiten beziehen. Diese Überlegung zeigt jedoch auch, wie schwierig oft eine Zuordnung von Daten bezüglich der Effektivität der Organisation zum einzelnen Arbeitnehmer ist. Zusätzlich gibt es häufig organisationale Hindernisse, die eine objektive Messung unmöglich machen. Gesteigerte Arbeitsleistung bedeutet jedoch nicht nur eine quantitative sondern in vielen Berufsbereichen auch eine qualitative Zunahme der Leistung. Letztere lässt sich wiederum besonders schwer messen. Empirische Ergebnisse sollten daher immer vor dem Hintergrund der genannten Überlegungen gesehen werden.

6. Was ist das Erholende am Urlaub?

Zunächst kann man davon ausgehen, dass die Unterbrechung der beanspruchenden Arbeit – zumindest kurzfristig – positiv wirkt, da man während des Urlaubs den belastenden Wirkungen der Arbeit nicht weiter ausgesetzt ist. Anzumerken ist hier jedoch, dass diese kurzfristige Entlastung sich – vor allem bei psychischen Belastungen – nicht unbedingt einstellen muss. Ist man in der Arbeitssituation beispielsweise durch starke soziale Konflikte oder gar drohenden Arbeitsplatzverlust belastet, so können diese Belastungen in den Urlaub hineinwirken, da man darauf bezogene Gedanken oft nicht einfach mit dem Beginn des Urlaubs vollkommen „abstellen" kann. Darüber hinaus ist nicht unbedingt davon auszugehen, dass sich Burnout bei emotional stark erschöpften Personen durch den Urlaub wieder völlig reduziert.

Es ist weiter von großer Bedeutung, dass man während der arbeitsfreien Zeit tatsächlich von der Arbeit abschaltet und sich auch gedanklich von der Arbeit löst (Etzion, Eden, & Lapidot, 1998). Zusätzlich ist es wichtig, dass man den Urlaub positiv erlebt und mit ihm zufrieden ist. Empirische Ergebnisse zeigen, dass die unmittelbare Erholung bei Menschen, die mit ihrem Urlaub zufrieden sind, besser ist als bei Menschen, die mit ihrem Urlaub weniger zufrieden sind (Lounsbury & Hoopes, 1986; Westman & Eden, 1997).

Um die genannten Prozesse in Gang zu setzen und Erholungseffekte zu erzielen, ist es wichtig, dass der Erholungszeitraum über den eines Wochenendes hinausgeht. Untersuchungen zur optimalen Länge eines Urlaubs sind widersprüchlich (Etzion, in press; Lounsbury & Hoopes, 1986), was darauf hindeutet, dass möglicherweise individuelle Faktoren während des Urlaubs (Abschalten können, den

Urlaub positiv erleben) eher eine Rolle bei der Erholung spielen als die Länge an sich.

7. Einfluss von Dienstreisen: Ist Distanz der ausschlaggebende Faktor?

In den letzten Jahren sind einige Arbeitsplätze vermehrt durch Dienstreisen gekennzeichnet. Untersuchungen konnten zeigen, dass Dienstreisen mit Veränderungen in der Arbeitsbeanspruchung und in Folge dessen auch mit Veränderungen im Wohlbefinden und Arbeitsverhalten in Verbindung stehen. An dieser Stelle soll zwar nicht der Eindruck entstehen, Dienstreisen seien mit Urlaub gleichzusetzen, dennoch finden sich tatsächlich Parallelen in der Wirkung von Dienstreisen und Urlaub.

Die Befunde und die zugehörigen Annahmen sind im Bereich der Dienstreisen jedoch widersprüchlich. Zum einen wurde ein positiver Zusammenhang zwischen Dienstreisen und erhöhtem Stresserleben gefunden (Striker, Luippold, Naggy, Liese, Bigelow, & Mundt, 1999). Dieses Ergebnis kann durch die Annahme erklärt werden, dass Dienstreisen durch häufigen Wechsel in täglichen Routinen, an den die Arbeitnehmer sich anpassen müssen, zu vermehrtem Stresserleben führt (Fisher & Cooper, 1990). Viele Ortswechsel können dann ein Gefühl der mangelnden Anpassung bei den Arbeitnehmern zur Folge haben. Ein solcher Ortswechsel kann jedoch auch zu einem Gefühl der Distanz von der Arbeit führen und infolgedessen einen durchaus positiven Effekt auf den Arbeitnehmer haben. In diesem Sinne fand eine Studie, dass kurze Dienstreisen durchaus einen positiven Einfluss auf das Wohlbefinden des Arbeitnehmers haben (Westman & Etzion, 2002). In der Studie wurden Arbeitnehmer eine Woche vor ihrer Dienstreise, währenddessen und eine Woche nach der Reise befragt und gaben an, sich nach der Dienstreise wohler zu fühlen als davor. Dieser Effekt trat auf, obwohl die Reisenden auch angaben, während der Reise viel gearbeitet zu haben. Diese Befunde weisen, wie die Befunde der Urlaubsforschung, darauf hin, dass die subjektiv empfundene Distanz zum Arbeitsplatz eine wichtige Rolle bei der Veränderung des Wohlbefindens zu spielen scheint.

Forscher in Israel (Etzion et al., 1998) konnten zeigen, dass selbst ein zeitlich begrenzter Militärdienst positive Effekte auf das Wohlbefinden von Mitarbeitern beinhalten kann. Sie verglichen Arbeitnehmer, die für eine begrenzte Zeit zum Militärdienst einberufen wurden, mit ihren Kollegen, die in der Zeit wie gewohnt weiter zur Arbeit gingen. In der Militärdienstgruppe zeigte sich eine deutliche Abnahme von Stress und Burnout im Vergleich zur Jobgruppe. Auch diese Befunde weisen auf die Bedeutung der Distanz von der Arbeit für individuelle Erholung und Wohlbefinden hin.

Neben der distanzschaffenden Funktion kann eine Dienstreise auch lehrreich sein und so zu individuellem Wachstum führen (DeFrank, Konopaske, & Ivancevitch,

2000). Auch dies kann das Wohlbefinden des Individuums nach der Dienstreise erhöhen.

Insgesamt bietet eine Dienstreise die Möglichkeit, den Aufbau neuer Ressourcen (Wissen, Kontakte etc.) zu fördern. Sie beinhaltet außerdem die Option, Ressourcenverlustspiralen zu durchbrechen, indem sie beispielsweise das Entfliehen aus einem Burnout-Klima innerhalb der Organisation ermöglicht.

Allerdings fordern die sich widersprechenden Ergebnisse weitere Forschung, bevor man mit Sicherheit Aussagen über den Nutzen von Dienstreisen machen kann. Dabei sollte man nach möglichen Einflussfaktoren suchen, die erklären, wieso einige Personen unter Dienstreisen leiden, andere sie jedoch als positiv erleben (Westman & Etzion, 2002).

8. Sabbaticals: bieten sie Erholungsmöglichkeiten?

Eine besondere Art des Urlaubs stellt das Sabbatjahr bzw. Sabbatical dar. Dabei geht es darum, im Rahmen eines bezahlten oder unbezahlten Urlaubs für längere Zeit (in der Regel mehrere Monate) eine Arbeitspause ein zu legen. Arbeitnehmer streben solche Sabbaticals oft nicht nur zur unmittelbaren körperlichen oder psychischen Erholung an; auch die Weiterbildung und persönliche Weiterentwicklung sind häufig verfolgte Ziele. Eine Reihe von Unternehmen bieten ihren Mitarbeiterinnen und Mitarbeitern inzwischen die Möglichkeit, ein solches Sabbatjahr zu nehmen. Breit angelegte und systematische Untersuchungen zu den Wirkungen dieser besonderen Urlaubsform liegen jedoch noch nicht vor.

9. Fadeout-Prozesse und Erhalt der ‚Urlaubseffekte'

Wie dargestellt, lassen sich positive Einflüsse von Urlaub auf Wohlbefinden und Arbeitsleistung finden. Allerdings hat die Urlaubsforschung auch gezeigt, dass diese positiven Effekte sich in relativ kurzer Zeit wieder 'ausschleichen'. Dies bedeutet, dass der wahrgenommene Stresslevel schon schnell nach dem Urlaub wieder auf 'chronisches' Niveau, also auf das Niveau, das vor dem Urlaub gemessen wurde, zurückkehrt.

In einer Studie zu einem solchen 'Fadeout-Effekt (Westman & Eden, 1997) sollten die befragten Arbeitnehmer das Ausmaß ihres Burnouts sechs Wochen und drei Tage vor dem Urlaub, am Ende des Urlaubs und drei Tage und drei Wochen nach dem Urlaub einschätzen. Nach drei Tagen war das Burnoutniveau schon wieder höher als am Ende des Urlaubs und nach drei Wochen erreichte es wieder das Ausgangsniveau, d.h. das Niveau vor dem Urlaub.

Eine weitere Studie zeigte einen Fadeout-Effekt für Burnout, Fehlzeiten und wahrgenommener Arbeitsleistung (Westman & Aharon-Madar, 1998). Fehlzeiten und Burnout stiegen nach dem Urlaub recht schnell wieder an, während die vom Arbeitnehmer wahrgenommene eigene Arbeitsleistung wieder absank.

Diese Befunde weisen darauf hin, dass die positiven Effekte des Urlaubs nicht so lang andauernd sind, wie Arbeitnehmer und Arbeitgeber es sich wünschen würden. Andauernde Arbeitsanforderungen und -belastungen führen zu einem recht schnellen Verbrauch der im Urlaub aufgebauten und wieder gewonnenen Ressourcen. Zusätzlich fehlt oft die Zeit, die verbrauchten Ressourcen durch neue zu ersetzen. Dies macht sich dann sowohl im individuellen Wohlbefinden als auch in der Arbeitsleistung eines Arbeitnehmers bemerkbar. Aus diesen Befunden ergeben sich Implikationen für das Personalmanagement, die später genauer diskutiert werden sollen.

10. Was bedeuten die Ergebnisse für das individuelle Urlaubsmanagement?

Insgesamt zeigt die Forschung, dass Menschen durch Erholung Ressourcen zurückgewinnen können und sich ihr Wohlbefinden und ihre Leistungsfähigkeit durch Urlaub stabilisieren lassen. Jedoch ist nicht jeder Urlaub gleichermaßen erholend. Besonders wichtig ist, dass der Urlaub positiv erlebt wird. Somit ist bei der Urlaubsplanung darauf zu achten, dass man gezielt die Aktivitäten unternimmt, die man subjektiv als angenehm und zufrieden stellend erlebt. Zum Erhalt und Aufbau neuer Ressourcen ist es beispielsweise günstig, soziale Kontakte zu pflegen, für körperliche und geistige Entspannung zu sorgen sowie Dinge in Angriff zu nehmen, die das Erfolgserleben fördern.

Darüber hinaus wurde deutlich, dass es für eine optimale Erholungswirkung notwendig ist, im Urlaub tatsächlich von der Arbeit abzuschalten. Dies wird in Zeiten beinahe unbegrenzter technischer Kommunikationsmöglichkeiten zunehmend erschwert. Eine ständige Erreichbarkeit über das Handy oder das Versprechen, regelmäßig eingehende Email-Nachrichten abzufragen, machen das wirkliche Abschalten fast unmöglich. Im Interesse einer optimalen Urlaubswirkung sollte man deshalb mit Zusagen, immer erreichbar zu sein, sehr zurückhaltend umgehen.

Die Wirkung des Urlaubs hält meist nicht sehr lange an (Westman & Eden, 1997); kurze Zeit nach der Rückkehr an den Arbeitsplatz ist „alles wie davor", insbesondere dann, wenn gerade durch den Urlaub viel Arbeit liegen geblieben ist und diese nun aufgearbeitet werden muss. Für die individuelle Erholungsgestaltung ergeben sich daraus zwei Konsequenzen: Zum einen erscheint es günstiger, für ein Jahr mehrere kürzere Urlaube zu planen als einen langen. Zum zweiten ist gerade nach dem Urlaub auf ausreichende Erholung – am Feierabend und am Wochenende – zu achten, um die Erholungswirkung des Urlaubs lange zu erhalten und das Fadeout so lange wie möglich hinaus zu zögern.

11. Was bedeuten die Ergebnisse für das Personalmanagement der Zukunft?

Schlussfolgerungen aus den genannten Befunden sind durchaus in den Kontext des Personalmanagement übertragbar (vgl. Abb. 3) und können damit einen völlig neuen Aspekt der alltäglichen Arbeit von Personalverantwortlichen darstellen. Aus den Ergebnissen der Urlaubsforschung lässt sich dabei die Forderung nach mehr Erholungsförderung durch das Personalmanagement ableiten. Dies bedeutet, dass Mitarbeiter zu effektiver Erholung motiviert und vorhandene Erholungseffekte nicht durch zu hohe Arbeitsbelastung direkt nach dem Urlaub zunichte gemacht werden sollten.

Die Betonung und Förderung der Erholung durch das Personalmanagement kann dabei an vielerlei Stellen ansetzen. Einige sollen im Folgenden aufgeführt werden. Generell kann man dabei zwischen Ansätzen entscheiden, die entweder eine Nutzung bestehender Strukturen und Prozesse oder spezifische Interventionen bzw. Arbeitsgestaltungsmaßnahmen beinhalten.

Welche Implikationen haben die genannten Befunde für das organisationale Urlaubsmanagement? Da Urlaub sowohl das individuelle Wohlbefinden als auch die Arbeitsleistung fördert, sollte es Aufgabe des Personalmanagements sein, Urlaubspläne der Mitarbeiter generell zu fördern. Durch die zeitliche Begrenztheit der Erholungseffekte erscheint es sinnvoll, mehrmals im Jahr Erholungsphasen in Form von Urlaub einzuplanen. So lässt sich sowohl für den einzelnen Mitarbeiter als auch für die Organisation ein optimaler Langzeiteffekt erzielen (Etzion, in press).

Wie Studien zeigen konnten, scheint die Distanz zur Arbeit eine bedeutende Rolle im Erholungsprozess zu spielen. Ableitend daraus sollte das Personalmanagement dafür sorgen, dass die Arbeitnehmer während ihres Urlaubs keinen Kontakt zum Büro aufnehmen (Eden, 2001). Zusätzlich sollten Kollegen und Vorgesetzte gebeten werden, den Kollegen während seiner Urlaubstage nicht zu kontaktieren. Während der Urlaubszeit sollte die Arbeit deshalb so organisiert werden, dass eine Erreichbarkeit des jeweiligen Mitarbeiters gar nicht erst notwendig wird. Dies erfordert möglicherweise ein Umdenken der Personalverantwortlichen - weg von einem Klima der ‚ständigen Erreichbarkeit'.

> » Motivierung der Mitarbeiter zu effektiver Erholung
> » Förderung der Urlaubspläne der Mitarbeiter
> » Ermöglichung und Sensibilisierung des Nutzens von mehrmaligen längeren Erholungsphasen (Urlaub) im Jahr
> » Kontaktvermeidung zwischen Unternehmen und Mitarbeiter während des Urlaubs
> » Organisation der Arbeit, die Kontaktaufnahme während des Urlaubs nicht notwendig macht
> » Individuelle Unterschiede der Mitarbeiter bei der Dienstreisenplanung beachten

Abb. 3: Tipps für das Personalmanagement

Auch aus den Befunden zu den Effekten von Dienstreisen lassen sich mögliche Handlungsstrategien für das Personalmanagement ableiten. Da Dienstreisen sowohl einen positiven Effekt haben als auch zu vermehrtem Stresserleben führen können, ist bei der Planung von Dienstreisen besonders wichtig, individuelle Unterschiede in der Wahrnehmung und Präferenz der Mitarbeiter zu beachten. Dies bedeutet, dass im optimalen Fall die Dienstreisen individuell mit dem jeweiligen Mitarbeiter geplant und nach Möglichkeit an dessen Ressourcen angepasst werden sollten.

Neben den genannten Anpassungsstrategien an bestehende Erholungsstrukturen und –prozesse kann das Personalmanagement auch im Rahmen von Interventionen oder Arbeitsgestaltungsmaßnahmen an der Förderung von Erholung ansetzen (Allmer, 1996).

Je früher man weiß, wie man die Erkenntnisse zu Erholungsprozessen und -effekten nutzen kann, desto früher kann das Personalmanagement dabei unterstützt werden, strukturiertes Urlaubsmanagement zu betreiben. Das heißt, dass Urlaub gut geplant und „getimt" sein sollte, um so die Produktivität zu steigern und teure Fehlzeiten und Fluktuation aufgrund von Überforderung zu verhindern. Der individuelle Arbeitnehmer fühlt sich wohler, und die arbeitgebende Organisation kann ihre Effektivität erhöhen (Eden, 2001).

12. Zusammenfassung

Im vorliegenden Kapitel wurden Urlaub und Erholung als wichtige Komponenten des betrieblichen Gesundheitsmanagement diskutiert. Dabei wurden zunächst theoretische Erklärungen zu Erholungswirkungen im Rahmen der Arbeits- und Organisationspsychologie beschrieben. Im Weiteren wurde aufgeführt, welche Wirkungen von Urlaub und Erholung auf das Wohlbefinden sowie die Arbeitsleistung bisher gefunden wurden und wie diese Ergebnisse zu interpretieren sind. Anschließend wurde auf die mögliche Bedeutung von Dienstreisen und Sabbaticals im Kontext von Erholung eingegangen. Abschließend wurden mögliche Implikationen der genannten Untersuchungsergebnisse für das individuelle und betriebliche Urlaubsmanagement diskutiert. Es konnte gezeigt werden, dass Planung und Organisation von Urlaub und anderen längeren Erholungszeiträumen vermehrter Beachtung innerhalb des Personalmanagements bedürfen.

Literatur

Allmer, H.: Erholung und Gesundheit. Göttingen: Hogrefe, 1996

Craig, A., Cooper, R. E.: Symptoms of acute and chronic fatigue. In A. P. Smith & D. M. Jones (Eds.), Handbook of human performance (Vol. 3, pp. 289-339). London: Academic Press, 1992

DeFrank, R. S., Konopaske, R., Ivancevitch, J. M.: Executive travel stress: Perils of the road warrior. Academy of Management Executive, 14, 2000, 58-71

Eden, D.: Acute and chronic job stress, strain, and vacation relief. Organizational Behavior and Human Decision Processes, 45, 1990a, 175-193

Eden, D.: Vacations and other respites: Studying stress on and off the job. In C. L. Cooper & I. T. Robertson (Eds.), International Review of Industrial and Organizational Psychology (Vol. 16, pp. 121-146). New York: Wiley, 2001

Etzion, D., Eden, D., Lapidot, Y.: Relief from job stressors and burnout: Reserve service as a respite. Journal of Applied Psychology, 83, 1998, 577-585

Etzion, D.: Annual vacation: Duration and relief from job stress and burnout. Anxiety, Stress and Coping - An International Journal, in press

Etzion, D., Westman, M.: Vacation and the crossover of strain between spouses - stopping the vicious cycle. Man at Work, 11, 2001,106-118

Fisher, S., Cooper, C.: On the move. New York: Wiley, 1990

Glaser, R., Kiecolt-Glaser, J. K., Speicher, C. E., & Holliday, J. E.: Stress, loneliness, and changes in herpesvirus latency. Journal of Behavioral Medicine, 8, 1985, 249-260

Graf, O.: Über die Wirkung mehrfacher Arbeitspausen bei geistiger Arbeit. Psychologische Arbeiten, 9, 1925, 1-69

Hobfoll, S. E.: Conservation of resources: A new attempt at conceptualizing stress. American Psychologist, 44, 1989, 513-524

Hobfoll, S. E.: Stress, culture, and community: The psychology and physiology of stress. New York: Plenum, 1998

Hoopes, L. L., Lounsbury, J. W.: An investigation of life satisfaction following vacation: A domain-specific approach. 17, 1989, 129-140

Kahn, R. L., Byosiere, P.: Stress in organizations. In M. D. Dunnette & L. M. Hough (Eds.), Handbook of industrial and organizational psychology (2nd ed., Vol. 3, pp. 571-650). Palo Alto, CA: Consulting Psychologists Press, 1992

Lounsbury, J. W., & Hoopes, L. L.: A vacation from work: Chances in work and nonwork outcomes. Journal of Applied Psychology, 71, 1986, 392-401

Maslach, C., Schaufeli, W. B., & Leiter, M. P.: Job burnout. Annual Review of Psychology, 52, 2001, 397-422

Meijman, T. F., & Mulder, G.: Psychological aspects of workload. In P. J. D. Drenth & H. Thierry (Eds.), Handbook of work and organizational psychology, Vol. 2: Work psychology (pp. 5-33). Hove, England: Psychology Press, 1998

Sonnentag, S.: Recovery, work engagement, and proactive behavior: A new look at the interface between non-work and work. Journal of Applied Psychology, in press

Sonnentag, S., Frese, M.: Stress in organizations. In W. C. Borman & D. R. Ilgen & R. J. Klimoski (Eds.), Comprehensive handbook of psychology (Vol. 12: Industrial and organizational psychology, pp. 453-491). New York: Wiley, 2003

Striker, J., Luippold, R. L., Naggy, L., Liese, B., Bigelow, C., Mundt, K. A.: Risk factors for psychological stress among international business travellers. Occupational Environmental Medicine, 56, 1999, 245-252.

Westman, M.: Gain and loss spirals: Applying Hobfoll's COR theory to respite research. Paper presented at the Acadamy of Management Meeting, Chicago, 1999

Westman, M., Aharon-Madar, M.: The impact of vacation on stress, burnout, and performance. Paper presented at the 7th International Conference on Social Stress, Budapest, Hungary, 1998

Westman, M., & Eden, D.: Effects of a respite from work on burnout: Vacation relief and fade-out. Journal of Applied Psychology, 82, 1997, 516-527

Westman, M., & Etzion, D.: The impact of vacation and job stress on burnout and absenteeism. Psychology and Health, 16, 2001, 595-606

Westman, M., & Etzion, D.: The impact of short overseas business trips on job stress and burnout. Applied Psychology: An International Review, 51, 2002, 582-592

Wieland-Eckelmann, R., Baggen, R.: Beanspruchung und Erholung im Arbeits-Erholungs-Zyklus. In R. Wieland-Eckelmann & H. Allmer & K. W. Kallus & J. H. Otto (Eds.), Erholungsforschung (pp. 102-154). Weinheim: Beltz, 1994

Zapf, D., & Semmer, N. K.:. Stress und Gesundheit in Organisationen. In H. Schuler (Ed.), Organisationspsychologie (Enzyklopädie der Psychologie). Göttingen: Hogrefe, in press

Freizeitmanagement

Herbert Oberste-Lehn

Individualisierung und Globalisierung sind nicht nur zwei Polaritäten, die immer stärker unser Leben bestimmen, sie führen auch dazu, dass die Menschen immer mehr ihre eigene Identität verlieren. Der Individualismus führt häufig zum Egoismus, unter Umständen aber auch in Krankheitsbilder wie Apathie, Depression oder Aggression. Psychische Deformationen, die, wie man sie heute schon in den USA als „Psychiatrisierung" der Gesellschaft erleben kann, denn hier gehört es ja schon fast zur Norm, dass jeder seinen eigenen Psychiater hat, nehmen auch in Deutschland zu.

Die Globalisierung führt dazu, dass die Zusammenhänge verloren gehen. Wenn man nur daran denkt, dass es heute kein deutsches Auto mehr gibt, das in unserem Land gefertigt wird, sondern die verschiedenen Teile in aller Welt zusammengesetzt wird, oder der besondere Tipp zur preiswertesten Erstellung ihrer Steuererklärung momentan auf Irland hinweist, so fällt es schon schwer, das zu denken und an dessen Sinnfälligkeit zu glauben.

Angesichts der hohen Arbeitslosigkeit von Freizeit zu reden führt dazu, auf diese Form von „erzwungener Freizeit" zumindest hinzuweisen. Opaschowski hat einmal gesagt: „Wer von Arbeitslosigkeit nicht redet, sollte von Freizeit schweigen". Daher interessieren in der Freizeitforschung Zeitmodelle in besonderer Weise, weil hier immer noch ein Stück Hoffnung liegt, die Arbeitslosigkeit zu mildern, obwohl längst alle wissen, dass dies ein Strukturproblem ist und dessen Veränderung die Solidarität aller Beteiligten erforderlich machen würde. Angesichts dieser Probleme über Freizeit und dessen Management zu schreiben fällt schwer, da es für viele nicht einleuchtend ist, dass es im Leben der Menschen nicht nur auf Arbeit, sondern auch auf Freizeit, Reisen, Wohnen, also auf das ganze Leben ankommt. Hinzu kommt noch, dass wir uns darüber immer wieder klar werden müssen, dass Freizeit einen gewissen gesellschaftlichen Reichtum voraussetzt. In „armen" Ländern haben die Menschen keine Freizeit, da sie alle Zeit für den Erhalt ihres Lebens einsetzen müssen. In den „reichen" Industrienationen wird immer dringlicher ein Freizeitmanagement erforderlich, da die Menschen immer weniger mit ihrer freien Zeit umgehen können. Für die Unternehmen ist die Zeitwirtschaft eine Größe, mit der sich u. a. die Zufriedenheit der eigenen Mitarbeiterschaft steuern lässt, was zu einer höheren Lebenszufriedenheit führen kann.

1. Einführung Freizeitmanagement

Management ist eine Begrifflichkeit, die man eher der Arbeit als denn der Freizeit zuschreiben kann. Diese für Management zu nutzen, macht auf den ersten Blick soviel Sinn, wie von Freizeit*pädagogik* zu reden. Denn Freizeit ordnet man eher der Freiheit zu und Pädagogik einer gezielten erzieherischen Intervention. Dabei ist der Umgang mit Zeit genauso zu lernen, wie erst ein gezieltes Freizeitmanagement den souveränen Umgang mit Zeit bestimmt, da diese sonst der Zufälligkeit überlassen wird und von daher heute in jeden Kanon der Zeitplanung für das Management gehört. Hier stellt sich die Frage: „Was soll gemanagt werden?" Die Frage ist sehr leicht zu beantworten: „Wer bei seiner Arbeit die Freizeit nicht gleich *mitplant*, hat auch *keine* Freizeit. Der konsequenteste Freizeitforscher, der von einer „Worklife Balance" ausgeht, ist Krippendorf. Durch die Entwicklung der *Lebensgesellschaft* versucht er, die Arbeits- und Freizeitgesellschaft aufzuheben (vgl. Krippendorf, 1984). Er rückt die Freizeit in den Mittelpunkt des Wertewandels, weil er hier die größte Werteverschiebung sieht (Ebenda, 1984: 150 ff.). Allen bekannt ist das Sprichwort: „Die Deutschen leben um zu arbeiten und die Franzosen arbeiten um zu leben." Hier hat der größte Wertewandel eingesetzt und dazu geführt, dass solche Redewendungen längst der Vergangenheit angehören.

Der meist zitierte Freizeitforscher Deutschlands Opaschowski zeigt die Relativität des Wertewandels in der Freizeitorientierung der Menschen. Er geht davon aus: „Sage mir was Du heute in der Freizeit tust und ich sage Dir, was Du in 10 Jahren in Deiner Freizeit machen wirst, und das ist immer noch das was Du heute tust". Es wird sich später noch an den „Freizeitbeschäftigungen im Zeitvergleich" zeigen, dass es seit den 50er Jahren bis heute kaum einen Wandel in den „Freizeit-Aktivitäten in Deutschland" gegeben hat. (Opaschowski, 2002: 6 f.). Er ist auch derjenige, der aufgehört hat von der Entwicklung zu einer „Freizeitgesellschaft" zu reden und heute von einer „Freizeit- Arbeitsgesellschaft" spricht.

Dass aber der Gedanke der *Lebensgesellschaft* der weitergehende ist, wird schon daran deutlich, dass sich das betriebliche Gesundheitsmanagement nicht mehr bei der „Werkarztmentalität" als betriebliche Gesundheitsversorgung aufhält, sondern sehr viel weiterdenkt. Auf der einen Seite gibt es zwar die vitalen „jungen Alten", auf der anderen Seite aber auch eine „krankende Gesellschaft". Gerd Brenner schreibt unter der Überschrift: „Kinder und Jugendliche: Zunehmende Gesundheitsprobleme" (deutsche jugend, 2002: 417-420). Dieser Artikel liest sich wie eine Lagebeschreibung von vor zwei Jahrhunderten. Aus der Geschichte der Sozialversicherung ist bekannt, dass es die Lage der Kinder und Jugendlichen war (die auf Grund ihres Gesundheitszustandes nicht mehr zum Militärdienst tauglich waren), die wesentlich zur Entwicklung sozialer Sicherheit beigetragen hat. Benner weist vor allem auf die heutigen Probleme der Allergien, der Adipositas, der Anorexie und Bulimie, der psychischen Erkrankungen und der Nikotinsucht hin. Diese Entwicklung fordert ein Freizeit- und Gesundheitsmanagement gerade auch in Unternehmen heraus.

2. Wertewandel, sozialer Wandel oder Zeitwandel

Was schließt man aus den bisherigen Gedanken? Der Wertewandel ist eigentlich ein permanenter gesellschaftlicher Wandel, bei dem sich die Werte, wie sich noch zeigen wird, sehr langsam verändern, die Gesellschaft sich aber vielfältig und schnell neu formiert (vgl. Opaschowski, 1996³: 129-130). Insofern hinken die Werte der Wirklichkeit oft weit hinterher. Das ist kein Phänomen unserer Tage, sondern eines, das die Weltgeschichte in sich trägt. Es kommt allerdings heute hinzu, dass gesellschaftliche Veränderungen stattfinden die keine philosophischen Wertgrundlagen mehr haben und reale Veränderungen in der Welt ohne Wertgrundlagen geschehen wie z. B. das Klonen eines Menschen. Diese Diskussion ging um die Welt.

Die Nachrichten wurden von der Wissenschaft kritisch gesehen, auf der anderen Seite auch bewundert und haben längst auch ihre philosophischen Grundlagen geliefert bekommen. Es gibt heute wieder Philosophen, die die Züchtung von Menschen überhaupt nicht für verwerflich halten, (vergl. Sloterdijk, 1999) und das mit der Berufung auf Heidegger und seinem Brief an Jean Beaufret von 1946: „Über den Humanismus", einem Versuch der faschistischen Rassenlehre nachträglich eine Rehabilitation zu erteilen (Heidegger, 1991).

Vielleicht sollte man bei dem stattfindenden Wandel doch eher von einem Zeitwandel ausgehen, der das soziale Geschehen bestimmt. Nur das führt dann aus der kulturpessimistischen Ebene heraus und macht die Situation erträglich, was allerdings der Konstruktion des „Zeitgeistes" bedarf. „Der Zeitgeist erhält Anstöße von zwei konträren, aber aufeinander verwiesenen und sich durchdringenden Denkbewegungen: der Zeitgeist entzündet sich an dem Zusammenstoß von geschichtlichem und utopischen Denken.", sagt Habermas. (Habermas Ders., 1996, Sonderausgabe: 141f.).

3. Die Risiko- und Erlebnisgesellschaft

So zeigt es sich, dass immer noch eine dichotome Welt besteht. Vergleicht man sie mit einem Seil, so ist das eine Ende das *Risiko,* (vgl. Beck, 1986) welches von den Menschen täglich erfahren wird und längst in ihren Erfahrungsschatz aufgenommen worden ist. Hier erweist sich der Mensch als ein Wesen, das sich in sehr widersprüchlichen Situationen einfügen und anpassen kann. Das andere Ende des Seils bildet die Möglichkeit, Erlebnisse ohne Ende zu nutzen (vgl. Schulze, 1992). Die Freizeitindustrie hat einen Erlebnismarkt geschaffen, der seines gleichen sucht. Es scheint nichts mehr unmöglich zu sein, ob man nun mit einem Schlauchboot einen vereisten Gletscher hinunterfahren will, baloning, rafting, reiten oder segeln will. Es scheint keine Grenzen mehr zu geben. Dabei wird der Erlebnismarkt nicht wie behauptet von der Nachfrage bestimmt. Ganz deutlich machen das die „Last-Minute-Reisen", die keine Forderung von Kunden waren. Ein besonders „cleverer" Unternehmer rühmt sich bis heute als deren Erfinder und lobt die Möglichkeit, dadurch einen „Extraprofit" zu erzielen. Das daraus dann eine Ebene entstehen kann, in der Reisen unter „Gestehungskosten" verkauft werden, kann nur als unseriös betrachtet werden, obwohl viele Kunden jetzt sagen: „Wenn die das so machen, warum sollen wir da nicht zugreifen?" Das Geschehen passt auch in die Risiko- und Erlebnisgesellschaft, ob dies jedoch noch mit marktwirtschaftlichem Denken und Handeln in Übereinstimmung gebracht werden kann, ist sehr fraglich. Hier befindet sich wieder ein Brennpunkt zwischen Individualismus und Globalisierung. Jeder versucht egoistisch seine Bedürfnisse zu realisieren.

Die Freizeitwissenschaft hat den Versuch noch nicht ganz aufgegeben, diese Dichotomie aufzuheben, in dem sie davon ausgeht, dass es etwas gibt, „was in der Freizeit viel Spaß macht, aber nichts kostet" (vgl. Opaschowski, 1995^2) und so vielleicht doch der Gegensatz zwischen Arbeit und Freizeit aufgehoben werden kann. Das würde bedeuten, dass der Traum von der „Freizeitgesellschaft" noch immer nicht ganz aufgegeben ist. Sicherlich haben sich die Menschen längst auf das reale Leben in dieser Gesellschaft orientiert. Sie sind bereit, sich den Risiken zu stellen und gleichzeitig die gegebenen Möglichkeiten, die die Gesellschaft bietet, zu genießen. *„ Denn auch wenn die Welt sich verändert hat, die Prozesse der Individualisierung, der Aufladung des Sozialen durch das Ästhetische, die radikale Verschiebung von Moralvorstellungen aus der gesellschaftlichen Sphäre ins Private werden sich kaum rückgängig machen lassen."* (Goebel, et al. , 1997: 17). Opaschowski geht davon aus, dass die Menschen sich auf dem Wege *„...zu einer neuen Lebensbalance..."* befinden „Leistung und Lebensgenuss sind für sie keine Gegensätze mehr."

4. Die neue Unübersichtlichkeit

Die Zukunft ist leider nicht positiv orientiert, sondern negativ besetzt (vgl. Habermas, 1985). Menschen erleben die Situation unmittelbar und selbst. Nicht zu verhindernde Kriege, Terrorismus, unkontrollierte Verbreitung von Kernwaffen, Verarmung von Ländern, denen viel Geld als „Entwicklungshilfe" gezahlt wurde. Die schon genannte Arbeitslosigkeit und wachsende soziale Probleme auch in entwickelten Ländern, Umweltkatastrophen usw. Die Antworten der Politik sind nicht hilfreich, eher ratlos. „Es geht um das Vertrauen der westlichen Kultur in sich selbst.", sagt Habermas. (Ders., 1996, Sonderausgabe: 143). Die Neue Unübersichtlichkeit entbehrt der Worklife Balance. „Erich Fromm hatte seinerzeit die „Menschen in der westlichen Welt" im Blick, deren materielles Wohlergehen die innere Leere nicht ersetzen konnte. Diese Entwicklung hat sich seit der Jahrtausendwende verstärkt. Der Eindruck entsteht: *Es fehlt ein einigendes Prinzip des Lebens*, das die Menschen verbindet und die Gesellschaft in der westlichen Welt *zusammenhält*. (Opaschowski, 2002: 9). Geht der einzelne Mensch immer mehr verloren? Landen Werte auf dem Schrotthaufen der Geschichte?

Was will der arbeitslose Vater seinem Sohn für eine Lebensperspektive zeigen, die ihn dazu bringt, Arbeit in die Gesellschaft einzubringen? Oder gilt das längst nicht mehr, was Bühler sagte: „Während die Gesellschaft sich mit allen möglichen Persönlichkeitsproblemen abfinden kann, vermag sie ohne den Arbeitsbeitrag des Individuums nicht zu bestehen." (Bühler, 1972², 255). Hat sich einfach nur alles gesellschaftlich gewandelt und wir haben nicht die richtigen Antworten gefunden?

5. Die Tugend der Orientierungslosigkeit

Goebel et al. haben ein Buch mit dem gleichen Titel geschrieben und gehen davon aus, dass die Menschen heute „Lebenskünstler" sind, die die unübersichtliche Lage meistern können. Sie sind krisenerprobt und einfallsreich, so dass sie gar keine Hilfe erwarten, sondern sich selbst durchs Leben schlagen und dabei das in Anspruch nehmen, was sich Ihnen gerade anbietet. „Arbeit bedeutet vor allem, an sich selbst zu arbeiten. Der eigentliche „Beruf" ist nun mehr Mittel zum Zweck. Deshalb ist der zeitgenössische Lebenskünstler auch alles andere als ein Nichtstuer. Allerdings werden seine Aktivitäten nicht in erster Linie von ökonomischen Zwängen bestimmt. Gelderwerb und sinnstiftende Tätigkeit sind weitgehend entkoppelt. Ob das Einkommen im klassischen Angestelltenverhältnis, als Unternehmer, auf dem informellen Arbeitsmarkt, in Form sozialen Transfers oder auch familiärer Unterstützung oder Erbschaften erworben wird ist eher uninteressant." (Goebel, et al. 1997: 31) Kulturkritisch und manchmal bedauernd kann man betrachten, dass Kinder heute schon einen Terminkalender wie Erwachsene haben. Schule, Musikschule, Nachhilfe, Sportverein... „Die Welt der Termine und Verpflichtungen ist auch in einer Gesellschaft, in der niemand mehr „richtig" arbeitet, ein verbindlicher Rahmen, der Anerkennung sichert und Identität schafft. Das Leitbild *Manager* ist von vielen auch für den vermeintlich privaten Bereich verinnerlicht worden. Wer sein Leben nicht genießen kann, wird auf die Dauer auch nicht leistungsfähig sein. So plädieren 32 Prozent der jungen Leute heute für beides: „Leistung und Lebensgenuss. Ein Wertewandel in Richtung auf eine neue Gleichgewichtsethik kündigt sich an. Lust und Leistung haben für jeden dritten den gleichen Wert. Die jungen Leute wollen Leistung in der Arbeit nicht nur als Fron, sondern auch als Fun erleben. Zum Geldfaktor der bezahlten Arbeit gesellt sich für sie der Spaßfaktor der eigenen Leistung." (Opaschowski, 21.3.2000: 2). Das geht dann soweit wie von Arlie R. Hochschild in „Worklife-Balance: Keine Zeit: Wenn die Firma zum Zuhause wird und zu Hause nur Arbeit wartet" (Hochschild, 2002) beschreibt, dass Menschen sich im Unternehmen wohler als in der Familie fühlen. Wenden wir dazu unseren Blick auf den Untertitel, der die Firma zum Zuhause werden lässt und das Zuhause nur der Ort ist, an dem Arbeit wartet. Hier werden als die Leidtragenden vor allem wiederum die Kinder dargestellt, die sich entweder auf die Situation einstellen lernen oder psychisch „ausrasten". „Mittlerweile ist der Umgang mit dem Widerstand von Kindern gegen das Zeitkorsett, in das man sie zwängt, wenn das Zuhause zur Arbeit und die Arbeit zum Zuhause wird, Teil des modernen Elternalltages geworden. Manche Kinder brechen... ab, und manche Eltern versuchen... verzweifelt, sich das Wohlverhalten ihrer Kinder... mit kleinen Extrageschenken oder Versprechungen für die Zukunft zu erkaufen." (Ebenda: 236).

6. Freizeitbeschäftigung im Zeitvergleich

Es scheint wirklich so zu werden, dass die Grenzen zwischen Arbeit und Freizeit immer mehr verwischen wie in den USA oder Japan, wo die Arbeitnehmer nach drei Tagen Urlaub sehen wollen, wie es „Ihrem" Unternehmen geht und sie wie selbstverständlich „ihre" Mitarbeiter auch in der Freizeit betreuen. Hochschild beschreibt in Ihrem Buch in besonderer Weise das Arbeitssystem von AMERCO, in dem die Menschen lieber in der Firma bleiben als nach Hause zu gehen.

Auch in der Bundesrepublik Deutschland ist in den meisten Bereichen die 40-Stunden-Woche noch die „Normalarbeitszeit. Natürlich gibt es andere Zeitmodelle, auf die noch eingegangen wird, doch diese sind gar nicht so beliebt wie immer angenommen. Das VW Modell mit der 28,8-Stunden-Woche ist zwar arbeitsmarktpolitisch sinnvoll, doch die Menschen würden lieber 38,5 Stunden arbeiten.

Für den Freizeitsektor gilt (und auf den soll ja dieses Kapitel besonders eingehen), dass es in der Bundesrepublik Deutschland einen nahezu „*typisierten"* Katalog von Freizeitbeschäftigungen gibt. In einem Vergleich der Freizeittätigkeiten über die Jahre von 1950 bis 2000 zeigt Opaschowski die Nachhaltigkeit von fünfzig Jahren Freizeitbeschäftigungen (Tab. 1), die in einem radikalen Widerspruch zu den Freizeitwünschen der Menschen stehen, auf. Exklusivsportarten, Tennis, Reiten und Flugsport bleiben Wünsche und Ausschlafen, Spazierengehen und Handwerken sind die Realität. Menschen, immer auf Zukunft orientiert, wollten „ihr Buch" trotzdem nach der Rente schreiben und „Ihre Weltreise" im Ruhestand machen. Sie schreiben ihr Buch nie und die Weltreise machen sie zu Hause auf der Landkarte als sogenannte Sofatouristen.

	1957	1963	1975	1986	1996	2002
1.	Zeitung, Illustrierte lesen	Theater, Konzerte, Veranstaltungen besuchen	Zeitschriften, Zeitungen lesen	Fernsehen	Fernsehen	Fernsehen
2.	Gartenarbeit	Sich ausruhen, etwas ausschlafen	Radio hören	Zeitung, Illustrierte lesen	Zeitung, Illustrierte lesen	Radio hören
3.	Einkaufen gehen	Besuche machen	Fernsehen	Radio hören	Radio hören	Zeitung, Illustrierte lesen
4.	Reparaturen, kleinere Arbeiten am Haus	Fernsehen	Sich ausruhen, ohne etwas zu tun	Telefonieren	Telefonieren	Telefonieren – von zu Hause aus
5.	Mit Kindern spielen	Sich mit der Familie beschäftigen	Sich mit Nachbarn unterhalten	Mit Freunden zusammen sein	Ausschlafen	Sich mit der Familie beschäftigen
6.	Aus dem Fenster sehen	Einen Einkaufsbummel machen	Hausputz, Sauber machen	Ausschlafen	Faulenzen, Nichtstun	Ausschlafen
7.	Gründlich ausschlafen	Mit Nachbarn unterhalten	Mittagsschlaf	LP, MC hören	CD / LP / MC hören	Gartenarbeit
8.	Bücher lesen	Sich am Vereinsleben beteiligen	Mit Kindern spielen	Gartenarbeit	Mit Freunden etwas unternehmen	Faulenzen, Nichtstun
9.	Ins Kino gehen	Am kirchl. Gemeindeleben teilnehmen	Bücher lesen	Faulenzen, Nichtstun	Gartenarbeit	Mit Freunden etwas unternehmen
10.	Verwandte, Bekannte besuchen	Seine Allgemeinbildung verbessern	Gründlich durchschlafen	Sport treiben	Bücher lesen	CD`s / MC`s / MP3 hören
	ALLENSBACH Institut	**DIVO - Institut**	**EMNID Institut**	**B.A.T Freizeit-Forschungsinstitut**	**B.A.T Freizeit-Forschungsinstitut**	**B.A.T Freizeit-Forschungsinstitut**

Tab. 1: Freizeitbeschäftigungen im Zeitvergleich, Rangfolge der zehn wichtigsten Aktivitäten in Deutschland

7. Arbeitszeitverkürzung und Zeitbudget

Die Aussage, dass die Menschen noch nie soviel Zeit wie heute haben, sagt nichts über die *Zeitsouveränität,* über die persönliche Verfügbarkeit freier Zeit des einzelnen Menschen aus. Unter dem Stichwort Zeitsouveränität geht es bei differenzierter Betrachtung des persönlichen Anteils freier Zeit eines Menschen immer um seine persönliche Verfügbarkeit, denn diese ist es, die wir als den eigentlichen Teil der Freizeit des Menschen bezeichnen. Die Problemlage für den einzelnen Menschen stellt sich vor allem in den immer geringer werdenden „Sozialzeiten", die zur Kommunikation mit den anderen führen, dar und verstärkt den Trend der Individualisierung. Opaschowski stellt die Frage: „Geht der soziale Kitt verloren?" und gibt auch gleich eine Antwort: „Was uns zusammenhält: Ehrlichkeit und Rücksichtnahme". Hohe Werte, die postuliert werden. Sofort sticht dabei Wickert's Buch: „Der Ehrliche ist der Dumme" ins Auge. Ist das nicht eher die derzeitige gesellschaftliche Grundorientierung?

In jedem Fall muss die Flexibilisierung von Arbeits- und Betriebszeiten immer einen Doppelnutzen tragen und dem Arbeitnehmer, wie auch dem Arbeitgeber die Verfügung über Zeit erhöhen, sonst ist der „soziale Frieden" gefährdet. In der Freizeitforschung kann man immer wieder feststellen, wie schwierig es ist, der komplexen Arbeitsorganisation und den persönlichen Bedürfnissen der einzelnen Menschen nachzukommen. „Die Fähigkeit sich und andere „in der Zeit bewegen zu können" bzw. beweglich (flexibel) zu sein, nimmt an Bedeutung zu.", sagt Eberling. (Ders., et al.., 2000: 380).

Anhand von drei Beispielen soll nun ein Tableau von Worklife Balance-Ebenen ausgebreitet werden, vom *Arbeitszeitverkürzungsmodell*, der *Managemententwicklung* in der Differenziertheit komplexer betrieblichen Strukturen und der Ebene von Selbstständigkeit über *„Start-up*-Programme". In allen Fällen geht es bei der Gestaltung von Arbeitszeit um mehr Spielräume. Ob es sich nun um die „Maschinenlaufzeiten" oder um das Recht auf individuelle Gestaltung von Zeit mit mehr Spielraum handelt. Auch sollten Menschen die Möglichkeit einer „Auszeit" bekommen. (vgl. Hess, 2002). „Die flexible und individuelle Gestaltung von Arbeitszeitkonten ist familienfreundlich und trägt zur Humanisierung der Arbeitswelt bei." (Lang, Klaus: 2002: 12). Christiane Müller-Wiechmann war es 1984, die am Beispiel der „Alleinerziehenden Mütter" die Zeitnot einer Bevölkerungsgruppe genau nachzeichnete (Müller-Wiechmann: 1984) und deutlich machte, dass nur Zeitsouveränität zu mehr selbstbestimmter Freizeit führt, die dann auch den sozialen Belangen gerecht wird, die damit beabsichtigt sind.

7.1 Das Arbeitszeit-Modell bei VW

Genau in die andere Richtung geht das Arbeitszeitmodell bei VW. Von daher ist spätestens hier noch einmal der Punkt erreicht auf die Differenziertheit des gesellschaftlichen Wandels in der Bundesrepublik Deutschland hinzuweisen. Wie bei unseren Untersuchungen zu „Temporalen Mustern" bei Studenten – auch denen in der ehemaligen Deutschen Demokratischen Republik (Dollase u.a., 2000: 207-214) stellen auch Jürgens, u.a., fest, dass die *konservativen Arbeitspläne* bevorzugt werden: „Obwohl die Paare die ... Phase der Vier Tage Woche positiv erlebt haben, überwiegt die Unzufriedenheit mit den Lohneinbußen und bestimmt letztlich die konkreten Arbeitswünsche: Sie präferieren auf Dauer eine verlässliche Fünf-Tage-Woche." (Jürgens, u.a., 1998: 191). Die Menschen möchten „ihre Normalarbeitszeit". Auch dürfen soziale Folgen drastischer Arbeitszeitverkürzung nicht verschwiegen werden. Alkoholismus, Kriminalität und Schwarzarbeit lassen sich auch nicht durch einen „Super-Freizeitpark" kompensieren. Hier widerspiegelt sich die Auffassung von Hartmut Lüdtke: „Die Erwartungen der Menschen an die Freizeit entstehen in Wechselwirkung mit dem jeweiligen Freizeit- oder Lebensstil…" (Lüdtke, 2001: 17). An dieser Stelle wird dann auch das Auseinanderfallen der gesellschaftlichen Veränderung, die dieses Arbeitszeitmodell geschaffen hat, deutlich: „Obwohl trotz der Einführung der 28,8 Stunden-Woche als tarifliche Regelarbeitszeit Arbeitsplätze „indirekt" abgebaut wurden – einzelne, vor allem ältere Beschäftigte und Frauen verließen durch finanzielle Abfindungen und vorgezogenen Ruhestand das Unternehmen -, hat das VW Modell bislang nicht nur Massenentlassungen vermieden, sondern, im Kontext der prosperierenden Entwicklung von VW, auch zu Neueinstellungen geführt. Der von den VW-Beschäftigten geleistete Einkommensverzicht steht daher nach wie vor beispielhaft für die Bewältigung von betrieblichen Rationalisierungsprozessen." (Jürgens, u.a., 1998: 56). Doch selbst das faktische Ergebnis der sozialen Sicherung wird subjektiv als Verlust erlebt.

An dieser Stelle zeigt sich noch einmal ganz deutlich, dass wir nicht auf dem Weg in eine Freizeitgesellschaft sind, es sei denn wir „zwingen" die Menschen dazu. „Erzwungene Freizeit" wird aber nicht als Souveränitätszuwachs erlebt, sondern als sozialer Einschnitt. Auch erzwungene Solidarität erhält letztlich subjektiv eine negative Bewertung. Ähnliches lässt sich nachzeichnen, wenn allen Mitarbeitern einer Stadtverwaltung zeitreduzierte Stellen angeboten werden. Dies wird negativ erfahren und eher als Zurückstufung gesehen, als positiver Freizeitzuwachs empfunden oder gar als Gemeinschaftsleistung gesehen, die dazu führte, möglichst vielen Menschen „ein Stück Arbeit" zu erhalten.

7.2 Das Modell der Managemententwicklung bei Bertelsmann

Managemententwicklung, Mitarbeiterrekrutierung, Mitarbeiterauswahl und Mitarbeiterförderung sind Bereiche, auf die bei der Fa. Bertelsmann AG besonderen Wert gelegt wird. Man möchte „… dass jeder Mitarbeiter in seinen Stärken und Defiziten erkannt wird und sich innerhalb der in der Organisation gegebenen Rahmenbedingungen optimal entwickeln kann." (Stürzebecher, 1996: 28). Gut hört sich das an, auch selbstverständlich und umsetzbar, doch setzt das nicht den *Gutmenschen* voraus? Wird die Realität nicht durch Mobbing, Ellenbogenstärke, Anpassertum und Egozentrik bestimmt. „Die Qualität der Arbeit macht gerade mal zehn Prozent der Wirkung aus. Dreißig Prozent des Erfolges werden vom Image eines Mitarbeiters beeinflusst. Und sechzig Prozent hängen davon ab, wie gut er oder sie die Vorgesetzten auf sich aufmerksam machen konnte!" (Asgodom, 1996^2: 9). Es kommt immer auf sich selbst an, sagt Wolfhart Berg (Berg, 1995: 78). Davon ist aber in den Modellbeschreibungen nichts zu lesen. Wir hätten es dann mit einem der wenigen Unternehmen in Deutschland zu tun, in dem Mobbing kein Thema ist. Dies wiederum widerspricht völlig den Erfahrungen, da dieses zwar ein „heißes Eisen" ist, das man nicht gern anspricht, aber heute mit zu den Grundthemen jeder Managemententwicklung gehört. Es ist geradezu ein „Muss" Mobbing zu thematisieren, da es weder im Handeln des Managements fremd ist, noch bei der Mitarbeiterführung ausgespart werden kann. Deshalb kann an dieser Stelle nur die dringende Bitte an alle Unternehmungen erfolgen, sich des Themas anzunehmen und vor allem dagegen zu wirken, um die positive Grundhaltung in der eigenen Organisation zu erhalten.

Dennoch bleibt das Modell der Managemententwicklung bei Bertelsmann ungeschmälert eine positive unternehmerische Initiative. Etwas Wasser in den Wein zu gießen bedeutet nur, auch an dieser Stelle die subjektiven Faktoren nicht zu vergessen, was Bertelsmann durch seine Mitarbeiterbefragung aufzufangen sucht.

7.3 Start-up ins Leben

Start-up, heute nicht nur Orientierung für junge Leute, Berufsanfänger oder Einsteiger, ist dabei, den klassischen Arbeitsbeschaffungsmaßnahmen (ABM) den Rang abzulaufen. Sinnvoll, da wir so dem Schritt, Arbeit statt Arbeitslosigkeit zu bezahlen, ein Schritt näher gekommen sind. „Das Leitbild „Bürger im Betrieb" kann langfristig auch das Unternehmensimage verändern: Das Unternehmen würde sich dann wieder mehr als *Gemeinwesen* verstehen und zum Bürgerunternehmen entwickeln. Aus der Arbeitnehmerschaft würde – idealiter – eine Bürgerschaft und der neue Selbstständige zum Unternehmensbürger mit Bürgerrechten (Aktienbesitz) werden... Die Folgen sind gelebtes Vertrauen und Loyalität auf beiden Seiten – bei dem Unternehmensbürger und dem Bürgerunternehmen als Betriebsform der Zukunft." (Opaschowski, 2002: 13).

Dass die Betriebsschließungen die Betriebskündigungen in der Bundesrepublik Deutschland übertreffen zeigt, dass es wohl doch nicht funktioniert, *jeden* zum Unternehmer zu machen. Es bringt auch sicherlich nichts, sie in immer neue (auch finanzielle) Abenteuer zu stürzen, dennoch: „Ein immer besseres Zeitmanagement wird heute sogar von ganz normalen Arbeitenden erwartet. Als freischaffende ICH-AG's – so eine politische Wunschvorstellung – sollen sie sich auf dem Arbeitsmarkt durchbeißen. Manche Psychologen bezweifeln aber, ob es mit der auf Stabilität angelegten Persönlichkeit des Menschen zu vereinbaren ist, sich ohne dauerhaften Beruf und je nach Angebot von Job zu Job zu hangeln. Die Dynamik des modernen Kapitalismus stelle immer höhere Ansprüche an die Flexibilität; sie gefährde dadurch den „Kohärenzsinn" der Menschen – das Gefühl, in einem sinnhaften Ganzen zu leben..."(FOCUS, 2002: 42). Wird heute jeder wieder „seines Glückes Schmied" und träumt sich vom „Tellerwäscher zum Millionär"? Ist jeder eine geborene unternehmerische Persönlichkeit oder ist die immer wieder geforderte Flexibilität eine Schimäre, die Strukturen verwischt, die veränderbar sind, aber nicht verändert werden, da es nicht sinnvoll wäre? Mittlerweile liegen ja auch die ersten Erfahrungen mit den ICH-AG's vor. Ohne eine grundlegende Vorbereitung werden wohl weiterhin nur Zufallsergebnisse erzielt. Oder soll hier das „Learning by doing" zum Grundprinzip unternehmerischer Existenzgründung erhoben werden? Zu empfehlen ist hier eine gründliche fachliche Einführung sowie eine Einführung in das unternehmerische Handeln, da sonst die alten Arbeitsbeschaffungsmaßnahmen nur „verschlimmbessert" werden.

8. Empfehlungen für das Personalmanagement

In allen Unternehmungen wird an neuen Wegen in der Arbeitszeitpolitik gearbeitet, mit dem Ziel neue Arbeitsplätze zu schaffen. Zentraler Gesichtspunkt ist es, die Lebensqualität der Menschen zu verbessern. Hier ist gleichsam auf eine Klaviatur von Möglichkeiten zurückzugreifen. Zentrale Orientierung sollte die der „Gegenseitigkeit" sein. Vorhaben angewendet zum Nutzen aller Beteiligten. Wie wir schon an anderer Stelle versucht haben, deutlich zu machen, führt eine einseitige Ausrichtung auf die Interessen von Unternehmungen oder Arbeitnehmern immer nur zur Unzufriedenheit derer, die sich benachteiligt fühlen. Unternehmen sollten sich darüber klar sein, dass „durchschaubare" und „interessante" Arbeit den Lustfaktor Freizeit erreichen kann und damit wesentlich bessere Arbeitsergebnisse erzielt werden können und fremdbestimmte Arbeit mit Leichtigkeit verändert werden kann. Arbeitszeitverkürzungen, Teilzeitarbeit, bezahlte Freistellungen, Weiterbildung, lebenslanges Lernen, flexible Rentensysteme und schon eine veränderte Verteilung im Arbeitslauf des Erwerbslebens sind Gestaltungsebenen der Worklife Balance. Insofern gibt es eine „Klaviatur", auf der sich „spielen" lässt. Das, was viele Unternehmen heute wieder vergessen haben, ist die Tatsache, dass zu einem guten Marketing nach Außen auch das Binnen-Marketing gehört. Die Vernachlässigung führt dazu, dass Organisationsstrukturen sich verselbstständigen, möglicherweise gegeneinander arbeiten und so die Unternehmerziele nur noch bei Strafe des eigenen Untergangs erreicht werden.

8.1 Vertrauensbildende Maßnahmen

Vertrauensarbeit nennt man die Arbeitsform, die sich herausgebildet hat, bei der der Unternehmer immer dann, wenn er Arbeit hat, auch die ausreichende Zahl der Arbeitnehmer zur Verfügung hat, die notwendig ist, um die Arbeit zu realisieren. Auf der anderen Seite gehört das Vertrauen der Arbeitnehmer dazu, rechtzeitig in einer ausgehandelten Abruffrist tarifgemäß über anstehende Arbeiten unterrichtet und entlohnt zu werden.

„Für Unternehmen... die nicht an feste Öffnungszeiten gebunden sind, ist die Vertrauensarbeit interessant. Hier kontrolliert nicht der Chef, sondern der Mitarbeiter selbst seine Arbeitszeiten... Der Vorteil dieses Modells liegt auf der Hand: Mehr Eigenverantwortung führt zu mehr Engagement der Mitarbeiter. Bei flexiblen Arbeitszeiten werden in der Regel Arbeitszeitkonten geführt. Die verbreitetste Form der Kontenführung ist die Gleitzeit, bei der die Mitarbeiter Beginn und Ende des Arbeitsalltags außerhalb der Kernzeit selbst bestimmen. Die wichtigsten Varianten von Arbeitszeitkonten sind Kurzzeitkonten, die wöchentlich oder monatlich ausgeglichen werden, sowie Langzeitkonten, wie Jahresarbeitszeit durch vorzeitigen Ruhestand oder Altersteilzeit genutzt werden.

Die Mitarbeiter können ihre Überstunden auch in einen bezahlten Langzeiturlaub ummünzen. Danach kehren sie – im Idealfall neu motiviert und ausgeruht – in die Firma zurück. Für die Unternehmen hat der Langzeiturlaub gerade in Krisenzeiten den Vorteil, den Personalbestand ohne Entlassungen reduzieren zu können. Und wenn das Geschäft wieder anzieht, können sie auf gut ausgebildete und eingearbeitete Mitarbeiter zurückgreifen. Ein weiterer Vorteil für den Arbeitgeber: häufig nutzen die Mitarbeiter den Ausstieg auf Zeit, um sich persönlich oder beruflich weiterzubilden.

Für die Mitarbeiter ist es wichtig, dass die Arbeitszeitguthaben auf Langzeitkonten durch Rückstellungen und eine Insolvenzversicherung abgesichert sind. Denn hier bewahrheitet sich das Sprichwort, dass Zeit Geld ist. Schlittert das Unternehmen in die Pleite, bekommen die Mitarbeiter ihr Zeitguthaben trotzdem vergütet." (Göddert: 2002: 18).

Nach einer der neusten Untersuchungen sind es fünfundneunzig Prozent der Menschen, denen Gesundheit im Leben am wichtigsten ist. Gesundheitsorientierte Aktivitäten im Betrieb führen daher auch zur solidesten Form der vertrauensbildenden Maßnahmen und sind gerade in der Risikogesellschaft ein Signal grundlegender Sicherheit. Hier liegt eine besondere Form der Verantwortlichkeit für die Vor- und Nachsorge bei den Unternehmen.

8.2 Gesundheitsbezogene Freizeitberatung

Unser Körper ist eine erstaunlich vollkommene Konstruktion. Bei angemessener Pflege halten seine zur Selbstreparatur befähigten 100 Billionen Zellen 70 oder 80 Jahre ziemlich problemlos durch – zumal todbringende Seuchen, wie Pest und Cholera inzwischen als besiegt gelten, jedenfalls im reichen Westen.

Dennoch sind viele von uns kränker als sie sein müssten – denn leider wird unser Organismus ohne Bedienungsanleitung und Wartungsintervall-Anzeige ausgeliefert. Unwissenheit, Trägheit und Verdrängung machen uns lasch im Umgang mit den Risiken, denen wir trotz oder gerade wegen unseres Wohlstandes ausgesetzt sind. So kümmern sich viele erst um Herz, Nieren oder Rücken, wenn es weh tut – und vielleicht zu spät ist. Experten haben berechnet, dass sich mit einer optimalen Prävention 25 Prozent der Kosten im Gesundheitswesen einsparen ließen – eine Zahl, hinter der Millionen Krebstote, Herzkranke, Bandscheibengeplagte und andere Leidende stehen… Aber wer seinen Körper pflegt und wartet, erhöht nicht nur die Chance, länger zu leben – er lebt auch besser. Schließlich macht es keinen Spaß beim Bergwandern schweißtriefend hinterher zu schnaufen. Oder auf das Glas Bordeaux zum Essen verzichten zu müssen, weil die Leber streikt. Auch wenn sich nicht jede Gefahr bannen lässt: Erschlaffte Muskeln, geschundene Entgiftungsorgane und verstopfte Gefäße sind nicht immer Schicksal. Weder falsche Zähne noch Raucherlunge müssen sein. Und auch Falten kann man mit der richtigen Lebensweise in einem gewissen Maße vorbeugen. (Siehe dazu STERN, 2002: 32).

Es gibt einen „Zukunftsmarkt Gesundheitswesen und angesichts der Arbeitslosenquoten stellt sich in Deutschland die Frage, in welchen Dienstleistungssektor Arbeitsplätze geschaffen werden könnten." (Schneider u.a., 2002). Viele Unternehmen überlegen, in Personal oder Kooperationspartner zu investieren und Abhilfe zu schaffen.

Die Ausrichtung der Menschen auf immer mehr Extremsportarten führt dazu, auch hier für seine Mitarbeiter besondere Vorsorge oder Beratung zu finden. Dort wo es gelingt Worklife Balance am Besten zu praktizieren, wird dieses auch als Bereicherung des Lebens erfahren und als Zusatzleistung empfunden. Wie Mitarbeitern in der Reisebranche immer Sonderangebote offeriert werden, können auch hier Menschen durch besondere Angebote für gute Arbeit belohnt werden.

8.3 Workout-Lebenstraining

1988 entwickelte ich nach Prof. Dr. H.W. Opaschowskis Untersuchung „Freizeit im Ruhestand" (Opaschowski, 1984) das *Workout-Lebenstraining* (Oberste-Lehn, 1988) und als background dazu eine Hilfswissenschaft, die *Freizeitgerontologie*. (Oberste-Lehn, 1989) Ausgangspunkt der wissenschaftlichen Analyse war das leider heute noch immer existierende Defizitmodell bei der Betrachtung des alternden Menschen. Diese Auffassung versuchte ich damals zu korrigieren z. B. durch die Aussage: Es kommt nicht darauf an, wie alt wir werden, sondern darauf, wie wir alt werden.

Die Idee eines Lebenstrainings ist aus einer doppelten menschlichen Lebenserkenntnis geboren. Es geht um den Prozess der Selbstverwirklichung des Menschen, der nur über die Ebene der Selbstfindung möglich wird (Imhof, 1988: 306-307.). Die Formel heißt: „Das Leben selbst in die Hand nehmen!" Der große Sinngeber Arbeit fällt im Pensions- oder Rentenalter aus. Die Ebenen der entfremdeten Arbeit haben häufig nicht dazu geführt, mit eigener Zeit und damit dem eigenen Leben selbst gestaltend umgehen zu können. Chancen bietet hier die eigene Lebensplanung, damit nicht wiederum fremde Leitbilder das eigene Leben bestimmen und Menschen wieder nicht das tun, was sie eigentlich tun wollten. Rentnerstress und Unruhestand entsprechen einem fremd gepuschten Aktivitätenmodell. Blinde Hast führt nicht zur Sinnerfüllung, sondern kann nur dazu führen, nach der Hektik in eine noch tiefere Leere zu fallen. Der Mensch muss versuchen, sich mit sich selbst stimmig zu entwickeln. Nur dann gibt es die Möglichkeit, den Sinn des eigenen Lebens zu erkennen. Dazu soll das Workout-Training zur Vorbereitung auf die nachberufliche Lebensphase einen Beitrag leisten.

Erinnert sei an dieser Stelle an „frühere Zeiten", in denen die älteren Mitarbeiter beim Ausscheiden aus dem Unternehmen eine goldene Uhr bekamen. Heute werden sie häufig in den Vorruhestand „entlassen". Das bedeutet, dass junge Mitarbeiter schon wissen, was einmal auf sie zukommt, und sie werden sich auf diese Situation langfristig einzustellen wissen.

9. Zusammenfassung

An diesem Artikel sollte deutlich werden, wie facettenreich das Freizeitmanagement ist. Im Rahmen des Gesundheitsmanagements spielt es eine große Rolle. Nicht weil wir auf eine, wie auch immer geartete, Freizeitgesellschaft zuwachsen, sondern weil es um die Entwicklung der künftigen Arbeitsgesellschaft geht. Worklife Balance wird uns in den nächsten Jahren immer stärker beschäftigen. Nicht bloßer Zuwachs von Freizeit, Bildung und Geld, sondern um dessen Verteilung wird es gehen. Gibt es sozialen Kitt für die Gesellschaft? Gelten Ehrlichkeit und Rücksichtnahme als Werte künftiger Gesellschaftsentwicklung oder werden uns Krieg und Terrorismus stärker beschäftigen und uns um Freizeit, Bildung und Geld bringen und dies wieder zu einem Gut Privilegierter machen, statt zur Grundlage demokratischen Lebens?

Nach Auffassung der meisten Freizeitforscher in der Bundesrepublik muß „Arbeit" und „Freizeit" gelernt werden: „Wenn sich jemand fragt: Wer bin ich?, dann kommt unter den Antworten der Beruf meist sehr früh. Wenn nun die Berufe diffuser werden, dann fehlt da etwas. Wenn man es positiv sehen will: Das sind die Kosten der Freiheit. Es gibt heute mehr Freiheiten für die Entfaltung der Persönlichkeit als früher, wo Jugendliche sehr früh in Berufe gedrängt wurden. Dafür gibt es heute auch eine längere Phase der Unsicherheit und des Suchens." (FOCUS, 2000: 42).

Dem Freizeitlernen kommt heute wieder eine ganz neue Bedeutung zu, z. B. die, mit anderen Menschen etwas zu tun. Die hohe Zahl der Einzelkinder führt oft dazu, dass die jungen Menschen nicht miteinander auf einem Zimmer leben wollen, sondern ihr Einzelzimmer haben wollen. Das hat Auswirkungen im Sozialverhalten und führt in späterem Lebensalter oft zum Wolfsverhalten, Ellenbogenstoßen oder Mobbing.

Unternehmen haben die Chance, durch Einbeziehung ihrer Mitarbeiter gestaltend zu wirken und können die pseudowissenschaftliche Polarisierung von Arbeit und Freizeit aufheben. Eine Notwendigkeit, die in der Informationsgesellschaft in einem immer stärkeren Maße auf uns zukommt. Noch herrscht der Materialismus und ist der Postmaterialismus die Fiktion einiger wissenschaftlicher Köpfe. Noch bestimmt die Industriegesellschaft das Geschehen in der Welt, deren Veränderung von dem viel zitierten Wertewandel begleitet wird. Aber dieser Wertewandel ist von einem sozialen Wandel begleitet und kommt von daher nicht einfach über uns, sondern wird von uns gemacht. Die Chancen einer menschlichen Gesellschaft liegen immer bei uns und wir sollten uns ruhig einmal kritisch die Frage stellen (und ich bitte Sie, das nicht als Antiamerikanismus einzustufen), ob das Management jede Entwicklung, die in diesem Land vielleicht wichtig war, mitzumachen. Bei uns landen oft Managementmodelle, dessen Fehlerhaftigkeit in den USA längst erkannt worden ist und in den Unternehmen auch nicht mehr damit gearbeitet wird. Können wir nicht aus den Fehlern lernen und es gleich anders machen, vielleicht brauchen dann auch solche Bücher wie: „Nieten in Nadelstreifen" nicht mehr geschrieben werden. Die skizzierten Beispiele zeigen Wege professionellen Freizeitmanagements.

Literatur

Asgodom, S., Eigenlob stimmt: Erfolg durch Selbst-PR, Düsseldorf 1996, 9
Beck, U., Risikogesellschaft: Auf dem Weg in eine andere Moderne, Frankfurt am Main 1986, 238
Benner, G., Kinder und Jugendliche: Zunehmende Gesundheitsprobleme, in: deutsche jugend, Nr.10 v. 10. Oktober 2002, 417- 420
Berg, W., Mit den Wölfen heulen: Tips und Tricks für die Karriere auf die „fiese" Art, München und Landsberg am Lech, 1995: 78
Boulin, J., Hoffmann, R., Neue Wege in der Arbeitszeitpolitik, Münster, 2001
Bühler, C., Psychologie im Leben unserer Zeit, München und Zürich, 1972, 255
Dollase, R., Oberste-Lehn, H., Ridder, A., Gab es eine andere Zeitmentalität in der DDR ?: Temporale Muster im Ost-West-Verleich, in: Dollase, Rainer, Hammerrich, Kurt, Tokarski, Walter, (Hrsg.), Temporale Muster: Die ideale Reihenfolge der Tätigkeiten, Opladen, 2000, 207-214
Eberling, M., Henckel, D., Zeitpolitik als neues Handlungsfeld, in Hildebrand, Eckart, Gudrun Linne (Hrsg.), Reflexive Lebensführung: Zu den sozialökologischen Folgen flexibler Arbeit, Berlin, 2000, 380
Gerbert, F., Wer bin ich?: Wie wir den Kern des eigenen Ichs besser erkennen, FOCUS, Nr.42, 14. Oktober 2002, 42
Goebel, J., Clermont, C., Die Tugend der Orientierungslosigkeit, Berlin 1997, 17, 31 33
Göddert, K., Flexibel durch die Krise: Variable Arbeitszeitsysteme können helfen, Nachfrageflauten zu überstehen, ohne gut ausgebildete Mitarbeiter entlassen zu müssen, in: tm: Das Tourismus-Magazin, Nr.10, Oktober 2002, 18
Habermas, J., Die neue Unübersichtlichkeit: Kleine politische Schriften V, Einmalige Sonderausgabe, Frankfurt am Main, 1996, 141
Heidegger, M., Über den Humanismus, Frankfurt am Main, 1991
Heimer, W., Die Alten – VHS Praxis, in: Pöggeler, Franz, Freizeit – Alter – Lebenszeit, Erkrath, 1989, 83
Hess, B., Sabbaticals, Auszeit vom Job – wie Sie erfolgreich gehen und motiviert zurückkommen., Frankfurt am Main, 2002
Hochschild, A., R.: Work-Life-Balance: Keine Zeit - Wenn die Firma zum Zuhause wird und zu Hause nur Arbeit wartet -, Opladen, 2002, 236
Hunsdieck, D., Mitarbeiterbefragung bei Bertelsmann, in: Bertelsmann Stiftung und Hans-Böckler-Stiftung (Hrsg.), Fortschreibung der Unternehmenskultur, Gütersloh, 1996, 24
Imhof, A. E., Die Lebenszeit: Vom Aufgeschobenen Tod und von der Kunst des Lebens, München, 1988, 306-307
Jürgens, K., Zwischen Volks- und Kinderwagen: Auswirkungen der 28,8 Stunden-Woche bei der VW AG auf die familiale Lebensführung von Industriearbeitern, Berlin, 1998, 56
Koch, C., Ganz einfach gesund, in STERN, Nr.2, 2. Januar 2003, Hamburg, 32
Krippendorf, J., Die Ferienmenschen: Für ein neues Verständnis von Freizeit und Reisen, Zürich und Schwäbisch Hall, 1984, 150
Kur, J., Lanker, R., Oberste-Lehn, H., Sonntag, M., Vigoruel, B.: Alter und Freizeit: Zur Grundlegung einer Freizeitgerontologie, Erkrath, 1988
Lang, K., „Bei der Arbeitszeit muss es mehr Spielraum geben": IG Metall-Chefstratege Klaus Lang plädiert für Arbeitszeitkonten – Forderung nach mehr Lohndifferenzierung in: DIE WELT, Donnerstag, 24. Oktober 2002, 12
Lüdtke, H., Freizeitsoziologie: Arbeit über temporale Muster, Sport, Musik, Bildung und soziale Probleme, Münster, Hamburg, Berlin, London, 2001, 17
Müller-Wiechmann, Zeitnot: Untersuchungen zum „Freizeitproblem" und seiner pädagogischen Zugänglichkeit, Weinheim und Basel, 1984
Nahrstedt, W., Brinkmann, D., Kadel, V., (Hrsg.), Neue Zeitfenster für Weiterbildung?: Dokumentation der 10.Bielefelder Winterakademie, Bielefeld, 1997

Oberste-Lehn, H., Lebenstraining: Eine Möglichkeit zur Vorbereitung auf das Alter, in Fred, Karl, Tokarski, Walter, (Hrsg.), Bildung und Freizeit im Alter, Bern, Göttingen und Toronto, 1992

Oberste-Lehn, H., Zur Begründung einer neuen Hilfswissenschaft, der Freizeitgerontologie, in: Pöggeler, Franz, (Hrsg.), Freizeit – Alter – Lebenszeit, Erkrath, 1989

Opaschowski, H. W., Neubauer, U., Freizeit im Ruhestand: Was Pensionäre erwarten und wie die Wirklichkeit aussieht, Hamburg, 1984

Opaschowski, H. W., Freizeitökonomie: Marketing von Erlebniswelten, Opladen, 1995

Opaschowski, H. W., Pädagogik der freien Lebenszeit, Opladen, 1996³, 129-130)

Opaschowski, H., W., „Leben ist die Lust zu schaffen": Junge Generation setzt auf Leistung, in: Freizeit aktuell, Nr. 153, 21 Jahrg., 21.März 2000, 1,2

Opaschowski, H., W., Daten zur Freizeitforschung: Freizeit-Monitor 2002: Repräsentativbefragung in Deutschland, Hamburg, 2002, 6-10

Opaschowski, H., W., Start-up ins Leben: Wie selbstständig sind die Deutschen, 2002, 13

Opaschowski, H., W., Was uns zusammenhält: Krise und Zukunft der westlichen Wertewelt, München, 2002

Schneider, M., Hofmann, U., Jumel, S., Klöse, A., Beschäftigungsunterschiede in ausgewählten Gesundheitssystemen der EU, Augsburg, 2002

Schulze, Gerhard, Die Erlebnisgesellschaft: Kultursoziologie der Gegenwart, Frankfurt am Main, New York, 1992, 417

Sloterdijk, P., Regeln für den Menschepark: Ein Antwortschreiben zu Heiddeggers Brief über den Humanismus, Frankfurt am Main, 1999

Stürzebecher, G., Erfolgsfaktor Management, in: Bertelsmann Stiftung und Hans-Böckler-Stiftung (Hrsg.), Information, Kommunikation und Partipitation im Unternehmen, Gütersloh, 1996, 28

Selbstmanagement - Zwischen Selbstverantwortung und äußeren Sachzwängen

Mathias Kesting

In einer Zeit, in der kaum noch jemand den einmal erlernten Beruf ein Leben lang ausführt, in der Arbeitsprozesse zunehmend komplexer werden und für viele Menschen das Leben im Zeitraffer verläuft gewinnt es zunehmend an Bedeutung, die eigene Person mit diesen Anforderungen und Beanspruchungen in Einklang zu bringen. Der Mensch der Zukunft soll flexibel und anpassungsfähig, innovativ (Nefiodow, 1996) und leistungsmotiviert sein. Gleichzeitig erwartet man von ihm ein hohes Maß an Belastbarkeit, um mit den vielfach wechselnden Arbeits- und Lebenssituationen erfolgreich umzugehen. Vor diesem Hintergrund stellt sich für viele Fach- und Führungskräfte aber auch Mitarbeiter die Frage, wie sich dieses Ziel erreichen lässt? Die Antwort muss dabei grundsätzlich zwei Ebenen unterscheiden. Zum einen die Ebene außerhalb der Person, die durch den einzelnen nur mittelfristig veränderbar ist. Damit sind die Rahmenbedingungen im beruflichen wie privaten Leben gemeint, die häufig nicht dem direkten Einfluss unterliegen und aus diesem Grund relativ stabil sind. Zum anderen aber die Ebene in der eigenen Person, die dem direkten Einfluss des einzelnen Menschen unterliegt und die kurzfristig veränderbar ist. Doch wo genau kann denn der einzelne in diesen zunehmend komplexen, beschleunigten Lebenssituationen ansetzen? Welche Bereiche können von Menschen in den Unternehmen überhaupt ins Visier genommen werden, um dort aktiv und eigenverantwortlich anzusetzen?

In dem folgenden Beitrag werden diese Fragen aufgegriffen und die Bedeutung und Rolle eines optimierten Selbstmanagement für die individuelle Gesundheit und Leistungskraft beschrieben. Es wird dargelegt, dass es sich beim Selbstmanagement um einen umfassenden Ansatz handelt. Darüber hinaus werden die einzelnen Facetten dieses Ansatzes erläutert und deren Relevanz für den Führungsalltag aufgezeigt. Die Aspekte Emotionen und Ernährung werden als Bestandteile des Selbstmanagement zwar genannt, allerdings nicht weiter ausgeführt, da das schon an anderer Stelle des Buches geschieht (vgl. Artikel von Marion Brehm „Emotionsmanagement" und Ulrike Trapp et al. „Ernährungsmanagement" im selben Kapitel). Der Abschnitt Stresskompetenz konzentriert sich schwerpunktmäßig auf die Stressbewältigung und weniger auf das Stressphänomen. Auch dies erfolgt ausführlicher an anderer Stelle des Buches (vgl. Artikel von Marion Brehm „Emotionsmanagement"). Abschließend werden klare Empfehlungen für Führungskräfte und Personalmanager gegeben, wie sie das Selbstmanagement jedes einzelnen Mitarbeiters fördern können.

Jedes Unternehmen wünscht sich selbstverantwortlich agierende Mitarbeiter. Dieser Wunsch ist nachvollziehbar betrachtet man die Anforderungen, die zukünftig an eben diese gestellt werden. Selbstverantwortung hinsichtlich des eigenen Gesundheits- und Leistungsverhaltens zeigt in diesem Zusammenhang auf eine Vielzahl von Ansatzpunkten, die sowohl Fach- und Führungskräfte als auch alle anderen Mitarbeiter mehr oder weniger betreffen. Derartige Ansatzpunkte aus individueller Perspektive finden sich im Umgang mit arbeitssicherheitsrelevanten Fragestellungen, der erfolgreichen und möglichst reibungsarmen Kommunikation im Team, dem Aufbau notweniger Motivation und Willenskraft für verschiedene Arbeitsaufgaben, dem Umgang mit Stress und anderen Emotionen, der individuellen Arbeitsorganisation und Ablaufgestaltung incl. Zielerreichung, dem eigenen Ernährungsverhalten und der Gestaltung der individuellen Freizeit. Alle diese Facetten entfalten entsprechend ihrer Ausprägung eine mehr oder weniger unmittelbare Wirkung auf den individuellen Gesundheits- und Leistungsstatus, wobei die Folgen eines geringen selbstverantwortlichen Handelns in einzelnen Bereichen, wie der Arbeitssicherheit, besonders drastisch sind.

1. Menschen sind verschieden

Nun zeigen sich allerdings erhebliche Unterschiede in der gelebten Selbstverantwortung von Menschen. So gibt es auf der einen Seite diejenigen, welche fortlaufend aktiv Prozesse anstoßen, zur Verbesserung der Sicherheit in ihren Bereichen anregen, sich und andere gut organisieren, Teams voranbringen, insgesamt ihre Tätigkeiten mit großem Erfolg ausführen und dabei noch ausgeglichen wirken und sich gesund ernähren. Auf der anderen Seite gibt es allerdings auch solche Mitarbeiter, die weniger aktiv agieren und nur eine geringe Bereitschaft entwickeln, selbst Verantwortung für sich und andere zu übernehmen. Diesen Sachverhalt nahmen in der Vergangenheit viele Führungskräfte als gegeben hin ohne tiefer über die Gründe zu reflektieren, die zu derart passiven, eher reaktiven Verhalten führten.

Heute wissen Manager, dass der Erfolg ihres Unternehmens dauerhaft nur mit allen Mitarbeitern zu erreichen ist und dass jeder einzelne zählt. Man möchte sich nicht mehr mit der Tatsache begnügen, dass es eben unterschiedliche Menschentypen gibt, die man sowieso nicht ändern könnte. Viel häufiger wird die Frage gestellt, was man denn tun könne, damit Mitarbeiter mehr Verantwortung übernehmen (Sprenger, 1999). Die Antwort könnte lauten: Analysieren und verbessern Sie Ihr eigenes Selbstmanagement. Leben Sie ein effektives Selbstmanagement vor und unterstützen Sie Ihre Mitarbeiter auf deren Weg zur Selbstverantwortung.

2. Was versteht man unter Selbstmanagement?

Mit der Begrifflichkeit des Selbstmanagement gehen die verschiedensten Vorstellungen einher. Sowohl in der Literatur als auch in der Unternehmenspraxis finden sich sehr unterschiedliche Ansätze. Einmal wird Selbstmanagement sehr eng an das Stresskonzept gebunden (Hofmann, 2001), ein anderes mal sehr weit gefasst und mit veränderten Begrifflichkeiten wie Life-Leadership (Seiwert, 2001) versehen. Im Grunde zielen diese Ansätze alle gemeinsam mit unterschiedlicher Akzentuierung darauf ab, durch ein bewusstes steuern, kontrollieren, regulieren und motivieren der eigenen Person ein erfolgreicheres Agieren im beruflich-privaten Feld zu ermöglichen. In diesem Sinne ist Selbstmanagement in den letzten Jahren zu einem Sammelbegriff geworden, der die verschiedensten Aktivitäten zur Förderung von Selbststeuerung, aktiver Problembewältigung und Übernahme von Selbstverantwortung umfasst (Kastner, 1998).

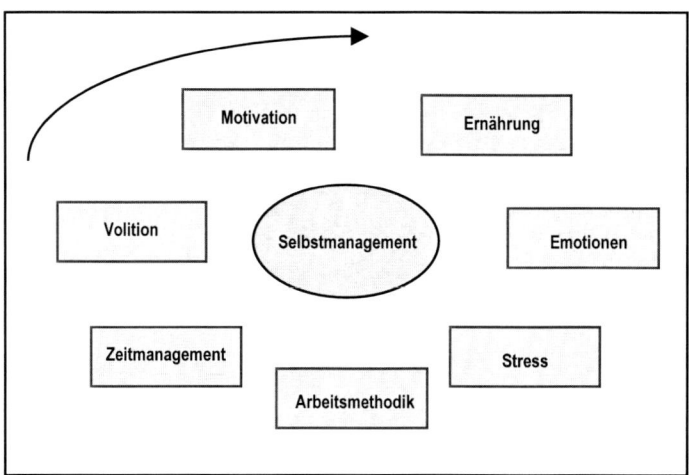

Abb. 1: Bausteine des Selbstmanagement

Betrachtet man die Facetten des Selbstmanagement so wird schnell deutlich, dass es grundsätzlich lernbar und somit veränderbar ist. Dabei unterscheiden sich die einzelnen Ansatzpunkte hinsichtlich ihrer Veränderbarkeit beträchtlich. So ist eine effiziente Arbeitsmethodik relativ schnell zu erlernen, gleichzeitig dauert es aber ungleich länger, die eigene motivationale und volitionale (willensbezogene) Grundhaltung zu beeinflussen oder das Ernährungsverhalten umzustellen. Nun könnte eine Verlockung darin bestehen, Personalentwicklungsmaßnahmen auf die Aspekte des Selbstmanagement zu begrenzen, die relativ schnell veränderbar erscheinen. Hier könnte man, so die Annahme, mit schnellen Ergebnissen aufwarten und zumindest Teilerfolge erzielen. In der Tat zeigt aber die Praxis, dass ein derartiges Vorgehen zu kurz greift und die wechselseitigen Abhängigkeiten der einzelnen Facetten einem einseitigen Vorgehen wenig Erfolg bescheren. Dieses Vorgehen schafft zwar einen kurzfristigen Effekt, einer langfristigen Umsetzung spielt allerdings die Motivation und Willenskraft einen Streich.

3. Selbsteffizienz – Mit Zeitmanagement und Arbeitsmethodik zum Wesentlichen

Erfolgreiches Selbstmanagement setzt voraus, dass man die eigenen Stärken und Schwächen kennt. Dies klingt sehr banal stellt aber dennoch einen ganz zentralen Aspekt in der Selbststeuerung dar. Eine fundierte Kenntnis der eigenen Stärken und Schwächen versetzt Fach-, Führungskräfte und Mitarbeiter in die Lage, Veränderungspotenziale und -notwendigkeiten zu identifizieren und schafft gleichzeitig die Grundvoraussetzung, arbeitsbezogene- und übergreifende Ziele zu definieren (Drucker, 1999).

3.1 Was versteht man unter Zeitmanagement?

Um sich selbst und andere managen zu können ist es erforderlich, die zur Verfügung stehende Zeit optimal, d.h. effizient zu nutzen. Unter Zeitmanagement versteht man „ ...*die konsequente und zielorientierte Anwendung bewährter Arbeitstechniken in der täglichen Praxis, um sich selbst und die eigenen Lebensbereiche so zu führen und zu organisieren, dass die zur Verfügung stehende Zeit sinnvoll und optimal genutzt wird*" (Seiwert, 1984, S. 14). Das häufig missverstandene Ziel von Zeitmanagement besteht also vorrangig nicht darin, sich durch geeignete Methoden in die Lage zu versetzen, noch mehr in der gleichen, bei Führungskräften häufig über ein dauerhaft verträgliches Maß hinausgehenden Zeit zu leisten. Stattdessen soll der einzelne die Fähigkeit entwickeln, durch methodisches und zielorientiertes Vorgehen seinen Arbeitstag dahingehend zu gestalten, dass die individuelle Leistungskraft und Gesundheit dauerhaft erhalten werden kann. Die bisherige Praxis lässt eher Zweifel aufkommen, dass Gesundheit und Leistungsfähigkeit bei der gegenwärtigen zeitlichen Arbeitsbelastung von Managern dauerhaft erhalten wird (vgl. Hunziger & Bäumer, 2003).

3.2 Alles beginnt mit Zielen

Erfolgreiches Zeitmanagement beginnt mit der Zielsetzung. Dabei sind arbeitsbezogene und private Ziele miteinander zu vereinbaren. Doch genau dieses stellt sich häufig als ein Hauptproblem im Zeitmanagement dar. Die mangelhafte bzw. unzureichende Definition von Zielen führt dazu, dass keine klaren Vorstellungen existieren, welcher Weg der richtige ist. Das zeigt sich besonders deutlich in der Projektarbeit, in der vielfach zu wenig Zeit für die Zieldefinition aufgewendet wird, was letztendlich Projekte zum Scheitern bringt. Mangelnde Zieldefinition wirkt sich unmittelbar negativ auf das Leistungsverhalten (Drucker, 1999) und die Motivation aus, in dem eine Einschätzung des individuellen Fortschritts nicht gelingt (Kitzmann, 1992). Diese Unmöglichkeit, den eigenen Erfolg zu erkennen und der erbrachten Leistung zuzuordnen kann dauerhaft dazu führen, dass keine selbstwerterhaltenden und fördernden Impulse aus der Arbeitswelt erfolgen (vgl. Taylor & Brown, 1988), was im weiteren Verlauf zu einer negativen Selbstbewertung führen kann (Weinert, 1998) und damit einhergehend gesundheitliche Konsequenzen nach sich zieht. Viele Menschen widersprechen vorerst bei dem Einwand, dass sie keine Ziele definiert hätten. Bittet man sie allerdings, diese genauer auszuführen und zu beschreiben dann wird deutlich, dass es sich eher um Wünsche als um wirkliche Ziele handelt. Was ist also genau ein Ziel? Hauschildt beschreibt ein Ziel treffend als *„...Aussagen mit normativem Charakter, die einen gewünschten (...) auf jeden Fall zukünftigen Zustand der Realität beschreiben"* (Hauschildt, 1977, S.9). Um diesem Anspruch zu genügen müssen Ziele konkret, messbar, für den einzelnen realistisch, terminiert und kontrollierbar sein (Staehle, 1999). Darüber hinaus sollten Ziele auch motivierend sein, um von dem einzelnen als erstrebenswert erachtet zu werden. Diese Kriterien gelten sowohl für arbeitsbedingte als auch übergreifende Ziele jedes Organisationsmitgliedes. Für den Prozess der Zielvereinbarung ergibt sich somit für jede Führungskraft, dass nicht nur ihre eigenen Ziele sondern auch die mit den Mitarbeitern vereinbarten diesen Kriterien entsprechen sollten. Neben den anderen Kriterien liegt die Betonung auf dem Wort Vereinbarung. Ziele, die vorgegeben werden und seitens des Mitarbeiters

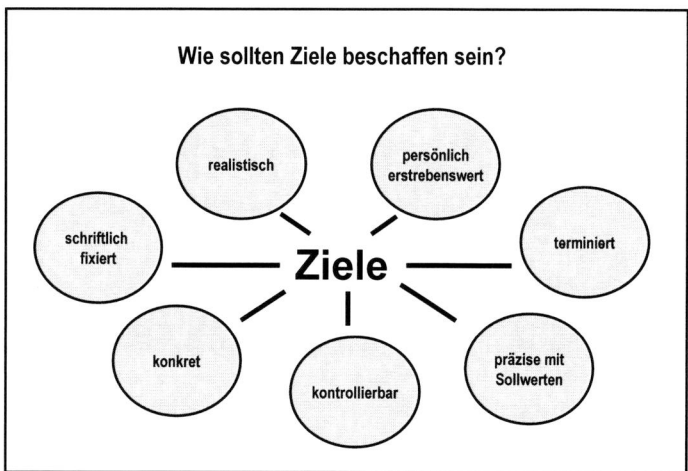

Abb. 2: Ziele

keinerlei Mitsprache ermöglichen, wirken wenig motivierend und können häufig ihre verhaltenslenkende Wirkung nicht entfalten. Vielmehr zeigen sie sich häufig kontraproduktiv, in dem sie bei dem Mitarbeiter Reaktanz auslösen (Herkner, 1996). Hieraus können sich dauerhaft negative Emotionen entwickeln, die mit Gedanken der Unbedeutsamkeit und Hilflosigkeit (vgl. Seligmann, 1979) einhergehen. Diese psychischen Belastungen führen in harmlosen Fällen wohl (nur) zu Arbeitsunzufriedenheit mit entsprechend verringerter Leistung, in schlimmeren Fällen aber auch zu psychischen und psychosomatischen Erkrankungen.

3.3 Zeitdiebe und Störfaktoren identifizieren

Der Arbeitsalltag sowohl von Fach- und Führungskräften als auch von deren Mitarbeitern ist durch eine Vielzahl von Einflüssen bestimmt, die das individuelle Arbeitsverhalten maßgeblich bestimmen. Diese Einflüsse stehen dabei in mehr oder weniger engem Zusammenhang mit den individuellen Zielen. So kann beispielsweise ein Ziel darin bestehen, eine mit erheblichem kognitiven Aufwand verbundene Aufgabe erfolgreich zu bearbeiten. Wenn sich nun die betreffende Person beispielsweise in einem Großraumbüro befindet, ist sie möglicherweise gleichzeitig einer Vielzahl sie umgebender Störfaktoren ausgeliefert, die eine effiziente Aufgabenbearbeitung erschweren. Dies reicht von klingelnden Telefonen über die geräuschintensive Klimaanlage bis zu störenden Kollegen.

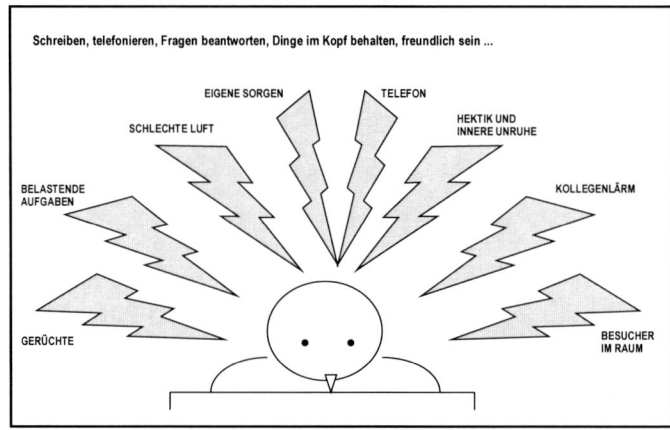

Abb. 3: Störfaktoren

Hier ist es erforderlich, diese beeinträchtigenden Einflüsse und Störfaktoren genau zu analysieren und zu vermindern. Sicherlich lassen sich diese Störfaktoren niemals vollkommen ausschließen, doch allein eine Reduktion kann schon viel bewirken. Eine Reduktion der Störfaktoren ist neben der arbeitsbezogenen Effizienzperspektive vor allem auch aus gesundheitlicher Perspektive anzustreben. Derartige Störfaktoren wirken als physikalische, physische und psychosoziale Stressoren direkt auf das Individuum und haben eine verminderte Leistungsfähigkeit bis zu gesundheitlichen Störungen zur Folge (Nitsch, 1981). Für die einzelne Führungskraft bedeutet das, dass sie zum einen eigene Störfaktoren in ihrem unmittelbaren Umfeld identifizieren und verringern muss. Zum anderen sollte sie aus ihrer Führungsposition heraus ihre Mitarbeiter bei diesem Prozess ebenfalls unterstützen. Hierzu empfiehlt sich ein gemeinsames Vorgehen im Team, in dem Störfaktoren von allen Mitarbeitern gemeinsam besprochen werden. Im Anschluss können dann verbindliche Maßnahmen und Regeln vereinbart werden, die ein Auftreten der von allen als störend empfundenen Einflüsse verringern helfen. Von hohem Entlastungswert zeigt sich eine gründliche Reflektion und kritische Überprüfung des individuellen Delegationsverhaltens von Führungskräften (Neuberger, 2002). Hier empfiehlt sich eine intensive Auseinandersetzung mit diesem Führungsinstrument, um sowohl eigene als auch umweltbedingte Hindernisse im Delegationsprozess zu analysieren und entsprechend für zukünftige Entlastung zu sorgen.

3.4 Prioritäten festlegen, zielbezogene Schritte planen

Ein weiterer wichtiger Bestandteil eines erfolgreichen Zeitmanagements besteht in der Priorisierung und Planung. Dies betrifft sowohl das Arbeits- als auch das Privatleben. Eine klare Priorisierung und nachfolgende Planung von Arbeitsschritten führt dazu, dass sich der Handelnde auf die wesentlichen, d. h. wichtigen Aufgaben zu konzentrieren lernt und auf diese Weise verhindert, dass ihn ausschließlich dringliche, allerdings eher unwichtige Arbeitsinhalte dominieren (Seiwert, 1998). Ein derartig prioritätenorientiertes Vorgehen schafft Entlastung für den einzelnen und verhindert, dass Gefühle der Überlastung und Fremdsteuerung die Oberhand gewinnen. Auch hier ist es wieder erforderlich, dass der gesamte Tagesablauf einer Person über einen längeren Zeitraum von dieser analysiert wird. Der Zeitraum sollte mindestens zwei Wochen betragen und alle arbeitsbezogenen Aufgaben umfassen. Das Ziel sollte darin bestehen, zu einer möglichst repräsentativen Einschätzung der eigenen Arbeitsbelastung zu gelangen. Dazu sollten einzelne thematisch oder funktionell ähnliche Aufgaben- und Tätigkeitscluster entstehen wie z.B. Beantwortung Emails, Kundengespräche, konzeptionelle Aufgaben, Mitarbeitergespräche, etc.. Auf der Basis dieser Cluster kann dann eine Priorisierung der Aufgaben erfolgen, die festgemacht an der individuellen Zielstellung entsprechend den Dimensionen Wichtigkeit und Dringlichkeit differenzieren hilft. Ein Hilfsmittel für eine derartige Priorisierung von Aufgaben stellt die nach Dwight D. Eisenhower benannte Eisenhower Matrix dar.

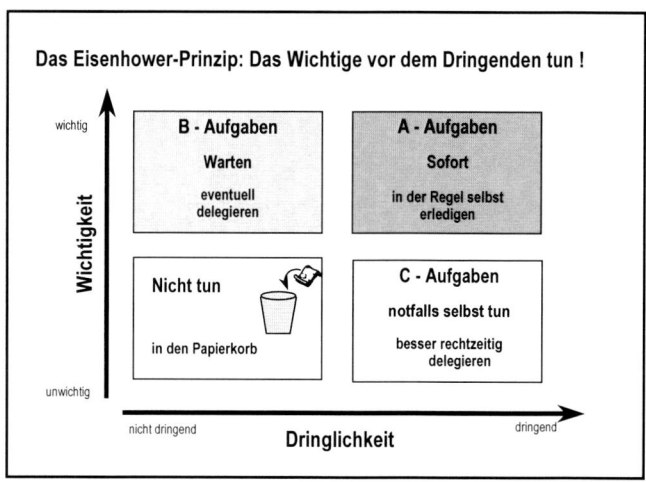

Abb. 4: Eisenhower Matrix

Hier wird vor allem entsprechend den Dimensionen Wichtigkeit und Dringlichkeit unterschieden (Seiwert, 1998). Die erste wichtige Unterscheidungsebene knüpft direkt an die Zielstellung an. Hier erfolgt die Grundfrage in Bezug auf das Tätigkeitsspektrum, welche Tätigkeiten im Sinne der Zielerreichung wichtig sind und welcher weniger wichtig sind. Die zweite Unterscheidung erfolgt anhand der Zeitachse und beantwortet die Frage nach der Dringlichkeit. Die auf diesem Wege erzeugt Klassifizierung in A-, B- und C-Aufgaben stellt die Grundlage für die sich anschließende Zeitplanung dar.

Eine effiziente Planung der Zeit setzt voraus, dass im Vorfeld eine Priorisierung von Aufgaben und Tätigkeiten erfolgt. Diese stellt nun die Grundlage dar, Aufgaben in eine Tages- und Wochenplanung zu integrieren und entsprechend den Prioritäten zu bearbeiten. Eine Planungshilfe kann folgende Struktur bieten: Aufgaben zusammenstellen – Tätigkeitsdauer abschätzen – Pufferzeiten einplanen (mind. 40%) – Aufgaben entsprechend der Priorität terminlich fixieren. Eine derartige systematische Planung schafft Klarheit und Transparenz über die zu erledigenden Aufgaben und Handlungsfelder im Arbeitsalltag. Hier empfiehlt es sich insbesondere für Führungskräfte, eine derartige Priorisierung und Tages/ Wochenplanung vorzuleben und im weiteren den Mitarbeitern nahe zulegen.

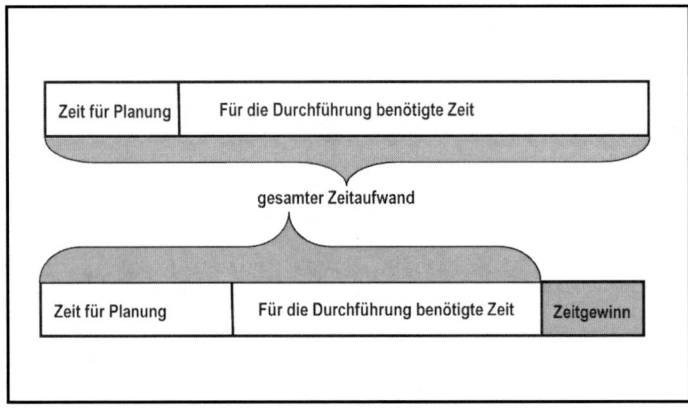

Abb. 5: Zeitplanung

Dabei steht an erster Stelle natürlich die eigene Überzeugung der Führungskraft, dass es sich bei einer bewussten Planung der Zeit nicht etwa um Zeitverschwendung, sondern zu mindestens langfristig um Zeitgewinn handelt. Durch ein konsequentes Zeitmanagement können Führungskräfte und Mitarbeiter dazu beitragen, gemeinsame und individuelle Ziele leichter zu erreichen. Eine besondere Rolle kommt in diesem Zusammenhang natürlich den Führungskräften zu, die einerseits ein gutes Zeitmanagement vorleben, andererseits aber auch den Mitarbeitern die Möglichkeiten an die Hand geben müssen, ihre Aufgaben bis zu einem gewissen Grade selbstbestimmt und eigenverantwortlich ausführen zu können.

4. Motivation und Volition als Antriebskräfte

Einen wichtigen Aspekt im Selbstmanagement stellen die Motivation und die Willenskraft dar. Manche Wissenschaftler sehen in Motivation und Volition sogar die zentralen Basiselemente von Selbstmanagement überhaupt (Kehr, 2003). *„Motivation ist die Voraussetzung für zielorientiertes Verhalten und deshalb aus Managementperspektive Hauptansatzpunkt für leistungssteigernde Beeinflussungsstrategien."* (Staehle, 1999, S.218). Da es nun einmal beim Selbstmanagement darauf ankommt, sich zielgerichtet zu steuern und zu regulieren, ist die Motivation in der Tat der Hauptmotor. Motivation geht auf das lateinische movere (=bewegen) zurück und gibt Aufschluss über die Beweggründe des Handelns und Verhaltens von Menschen. Die Volition beschreibt dahingegen die kognitiven, emotionalen und motivationalen Prozesse, die für die Realisation einer Handlung von Bedeutung sind (Heckhausen, 1980). Um das Verhalten eines Menschen zu erklären muss man im Prinzip vier Bereiche unterscheiden: Den situativen Rahmen, die soziale Situation, Motivation und Wille, sowie die individuellen Fähigkeiten. Die ersteren beiden sind eher der Umwelt, die letzteren beiden der Person zuzuordnen (vgl. v. Rosenstil, 1992). Eine Studie zur relativen Bedeutsamkeit dieser Faktoren aus dem Jahre 1998 zeigte, dass Motivation und Wille von Führungskräften den stärksten Einfluss auf das erfolgreiche umsetzten von Führungsabsichten haben. Insbesondere die Umweltfaktoren sind wesentlich weniger maßgeblich (Kehr et al., 1999b). Daraus lässt sich folgern, dass es sich aus unternehmenspraktischer Perspektive unbedingt empfiehlt, diese Dimensionen stärker zu fokussieren.

4.1 Aufbau von Motivation und Volition

Wie lässt sich nun aber Motivation und Willenskraft aufbauen? Ein erster Schritt besteht darin, Ziele zu definieren und dabei mögliche Zielkonflikte zu lösen (vgl. Abschnitt 3). In einem weiteren Schritt ist es erforderlich, die individuellen Motive zu bestimmen. Dabei ist zu unterscheiden zwischen bewussten Motiven (diese können im weitesten Sinne mit Zielen gleichgesetzt werden) und unbewussten (vgl. Kehr, 1998). Der Selbstanalyse unbewusster Motive sind natürlich Grenzen gesetzt. Hier empfiehlt sich die Analyse durch einen Diagnostiker, der in der Anwendung psychologischer Testinstrumente erfahren ist. Nichts desto trotz ist es zum Teil in intensiver Beschäftigung mit der eigenen Person möglich, individuelle unbewusste Motive teilweise zu bestimmen. Diese Analyse der unbewussten Motive kann als Grundvoraussetzung betrachtet werden, das Selbstmanagement einer Person zu entwickeln. Weichen die unbewussten Motive eines Menschen deutlich von seinen bewusst gewählten Zielen ab, dann wird er sich bei der Umsetzung dieser Ziele selbst im Wege stehen. Die Folge sind Unzufriedenheit und verminderte Leistungsbereitschaft. Hat z.B. eine Führungskraft ein unbewusst sehr schwach ausgeprägtes Kontakt- und Anschlussmotiv, bewusst aber das Ziel in der Führungslaufbahn aufzusteigen und folglich seine Führungsspanne zu erweitern, dann sind hier möglicherweise Konflikte aus der mangelnden Übereinstimmung bewusster und unbewusster Motive vorprogrammiert.

Ist dieser erste wichtige Schritt der Selbstanalyse getan geht es darum, Willenskraft für die gewählten Ziele aufzubauen und Handlungsbarrieren zu überwinden. Ein wichtiges Ziel besteht darin, auch in Phasen geringer Motivation die Kraft zu entwickeln, das einmal definierte Ziel weiter zu verfolgen. Auch hier ist die erste Klippe mit der schriftlichen Fixierung des Handlungsziels umschifft. Ziele und Absichten, die schriftlich fixiert werden, gewinnen eindeutig an Umsetzungswahrscheinlichkeit. Dies lässt sich noch steigern, wenn andere von diesen Zielen und den beabsichtigten Erfüllungszeitpunkten unterrichtet werden. Die mangelnden Bemühungen bei der Zielerreichung erzeugen in zunehmenden Umfang der informierten Personen ein ansteigendes Maß an kognitiver Dissonanz. Damit ist ein gedanklicher Spannungszustand gemeint, der immer dann eintritt, wenn die eigene Einstellung oder Absicht nicht mit dem realisierten Verhalten übereinstimmt. (Antony et al.1997). Möchte beispielsweise ein Mensch das Rauchen aufgeben und informiert viele Freunde darüber, dann erzeugt der Rückfall in die alte Rauchgewohnheit diesen kognitiven Spannungszustand, eben Dissonanz. Die Dissonanz wäre dann wesentlich geringer, wenn er die Absicht zur Aufgabe des Rauchens allein für sich im stillen Kämmerchen getroffen hätte. Ein weiterer Weg besteht in der Anwendung mentaler Techniken zum Aufbau von Willensstärke (Kehr, 2003). Hier werden Imaginationstechniken angewendet, die Menschen helfen, erstrebenswerte Zielzustände gedanklich vorweg zu nehmen und auf diese Weise im Sinne der Self-Fullfilling-Prophecy (vgl. Herkner, 1996) die Umsetzungswahrscheinlichkeit zu erhöhen. Auch können verbale Techniken der positiven Selbstinstruktion sehr hilfreich sein, um die Umsetzung von Handlungsabsichten zu gewährleisten (Meichenbaum, 1977). Zu guter letzt darf der Spaßfaktor nicht fehlen (Kehr, 1998). Dies beginnt schon bei den Zielen. Wenn diese sich nur wenig mit den Motiven eines Menschen in Übereinstimmung bringen lassen ist davon auszugehen, dass Handlungsbarrieren weniger gut überwunden werden können.

Auch wird wieder deutlich, welche herausragende Rolle Führungskräfte mit Blick auf das Selbstmanagement des einzelnen Mitarbeiters spielen. Eine partizipative Zieldefinition und ein positives und unterstützendes Bereichs- oder Teamklima hat zur Folge, dass Aufgaben besser und mit mehr Motivation bewältigt werden können. Gewährte Gestaltungsfreiräume erlauben es dem Mitarbeiter, Zufriedenheit und Selbstverantwortung im Arbeitsprozess zu entwickeln.

Letztendlich gilt auch hier wieder die Regel, dass die Führungskraft als Vorbild mit gutem Beispiel voran geht. Wenn diese sich selbst motivieren kann gelingt es ihr häufig auch, bessere Voraussetzung für die Motivation ihrer Mitarbeiter zu entwickeln. Sprengers Aussage, dass man sich nicht eine Ewigkeit damit beschäftigen sollte, wie man Mitarbeiter motiviert und sich stattdessen darauf konzentrieren sollte die Dinge anzugehen, die Menschen demotivieren, gewinnt somit an Bedeutung (Sprenger, 1999). Für viele Mitarbeiter an der Basis ist nämlich nach wie vor der Vorgesetzte der Hauptgrund für Demotivation.

5. Stresskompetenz – Neue Ressourcen für ein effektives Selbstmanagement

Sich selbst zu managen heißt vor allem auch, mit den in der heutigen Zeit zunehmenden psycho-sozialen Belastungen umgehen zu lernen. Dies ist leichter gesagt als getan. Viele Führungskräfte und Mitarbeiter berichten von penetranten, quälenden Gedanken, die das Arbeitsleben betreffen und häufig nach Feierabend noch nicht verschwunden sind. Für den einen ist es das Projekt, welches aus dem Ruder zu laufen droht, für den anderen der Konflikt mit dem Vorgesetzten, für den er keinen Lösungsweg erkennt. Die Arbeit endet nicht am Werktor sondern pflanzt sich in gedanklicher Form in das Privatleben fort und entfaltet dort unterschiedliche Wirkungen, die von einer leicht gereizten und verärgerten Grundstimmung über massive Schlafstörungen bis zu schweren psycho-physischen Erkrankungen führen können.

Nun hat aber auch das Phänomen Stress zwei Gesichter, welches sich in der berühmt gewordenen Klassifikation des ungarisch-kanadischen Arztes Hans Selye in positiven Eustress und eher destruktiven Distress zeigt. Diese klassische Unterteilung wurde in den vergangenen Jahren wiederholt kritisiert bzw. deutlich verändert, was sich in einer Vielzahl weiterer stresstheoretischer Ansätze und Modelle zeigte (vgl. Nitsch, 1981). So ist bis heute nicht hinreichend untersucht, in wie weit positive Stresszustände gesundheitsschädliche Wirkungen entfalten können und wo genau die Grenze zu ziehen ist, ab der ein zuviel an Eustress destruktiv wirkt. Als Beispiel könnte hier die intrinsisch (aus innerer Motivlage) getriebene Fachkraft der New Economy gesehen werden, die im Zustand der Glückseligkeit und des Flows (vgl. Csikszentmihalyi, 1990) eine durchschnittliche Arbeitszeit von 18 Stunden täglich vor dem Computer verbringt. Grundsätzlich kann allerdings gefolgert werden, dass Stress abhängig ist von der Person, die ihn erlebt. Das bedeutet, dass es sich beim Stressphänomen um ein vollkommen subjektives Phänomen handelt. Dinge, die für den einen Stress darstellen, berühren den anderen in keiner Weise oder weniger (Comer, 2001). Es gibt also keinen objektiven Stress. Natürlich ließe sich jetzt argumentieren, dass es eher objektive, z.B. physikalische Beeinträchtigungen wie Lärm gibt, die alle belasten. Doch auch hier lässt sich die subjektive Komponente in dem Ausmaß finden, in welchem Menschen unterschiedlich mit der objektiv gleichen Situation umgehen.

5.1 Die eigene Stressbelastung identifizieren

Stressoren stellen alle Ereignisse dar, die eine Stressreaktion beim Menschen auslösen können. Neueste Erkenntnisse der Stressforschung belegen, dass es weniger die großen Ereignisse sind, die Stress bedingen und auslösen, sondern die vielen kleinen Ärgernisse „daily hazzles", die die Stressreaktion auslösen und zum dauerhaften Problem werden lassen (Skye, 1998). Generell kann man verschiedene Arten von Stressoren unterscheiden und entsprechend klassifizieren:

» Physikalische Stressoren (z. B. Lärm, Hitze, Kälte, Beleuchtung, ...),
» Leistungsstressoren (z. B. Überforderungen, Unterforderungen, Prüfungen, ...),
» Soziale Stressoren (z. B. Konkurrenz, Isolation, Mobbing, ...),
» Physische Stressoren (z. B. Verletzung, Körperhaltung, Sitzposition, Schmerz, ...).

Hier ist es wichtig, die eigene Person belastende Stressoren zu identifizieren und deren Wirkung abzuschätzen. Dabei ist eine Unterscheidung von beruflichen und privaten Stressoren von vorn herein sinnlos. Vielmehr müssen diese in ihrer Gesamtheit betrachtet und die Folgen für das eigene Leben abgeschätzt werden. Idealerweise sollte zu Beginn einer Beschäftigung mit der Stressthematik eine Individualdiagnostik stehen (vgl. Comer, 2001), die der einzelnen Führungskraft und dem Mitarbeiter einen Überblick der eigenen Stresssituation liefert, d.h. die Stressbelastung transparent macht. Ergänzend würde sich eine Stressbewältigungsanalyse empfehlen, die ebenfalls über ein psychologisches Fragebogeninventar zu erheben ist. Diese gibt Auskunft über die individuell bevorzugten Strategien der Stressbewältigung, welche eher günstiger bzw. eher ungünstiger sein können. Eine günstige Strategie stellt z.B. eine Entspannungstechnik dar, eine weniger günstige Strategie der Stressbewältigung wäre z.B. der Alkoholkonsum.

5.2 Erfolgreich Stress bewältigen

Im Selbstmanagementtraining oder Stresstraining führt man in der Regel eine derartige Analyse durch und geht dann über zum Team oder der Abteilung. Hier sollte ein moderierter Prozess stattfinden, dessen Ziel in der Identifizierung von Stressoren im Team- und Abteilungskontext besteht. Ergebnisse einer derartigen Analyse könnten dann in der Folge diskutiert und erste Handlungsansätze erarbeitet werden. Neben relativ leicht zu verändernden Dingen wie z.B. wenig ergonomischen Stühlen können im weiteren Verlauf Interventionen im psycho-sozialen Bereich beschlossen werden, die das Thema Zusammenarbeit auf Teamebene aufgreifen und hier entsprechend einen Teamentwicklungsprozess initiieren. Generell kann man bei der individuellen Stressbewältigung zwischen Ansätzen unterscheiden, die eine kurzfristige Erleichterung bewirken und solchen, die eher als langfristige Strategien zu verstehen sind.

Selbstmanagement

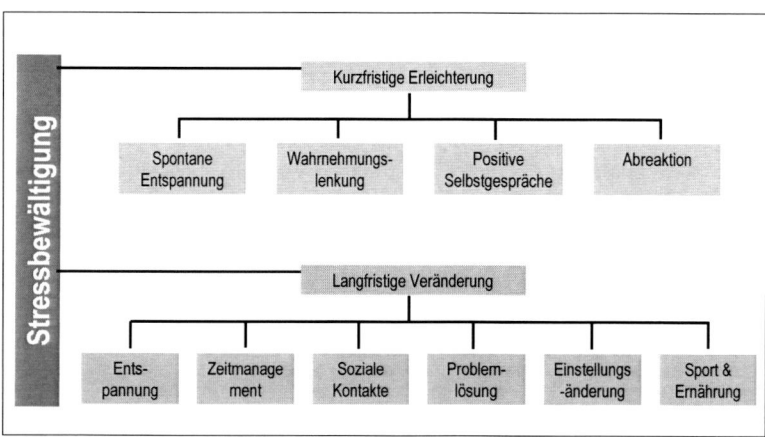

Abb. 6: Stressbewältigung

Zu den Strategien der kurzfristigen Erleichterung zählen unter anderem:

» Spontane Entspannung: Kurzfristige anwendbare, allerdings wenig nachhaltige Techniken der Entspannung in kritischen Situationen,
» Wahrnehmungslenkung: Die erfolgreiche Ablenkung von einer stressauslösenden Situation,
» Positive Selbstgespräche: Selbstinstruktion durch zielgerichtete aufbauende Sätze, die die eigene Kompetenz zur Stressbewältigung hervorheben,
» Abreaktion: Kurzfristige körperliche Aktivität zur Entlastung.

Zu den Strategien der langfristigen Veränderung zählen unter anderem:

» Entspannung: Das systematisch-regelmäßige Anwenden psychologisch-medizinischer Entspannungstechniken wie z.B. Progressive Muskelrelaxation oder Autogenes Training,
» Zeitmanagement: Anwendung von Techniken und Prinzipien der Arbeitsorganisation,
» Soziale Kontakte: Ein ausreichend großes und verlässliches soziales Umfeld, welches soziale Unterstützung bietet,
» Problemlösung: Kognitive Strategien für den Umgang mit schwierigen und komplexen Problemlagen,
» Einstellungsänderungen: Intensive Reflektion der individuellen Überzeugungen mit dem Ziel der Modifikation stressförderlicher Einstellungen,
» Sport und Ernährung: Regelmäßige Anwendung gesundheitsförderlicher Bewegung und systematisch leistungsförderliche Ernährung.

6. Zehn Tipps – Wie Führungskräfte das Selbstmanagement ihrer Mitarbeiter fördern können

1. Führungskräfte sollten die Selbstverantwortung ihrer Mitarbeiter fördern, in dem sie herausfordernde Aufgaben delegieren. Dazu ist zum einen eine gründliche Reflektion des eigenen Führungshandelns erforderlich, zum anderen aber auch eine intensive Auseinandersetzung mit den Stärken und Schwächen jedes einzelnen Mitarbeiters.
2. Delegierte Aufgaben erfordern die Verantwortungsübernahme seitens des Mitarbeiters mit allen Konsequenzen. Führungskräfte sind hier in der Pflicht, für die notwendige Nachhaltigkeit zu sorgen. Das beinhaltet auch das Führen von Abweichgesprächen zur Zielkorrektur.
3. Das Selbstmanagement jedes einzelnen Mitarbeiters benötigt Freiräume. Als größte Einschränkung des individuellen Freiraums wird von Mitarbeitern häufig der direkte Vorgesetzte gesehen. Aus diesem Grund ist es für jede Führungskraft unerlässlich, eigene Vorstellungen zu Problemlösungen und Handlungsabläufen zurückzustellen und im Entscheidungsraum des Mitarbeiters zu belassen.
4. Führung erfordert ein großes Maß an Selbstorganisation. In zunehmendem Ausmaß dieser Befähigung sollten sich positive Effekte auf den gesamten Bereich auswirken. Denn auch hier gilt, dass die Führungskraft als Vorbild agiert.
5. Zeitfresser und Störfaktoren sind häufig in nicht mehr vertretbarem Ausmaß vorhanden. Führungskräfte sollten gemeinsam mit ihren Mitarbeitern Regeln für die Zusammenarbeit vereinbaren, die vor allem in einem gemeinsamen Bestimmen von Prioritäten liegen sollten.
6. Motivation ist ein wichtiger Faktor für ein erfolgreiches Selbstmanagement. Führungskräfte benötigen Transparenz über ihre individuellen Motive, um auf diese Weise mögliche Diskrepanzen zwischen ihrer eigenen Zielsetzung und ihren wahren (unbewussten) Motiven zu entlarven. Dadurch wird für sie selbst Zielklarheit und somit effiziente Führung möglich.
7. Führungskräfte sollten gemeinsam mit ihren Mitarbeitern Arbeits- und Führungssituationen analysieren, die sich hemmend auf die Motivation des einzelnen auswirken. Im Mitarbeitergespräch ist die Führungskraft in der Verantwortung, die Bedürfnisse des Mitarbeiters gemeinsam mit diesem zu bestimmen. Dabei könnten sich Handlungsfelder ergeben, die innerhalb der organisationalen Rahmenbedingungen realisierbar sind und somit stark motivationsfördernde Wirkungen entfalten.
8. Die Kultur im Bereich ist zwar abhängig von der gesamten Unternehmenskultur, kann aber dennoch durch die einzelne Führungskraft positiv beeinflusst werden. Führungskräfte sollten neue Wege gehen und den Mut haben, gesundheitsförderliches Verhalten in ihrem Bereich zuzulassen. Das könnte z.B. bedeuten, dass die Nutzung eines Entspannungsraumes während der Arbeitszeit zur Selbstverständlichkeit wird.
9. Stress ist im Arbeitsalltag ein allgegenwärtiges Phänomen. Führungskräfte sollten mit ihren Mitarbeitern stressrelevante Situationen analysieren und ge-

meinsam mögliche Handlungsstrategien erarbeiten. Am Ende könnte es zu einem kontinuierlichen Verbesserungsprozess kommen, der jeden Mitarbeiter in die Verantwortung nimmt, dauerhaft das Bereichziel „gesunde und stressarme Arbeitsatmosphäre" voran zu treiben.
10. Soziale Unterstützung stellt ein wesentliches Element dar, welches dem einzelnen dabei helfen kann, auch schwierigere Situationen zu überstehen. Führungskräfte stehen in der Verantwortung, innerhalb ihres Bereiches für ein kooperatives und unterstützendes Klima zu sorgen. Dabei müssen sie aktiv regulieren und intervenieren.

7. Fazit

Das Selbstmanagement des einzelnen muss zwei Perspektiven berücksichtigen. Zum einen die individuelle Perspektive, die alles das betrachtet und hervorhebt, was jeder Mitarbeiter für sich selbst verändern kann und zum anderen die nichtindividuelle Perspektive. Erstere wird von vielen Menschen deutlich unterschätzt. Stattdessen kursiert häufig die teilweise sehr bequeme Ansicht, dass die Bedingungen schlecht seien und man aus diesem Grund gewisse Dinge nicht realisieren könne. Dieses doch eher reaktive Verhalten kann darüber hinaus aber tatsächlich organisational gefördert worden sein. Der heute so laut propagierte Anspruch an Selbstverantwortlichkeit von Mitarbeitern ist in den vergangenen Jahren in vielen Unternehmen im Keim erstickt worden, in dem ein übergroßer Moloch an Bürokratie und bevormundender Einschränkung vorherrschte. Das individuell wenig eigenverantwortliche Verhalten keinesfalls entschuldigen jedoch erklären kann z.T. der Ansatz der erlernten Hilflosigkeit (vgl. Seligman, 1979). Wenn eigenes, selbstverantwortliches Agieren von Mitarbeitern eher kritisch betrachtet und ohne positive Folgen für den einzelnen bleibt, dann besteht kein Grund, dieses Verhalten fortzusetzen. Das eigene Handeln führt zu keinem positiven Ergebnis, bleibt sogar im schlimmsten Falle unbeachtet und wird entsprechend der Lerntheorie nicht mehr wiederholt. Die Hilflosigkeit, d.h. mangelnder Einfluss durch eigenes Handeln wurde erlernt. Wenn dann heutzutage Selbstverantwortung und Eigenständigkeit gefordert werden müssen diese Rahmenbedingungen der Vergangenheit berücksichtigt werden.

Doch was heißt das für Führungskräfte? Sie müssen mit Mitarbeitern arbeiten, deren eher reaktives Verhalten in der Vergangenheit angemessen, allerdings mit dem Anspruch an Innovation und Kreativität für die Gegenwart und Zukunft nicht mehr passend ist. Dazu müssen sie als erstes selbst umlernen. Sie müssen zusätzliche Freiräume ihrer Mitarbeiter zukünftig nicht als Gefährdung ihrer eigenen Position sondern als Stärkung betrachten. Sie müssen lernen, sich stärker aus dem operativen Tagesgeschäft herauszuziehen und sich immer noch wertvoll und wichtig zu fühlen, wenn sie aus dem Urlaub zurückkommen und alles auch ohne sie optimal gelaufen ist. Sie müssen sich selbst überflüssig machen lernen und dürfen dennoch nicht überflüssig sein. Sie müssen dem gerecht werden, was ihrer Bedeutung als wichtiger Multiplikator auch wirklich entspricht, sie müssen führen. Dabei darf sich ihre Führung allerdings nicht als eine heute sehr weit verbreitete „zwischen Tür und Angel" Führung zeigen. Sie müssen zukünftig ihrer umfangreichen Verantwortung als Führungskraft gerecht werden und dazu gehört auch, den Mitarbeiter als Ganzes in seiner Arbeit-Umwelt Situation im Blickfeld zu behalten.

Literatur

Antony, S.R., Manstead, R, Grün, R.S.: Methoden der Sozialpsychologie: Ideen auf dem Prüfstand. In: Stroebe, W., Hewstone, M., Stephenson, G.M. (Hrsg.). Sozialpsychologie. Berlin: Springer, 1997

Comer, R.J.: Klinische Psychologie. Heidelberg: Spektrum Akademischer Verlag, 2001

Csikszentmihalyi, M.: Flow: The psychology of optimal experience. New York: Harper & Row, 1990

Drucker, P.: Die Kunst, sich selbst zu managen. Harvard Business Manager 5, 1999, 9-19

Hauschildt, J.: Entscheidungsziele, Tübingen, 1977

Heckhausen, H.: Motivation und Handeln: Lehrbuch der Motivationspsychologie. Berlin: Springer, 1980

Herkner, W.: Lehrbuch Sozialpsychologie. Göttingen, Toronto, Seattle: Hans Huber, 1996

Hunziger, A., Bäumer, J.: Kienbaum HR Studie 2003: Zeitmanagement & Worklife-Balance Internationaler Top-Manager, 2003

Kastner, M. : Selbstmanagement. In Hannover, B. et al. (Hrsg.) Sozialkognitive Aspekte der Pädagogischen Psychologie I (S.53-70). Essen: Blaue Eule Verlag, 1998

Kehr, H. : Strategien der Selbstüberlistung: Motivation und Willen trainieren. Personalführung. 12/98

Kehr, H., M.: Souveränes Selbstmanagement. Weinheim: Beltz, 2003

Kehr, H.M., Bless, P., Rosenstiel von, L.: Self-regulation, self-control, and management training transfer. Int. J. of Educational Research 31, 1999b , 487-498

Kitzmann, A.: Persönliche Arbeitstechniken und Zeitmanagement. Ehningen: Expert Verlag, 1992

Meichenbaum, D.: Cognitive Behavior modification. New York: Plenum, 1977

Nefiodow, L.A.: Der sechste Kondratieff: Wege zur Produktivität und Vollbeschäftigung im Zeitalter der Information. Rhein-Sieg Verlag, 1996

Neuberger, O.: Führen und führen lassen. Stuttgart: Lucius & Lucius, 2002

Nitsch, J.R.: Stress – Theorien, Untersuchungen, Maßnahmen. Bern / Stuttgart / Wien: Hans Huber, 1981

Seiwert, L.J.: Mehr Zeit für das Wesentliche. Landsberg: Verlag moderne Industrie, 1984

Seiwert, L.J.: Wenn Du es eilig hast, gehe langsam. Frankfurt: Campus, 1998

Seiwert, L.J.: Life-Leadership – Sinnvolles Selbstmanagement für ein Leben in Balance. Frankfurt: Campus, 2001

Seligmann, M.E.P.: Helpnessless: On depression, development and death, San Francisco: Freeman, 1979

Skye, P.: Mastery of Stress: Techniques for relexation in the workplace. New York: Llewillin, 1998

Sprenger, R. K.: Das Prinzip Selbstverantwortung – Wege zur Motivation. Frankfurt: Campus, 2000

Staehle, W.H.: Management. München: Vahlen, 1999

Taylor, S.E., Brown, J.D.: Illusion and Well-Being: A Social Psychological Perspective on Mental Health. Psychological Bulletin, Vol. 103, 1988, 193-210.

Weinert, B., Organisationspsychologie – Ein Lehrbuch. Weinheim: Psychologie Verlags Union, 1998.

Bewegungsmanagement – Möglichkeiten und Nutzen betrieblicher Angebote

Dirk Lümkemann

Ein gesundheitsorientiertes Personalmanagement ist eine innovative und für zukünftige Entwicklungen deutscher Unternehmen sehr lohnenswerte Strategie. Diese ist jedoch bei den meisten deutschen Unternehmen noch deutlich unterentwickelt. Wenn sich Personalmanager mit dem Thema Gesundheit beschäftigen, geht es überwiegend um die gesetzlich vorgeschriebenen Bereiche Arbeitssicherheit und Betriebsmedizin. Diese Ausrichtung auf die Arbeitsbedingungen muss sich in Zukunft deutlich verändern. Denn durch die schwerpunktmäßige Beschäftigung mit arbeitsbedingten Gesundheitsgefahren wird das Thema Gesundheit in Unternehmen nur unzureichend behandelt. Zu einer sinnvollen Strategie zur Gesundheitsförderung und Prävention für Mitarbeiter gehört genauso der Bereich des individuellen Gesundheitsverhaltens. Genauer gesagt, ist das individuelle Bewegungs- und Ernährungsverhalten ein gleichermaßen zentraler Ansatzpunkt für Aktivitäten des Unternehmens wie die Beachtung der gesetzlichen Vorgaben zum Arbeitsschutz. Nur wenn die Verhaltensprävention gleichgewichtig berücksichtigt wird, ist eine langfristig hohe Lebensqualität für den Einzelnen erst möglich. Diese ist nämlich vor allem davon abhängig, dass schwerwiegende chronische Erkrankungen nicht frühzeitig (möglicherweise sogar während des Arbeitslebens) auftreten. Und dieses Risiko lässt sich durch einen gesundheitsorientierten Lebensstil drastisch reduzieren (Lümkemann, 1999).

Zusammengefasst geht es also im betrieblichen Gesundheitsmanagement um ein umfassendes Konzept zur Prävention und Gesundheitsförderung, dass gleichermaßen sowohl die Arbeitsbedingungen als auch das individuelle Gesundheitsverhalten berücksichtigt. In diesem Sinne beschreibt die Europäische Union die betriebliche Gesundheitsförderung als eine moderne Unternehmensstrategie, die darauf abzielt, Krankheiten am Arbeitsplatz vorzubeugen, Gesundheitspotenziale zu stärken und das Wohlbefinden am Arbeitsplatz zu verbessern (Europäisches Netzwerk für betriebliche Gesundheitsförderung, 1997). Um diese drei Faktoren zu erreichen, müssen zielgerichtete Maßnahmen zur Bewegungsförderung ein entscheidender Beitrag im Rahmen eines gesundheitsorientierten Personalmanagements sein (Lümkemann, 2001).

Die derzeitige Realität in deutschen Unternehmen sieht jedoch anders aus. Im Vordergrund stehen Aktivitäten, die ausschließlich darauf abzielen, arbeitsunfähigkeitsbedingte Fehlzeiten zu reduzieren. Zu diesem sicherlich nicht unerheblichen Kostenfaktor im Unternehmen werden unterschiedliche Maßnahmen angewendet, die jedoch meistens nichts mit einer systematischen und sinnvollen Gesamtkonzeption zu tun haben. Außerdem ist die Reduktion arbeitsunfähigkeitsbedingter Fehlzeiten nur ein Ziel gesundheitsfördernder Maßnahmen. Weitere Ziele des betrieblichen Gesundheitsmanagements, abgeleitet aus der oben erwähnten Unternehmensstrategie, sind die Motivation der Mitarbeiter und deren Bindung an das Unternehmen, die Erhöhung der Flexibilität und Kreativität der Mitarbeiter, die Bekämpfung der Ursachen chronischer Krankheiten sowie die Erleichterung der Wiedereingliederung (Badura et al., 1999). Auch hier zeigt sich die Notwendigkeit von unternehmensspezifischen Bewegungsprogrammen, denn das Erreichen dieser konkreten Ziele ist wesentlich von einem aktiven Lebensstil der Mitarbeiter abhängig. Daher gehören sie als essenzielle Bestandteile in das betrieblichen Gesundheitsmanagement und sind somit ein zentraler Faktor eines gesundheitsorientierten Personalmanagements. Die Personalbetreuung und -entwicklung hat dadurch eine wesentliche und entscheidende Rolle für Prävention und Gesundheitsförderung im Unternehmen. Von hier gehen entsprechende Impulse aus, um gemeinsam mit allen Gesundheitsakteuren im Unternehmen und der Unternehmensleitung Aktivitäten zu planen und durchzuführen. Grundlage sind anerkannte Qualitätskriterien zur betrieblichen Gesundheitsförderung sowie Stellungnahmen von Institutionen, wie die der BDA, die die Mitarbeiter als den entscheidenden Wettbewerbsfaktor eines Unternehmens ansieht, die gesund und leistungsfähig zu erhalten sind. Deshalb sei die betriebliche Gesundheitsförderung eine sinnvolle und notwendige unternehmerische Personalpolitik (Bundesvereinigung der Deutschen Arbeitgeberverbände, 2001). Genau hier schließt sich wieder der Kreis zur Bewegungsförderung. Denn ein körperlich aktiver Lebensstil fördert die Gesundheit und Fitness, die wiederum unerlässliche Voraussetzungen für eine hohe berufliche Leistungsfähigkeit sind. Der Unternehmenserfolg ist also unmittelbar abhängig von Investitionen zur Steigerung der körperlichen Aktivität der Mitarbeiter (Abb. 1).

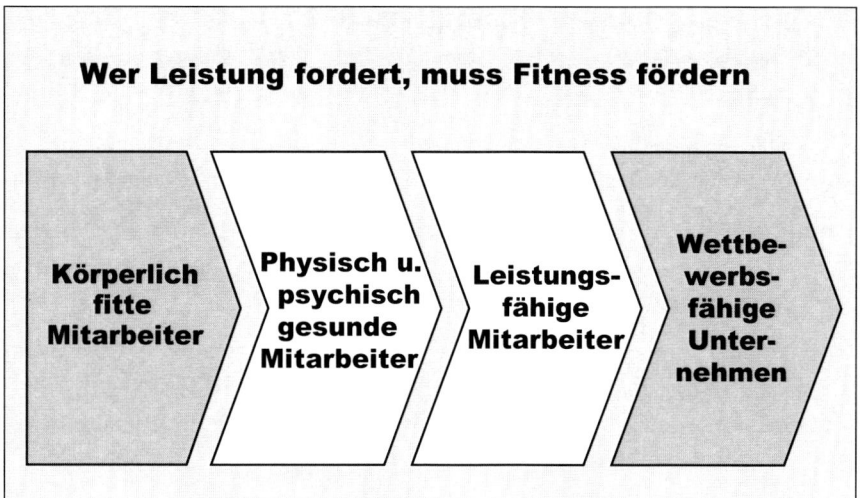

Abb. 1: Abhängigkeit des Unternehmenserfolg von der Fitness der Mitarbeiter

Unter dem Motto: „Wer Leistung fordert, muss Fitness fördern" stellt der folgende Beitrag zunächst die teilweise überraschenden Zusammenhänge zwischen Bewegung, Gesundheit und beruflicher Leistungsfähigkeit vor. Im Mittelpunkt dabei steht die gegenwärtige Situation der Unternehmen, verbunden mit den zukünftigen Notwenigkeiten für das Personalmanagement. Anschließend werden einige bereits erfolgreich umgesetzte Maßnahmenbeispiele erläutert. Ein weiterer Schwerpunkt des Beitrags beschäftigt sich mit den Führungskräften. Insbesondere deren eigenes Gesundheitsverhalten stellt ein bedeutsames aber weitgehend unterschätztes Potenzial für Unternehmen dar. Die bei dieser Zielgruppe üblichen Gesundheits-Checks werden kritisch beleuchtet und Alternativen aufgezeigt. Zum Abschluss findet der Personalmanger 10 Tipps für die Bewegungsförderung als wertvolle Unterstützung seines strategiegeleiteten und integrierten Human Resource Managements.

1. Bedeutung von körperlicher Aktivität

Erstmalig in der ca. 6 Millionen Jahre dauernden menschlichen Entwicklung erreicht unser durchschnittliches körperliches Aktivitätsniveau nicht das biologische Mindestmaß, um die Funktionsfähigkeit unseres Organismus aufrecht zu erhalten. Im Durchschnitt treiben 45 Prozent der Erwachsenen in Deutschland überhaupt keinen Sport. Dieser Anteil nimmt mit dem Alter dramatisch zu, bis auf etwa 75 Prozent bei den 70 bis 79-jährigen Männern und Frauen. Ausgehend davon, dass Erwachsene mindestens eine halbe Stunde an den meisten, am besten an allen Tagen der Woche auf einem moderaten oder anstrengenden Niveau körperlich aktiv sein sollten, erreichen im Durchschnitt nur 13 Prozent der Erwachsenen diese Empfehlungen (Mensink, 2002). Dieser Widerspruch zwischen der genetisch vorgegebenen Notwendigkeit von körperlicher Aktivität und dem derzeitigen Bewegungsmangel führt zwangsläufig zu gesundheitlichen Problemen. Die sogenannten Zivilisationserkrankungen, wie Bluthochdruck, Fettstoffwechselstörungen, Erwachsenendiabetes und Übergewicht sind nämlich nicht auf unsere Zivilisation sondern vielmehr auf diesen erschreckend bewegungsarmen Lebensstil zurückzuführen. Bewegungsmangel ist gesundheitlich sogar so bedeutsam, dass der Risikofaktor Inaktivität in seiner Bedeutung dem von Cholesterin, Rauchen und Bluthochdruck entspricht (Fletcher et al., 1992). Diese Tatsache wird kaum realisiert, aber deutlich dadurch, dass körperlich Inaktive eine 90 Prozent höhere Wahrscheinlichkeit haben, an einer Verengung der Herzkranzgefäße zu erkranken als Personen mit einem ausreichenden Maß an Bewegung (Berlin u. Colditz, 1990; Powell et al. 1987).

55 Prozent der Krankenhausaufenthalte aufgrund der 20 häufigsten Diagnosen bei Männern im Alter von 45 bis 64 Jahren sind unmittelbar durch Bewegungsmangel, Fehlernährung bzw. Rauchen verursacht (Abb. 2).

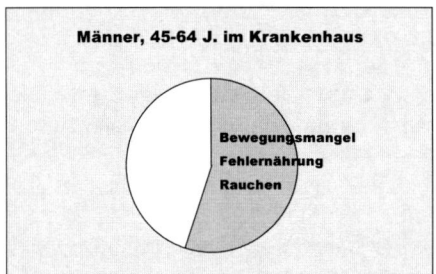
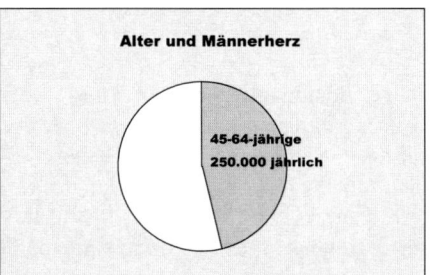

Abb. 2: Ursache für Krankenhausaufenthalte bei Männern

Abb. 3: Durchblutungsstörungen der Herzkranzgefäße bei Männern

In dieser Gruppe am häufigsten stationär behandelt werden die genannten Durchblutungsstörungen der Herzkranzgefäße. Für Unternehmen besonders nachteilig ist, dass diese Diagnose bei Männern insgesamt zu 46 Prozent die Altersgruppe der 45 bis 64-jährigen betrifft. Dies sind knapp 250.000, meist berufstätige, immer aber unnötig frühe Fälle pro Jahr in Deutschland (Statistisches Bundesamt 2002) (Abb. 3).

Der bei diesen Personen sehr häufig anzutreffende inaktive Lebensstil hat somit für die Unternehmen weitreichende Bedeutungen. Denn wenn ein Mitarbeiter in diesem Alter, durch seine Berufserfahrungen besonders wertvoll, ausfällt, entstehen Kosten, die nicht nur einfach auf Basis des Gehalts zu berechnen sind. Aber allein bei der Betrachtung des Faktors Lohn, wird der dringende Handlungsbedarf in den Unternehmen deutlich. Denn für das Jahr 2000 haben sich insgesamt 60,4 Milliarden DM an Lohnersatzleistungen für erkrankte Mitarbeiter ergeben (Küsgens et al., 2002).

Zurück zu der erwähnten Herzerkrankung der jungen Männer: Diese früher vollkommen unbekannte Krankheit ist eine Reaktion des Körpers auf fehlende muskuläre Aktivitäten, die zwingend notwendig sind, um die Funktionsfähigkeit von Herz, Kreislauf, Stoffwechsel und Bewegungsapparat und damit unsere Leistungsfähigkeit sicherzustellen. Dabei reichen schon körperliche Aktivität von leichter und mittlerer Intensität aus, um den durch Bewegungsmangel verursachten oder geförderten Krankheiten entgegenzuwirken und darüber hinaus einen zusätzlichen gesundheitlichen Schutz zu erlangen. Es geht also nicht nur um Sport im eigentlichen Sinn, sondern um Aktivität und Bewegung generell. Für ein körperliches Präventionstraining ist ein zusätzlicher Kalorienverbrauch von in der Summe 1.500 bis 2.000 Kilokalorien pro Woche optimal (Kalorientabelle zum Beispiel unter www.padoc.de), der auch mit Alltagsaktivitäten wie zum Beispiel Treppensteigen, Spazierengehen und Gartenarbeit zu erreichen ist.

Selbst kurze über den Tag verteilte Bewegungsimpulse von 8 bis 10 Minuten sind gesundheitlich wirksam (Samitz u. Baron, 2002). Jedoch sieht die Bewegungsrealität in Berufsalltag ganz anders aus. Körperliche Aktivitäten finden kaum noch statt. Selbst im Alltag werden die tückischen Annehmlichkeiten bei jeder Gelegenheit benutzt (zum Beispiel Laufband am Flughafen, Rollen am Koffer, Fahrstühle, Rolltreppen und nicht zuletzt das Auto). Dieser „Selbstmord auf Raten" ruiniert nicht nur die Gesundheit, sondern ist gleichzeitig auch Hauptursache für die desolate Situation unseres Gesundheitssystems. Das Milliardendefizit der Krankenkassen in diesem Jahr ist vor allem durch gestiegene Arzneimittelausgaben begründet. Hier handelt es sich um Arzneimittel, die überwiegend zur Behandlung der beschriebenen Bewegungsmangelkrankheiten benötigt werden. Die mittelfristig untragbaren Kosten werden also nicht durch die Ärzte oder die Pharmaindustrie verursacht, sondern zu einem sehr großen Teil durch inaktive und fehlernährte Patienten. Und damit sind auch unmittelbar die Unternehmen betroffen.

1. Die für das Jahr 2003 angekündigten Beitragssteigerungen der Krankenkassen, um beispielsweise 0,7 Prozent, bedeuten für ein Unternehmen mit 10.000 Mitarbeitern durch die zur Hälfte zu tragenden Krankenversicherungsbeiträge jährliche Mehrkosten in Höhe von 1,3 Millionen Euro. Unabsehbare Folgen wird diese Entwicklung bei eintretender Prognose der vom Bundestag eingesetzten Enquetekommission haben. Diese hat bis zum Jahr 2040 bei unveränderten Rahmenbedingungen eine Steigerung der Krankenversicherungsbeiträge auf 31 Prozent errechnet. Das Personalmanagement in Unternehmen steht somit vor einer sehr großen Herausforderung, besonders interessant vor dem Hintergrund der demographischen Entwicklung. Aufgrund der altersspezifischen Bevölkerungsentwicklung wird es in Deutschland zu einem drastischen Rückgang der Personen im erwerbstätigen Alter kommen. Unter bestimmten Voraussetzungen wird es bereits in fünf Jahren zu einem Arbeitskräftemangel kommen. 2020 fehlen dann knapp sechs und bis 2040 circa 16 Millionen Arbeitskräfte in Deutschland (Engelbrech, 2002).

2. Die Folge des bewegungsarmen Lebensstils von Mitarbeitern betrifft außerdem die arbeitsunfähigkeitsbedingten Fehlzeiten. Denn Mitarbeiter mit einer

guten körperlichen Fitness haben bis zu 61 Prozent geringere Fehlzeiten als Inaktive (Tucker et al., 1990). Die hierdurch zu erzielenden Einsparungen und Produktivitätssteigerungen sind erheblich, aber werden trotzdem bislang bei allen Kostendiskussionen in Unternehmen nicht berücksichtigt.

Zusammengefasst ist somit die Förderung der körperlichen Aktivität und Bewegung bei Mitarbeitern im Unternehmen nicht nur eine angenehme Sozialleistungen, sondern vielmehr eine aus betriebs- und volkswirtschaftlicher Sicht zwingend notwendige Strategie, ohne die das zukünftige Personalmanagement in deutschen Unternehmen vor unlösbare Aufgaben gestellt sein wird. Um dies zu verhindern, sind intelligente Konzepte zur körperlichen Aktivität in Unternehmen gefordert.

Die zunehmenden beruflichen Anforderungen stellen höchste Ansprüche an die Leistungsfähigkeit der Mitarbeiter. Wie ein Leistungssportler, muss auch der Mitarbeiter für seine spezielle Tätigkeit trainiert werden. Dieses Training durch die Personalentwicklung bezieht sich üblicherweise auf Seminare, vor allem zu Themen mit direktem Bezug zur Arbeitsaufgabe wie zum Beispiel Software-Schulungen, Kommunikationstraining usw. Weniger Gedanken wird sich derzeit darüber gemacht, dass für die wachsenden beruflichen Anforderungen und den damit verbundenen Belastungen ein Höchstmaß an körperlicher Fitness unbedingt notwendig ist. Zu erhöhen ist also nicht nur die tätigkeitsbezogene Fachkompetenz, sondern gleichzeitig die Gesundheitskompetenz der Mitarbeiter. Das bedeutet, die Fähigkeit das eigene Wissen um gesundheitliche Zusammenhänge in eine entsprechende Gesundheitsstrategie mit daraus abzuleitenden individuellen Maßnahmen umzusetzen. Diese Kompetenz ist die Grundvoraussetzung für berufliche Leistungen jeder Art (Abb. 4).

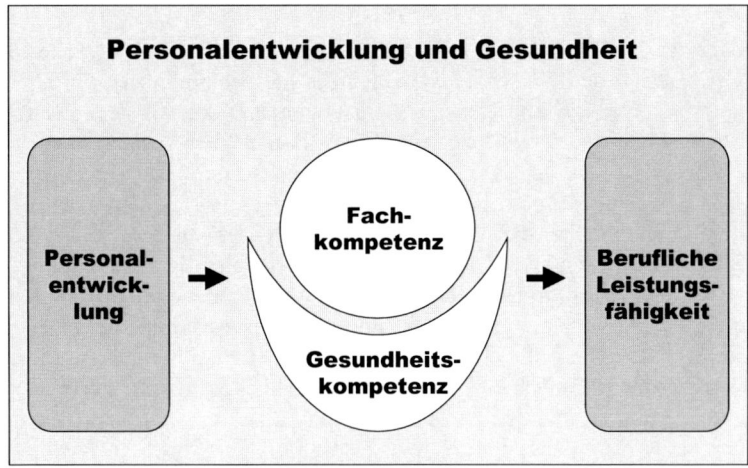

Abb. 4: Zusammenhang zwischen Personalentwicklung und Gesundheit

Deshalb sollten hierbei Unternehmen aktiv werden und entsprechende Maßnahmen für die Mitarbeiter anbieten. Unternehmensseitige Aktivitäten, die diese

Kompetenz erhöhen, erzielen damit in alle Tätigkeits- und Arbeitsbereiche hinein wirkende positive Effekte. Das Personalmanagement hat damit, insbesondere unter der derzeitigen Kostendiskussion, ein effizientes Instrument zur Verfügung, das einen Nutzen für das Unternehmen darstellt, der den von speziellen tätigkeitsbezogenen Maßnahmen weit übersteigt.

2. Wirkungen von körperlichen Aktivitäten

Körperliche Aktivitäten wirken doppelt. Zum einen haben aktive Personen ein teilweise erheblich reduziertes Risiko für das Auftreten von häufigen chronischen Krankheiten, zum anderen profitieren sie von gesundheits- und leistungssteigernden Wirkungen auf Geist und Seele. Auf beiden Gebieten zählt übrigens die Bewegungstherapie auch zu einem Eckpfeiler der Behandlung. In Herzsportgruppen verbessern Patienten nach einem Herzinfarkt ihre gesundheitliche Situation und Lebensqualität und bei depressiven Symptomen ist die Trainingstherapie eine wichtige Begleitmaßnahme.

Regelmäßige körperliche Aktivitäten vermindern das Risiko für die häufigsten chronischen Erkrankungen (Samitz et al., 2002):

» Übergewicht,
» Bluthochdruck,
» Erwachsenendiabetes,
» Herzinfarkt (relative Risikoreduktion um circa 70 Prozent bei sehr Fitten),
» Krebserkrankungen (allgemeine Reduktion des Krebsrisikos im Bereich von etwa 46 Prozent in Abhängigkeit vom Grad der körperlichen Aktivität),
» Osteoporose,
» Gesamtsterblichkeit (Senkung der Gesamtsterblichkeit im Mittel
» um 35 Prozent durch einen aktiven Lebensstil).

Abb. 5: Wirkung regelmäßiger körperlicher Aktivität

Regelmäßige körperliche Aktivitäten:

> » erhöhen die intellektuelle Leistungsfähigkeit,
> » fördern Erholung und Wohlbefinden,
> » verbessern die Stimmung,
> » reduzieren Spannungsgefühle,
> » verändern Stresswahrnehmungen und –reaktionen,
> » erzeugen Stressresistenz,
> » reduzieren Angst und Depression,
> » verbessern die Konzentration,
> » Gesamtsterblichkeit (Senkung der Gesamtsterblichkeit im Mittel um 35 Prozent durch einen aktiven Lebensstil).

Abb. 6: Wirkung regelmäßiger körperlicher Aktivität

Insbesondere aus der zweiten Auflistung (Allmer, 1996; Nitsch, 1996) wird bei der Zunahme an psychischen Belastungen im Job deutlich, dass entsprechende Leistungen ohne einen aktiven Lebensstil sicherlich nur zu einem verringerten Prozentsatz erfüllt werden können. Viele Personalverantwortliche in Unternehmen erkennen allerdings nicht dieses Potenzial, das in den Mitarbeitern schlummert. Maßnahmen zur Personalentwicklung werden, wie erwähnt, überwiegend tätigkeitsbezogen angeboten. Das ist allerdings nicht ausreichend, wie das folgende Beispiel zeigt: Eine Fußballmannschaft, die sich nur auf das Techniktraining beschränkt, wird entweder im Verlaufe der Saison oder in der zweiten Halbzeit bei laufstarken Gegnern erhebliche Probleme bekommen. Dieser Mannschaft ist es nur möglich, gegen Gegner auf gleichem Niveau Erfolge zu feiern. Wenn also Unternehmen auf Grund des wachsenden Wettbewerbs bei gleichzeitig hohem Kostendruck bestehen will, muss es mit einer 100 Prozent leistungsfähigen Mannschaft antreten. Das ist nur möglich, mit einem Training zur Verbesserung der individuellen Gesundheitskompetenz der Mitarbeiter, das insbesondere auf das Bewegungsverhalten abzielt. Erfolgreiche Mitarbeiter sind das größte Kapital eines Unternehmens. Davon ausgehend, muss jetzt nur noch die logische Konsequenz für unternehmensseitige sinnvolle Aktivitäten zur Bewegungsförderung folgen.

3. Maßnahmen zur Bewegungsförderung im Unternehmen

Die folgende Auflistung und Kurzbeschreibung von Beispielen erfolgreicher Bewegungsförderung in Unternehmen zeigt die Vielfältigkeit und den integrativen Charakter dieser Angebote:

3.1 Betriebssport

Betriebsport hat bei regelmäßiger Anwendung die bereits erwähnten Wirkungen auf Gesundheit, Fitness und berufliche Leistungsfähigkeit. Der Deutsche Betriebssport Verband nennt neben diesen Aspekten drei Gründe, warum Sport dem Unternehmen nutzt: Kommunikation der Mitarbeiter untereinander, Stärkung der Identifikation mit dem Betrieb und Popularität für den Arbeitgeber durch öffentliches Auftreten. Ein Unternehmen, das für sportliche Aktivitäten bekannt ist, gilt als modern, mitarbeiterfreundlich und fit. Nicht nur die PR-, sondern auch die Personalabteilung dürfte sich darüber freuen. So kann Betriebssport zum entscheidenden Trumpf bei der Mitarbeitersuche werden. In Unternehmen wird der Betriebssport leider eher vernachlässigt und es gibt häufig eher rückläufige Zahlen an Gruppen und Teilnehmern. Eine gezielte Initiative kann diesen Bereich mit wenig Aufwand reaktivieren und für die erwähnten Effekte sorgen.

3.2 Mitarbeitersportfeste

Mitarbeitersportfeste sind sicherlich eine sehr attraktive und beliebte Alternative zu den üblichen Betriebsausflügen. Um den gesundheitsfördernden Charakter herauszustellen, sind vor allem Angebote zur Motivation von inaktiven Mitarbeitern interessant. Eine derartige freizeit- und breitensportlich orientierte Veranstaltung kann bei der tollen Stimmung den entscheidenden Impuls setzen, um außerhalb des Unternehmens oder mit Kollegen regelmäßig körperlich aktiv zu sein. Es geht bei diesen Mitarbeitersportfesten also weniger darum den besten 100-Meter-Läufer zu ermitteln, sondern vielmehr darum, einer möglichst hohen Anzahl von Mitarbeitern durch das gemeinsame Erleben und reizvolle Angebote, die vielfältigen Möglichkeiten von körperlicher Aktivität aufzuzeigen. Außerdem steigert eine solche Veranstaltung zusätzlich die Corporate Identity (Lümkemann u. Wilken, 1999). Ein solcher Tag kann somit zu einem besonderen Erlebnis werden, das sowohl für den Einzelnen als auch für das Unternehmen vielfältig wirkt.

3.3 Bewegungspausen am Arbeitsplatz

Bewegungspausen am Arbeitsplatz können sowohl bei Mitarbeitern mit überwiegend sitzender Tätigkeit als auch bei gewerblichen Mitarbeitern die berufliche Leistungsfähigkeit steigern. Für Büromitarbeiter sind bereits kurze Bewegungspausen durch den Wechsel zwischen Sitzen und stehen oder durch gezielte kurze dynamische Übungen ein hilfreiches Mittel, um zu Entspannen und die Konzentrationsfähigkeit zu verbessern. Bei gewerblichen Mitarbeitern, mit körperlich anstrengenden Tätigkeiten, wirken gezielte Trainingsmaßnahmen oder Ausgleichsübungen ebenfalls positiv auf die Leistungsfähigkeit aber auch auf das Auftreten von Beschwerden im Bewegungsapparat. Durch die wenig aufwendige und kurze Dauer der Maßnahme sind Bewegungspausen, regelmäßig durchgeführt, eine aus gesundheitlicher und leistungssteigernder Sicht sehr geeignete Maßnahme.

3.4 Kooperationen mit Fitnessstudios

Sehr einfach, bei Mitarbeitern aber auch gleichzeitig sehr beliebt, sind Kooperationen mit Fitnessstudios. Dabei profitieren die Mitarbeiter von vergünstigten Aufnahmegebühren und Beiträgen und das Unternehmen durch die Vermittlung eines attraktiven Angebots. Die derzeit mehr als 6000 Studios in Deutschland haben ihr

Angebot vom überwiegenden Krafttraining auf mehr Gesundheitsangebote umgestellt. Sowohl in Kursen als auch an den Geräten geht es vielmehr um Aktivitäten, die Risikofaktoren abbauen und gleichzeitig die Gesundheit fördern. Wichtig bei solchen Kooperationen ist die Auswahl der Studios, da hier teilweise sehr unterschiedliche Qualitäten angeboten werden. Wichtige Kriterien bei der Auswahl eines geeigneten Studios sind: Angebotsstruktur des Studios, Qualifikation des Personals, Beratung und Betreuung durch das Personal, Qualität der Trainingsgeräte und ärztlich-sportmedizinische Betreuung. Im Idealfall wird von dem kooperierenden Fitnessstudio ein Programm entwickelt, dass sich speziell an den Mitarbeitern des Unternehmens orientiert.

3.5 Integration in Trainings- und Bildungsmaßnahmen der Personalentwicklung

Üblicherweise finden Seminare mehrtätig und überwiegend sitzend statt. Die Pausen werden meistens nur zum kurzem Aufstehen, Essen oder Trinken benutzt. Nach dem Abendessen klingt der Seminartag üblicherweise an der Bar aus. Unter diesen Bedingungen wird der Lernerfolg reduziert. Dieser kann deutlich erhöht werden, wenn das stundenlange Sitzprogramm durch körperlicher Aktivitäten begleitet wird. Ein leichtes Jogging oder Walking vor dem Grundstück, statt Kekse mehr Bewegungspausen zwischendurch, nach dem Mittagessen ein Spaziergang und vor dem Abendessen eine entspannende Gymnastik. Diese abwechslungsreichen Aktivitäten sind für jeden Seminarteilnehmer geeignet und führen gleichzeitig zu einer Erhöhung des Lernerfolgs, der Attraktivität der Veranstaltung und zu einer Auflockerung. Jeder Trainer der Personalentwicklung sollte also seinen Moderationskoffer mit kleinen Materialien (zum Beispiel Gymnastikbänder, Luftballons, Jonglierbälle) und einem praktischen Leitfaden für entsprechende Bewegungsimpulse ergänzen.

3.6 Kooperationen mit Sportvereinen

Beim Deutschen Sportbund gibt es seit drei Jahren das Qualitätssiegel „Sport pro Gesundheit". Damit ausgezeichnet wurden bislang circa 5000 zertifizierte Angebote von Sportvereinen. Diese beinhalten Bewegungsangebote zur primären Prävention mit einer hohen Qualität von Programm und Trainer, zu finden in der Datenbank www.sportprogesundheit.de. Dass Sportvereine für Unternehmen interessant sind, zeigt sich auch dadurch, dass einige größere Unternehmen sogar eigene Sportvereine betreiben. In jedem Fall lohnt aber auch für kleinere Unternehmen der Kontakt zu einem nahgelegenen Verein. Die Angebote sind oftmals überraschend vielfältig und für Mitarbeiter durch die Möglichkeit der gemeinsamen Aktivität mit der Familie sicherlich interessant.

3.7 Informationen zur körperlichen Aktivität

Die bereits in Unternehmen vorhandenen Informationsmittel können durch regelmäßige und aktuelle Informationen zu Sport und Bewegung attraktiv bereichert werden. Eine ständige Rubrik in der Mitarbeiterzeitung oder sogar einen besonderer Service im Intranet des Unternehmens führt sicherlich dazu, dass das Thema Bewegungsförderung im Unternehmen ständig im Gespräch bleibt. Die so positiv besetzte Kommunikation und die gezielten Informationen unterstützen und begleiten nicht nur alle oben beschriebenen Maßnahmen, sondern erhöhen gezielt die Gesundheitskompetenz der Mitarbeiter.

3.8 Rückenschulen

Ein wichtiger Kritikpunkt an der traditionellen Konzeption von Rückenschulen ist die Überbewertung von vermeintlich richtigen und falschen Bewegungstechniken, was im Effekt eher ein Schonungsverhalten fördert als einen aktiven Umgang mit dem Schmerz. Neue Konzepte berücksichtigen diese Kritik, indem sie Übungen zur Verbesserung der körperlichen Leistungsfähigkeit einschließlich der Beweglichkeit einbeziehen und adäquate Ausgleichsbewegungen zur Kompensation ungünstiger Bewegungen am Arbeitsplatz anregen (Waddell, 2000). Die Unternehmen sind herausgefordert, ein ergebnisorientiertes Rückenmanagement für Mitarbeiter zu entwickeln. Dabei sollten maßgeschneiderte Angebote zur wirksamen Bewältigung von Rückenbeschwerden im Vordergrund stehen.

4. Führungskräfte als Zielgruppe

Führungskräfte sind eine besonders interessante Zielgruppe für das Thema betriebliche Gesundheitsförderung und Prävention, für die man folgende Rollen beschreiben kann:

1. Führungskräfte haben durch ihre direkte Personalverantwortung den entscheidenden Einfluss auf die Zufriedenheit, Gesundheit und damit Leistungsfähigkeit ihrer Mitarbeiter. Diese besondere Bedeutung eines partnerschaftlichen Führungsverhaltens entspricht dem weitgefassten Verständnis von betrieblicher Gesundheitsförderung im Rahmen eines Gesundheit orientierten Personalmanagements.
2. Führungskräfte sind gemeinsam mit der Unternehmensleitung und den innerbetrieblichen Gesundheitsakteuren die entscheidenden Multiplikatoren für Gesundheit im Unternehmen. Sie sind somit durch ihre positive Einstellung zu Gesundheitsförderung und Prävention notwendige Unterstützter und Befürworter dieses Themas.
3. Führungskräfte haben auf Grund ihrer besonderen beruflichen Anforderungen und dem von Ihnen erwarteten hohen Leistungsniveau ganz besonders auf ihre Gesundheit und Leistungsfähigkeit zu achten. Hier bestehen allerdings erhebliche Defizite. So gehen der Deutschen Wirtschaft jährlich über 5 Milliarden Euro durch Fehlzeiten und Folgekosten verloren, weil Führungskräfte an zum

Teil ernsthaften gesundheitlichen Problem leiden (Bundesvereinigung der Deutschen Arbeitgeberverbände, 2000). Wie bereits oben aufgeführt, sind diese Fehlzeiten vor allem durch eigenes gesundheitliches Fehlverhalten bedingt. Somit spielt das individuelle Bewegungs- und Ernährungsverhalten der Führungskräfte eine entscheidende Rolle für die Wettbewerbsfähigkeit des Unternehmens. Nur körperlich fitte und leistungsfähige Führungskräfte sind in der Lage ihr Leistungspotenzial vollständig auszuschöpfen (Abb. 7).

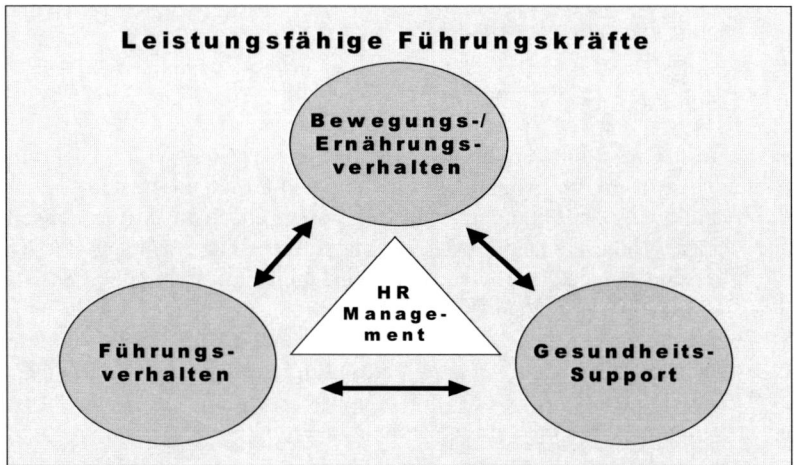

Abb. 7: Bedeutung der körperlichen Fitness bei Führungskräften

Welche Maßnahmen werden bislang vom Personalmanagement unternommen, um den drei gewichtigen Rollen der Führungskräfte für das Thema Gesundheitsförderung und Prävention gerecht zu werden? Zum Thema Führungsverhalten gibt es zahlreiche Angebote, die von zielgerichteten Einzelmaßnahmen bis hin zu kompletten Fortbildungsreihen reichen. Bei allen Maßnahmen, meistens gesteuert durch die Personalentwicklung, ist jedoch zu beachten, dass eine nachhaltige Veränderungen des Führungsverhalten nur dann erreicht wird, wenn insbesondere unter Berücksichtigung der individuellen Situation der einzelnen Führungskraft, ein über längere Zeit hinweg spezifisches Programm zur Unterstützung des Veränderungsprozesses durchgeführt wird. Das zweite Thema, der Gesundheitssupport, ist bislang fast gar nicht vorhanden. In Unternehmen, die bereits ein funktionierendes Gesundheitsmanagement haben, werden teilweise Programme angeboten, die die besondere Rolle der Führungskräfte für das interne Gesundheitsmanagement hervorheben. Bei extern angebotenen Veranstaltungen zur betrieblichen Gesundheitsförderung finden sich jedoch kaum Führungskräfte. Deutlich wird hieran, dass offensichtlich der erste Impuls für Gesundheitsmanagement im Unternehmen, abgesehen von der Notwendigkeit der Fehlzeitenreduktion, nicht von Führungskräften, sondern von den innerbetrieblichen Gesundheitsakteuren, allen voran vom Personalmanagement ausgehen muss.

Individuelle Gesundheitsangebote für die einzelne Führungskraft, sind vor allem bekannt durch Gesundheits-Checks. Was das Manager Magazin (Kröher, 2001) mit dem Titel „Die Check-up-Falle – Wie Manager von Medizinern krank gemacht werden" recherchiert hat, ist allerdings teilweise erschreckend. Nahezu jede der getesteten Check-up-Kliniken stellte andere Diagnosen, kaum eine bestätigte die zuvor oder danach gestellten Befunde, auch nicht auf gezielte Nachfrage. Schlimmer noch: Viele wollten dem Probanden Krankheiten, Defizite oder Defekte einreden, die zum Teil zu lebensbedrohlichen Leiden führen. Kritisiert werden kann insgesamt vor allem: Die Anwendung von unsinnigen, teilweise sogar gefährlichen Untersuchungsmethoden, zweifelhafte Untersuchungsbefunde, fehlerhafte und nicht verlässliche Interpretationen der Untersuchungsergebnisse sowie lückenhafte, zu pauschale oder eigennützige Beratungen und Empfehlungen zur Prävention. Bei den meisten großen Konzernen in Deutschland werden den oberen Führungskräften in regelmäßigen Abständen solche Untersuchungen angeboten. Der Manager Magazin-Test lässt darauf schließen, dass die Unternehmen sich nicht die Frage stellen, ob das Geld sinnvoll ausgegeben wird.

Aber selbst wenn diese Kritikpunkte ausgeräumt wären, ein vom Unternehmen finanzierter Gesundheits-Check für Führungskräfte ist in den meisten Fällen unwirtschaftlich. Es gibt eine Fülle von Belegen dafür, dass das Wissen über mögliche Gefahren und Schäden ebenso wie positive gesundheitsbezogene Einstellungen wenig Auswirkungen auf die Verhaltensebene haben (Nitsch, 1996). Nur in den seltensten Fällen wird durch eine derartige Untersuchung das Bewegungs- oder Ernährungsverhalten dauerhaft verändert. In den meisten Fällen bleibt es dabei, mögliche Defizite zur Kenntnis zu nehmen, aber keine Maßnahmen zur Vorbeugung vor einem daraus möglicherweise entstehenden Gesundheitsproblem zu ergreifen. Ein alleiniger Check up, kann bei der Verpflichtung von Fußballprofis, oder als Einstellungsuntersuchung Sinn machen, er ist aber in der Regel der falsche Ansatz, um eine dauerhafte Veränderung des Bewegungs- und Ernährungsverhaltens zu erreichen. Und nur wenn dieses Ziel verfolgt und vor allem erreicht wird, machen Investitionen in die Gesundheit von Führungskräften wirklich Sinn.

Was müssen also Maßnahmen beinhalten, die diesem Anspruch gerecht werden? Das Problem der Führungskräfte liegt nicht darin, dass der eigene Gesundheitsstatus nicht ausreichend bekannt ist, oder das Wissen um gesundheitliche Zusammenhänge fehlt. Die Schwierigkeit liegt vielmehr bei dem Transfer des ausreichend vorhandenen sport- und präventivmedizinischen Know-hows in eine individuelle, praktikable, konkrete und alltagstaugliche Form. Einfach ausgedrückt geht es darum, den Kampf gegen den inneren Schweinehund erfolgreich zu gewinnen. Dieser Ansatz wird im Idealfall in Form eines kompakten Gesundheitsseminars verfolgt, das schwerpunktmäßig die Themen Bewegung, Ernährung und Erholung aufgreift. Dort wird auf Basis des individuellen Gesundheitsprofils des Teilnehmers und vor allem seiner Bedürfnisse und Gegebenheiten eine maßgeschneiderte persönliche Gesundheitsstrategie entwickelt. Diese bildet die entscheidende Basis, um schrittweise und nachhaltig das eigene Bewegungs- und Ernährungsverhalten zielgerichtet zu verbessern. Ein solches Seminar beinhaltet eine interessante Mischung aus abwechslungsreicher Praxis, individueller Beratung und aktueller Information. Nützlich ist eine anschließende Begleitung mit Follow-up-Veranstaltung zur Sicherung des Praxistransfers. Besonders viel Wert sollte auf die Qualität der Seminartrainer gelegt werden. Der zunehmend wachsende Markt an entsprechenden Anbietern bedingt leider auch, dass zu viele mit unzureichenden oder unklaren Qualifikationen, mangelhaften Erfahrungen oder zweifelhaften Methoden agieren.

Zusammengefasst sind Investitionen in die Gesundheit von Führungskräften in jedem Fall lohnenswert und sehr zu empfehlen. Unternehmen, die die Fitness ihrer Leistungsträger besonders unterstützen, erhöhen deren Lebens- und Arbeitsqualität und damit den Wert, die Leistungsfähigkeit und den Erfolg des eigenen Unternehmens.

5. Empfehlungen für das Personalmanagement

Die Zufriedenheit und Gesundheit von Mitarbeitern und somit deren berufliche Leistungsfähigkeit hängt, wie zuvor beschrieben, entscheidend vom individuellen Bewegungs- und Ernährungsverhalten ab. Daher ist die bisherige überwiegende Ausrichtung der betrieblichen Gesundheitsförderung auf den Arbeitsschutz bei Vernachlässigung der Verhaltensprävention nicht mehr zeitgemäß.

Das individuelle Gesundheitsverhalten beinhaltet zwar sehr persönliche und individuelle Aspekte eines Mitarbeiters, dass heißt aber nicht, dass Unternehmen diese Bereiche aus ihrem Gesundheitsmanagement ausblenden müssen. Im Gegenteil: Da die Gründe für Zufriedenheit, Gesundheit und Leistungsfähigkeit von Mitarbeitern mindestens genauso im außerbetrieblichen Bereich zu finden sind, ist die für ein sinnvolles Gesundheitsmanagement notwendige Konsequenz, dass auch diese Felder deutlich stärker als bislang üblich zu bearbeiten sind.

Bei der Planung und Durchführung von Aktivitäten des Unternehmens, die auf außerbetriebliche Gesundheitsfaktoren positiv wirken, sind folgende Punkte zu berücksichtigen:

Die 10 Tipps für die Bewegungsförderung im Rahmen eines gesundheitsorientierten Personalmanagements:

1. Im Sinne eines gesundheitsorientierten Personalmanagements ist sinnvollerweise hier der Ausgangspunkt von Maßnahmen zur Bewegungsförderung. Die Bereiche Personalbetreuung und –entwicklung steuern in Zusammenarbeit mit den innerbetrieblichen Gesundheitsakteuren und der Unternehmensleitung alle entsprechenden Aktivitäten.
2. Die Maßnahmen zur Bewegungsförderung sollten als offensiv beworbene aber fakultativ angebotene Programme des Unternehmens an die Mitarbeiter verstanden werden, gerade weil sie auch das private Leben eines Mitarbeiters be-

einflussen. Ein verbindlicherer Charakter kann nur bei Maßnahmen erreicht werden, die unmittelbar negative Einflüsse auf die Arbeit oder das Arbeitsumfeld haben. Dieser kann sich aus Betriebsvereinbarungen (z.b. Rauchverbot im Büro) ergeben.

3. Die Maßnahmen zur Bewegungsförderung sollten mit dem Bereich Arbeitsschutz und anderen vorhandenen Gesundheitsangeboten in ein Gesamtkonzept Gesundheitsmanagement eingebunden sein.
4. Bei der Planung, Durchführung und Bewertung der Maßnahmen zur Bewegungsförderung sind selbstverständlich alle datenschutzrechtlichen und besonders mitbestimmungspflichtigen bzw. informationsrechtlichen Aspekte zu berücksichtigen.
5. Die Maßnahmen zur Bewegungsförderung sollten auf einer Analyse basieren, die gemeinsam mit den Mitarbeitern entsprechende Bedürfnisse, bisherige Erfahrungen und die unternehmensspezifischen Bedingungen erfasst.
6. Die Maßnahmen zur Bewegungsförderung sollten an vorhandene innerbetriebliche Strukturen sinnvoll anknüpfen (z.B. Betriebssport) beziehungsweise in solche integriert werden (z.B. Seminare, Förderprogramme, Informations- und Kommunikationsmedien).
7. Für die Durchführung von Maßnahmen zur Bewegungsförderung sollten Kooperationen mit örtlichen Sportvereinen sowie Fitness- und Gesundheitszentren unter Berücksichtigung qualitativer Aspekte geschlossen werden.
8. Bei den externen Kooperationspartnern für die Planung, Durchführung und Begleitung von Maßnahmen zur Bewegungsförderung sollte auf die Seriosität, Individualität, Nachhaltigkeit und Zielrichtung des Angebots sowie auf die Qualifikation, Erfahrung und Kompetenz des Anbieters sorgfältig geachtet werden.
9. Die Maßnahmen zur Bewegungsförderung des Unternehmens können so konzipiert sein, dass, wenn von den Mitarbeitern gewünscht, auch das private Umfeld mit eingebunden wird.
10. Die Maßnahmen zur Bewegungsförderung sollten nach sorgfältiger Planung für mindestens ein bis drei Jahre angelegt sein und regelmäßig bewertet werden. Kurzfristiger Aktionismus oder unsystematische Einzelmaßnahmen bringen wenig.

Literatur

Allmer H.: Erholung und Gesundheit. Hogrefe, 1996

Badura B., Ritter W., Scherf M.: Betriebliches Gesundheitsmanagement. Edition Sigma, 1999

Berlin J.A., Colditz G.A.: A meta-analysis of physical activity in the prevention of coronary heart disease. American Journal of Epidemiology, 1990

Bundesvereinigung der Deutschen Arbeitgeberverbände: Führungskräfte ohne Kräfte. Kurz-Nachrichten-Dienst, Januar 2000

Bundesvereinigung der Deutschen Arbeitgeberverbände: Arbeitsberichte 46, Betriebliche Gesundheitsförderung, März 2001

Engelbrech G.: Harte Zeiten für die Rekrutierung in Sicht. Personalführung 10/2002

Europäisches Netzwerk für betriebliche Gesundheitsförderung: Luxemburger Deklaration zur betrieblichen Gesundheitsförderung in der Europäischen Union, November 1997

Fletcher G.F., Blair S.N., Blumenthal J., Caspersen C., Chaitman B., Epstein S., Falls H., Sivarajan Froelicher E.S., Froelicher V.F., Pina I.L.: Statement on exercise: Benefits and recommendations for physical activity programs for all Americans. Circulation 86: 340-344, 1992

Küsgens I., Vetter C., Yoldas B.: Krankheitsbedingte Fehlzeiten in der deutschen Wirtschaft. In: Badura B., Litsch M., Vetter C. (Hrsg.): Fehlzeitenreport 2001. Springer, 2002

Kröher M.O.R.: Die Krank-Macher. Manager Magazin 3/2001

Lümkemann D.: Individuelle Gesundheitsförderung. In: Eichendorf W., Huf C.A., Karsten H., Rentel A., Tiller R.-E., Voß K.-D., Weber-Falkensammer H., Zwingmann B. (Hrsg.): Arbeit und Gesundheit – Jahrbuch 2000. Universum Verlagsanstalt, 1999

Lümkemann D.: Bewegungsförderung und Gesundheitsmanagement in Unternehmen. Personalführung 9/2001

Lümkemann D., Wilken B.: Gesundheitsförderung als Investition in die Zukunft. Personalführung Plus 2/1999

Mensink G.B.M.: Körperliches Aktivitätsverhalten in Deutschland. In: Samitz, G., Mensink G. (Hrsg.): Körperliche Aktivität in Prävention und Therapie. Hans Marseille Verlag, 2002

Nitsch J.R.: Körperliche Aktivität und Gesundheit in psychologischer Sicht. In: The Club of Cologne (Hrsg.): Gesundheitsförderung und körperliche Aktivität. Verlag Sport und Buch Strauß, 1996

Powell K.E., Thompson P.D., Caspersen C.J., Kendrick J.S.: Physical activity and the incidence of coronary heart disease. Annual Review of Public Health, 1987

Samitz G., Baron R.: Epidemiologie der körperlichen Aktivität. In: Samitz, G., Mensink G. (Hrsg.): Körperliche Aktivität in Prävention und Therapie. Hans Marseille Verlag, 2002

Statistisches Bundesamt: Die 100 häufigsten Diagnosen der männlichen, aus dem Krankenhaus entlassenen vollstationären Patienten (einschl. Sterbefälle, ohne Stundenfälle) im Alter von 45 Jahren bis unter 65 Jahren im Jahr 1999. Persönliche Mitteilung, Dezember 2002

Tucker L.A., Aldana S.G., Friedman G.M.: Cardiovascular fitness and absenteeism in 8.301 employed adults. American Journal of Health Promotion, 1990

Waddell G.: The Back Pain Revolution. Churchill Livingstone, 1998

Mind-Management – Die gesundheitsförderliche Wirkung der Gedanken

Franz Decker

In einer Zeit des Umbruchs, der sich ständig ändernden Lebens- und Arbeitssituation brauchen wir alle neue Fähigkeiten, um unser Leben zielgerichteter zu führen, um es immer wieder in eine neue Balance zu bringen, es neu zu justieren oder gar zu verändern. In früherer Zeit haben uns die etablierten Institutionen wie Familie, Kirche und Staat bei diesem Entwicklungs- und Sozialisationsprozess geholfen. In unserer dynamischen schnelllebigen Welt liegt die Verantwortung primär in der Verantwortung eines jeden von uns. Selbstentwicklung, Selbstmanagement wird immer notwendiger, um das Leben erfolgreich zu meistern. Doch wir haben diese Lebensgestaltung und Lebensveränderung nirgendwo erlernt, um mit den vorhandenen mentalen Herausforderungen fertig zu werden. Die mentalen Herausforderungen liegen in der äußeren und inneren Dynamik unserer Zeit, im Veränderungstempo der Gesellschaft und Wirtschaft, im Fehlen einer festgefügten Lebens- und Arbeitsordnung und dem Zwang eigenverantwortlich Lebensentscheidungen treffen zu müssen. Darüber hinaus in einer Lebensweise, die stark von der industriellen „Produktion" bestimmt und damit stark von außen gesteuert wird. Gelassenheit, Konzentration, Aufmerksamkeit, Zuhören, selbstbestimmt Denken, Selbstreflexion, eigene Gefühle pflegen und zum Ausdruck bringen sind für viele Menschen heute oft Fremdworte. Die Rhythmen zwischen Innen- und Außenleben, zwischen Ruhe und Unruhe, zwischen selbstverantwortlicher Reflexion und veröffentlichter Meinung, zwischen Beharrung, Gewohnheit und Veränderung, zwischen Anpassungsdruck und dem eigenen Weg gehen - einst wichtige Gesundheitskategorien - haben sich grundlegend verschoben und spiegeln sich in vielen Unpässlichkeiten, Energiedefiziten und Gesundheitsstörungen (Burnout, Mobbing, Zivilisationskrankheiten) wider. Oft fehlt die notwendige geistig-seelische Kraft, um das alles, was von früh bis spät über unsere Sinne in uns „einströmt" zu bewältigen und zu integrieren. Das führt oft zu inneren und äußeren Konflikten und Disbalancen. Ist man mit seinem Leben zufrieden? Belastet einen der Alltag übermäßig? Oder hat man neue Ziele, um sich selbst besser zu entwickeln, zu wachsen oder die Lebens- und Arbeitsverhältnisse zu ändern? Wie kommt man aus seinem Trott heraus? Wie findet man neue Wege in die Zukunft? Wie lassen sich diese neuen Ziele und Wege realisieren? Ist man in der Lage, all die Schwächen, Ängste und negativen Verhältnisse zu überwinden und neu gefundene Kräfte und Fähigkeiten zu entwickeln, um so ein Leben zu schaffen, welches man sich erträumt hat? "Alles beginnt im Kopf" (Decker, 1999).

All diese Schritte in ein besseres Leben erfolgen zuerst im kognitiven Bereich. Hier wächst ein mentales Konzept, der Glaube an den Erfolg, die Selbstsicherheit, es zu schaffen. Anfang eines jeden Veränderungsprozesses ist der Kopf. Die mentale Selbstgestaltung, das Umdenken und Umprogrammieren des Bewusstseins und Unterbewusstseins, der hemmenden Gewohnheiten und überholten Glaubenssätze gibt uns die Möglichkeit, neue Ziele, einen neuen Lebensweg zu entwickeln, etwas, was wir uns vom Leben wünschen, zu realisieren. Doch – wie lässt sich die innere Welt, das Denken, die Gewohnheiten und Glaubenssätze umstimmen, verändern bzw. weiterentwickeln? Welche Fähigkeiten benötigt der Mensch dazu?

Notwendig sind in der heutigen Zeit vor allem Fähigkeiten für die geistige Entwicklung, Mind-Management-Fähigkeiten. Mit solchen Kernfähigkeiten lassen sich das Denken und die geistige Entwicklung verändern und coachen. Ohne Entspannungs- und Visualisierungsfähigkeit, ohne geistige Flexibilität und geistige Problemlösung erfolgen weder geistiges Wachstum noch Veränderung. Bei diesen Mind-Management-Fähigkeiten handelt es sich jedoch nicht um fertige Kompetenzen, die dem Menschen angeboren sind. Vielmehr müssen sie erst trainiert, geübt, entwickelt werden. Ein solches Mind-Management-Trainingsprogramm schafft so die Voraussetzungen für eine erfolgreiche mentale Entwicklung. Die aufgrund eines solchen Trainings erworbene mentale Kraft kann dem einzelnen helfen, den Prozess der persönlichen Lebensentwicklung von Wachstum und Veränderung wirkungsvoller durchzuführen und Vitalität und Wohlbefinden zu erhalten bzw. weiter zu entwickeln.

1. Die Notwendigkeit eines umfassenden Mind-Managements

Geistige Fitness, also die Fähigkeit, sich zu konzentrieren, zu überlegen, kreativ zu werden, zu visualisieren und sich Dinge vorzustellen lässt, sich managen. Voraussetzung ist, dass das Gehirn trainiert wird. Sobald man damit aufhört, die mentalen „Muskeln" zu nutzen, tritt geistige und in der Folge körperliche Steifheit ein. Viele äußere Faktoren führen häufig zu einer Desorientierung, Fremdbestimmung, einer Vernachlässigung des eigenen Weges, der eigenen Gedanken, Ziele und Visionen. Aus diesem Grund zeigt sich ein mentales Training in der heutigen Zeit als dringend erforderlich, um eingefahrene Denkmuster zu überwinden und die Denkfähigkeit zu verbessern. Ein solches Mind-Management-Training verfolgt sowohl das Ziel der persönlichen mentalen Fitness als auch der geistigen Qualifizierung von Führungskräften und Mitarbeitern. Auch Organisationen besitzen eine mentale Kultur, eigene Denkstile, ein Klima der geistigen Entfaltung. Sie fördern und leben Kreativität, Konzentration und Aufmerksamkeit, sind lernende, sich verändernde Organisationen. Ein Unternehmen ist das Spiegelbild der geistigen Kultur der Führungskräfte, aber auch der informellen, unbewussten mentalen Modelle. Ein betriebliches Mind-Management prägt das Unternehmen. Entweder es entwickelt sich weiter und verändert sich oder es verharrt in der bestehenden Situation in den traditionellen Märkten oder Führungsstilen (Decker, 2001).

Mentale Fitness ist also ein Zustand persönlicher und betrieblicher Vitalität und geistiger Leistungskraft. In einem gesunden und gut arbeitenden Gehirn können geistige Prozesse entwickelt werden. Durch dieses Denken und die Kraft der Vorstellung werden Körper und Geist beeinflusst, sowie Energien freigesetzt. Das Gehirn bündelt diese Energien, um zu denken, zu fühlen, zu verstehen, um kreativ zu werden. Diese mentalen Kräfte zu entwickeln, zu kultivieren und zu nutzen, stellt eine große Lebens- und Unternehmensaufgabe dar. Unser mentales System ist lernfähig. Jeder Einzelne sowie jedes Unternehmen sollte sich vom bloßen, mehr zufälligen Gehirnnutzer zum zielgerichteten mentalen Gestalter, zum Trainer des Denkens, der geistigen Kräfte entwickeln. Nicht nur unser Körper verlangt Bewegung und Training, sondern auch unser Gehirn.

Heute brauchen wir viele Denker, jeder braucht an seinem Arbeitsplatz eigene Denkfähigkeiten. Der wichtigste Beitrag, den das Management im 21. Jahrhundert leisten muss, besteht nach Management-Guru Peter Drucker, in der optimalen Steigerung der Produktivität des Wissensarbeiters. Eine solche neue Produktivitätssteigerung der Menschen im Betrieb ist nur zu erreichen, wenn Mind-Management, Körperpflege und emotionales Wohlbefinden gefördert werden und die Führung den Menschen ihren Wert und ihr Potenzial zu verstehen gibt, so dass sie sich motiviert fühlen, diese Ressourcen weiter zu entwickeln und in die Arbeit einzubringen. Das mentale und soziale Humankapital ist der große Vermögenswert der Organisation (Decker 1998). Deshalb müssen Unternehmen ihre Denk- und Kommunikationsprozesse neu gestalten und entwickeln. Erfolg im 21. Jahrhundert verlangt eine Optimierung der Mind-Management Prozesse im menschlichen Gehirn und in der Unternehmenskultur.

2. Der Mind-Management-Ansatz

Der Mind-Management-Ansatz ist ein Trainings- und Entwicklungsweg für einzelne Personen wie für Organisationen und umfasst die Elemente Mind-Vitalität, Mind-Fitness und Mind-Coaching.

2.1 Mind-Vitalität

Eine solche durch den eigenen Geist geförderte Vitalität lässt sich durch folgende Gegenüberstellung charakterisieren

Mind-Vitalität	
Hohe Vitalität	Geringe Vitalität
» geistig wach, flexibel	» lethargisch, matt
» energievoll	» müde, antriebslos
» inspirierend	» geringe Reflexion
» körperlich fit	» geistig desinteressiert
» emotional intelligent	» energiearm
» begeisterungsfähig	» depressiv
» selbstbewusst	» körperlich träge, schlechter Stoffwechsel
» geschärfte Sinne	
» emotional stabil	» träge, wenig motiviert

Tab. 1: Charakterisierung von Mind-Vitalität

Mind-Vitalität meint mehr die Voraussetzung, die Basisdispositionen, die Grundversorgung des Gehirns, um geistig-mental zu arbeiten. Solche mentalen Voraussetzungen sind die Gehirnsozialisation, die Körperfitness, Brain-Food und Gesundheit.

Die Gehirn-Sozialisation ist eine wirkungsvolle Voraussetzung für mentale Arbeit. Sind Gefühl und Verstand, linke und rechte Gehirnhälfte gefördert und gefordert worden? Welche Prägungen hat das Gehirn erfahren, welche Glaubenssätze wurden angelegt? Wurden wir zum selbständigen Denken angeleitet oder ängstlich angepasst erzogen? Welche Blockaden für eine wirkungsvolle Mentalarbeit sind vorhanden? All dieses macht die Mind-Sozialisation aus. Auch die betriebliche Kultur, das Betriebsklima, die Unternehmensphilosophie, das Wohlfühlklima, das Führungsverhalten beeinflusst die mentale Aktivität von Mitarbeitern und Führungskräften. Daneben ist eine effektive geistige Arbeit von der Körperfitness abhängig. Bewegung und Atmung fördern die mentale Fitness. Das Ausatmen steht im Zusammenhang mit Loslassen, Entspannung und mit der individuellen Stimmung. Wenn man bewusst atmet, ist dies eine gute Entspannungsübung, die den Menschen mit Energie versorgt. Raumklima, Lärm, Stress, Konflikte, Elektrosmog und Körperbelastungen (z.B. zuviel oder falsches Sitzen, ungesunde Bewegungen) beeinflussen die geistige Aktivität. Ergonomie, Bewegungsprogramme und gesundheitsfördernde Arbeitsbedingungen sind notwendig. Mentale Fitness hängt auch eng mit dem Gesundheitszustand zusammen. „In einem gesunden Körper wohnt auch ein gesunder Geist". Ist der Körper durch Krankheit geschwächt, z.B. Grippe oder Migräne, braucht er seine Energie für die Genesung. Dann wird auch die Gehirn-Vitalität und -fitness beeinträchtigt oder gar ausgeschaltet". (Decker, 2001a).

2.2 Mind-Fitness

Um einen geistig-mentalen Entwicklungsprozess erfolgreich zu gestalten und zu steuern, muss eine gewisse mentale Fitness, ein Trainingszustand vorhanden sein, ähnlich wie im Sport. Ohne Fitness kein Erfolg. Eine erste Vorbedingung für ein wirkungsvolles mentales Coaching, einen geistig-mentalen Prozess ist die mentale Balance. Der Geist muss zur Ruhe kommen, denn nur ein entspannter Geist kann die Arbeit auf der bewussten und unbewussten Ebene ermöglichen. Mentale Balance bedeutet ferner, dass die beiden Gehirnhälften synchronisiert werden und in Kommunikation miteinander treten. Das geschieht z.B. durch mentale Übungen. Das ganze Gehirn wird für die mentale Arbeit gebraucht. Deshalb sollte die Gehirnregulierung vorab geschehen. Wichtig ist dabei auch Denk- und Energieblockaden aufzulösen, damit der Geist harmonisch arbeiten kann, eine Balance hergestellt ist und die mentale Fitness erreicht wird.

Mittels mentalen Trainings sollen die Fähigkeiten, die man zur Durchführung des Mind-Coachings benötigt, trainiert und eingeübt werden. Dazu gehören die Fähigkeiten sich zu konzentrieren, ein Ziel oder einen Weg zu visualisieren, produktiv einen neuen Weg, eine Problemlösung zu finden oder seine Flexibilität und Umstellungsfähigkeit durch einzelne Übungen zu trainieren. Das braucht Zeit und Übung für jeden einzelnen selbst, aber auch als Führungsaufgabe.

Die folgende Abbildung zeigt das Beispiel einer Energie-Übung die helfen kann, einen ressourcenreichen Zustand zu erreichen.

Übung: Energie aus exzellenten Augenblicken

Jeder hat sicher Augenblicke in seinem Leben, in denen er sich glücklich fühlt, besondere Situationen des Wohlbefindens (Moment of Excellence). In solchen Situationen verfügt man über viel Energie und Kraft. Dazu die folgende Übung (Weiß, Paderborn 1998).

1. Schritt
Suchen Sie drei Lebenssituationen in denen alles optimal lief, in denen alle Fähigkeiten und Fertigkeiten voll zum Einsatz kamen und in welchen Sie mit allem fertig wurden und sich wohl fühlten.

2. Schritt
Wählen Sie von den 3 Situationen die schönste aus. Gehen Sie in Gedanken nochmals in diese Situation hinein. Schließen Sie Ihre Augen. Stellen Sie sich alle Einzelheiten vor. Nehmen Sie die entsprechende Körperhaltung ein (falls machbar). Wie damals. Was gab es damals zu sehen, zu hören, zu spüren, zu riechen?

3. Schritt
Kommen Sie nun wieder in die Wirklichkeit zurück (einen Separator machen). Schauen Sie sich im Raum um, achten Sie auf das, was Sie gerade hören.

4. Schritt
Versuchen Sie jetzt mental wieder in Ihren schönsten Augenblick (Moment of Excellence) aus Schritt 2 hineinzukommen. Machen Sie sich ein Bild, einen Ton, eine Empfindung, Geruch oder Geschmack in Ihrer Vorstellung, bis Sie den Zustand von damals voll erreicht haben. Machen Sie dann wieder einen kurzen Separator und beginnen Sie den Schritt 4 von neuem, zwei- bis dreimal, bis alles voll gelingt.

5. Schritt
Suchen Sie eine Haltung, eine Körperbewegung (z.B. eine Faust, ein Lächeln), die mit Ihrem Moment of Excellence verbunden war und versuchen Sie, mit dieser Haltung wieder in den exzellenten Zustand hineinzukommen, sozusagen als Tor, als Auslösemechanismus für Ihren Moment of Excellence. Eine kleine kaum merkliche Bewegung können Sie dann im Alltag benutzen, um die Energie Ihres Excellenten Moments auszulösen.

6. Schritt
Denken Sie jetzt an eine Situation in der Zukunft, wo Sie die Energie des Moment of Excellence gut gebrauchen können. Stellen Sie sich vor, wie die Energie des Augenblicks von damals jetzt in die Zukunftssituation fließt. Rufen Sie also die gespeicherte Energie ab. Bringen Sie diese in eine Situation, wo sie Energie brauchen können, und zwar durch das Erinnnern an Ihren Moment of Excellence.

7. Schritt
Überlegen Sie sich Situationen, wo Sie Ihren Energietransfer nicht vornehmen wollen. Wenn Sie diesen Energiemobilisierungsvorgang perfekt beherrrschen, also die Übung mit Routine ausführen können, besitzen Sie ein Energiepotenzial, welches Sie abrufen können, wenn sie es brauchen. „Es ist die hohe Kunst im Umgang mit sich selbst, sich von dort Energie zu holen, wo man sie im Überfluss zur Verfügung hat und sie dahin zu transferieren, wo man sie am nötigsten braucht. Damit sind Sie schon einen Schritt weiter Richtung mentale Selbstgestaltung gegangen. So wird man sein eigener Coach.

Abb. 1: Übung „Energie aus exzellenten Augenblicken"

2.3 Mind-Coaching

Wenn das Gehirn vital ist und einen ausgleichenden Geisteszustand aufweist, kann der eigentliche Mentalprozess, das Mind-Coaching beginnen. Durch einen Mind-Coaching Prozess bereitet man geistig eine Veränderung, z.B. im Essverhalten, vor. Man gewöhnt sich geistig bereits daran und entwickelt mentale Kräfte, damit diese Umstellung gelingt. Wer erfolgreich sein will, sollte mental an sich arbeiten, zuerst seine geistigen Fähigkeiten entwickeln und einsetzen, sein eigener Gehirngestalter werden. Das hat schon Emil Coué, der Vater der Autosuggestion, erkannt und ausgesprochen. *"Wenn Sie mit irgend einer Arbeit oder Erfüllung eines Wunsches, aber auch mit der Lösung von Problemen, mit der Bewältigung von Angst und Sorge Erfolg haben wollen, konzentrieren Sie alle ihre Positionen, Kräfte – also Ihre Gedanken – auf das eine Ziel!"*.

Was Astronauten zum Höhenflug verhilft, was Sportlern den Sieg bzw. hervorragende Leistungen verschafft oder im Beruf, in Schule und Leben zur erfolgreichen Entwicklung führt, ist die Arbeit an unserem Denken, an unserer geistigen Fitness, an unseren inneren Kräften, die uns die Stärke geben, unseren Weg zu gehen. Es ist also ein mentales Training notwendig, um Erfolg zu haben (Decker, 1999, 11f).

Das Mentaltraining beginnt im beruflichen Alltag mit einer entspannten, konzentrierten Arbeit. Mehrere Tätigkeiten gleichzeitig, ständige Störungen des Arbeitsablaufes, z.B. durch Telefon, führen zu Zerstreuung und Aufmerksamkeitsstörungen. Produktive und kreative Arbeiten gelingen aber nur im entspannten Zustand, nicht mit einem chaotischen, vollen Gehirn. Zwischenentspannungen und Pausen sind für eine qualitative Arbeit unerlässlich. Reflektions – oder gar Meditationsphasen, z.B. für neue Ziele, Problemlösungen, schwierige Konflikte, Zukunftsaufgaben wären sinnvoll. Regelmäßiges Mind-Coaching trägt dazu bei, die geistige Produktivität zu erhöhen.

3. Erfolgsfaktoren des Mind-Managements

Erfolgsfaktoren für den einzelnen Mitarbeiter bzw. das Unternehmen im 21. Jahrhundert sind die sozio-mentalen Potenziale, die mentale Fitness. *„Wir wissen, dass Sie die Herausforderung des 21. Jahrhunderts nicht allein durch Ihre Fachkompetenz und bewährten Arbeits- und Erfolgstechniken bewerkstelligen können. Das 21. Jahrhundert verlangt neue Kompetenzen. Wir stehen vor einem goldenen Zeitalter. Nie zuvor hatten wir bessere Chancen. Jedoch 80 Prozent Ihres Erfolges basieren auf mentaler Stärke. Sie werden das, was Sie selbst aus Ihrem Leben machen."* (Tracy, Scheelen, 1999,6).

> **Im einzelnen lassen sich folgende Erfolgsfaktoren für ein Mind-Management nennen:**
> - MindVitalität und Fitness beeinflussen unsere Denkenergie, aber auch Gefühle, Verhalten und Gesundheit.
> - Durch kontrolliertes Denken steuern wir unser Leben selbständiger, produktiver.
> - Alles beginnt im Kopf. Gedanken sind Ausgangspunkt für Lebensgestaltung und Veränderungen. Deshalb ist Mind-Management, Gesundheits- und Mentalberatung sinnvoll.
> - Geistige Vorstellungsbilder, Glaubenssätze, Erwartungen bestimmen unser Denken, Verhalten und Handeln. Solche Bilder gilt es zu pflegen, zu entwickeln.
> - Unser Denken korrespondiert mit unserem Umfeld. Wir ziehen das an, was wir ständig denken. Gesundheits- und mental anregende betriebliche Rahmenbedingungen, eine Denkkultur, ist sinnvoll.
> - Um unsere Außenwelt zu ändern, bedarf es zuerst der Änderung des eigenen Innenlebens. Persönliche Entwicklung geht der Systementwicklung voraus (z.B. der Organisations- und Unternehmensentwicklung).
> - Produktives, kreatives Denken und Handeln setzt Entspannung, Spannungs- und Energie-Balance voraus.
> - Die Lebensweise (z.B. Bewegung, Ernährung, Harmonie, soziale Unterstützung) beeinflusst die mentalen Fähigkeiten und das zielgerichtete Denken und Tun.

Abb. 2: Erfolgsfaktoren für ein Mind-Management

4. Aufgabenfelder des Mind-Managements

Für das Mind-Management ergeben sich folgende vier Aufgabenfelder:

- Mentale Personalentwicklung,
- Change Management,
- Gesundheits- und Mentalberatung,
- Betriebliche mentale Modelle erkennen und fördern.

4.1 Mentale Personalentwicklung

Personalentwicklung hat die Aufgabe, Ressourcen und Potenziale der Mitarbeiter zu fördern und betrieblichen Anforderungen zu genügen, d.h. für Zukunftsfitness zu sorgen.

Die Arbeit der Zukunft wird nach Ansicht des Fraunhofer Instituts in Zukunft durch kreative, geistig fitte und selbstbewusste Mitarbeiter bestimmt (Südwestpresse, 11.11.02). Die Dynamik von Wirtschaft und Gesellschaft entwickelt sogenannte „Patchwork-Lebenskarrieren". Um sich beruflich fit zu halten und umorientieren zu können, wird der Einzelne immer wieder Phasen des „Auftankens von Kompetenz und Wissen" durchlaufen müssen. In der Arbeit der Zukunft zählt nicht mehr nur das Vorauswissen, wie es früher der Fall war. Wichtig für die Zukunft sind Schlüsselqualifikationen wie mentale Fitness, Lernfähigkeit und soziale Kompetenz. Fasst man die dargestellten Herausforderungen bzw. Situationen, Spannungen oder Lebens-Engpässe, die zu Entwicklungen, zu Veränderungen führen, zusammen, so ergeben sich folgende Anlässe bzw. Arbeitsbereiche für das Mind-Management:

» Wachsen und weiterentwickeln,
» Umstellen und Verändern,
» Problemlösen,
» Balance herstellen.

Immer mehr Menschen wollen dazulernen, noch besser werden, an sich arbeiten, die eigene Persönlichkeit weiterentwickeln, eigene Schwächen in Stärken verwandeln, den Anforderungen unserer Zeit gewachsen sein. Auch Unternehmen wollen sich weiterentwickeln, up to date sein. Vieles von unserem bisherigen Denken, Verhalten und Tun passt heute nicht mehr. Stillstand ist Rückgang, besonders in einer dynamischen Zeit wie heute. Jeder Tag bringt neue Herausforderungen. Neben einer regelmäßigen Überprüfung der eigenen Überzeugungen, Ziele, Märkte, Produkte, braucht die Wirtschaft Innovationen und die Freisetzung von Humanpotenzialen, um eigenständiger denken, entdecken, entwickeln, handeln und zielgerichtet umsetzen zu können (Decker 1997 und 1997a).

Ein weiterer Arbeitsbereich für das Mind-Management ist das Umstellen, im Privatbereich, im Beruf, in der Beziehung. Bisher wurden Dinge in einer bestimmten Art und Weise erledigt – jetzt kommt plötzlich von oben die Anweisung, es anders zu machen. Berufliche Umstellung ist ein permanenter Prozess, aber auch das Umstellen von Lebensgewohnheiten. Ein Mensch hat immer gerne Kaffee getrunken, geraucht oder gerne Süßigkeiten gegessen. Plötzlich sagt ihm der Arzt, er müsse vollständig auf das Rauchen, die Süßigkeiten, den Kaffee verzichten. „Ihre Gesundheit macht das notwendig": Diese Umstellung ist in erster Linie eine Mind-Management Aufgabe. Das kann man mit folgendem Bild vergleichen: Wenn es regnet, sucht sich das ablaufende Wasser kleine Furchen in der Erde, Flussbette, und zwar an Hindernissen vorbei oder herum. Je mehr Regen kommt, desto größer wird die Kraft des Wassers und desto tiefer und breiter die Wasserwege. So ist es auch mit den Gedanken. Je öfter ein Mensch an die Lösung, die neue Gewohnheit denkt, je mehr gräbt sie sich bei ihm ein, prägt sie ihn. Negative, alte Gewohnheiten, Ängste, fehlende mentale Fähigkeiten stellen Begrenzung für neue Gewohnheiten dar. Change Management ohne Mind-Coaching ist nicht denkbar. Die gedankliche Lösung geht der realen voraus. Alles beginnt im Kopf, auch betriebliche Veränderungsprozesse, Organisations- und Unternehmensentwicklung bedürfen des Mind-Managements.

Mit welchen Problemen hat ein Mensch im Alltag zu kämpfen? Es gibt eine Fülle von Alltagsproblemen, mit denen er sich herumschlagen muss, die ihn quälen. Er ist zu schnell erregt, lässt sich zu schnell aus der Ruhe bringen, vielleicht ist er auch ein ängstlicher Typ, kann sich nicht entscheiden. Vielleicht quälen ihn aber auch unbewusste Konflikte, z.B. zwischen zwei Glaubenssätzen: „Das tut man nicht – andererseits hätte ich aber Lust dazu". Mit den gleichen Fragen werden Führungskräfte und Mitarbeiter auch am Arbeitsplatz konfrontiert. Neben den inneren persönlichen Konflikten, Sorgen, Ängsten gibt es zahlreiche soziale Konflikte wie Mobbing und problematische Kommunikation. Mit verbesserten mentalen und emotionalen Fähigkeiten, mit der Aktivierung der menschlichen Intelligenz, verbessert sich auch die Sozialenergie und das Miteinander. Die Zeiten haben sich geändert. Viele Mitarbeiter fühlen sich mit ihren Problemen nicht ernst genommen und unterstützt. Ihnen fehlen oft die Fähigkeiten, mit der Komplexität und den Problemen des Lebens fertig zu werden. Diese Belastungen und Unzulänglichkeiten wirken sich auch im Unternehmen aus. *„Wenn Sie hingegen alles in Ihrer Macht Stehende tun, um Ihre Belegschaft darin zu unterstützen, neue Fertigkeiten zu entwickeln, um den Herausforderungen des modernen Privat- wie Berufslebens gewachsen zu sein, dann haben Sie eine enthusiastischere, widerstandsfähigere, innovativere und flexiblere Belegschaft. Dies überträgt sich auf die Firma, die wächst, Gewinne macht und Jahr für Jahr erfolgreich ist."* (Childre, D., Cryer, B., Kirchzarten 2001,19). Es gibt sicher eine Fülle von Problemen zu lösen. Wichtig sind dabei nicht die Probleme, sondern die Lösungen, und diese sind oft durch eine andere Einstellung, eine andere Sicht der Probleme (Reframing), zu erreichen. Viele Probleme lassen sich vermeiden bzw. auflösen, wenn Menschen sich ändern. Oft brauchen Menschen auch Probleme, Störungen und auch Leiden, um den Rahmen der bisherigen Gewohnheiten und Verhaltensweisen zu verlassen bzw. um zu erkennen, dass in ihrem Leben etwas nicht mehr stimmt bzw. fehlt.

Ein weiterer wichtiger Arbeitsbereich des Mind-Managements besteht darin, die Balance zwischen unterschiedlichen Positionen, Einstellungen, Meinungen, Vorgängen herzustellen, z.B. zwischen verschiedenen Menschen, ihren Einstellungen, Ruhe und Aktivität, Entspannung und Anspannung, innerem Denken, Empfinden und äußerem Verhalten. Balance muss in erster Linie in den Menschen selbst stattfinden. Sicher ist dabei: *„Wenn Menschen in Unternehmen neue Dimensionen im Umgang mit ihrem Denken und Fühlen entwickeln, werden die Unternehmen produktiver, vollständiger, fürsorglicher und kreativer. Unternehmen können in der heutigen Geschäftswelt kein langfristiges nachhaltiges Wachstum erwarten, wenn sie keine Umgebung schaffen, die das mentale und emotionale Gleichgewicht unterstützt und die nötigen Informationen sowie Motivation bietet, um neue Fertigkeiten im Umgang mit sich selbst entwickeln zu können."* (Childre, D., Cryer, B., 2000, 18). Management und Führung können jedoch durch eine Balance die Produktivität der Mitarbeiter erhöhen. Spannungs- und Energie-Balance sind wichtige Aufgabenbereiche des Mind-Managements.

4.2 Change-Management

Veränderungen, die heute und in Zukunft eine zentrale Bedeutung besitzen, sind für Menschen ebenso wie für Organisationen schwer. Gewohnheiten ablegen zu müssen, kann tiefe Ängste und Abwehrreaktionen wecken. Das hat bewusste und unbewusste Motive. Deshalb sind sachstrukturell dominierte Veränderungsprozesse – wie die Unternehmenswirklichkeit zeigt – meist nicht erfolgreich. Change-Management macht geistiges Vorausdenken, einen mentalen Change-Coaching Prozess, der den realen Veränderungen vorausgeht, notwendig. Mitarbeiter werden zuerst von den Zielen überzeugt, anschließend mit neuen Wegen vertraut gemacht und in den Umsetzungsprozess mental und sozial mit einbezogen. So lässt sich die Prophezeihung von Machiavelli verhindern, der sagte: *"Veränderung hat keine Anhängerschaft"*. Ohne ein Mind-Management gilt die oft gepflegte Praxis: Menschen lassen sich leichter austauschen als verändern. Doch ein „veränderter Mensch" ist ein motivierterer, engagierterer, qualifizierterer Mitarbeiter. Die Veränderung von Unternehmen ist eingebettet in die Veränderung von Menschen. Deshalb steht Mentaltraining, Mind-Coaching als Personalentwicklung am Anfang eines jeden Veränderungsprozesses im Unternehmen. Manfred Kets de Vries (Kets de Vries, 2002, 169) nennt vier Stufen von Veränderungsprozessen im Unternehmen. Im folgenden werden diese Entwicklungsphasen durch mentale Prozesselemente ergänzt.

1. Einstellungswandel
   » Dringlichkeit verdeutlichen
   » Echter Dialog, Rapport herstellen
   » Ziele mental verstärken, visualisieren
   » Ängste abbauen, mentale Ermutigung, Stress-Abbau
   » Anteilnahme und Selbst-Motivation fördern

2. Verhaltensänderung
   » Geistige Fitness verbessern
   » Erfolgsgewissheit wecken und verstärken
   » Bedingungen und Voraussetzungen für neues Verhalten aufzeigen. Energieregulations-Training

3. Herangehensweise, Kompetenzen, Abläufe schaffen
   » Planungskonzept für Lösung und Weg entwickeln
   » Mentale und arbeitsspezifische Kenntnisse, Verhaltensweisen und Denkweisen einüben
   » Emotionale und energetische Balance herstellen. Hindernisse, Blockaden umdeuten (z.B. durch Reframing)
   » Mentale Produktivität verbessern

4. Performance steigern
   » Erfolgreiche Veränderung weiter einüben
   » ÖkologieCheck und mentales wie betriebliches Benchmarking

» Erfolgserlebnisse, erfolgreiche Veränderungen visualisieren und/oder ankern, belohnen

Mind-Management bedarf der Ergänzung durch eine energetische Führung (Vertrauen, für Spannungs- und Energiebalance sorgen, Sicherheiten bieten, echte Kommunikation, Lern- und Betriebskultur pflegen).

4.3 Gesundheits- und Mentalberatung

Nicht nur im Rahmen von Veränderungsprozessen, sondern auch zur Verbesserung der allgemeinen Arbeits- und Betriebsprozesse gilt es, Gesundheit und mentale Fitness bei Mitarbeitern zu verbessern. Gesundheits- und Mentalberatung versteht sich als eine Coachingaufgabe von Führungskräften für ihre Mitarbeiter. Sie kann aber auch – vergleichbar mit dem werkärztlichen Dienst – von externen und internen Experten durchgeführt werden. Gesundheits- und Mentalberatung gilt als eine Hilfe zur Selbstentwicklung für einzelne Mitarbeiter und Arbeitsgruppen. Sie verfolgt als Ziel durch mentale Methoden den Mitarbeitern zu helfen, sich weiter zu entwickeln, ihre Probleme, Ängste, Sorgen einer Lösung zuzuführen, sie zu energetisieren und zu verändern. Das erfolgt mit Hilfe eines speziellen Beratungsansatzes (Decker, 1992, Decker 1997, Decker 2001a). Die Gesundheits- und Mentalberatung ermutigt, bekräftigt und begleitet Mitarbeiter, ihre neuen Ziele, Gewohnheiten und Verhaltensweisen mental, d.h. geistig einzuüben, sich vorzustellen und in ihren Gedanken fest zu verankern, damit sie von dort Realität werden können. Mit Hilfe von Mentalberatung, z.B. durch die Führungskräfte, Teamleiter, Abteilungsleiter, Personalentwickler und Mentaltraining können sowohl betriebliche Prozesse als auch Gesundheitsentwicklung beschleunigt und vollzogen werden.

4.4 Betriebliche mentale Modelle

Zum Mind-Management gehört auch die Gestaltung und Steuerung von betrieblichen Modellen. Führungsfähigkeit entwickelt sich immer stärker zu einer mentalen Modellpflege, zur Überprüfung und Veränderung von mentalen Betriebsmodellen und zur Neubildung von mentalen Bildern von der Arbeit des Unternehmens.
Der schottische Psychologe Kenneth Craik prägte 1943 den Begriff des mentalen Modells. Ein mentales Modell ist eine innere Abbildung, eine mentale Vorstellung, von einer Vielzahl von Erscheinungen der Außenwelt oder ein inneres Bild von einer visionären Vorstellung ohne Realitätsbezug. Alle Menschen und auch Organisationen bilden mentale Modelle, z.B. Vorstellungen von Gegenständen, von Betriebsprozessen, von Führungs- oder Lebensverhalten. Wir bilden Denkmuster und Glaubenssätze, zum Teil bewusst, meist jedoch unbewusst, z.B. durch eigene Denkvorstellungen, aber auch durch Erziehung, durch Sozialisation, durch Kommunikation. Insbesondere beim Erstellen von Prognosen, von Visionen werden mentale Modelle gebildet. Es sind Vorausdenk-Modelle, die bestehenden mentalen Vorstellungen widersprechen, sie aber auch ergänzen können. *„Heutzu-*

tage entwickelt kaum noch jemand Geschäftsstrategien ohne Rückgriff auf mentale Modelle, die das Unternehmen und seine Rolle im Markt, in der Volkswirtschaft, der Wettbewerbslandschaft und der Welt insgesamt darstellen. Meist aber existieren mentale Modelle unausgesprochen, häufig sogar unsichtbar und verborgen. Doch sie sind da" (Mc Kinsey, Forster, R., Kaplan, 2002, 91). Solche Modelle sind essenziell für das Denken von einzelnen Menschen und auch von Organisationen. Der russische Dichter Anton Tschechow meinte, man müsse *„nach kleinen Details greifen und sie so gruppieren, dass man, hat man sie einmal in sich aufgenommen, auch bei geschlossenen Augen das entsprechende Bild entstehen lassen kann"*. Albert Einstein meinte: "Der Mensch sucht... ein vereinfachtes und übersichtliches Bild der Welt zu gestalten". Er sagte auch: "Alles Denkbare ist machbar". Mit mentalen Modellen lässt sich also auch Realität erreichen, lassen sich Zielüberzeugungen und eine entsprechende Realisierung und Umsetzung erreichen. Die Kraft der Vorstellung, der Gedanken, erzeugt Motivationen und Antriebe.

Virginia Woolf sagte einmal: „Wenn eine Gabe zu nennen wäre, die für den Romanschriftsteller wichtiger ist als andere, dann ist es die Fähigkeit, eine einzelne Vision zu entwickeln". Das gleiche gilt für Management und Führung. Auch sie brauchen für ihren Erfolg Visionen, d.h. mentale Modelle von der Zukunftsentwicklung in ihrem Unternehmen. Dabei ist weniger der nüchterne Sachverstand, die linke Gehirnhälfte wichtig, sondern mehr die intuitive, rechte, visionäre Gehirnhälfte. Nicht nur Führungskräfte, sondern auch Mitarbeiter brauchen Denkmodelle, geistige Vorstellungsbilder von ihrem Leben und ihrer Arbeit. Mind-Management bedeutet also Anreize, Hilfen für die Gestaltung, Koordinierung und Steuerung von mentalen Modellen im Betrieb zu geben. Es existieren in einem Unternehmen nämlich oft eine Vielzahl von mentalen Modellen, oft sogar kein gemeinsames. Mitarbeiter können eigene persönliche mentale Modelle von ihrer Arbeitseinstellung bzw. von dem Betrieb haben, andere als das Management. Oft gibt es auch Unterschiede zwischen traditionellen mentalen Modellen und neuen Modellen, z.B. zur Unternehmensentwicklung. *„Genauer gesagt, neue Einsichten werden nicht in die Praxis umgesetzt, weil sie tiefverwurzelten inneren Vorstellungen vom Wesen der Dinge widersprechen – Vorstellungen, die uns an vertraute Denk- und Handlungsweisen binden. Deshalb ist die Disziplin vom Management der mentalen Modelle – dass wir lernen, unsere inneren Bilder vom Wesen der Dinge an die Oberfläche zu holen, zu überprüfen und zu verbessern – „ein entscheidender Schritt auf dem Weg zur lernenden Organisation".* (Senge, P., 1996, 213). Die geistigen Bilder, Glaubenssätze, Annahmen und Geschichten gilt es zu managen. Das gilt für jeden einzelnen Menschen und auch für Organisationen. Wir wissen heute aus der Gehirnforschung, dass sich Gehirne programmieren, neue mentale Modelle installieren lassen. Führungskräfte haben dazu Anreize, Hilfen zur mentalen Modellbildung eines Einzelnen zu geben, z.B. durch Visionen, durch Sinnangebote, überzeugende Zielvorstellungen, durch Kommunikation, aber auch durch Mind-Coachings und Mentaltraining und –beratung. Mind-Management wird deshalb so wichtig, weil:

» mentale Modelle Führungskräfte, Mitarbeiter und Unternehmen zum Erfolg verhelfen können, wenn eine Kohärenz der geistigen Vorstellungen, Antriebe und Ziele vorhanden ist,
» mentale Modelle uns helfen, Chancen zu nutzen, Überzeugungen, Antriebe, Motivationen für unser Tun zu entwickeln, Probleme zu erkennen und Lösungen zu entwickeln,
» mentale Modelle das Lernen, Umstellen, Veränderungen begünstigen, aber auch behindern können, indem sie die einzelnen Menschen, aber auch Unternehmen in überholten Denkmustern erstarren lassen.

Mind-Management hat daher die Aufgabe, die Trägheit von tief verwurzelten mentalen Modellen, welche neue Ziele zunichte machen können, aufzulösen. Neue attraktive mentale Anreize, Zukunftsbilder und Denkmuster gilt es zu entwickeln. Dadurch werden sie zu einer neuen Motivations- und Zielbasis. Auch Bill Gates hatte ein mentales Modell, welches eine zeitlang richtig war, bis er erkannte, dass er ein neues entwickeln musste. Durch Reflexionen bei Mitarbeitern und Führungskräften, in Zukunftszirkeln, Change-Workshops lässt sich die Bereitschaft zur Veränderung, auch der Denkmuster, der mentalen Modelle, durch systematisches Vorausdenken fördern (Decker, F., 1998). Lernen kann dabei als Veränderung mentaler Modelle verstanden werden. Wirksam ist vor allem das Lernen aus direkter Erfahrung, wie Peter Senge (1996) herausgefunden hat. Lernzirkel, lernen in Teams sind also Wege zur Veränderung von mentalen Modellen. Aber nur, wenn sie auch mit mentalen Lernmethoden durchgeführt werden. (Decker, 1999a).

Mind-Management wird damit zu einer zentralen Aufgabenstellung für die Unternehmensentwicklung in einer Zeit des Umbruchs. Die Zeit der reinen Sachgestaltung ist endgültig vorbei.

Literatur

Childre, D., Cryer, B.: Vom Chaos zur Kohärenz, Kirchzarten 2000
Damasio, A. R.: Ich fühle also bin ich, München 2000
Decker, A., Decker, F.: Organisations- und Personalentwicklung in Sozialbetrieben, Heidelberg 2002
Decker, F.: Hochspannung im Betrieb - Strategien zur Überwindung von Mobbing, Angst, Burnout, Konflikten sowie anderen Leistungs- und Gesundheits-Killern, Kilchberg (Schweiz) 2001
Decker, F., Decker, A.: Gesundheit im Betrieb, Vitale Mitarbeiter – leistungsstarke Organisationen, Leonberg 2001a
Decker, F.: Unternehmensführung und Organisationsgestaltung im Sozialbetrieb, Starnberg 2000
Decker, F.: Personalmanagement und Mitarbeiterführung im Sozialbetrieb, Starnberg 2000a
Decker, F.: Alles beginnt im Kopf – Mindfitness für jedermann, Würzburg 1999
Decker, F.: Den Stress im Griff, Neue, sofort umsetzbare Methoden aus Kinesiologie, NLP und Mindfitness, Lexika Verlag Würzburg 1999
Decker, F.: Teamworking, Gruppen erfolgreich führen und moderieren, 3. Aufl. Lexika Verlag, Würzburg 1998
Decker, F.: Energie-Balance finden. Wege aus dem Energiemangel, Karl F. Haug Verlag, Heidelberg 1997

Decker, F.: Übungen zur Energie-Balance. Arbeits- und Übungsbuch, Karl F. Haug Verlag, Heidelberg 1997a

Decker, F.: MindCoach, ein Trainingspaket (Buch, Übungsfächer, ein Spiel, eine CD mit klassischer Musik in Alpha-Frequenz). Ihr Begleiter auf dem Weg zur mentalen Fitness, bei persönlichen Entwicklungs- und Umstellungsprozessen und neuen Zukunftswegen, Ravensburger, Ravensburg 1997b

Decker, F.: Die neuen Methoden des Lernens, Würzburg 1999

Decker, F.: Mindfitness – Mentalberatung und Mentalgestaltung, Südergellersen 1992

Kets de Vries, M.: Das Geheimnis erfolgreicher Manager, München 2002

Marcum, D., Smith, S., Khalsa, M., Business Think, München 2002

Mc Kinsey, Forster, R., Kaplan, S.: Schöpfen und zerstören, Frankfurt 2002

Peter, T.: Innovationskreis, München 2002

Senge, P.: Die Fünfte Disziplin, Stuttgart 1996

Südwestpresse 11.11.02

Tracy, B., Scheelen, F.: Personal Leadership, Landsberg 1999

Weiß, J.: Selbstcoaching, Paderborn 1996

Emotionsmanagement - Emotionale Balance im Arbeitsleben

Marion Brehm

In unserer Gesellschaft besteht eine verbreitete Tendenz, Arbeit und Emotion streng zu trennen. „Jetzt wollen wir aber nicht emotional werden!" ist ein häufiger Einwand, wenn jemand im Beruf nicht nur sachlich argumentiert, sondern Zorn, Angst oder leidenschaftliche Begeisterung erkennen lässt. Entscheidungen sollten rational, also durch Vernunft begründet sein und nicht von etwas Flüchtigem und schwer Fassbarem wie Emotionen beeinflusst werden – so jedenfalls eine häufig vertretene Meinung (Traue 1998: 13). Dies ist verständlich, denn oft erfordert Arbeit gerade eine emotional distanzierte, rationale Betrachtung eines Sachverhaltes.

Dennoch bilden Emotionen (bzw. alltagssprachlich: Gefühle) eine wesentliche *Grundlage des menschlichen Erlebens* und beziehen sich auch auf die Welt der Arbeit (Brehm 2001). Freude, Angst oder Neid lassen sich nicht ausschließlich privaten Lebensbereichen zuordnen, vielmehr handelt es sich dabei um allgegenwärtige Phänomene. Auch im Arbeitsleben spielen sie eine bedeutsame Rolle – etwa im Umgang mit Kollegen, Vorgesetzten und Untergebenen, bei der Aufnahme bestimmter Arbeiten, in Prüfungs- und Bewertungssituationen, bei der Entscheidungsfindung, bei der Verarbeitung von dem, was wir in der Arbeit erleben – und tragen somit auf vielfältige Weise dazu bei, wie Menschen ihre persönliche Arbeits- und Lebensqualität empfinden.

Infolgedessen erscheint es überaus wichtig, sich im Rahmen von Überlegungen zum Thema Gesundheitsmanagement auch auf die Bedeutung emotionalen Erlebens in der Arbeitswelt zu konzentrieren und Maßnahmen aufzuzeigen, welche die individuelle emotionale Balance zu fördern vermögen. Zweifelsfrei wird *Arbeit subjektiv unterschiedlich erlebt*, mit allen daraus resultierenden positiven und negativen Folgewirkungen. Soziale Prozesse sind ohne die Beteiligung von Emotionen undenkbar. Gerade im Arbeitsleben spielen sie in Führungs- oder Gruppenbeziehungen eine wichtige Rolle. *Freude* an der Tätigkeit oder ein gewisser *Stolz* in Verbindung mit guten Arbeitsergebnissen, in manchen Situationen sicherlich auch *Stress* und *Ängste,* sind subjektive Empfindungen, ohne deren gelegentliches Auftreten die Arbeitswelt relativ eintönig erscheint. Sind sie im Übermaß vorhanden, können Emotionen allerdings auch die Balance des Einzelnen sowie das Unternehmen als Ganzes empfindlich stören.

Bevor einige dieser potentiell störenden Arbeitsemotionen – Stress, Angst und Neid – sowie Einflussmöglichkeiten seitens der Organisation diskutiert werden, ist zunächst eine begriffliche Annäherung an das Phänomen ‚Arbeitsemotionen' erforderlich. Angesichts vielfältiger Definitionsversuche zum Thema ‚Emotionen' (Kleinginna und Kleinginna 1981: 345ff.; Scherer 1990: 2ff.) erweist es sich dabei allerdings als nahezu unmöglich, eine knappe Begriffsbestimmung vorzunehmen. Vielmehr erscheint es sinnvoll, verschiedene Aspekte von Arbeitsemotionen zu einer Definition zu verknüpfen. Bei der folgenden Interpretation handelt es sich um einen derartigen Versuch: *Arbeitsemotionen* können als *Gefühle* angesehen werden, die eng mit dem *Erleben, Wahrnehmen* und *Bewerten von Arbeit* verbunden sind. Sie beinhalten ein komplexes Gefüge subjektiver und objektiver Faktoren, das von neuronal/hormonalen Systemen vermittelt wird und die Beziehung einer Person zu ihrer Arbeit beeinflusst (Temme und Tränkle 1996: 282ff.; Brehm 2001:206).

1. Bedeutung von Emotionen im Arbeitsleben

In Anlehnung an *die zentralen Emotionskomponenten* (Mandl und Euler 1983: 8; Meyer, Schützwohl und Reisenzein 1993: 29, Scherer 1990: 8ff.; Schneider 1992: 404ff., Goller 1992: 22) sind verschiedene Aspekte von Arbeitsemotionen hervorzuheben: Die *affektive Komponente* beinhaltet vor allem im Zusammenhang mit der Arbeit stehende subjektive Empfindungen, wie Gefühle der Angst und der Freude oder des Stolzes. Damit können Arbeitsemotionen als Indiz für die subjektive Befindlichkeit einer Person in ihrem Arbeitsalltag gewertet werden. Gemäß ihrer *kognitiven Komponente* beziehen sich Arbeitsemotionen auf die Wahrnehmung konkreter Ereignisse und Sachverhalte in der Arbeitswelt und deren subjektive Interpretation, in die auch spezielle, im Tätigkeitsbereich gemachte Erfahrungen und Lernprozesse einfließen. Die *physiologischen Begleiterscheinungen* von Arbeitsemotionen beinhalten körperliche Veränderungen, die als emotionale Reaktionen auf Arbeitssituationen entstehen können. Beschleunigungen von Puls- und Atemfrequenz sind Beispiele für typische Reaktionsmuster in einem Anpassungsprozess, der zur Aufrechterhaltung des Gleichgewichtszustandes des Organismus dient. Entsprechend ihrer *Verhaltenskomponente* schließlich umfassen Arbeitsemotionen vielfältige Ausdruckserscheinungen verbaler und nonverbaler Art. Zu nennen sind hier zum Beispiel die Stimmlage und die Sprechgeschwindigkeit, die Blickrichtung, die Pupillengröße, die Mimik und Gestik sowie das emotionsbezogene motorische Verhalten. Letztgenannte Ausdruckerscheinung widerspiegelt sich unter anderem in dem Drang sich anzunähern oder abzuwenden, loszuschreien oder zu singen und sich zu bewegen, manchmal aber auch sich zurückzuziehen und nichts zu tun, kein Interesse mehr zu empfinden oder die Kontrolle zu verlieren.

Damit ist angedeutet, wie sich emotionales Erleben im betrieblichen Kontext äußern kann – beispielsweise in Gefühlen der Freude, des Stolzes und des Zugewandtseins. Kritisch wird es lediglich, wenn negative Gefühle der Interesselosigkeit, der Überforderung, der Hilflosigkeit oder des Ausgebranntseins dominieren. Werden diese Gefühle dauerhaft erlebt, wird in der einschlägigen Diskussion vom so genannten *Burnout-Syndrom* (Burisch 1994) gesprochen. Gemeint ist damit ein Zustand starker innerer Erschöpfung, der häufig mit Depersonalisierung und verringerter Leistungszufriedenheit einhergeht. Mitunter äußert sich Burnout in einem Verlust positiver Empfindungen, in emotionaler Kälte, Gleichgültigkeit und Reizbarkeit des Betroffenen. Dies scheint häufiger in Berufen aufzutreten, in welchen nicht nur der Einsatz fachlicher Fähigkeiten und Kenntnisse erwartet wird, sondern in hohem Maße Emotionsarbeit – d.h. Arbeit an und mit Gefühlen – zu leisten ist und der Handlungsspielraum bei der Arbeit eher gering ist, d.h. wenn Gefühlsnormen relativ starr vorgegeben sind (Brehm 2001b: 350ff.).

Auch *Mobbing* ist im Zusammenhang mit Emotionen ins Gespräch gekommen (Mittelstaedt 1998). Menschen, die durch negatives emotionales Erleben im Beruf beeinträchtigt sind, projizieren ihre persönlichen angstauslösenden Unzulänglichkeiten mitunter in andere Personen, bei welchen sie ihre Schwächen dann in personifizierter Form angreifen können. Konsequenzen für die Mobbing-Opfer reichen von starker emotionaler Verunsicherung bis hin zu Krankheit, Depression und Erwerbsunfähigkeit (Neuberger 1999: 94ff., Zuschlag 1994: 90ff.).

Um derartigen Erscheinungen entgegenzuwirken, wird es notwendig, sich mit differentiellen arbeitsbezogenen Emotionen auseinander zu setzen und Möglichkeiten der Prävention und Intervention im Sinne einer verbesserten Worklife Balance zu bedenken. Dies geschieht im Folgenden im Hinblick auf Stress, Ängste und Neid, da sie vermutlich zu den verbreitetsten negativ bewerteten Emotionen im Arbeitsleben zu zählen sind. Dabei wird zunächst das Stressphänomen in seiner Doppeldeutigkeit – zwischen Aktivierung und Belastung des Individuums – diskutiert. Im Anschluss sind diversen Facetten von Ängsten in der Arbeitswelt geeignete Interventionsstrategien gegenüberzustellen. Da Neidgefühle in Organisationen häufig auf die Wahrnehmung ungerechter Behandlung zurückzuführen sind, ist das Augenmerk u.a. auf Gerechtigkeitsaspekte bei der organisationalen Anreizgestaltung zu lenken. Abschließend ist zu diskutieren, inwieweit Chancen für das Unternehmen bestehen, präventiv zu einer verbesserten emotionalen Balance der Mitarbeiter insgesamt beizutragen.

2. Stress und seine Doppeldeutigkeit

Der Begriff „Stress" ist in unserer Zeit zum festen Bestandteil der Alltagssprache geworden. In aller Regel wird damit ein negatives Empfinden bezeichnet, das mit „keine Zeit", „Hektik", und „Hetze", mitunter auch mit „Nervosität" oder einem gewissen „Angstgefühl" in Verbindung gebracht wird (Schanz, Gretz, Hanisch und Justus 1995: 85). Schon in den 30er Jahren hat der ungarisch-kanadische Arzt Hans Selye die Definition des Stressphänomens als *Anpassungsreaktion des Organismus auf seine Umwelt* geprägt (Selye 1988: 58). Es sind allerdings nicht die objektiven Merkmale der Umwelt, die als Stressoren wirken. Die subjektive Bewertung der Situation durch den einzelnen Menschen entscheidet vielmehr darüber, ob ein Umweltreiz als Stressor interpretiert wird – oder nicht. Stressoren sind als allgegenwärtig anzusehen; sie können sowohl pathogen als auch salutogen wirken (zur salutogenetischen Perspektive vgl. Antonovski 1989: 51ff. sowie Schüffel u.a. 1998).

Zu den *stressverursachenden Umweltsituationen* zählt auch die *Arbeitswelt*. Der fortwährende Einsatz technischer Neuerungen, immer rationellere Arbeitsabläufe, verstärkte Arbeitsteilung, Leistungsverdichtung sowie stärkere Beanspruchung der Sinne und Nerven führen zu psychischen Belastungen, die häufig unter dem Phänomen Stress subsumiert werden. Anspannung und Stress werden dabei insbesondere jenen Arbeitssituationen zugeordnet, die vom Einzelnen die Verarbeitung vielfältiger, gleichzeitiger Informationen, schnelles Reagieren und das Erfüllen besonderer Qualitätsmaßstäbe erfordern. Auch die Ausprägung des sozialen Umfeldes am Arbeitsplatz sowie die äußeren Arbeitsbedingungen können unter bestimmten Bedingungen (z.B. Konflikte, Schichtarbeit oder Lärm) zu belastenden Stressoren werden (Schanz, Gretz, Hanisch und Justus 1995: 90ff.). Stress ist für viele Mitarbeiter eine tägliche Begleiterscheinung, welche weit in den arbeitsfreien Bereich hinein zu wirken vermag.

Aus diesen Überlegungen darf nun allerdings nicht gefolgert werden, dass ein wünschenswertes Gestaltungsziel die Herstellung von völlig stressfreien Arbeitssituationen sei. Da *ein gewisses Maß an Stress* notwendiger Begleiter eigentlich jeder Betätigung im Leben und insbesondere der beruflichen Arbeit ist, würde seine völlige Abwesenheit letztlich totale Langeweile bedeuten. Hans Selye bezeichnet den Stress daher auch als „Würze des Lebens" (Selye 1988: 127). Maßvoll dosierter Stress wirkt als Ansporn zu geistiger und körperlicher Arbeit und damit durchaus positiv. Stress in gesundem Ausmaß verursacht eine Aktivierung des Organismus, die unter Umständen zu echter *intrinsischer Motivation* führt. Umgekehrt ist *ein zu großes Ausmaß* an Stress für den Organismus zweifelsohne schädlich. So mündet insbesondere eine langandauernde und intensive Einwirkung von Stressoren irgendwann in *Krankheit*. Für Organisationen sind damit höhere Absentismuszeiten mit all ihren problematischen Folgewirkungen verbunden. Diese *Doppeldeutigkeit der Stresswirkung* wird in der Differenzierung zwischen Eustress bzw. anregendem Stress und Distress bzw. zerstörendem Stress zum Ausdruck gebracht (Selye 1984: 107).

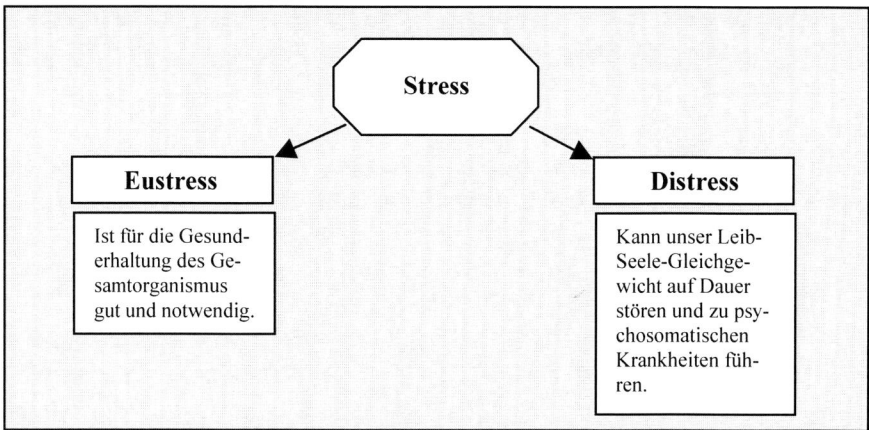

Abb.1: Eustress und Distress

Aus gestaltungstechnischer Perspektive lässt sich formulieren, dass durch einen Aufgabenzuschnitt, der die quantitativen und qualitativen *Leistungsvoraussetzungen der Beschäftigten* berücksichtigt, für ein gesundes Ausmaß an Stress gesorgt werden kann. Ferner kommt der *Selbstbestimmung* des Mitarbeiters in Bezug auf die Gestaltung der eigenen Arbeit einige Bedeutung zu. Eine höhere Eigenverantwortlichkeit in Bezug auf *Arbeitszeit, Arbeitsort* und *Arbeitsrhythmus* vermag Stressoren zu reduzieren, die Stresswahrnehmung zu verändern sowie Kontrollbedürfnisse zu befriedigen, da Arbeitsspitzen selbstständig ausgeglichen und individuelle Leistungsschwankungen sowie Beanspruchungen besser berücksichtigt werden können. Darüber hinaus kann die Mitgliedschaft in Teams und Arbeitsgruppen Stress reduzieren. Man spricht in diesem Fall auch von *Stressreduktion durch soziale Unterstützung*. Allerdings ist die unterstützende Wirkung abhängig vom Grad der Gruppenkohäsion, womit das Ausmaß des Zusammenhalts innerhalb von Gruppen gemeint ist. Auch die Gruppengröße hat Einfluss auf deren Attraktivität. Bei größeren Gruppen nimmt tendenziell die Heterogenität von verhaltensleitenden Werten und Einstellungen zu und damit die Attraktivität der Gruppe für ihre Mitglieder ab.

Vornehmlich an Führungskräfte richten sich *Seminare zur Stresshandhabung* im Rahmen der Personalentwicklung. Ansatzpunkte sind einerseits die Identifizierung von Stresssituationen und deren Folgen, andererseits das Erkennen und Anwenden von persönlichen Einflusschancen. In der Regel werden in diesem Zusammenhang typische Stresssituationen in Führungspositionen und deren mögliche Folgen für das eigene Wohlbefinden aufgezeigt, beispielsweise ständiger Termindruck, großer Erfolgszwang, hohe Verantwortung und deren Auswirkungen wie Schlafstörungen, Rückenprobleme, Magenleiden. Im Weiteren steht dann regelmäßig die Analyse von persönlichen Einflusschancen auf Stresssituationen im Mittelpunkt. Zu den wichtigsten Interventionen gehören die Stärkung der Widerstandskraft, die Gestaltung der Arbeitssituation, die Einstellungsänderung sowie Sport und gezielte Entspannungsmethoden, die ausnahmslos ein ausgeglichenes Verhältnis zwischen Anspannung und Entspannung zum Ziel haben (Regnet 1991: 82ff.).

Derartige Seminare werden i.d.R. überbetrieblich veranstaltet und haben daher den Nachteil, nicht genau auf die betrieblichen Erfordernisse ausgelegt zu sein. Diesen Vorteil bieten *betriebliche Gesundheitszirkel* (Brandenburg 1990). Ihre Idee hat sich aus den betrieblichen Qualitätszirkeln entwickelt. Mitarbeiter sollen in die Lage versetzt werden, Stress bei der Arbeit zunächst einmal präzise und realistisch wahrzunehmen, um eine angemessene Thematisierung und Artikulierung der Probleme vorzunehmen. Darauf aufbauend können unter der aktiven Mitwirkung der Mitarbeiter stressauslösende Bedingungen im Unternehmen reduziert oder gar beseitigt werden (Brandenburg 1990: 442ff.).

Wichtig für das Gelingen und die Erlangung von positiven Effekten im Zusammenhang mit stressorientierter Intervention und Worklife Balance erscheint die Einbettung in ein ganzheitlich orientiertes Gesundheitsverständnis und –programm in Organisationen.

3. Enttabuisierung berufsbezogener Ängste

Wenn im Alltag von *Angst* die Rede ist, werden die *unterschiedlichsten Situationen* des täglichen Lebens mit ihr in Verbindung gebracht. Da ist von dem berüchtigten 'flauen Gefühl' vor einer wichtigen Prüfung die Rede, der Furcht vor einer bevorstehenden Operation oder auch von dem Schaudern bei dem Betreten eines Fahrstuhls. Das Erleben von Angst ist dabei regelmäßig durch eine unspezifische, starke Beunruhigung gekennzeichnet. Man fühlt sich beengt (lateinisch 'angustus' = eng), gespannt, nervös und hat ein flaues Gefühl im Magen. Häufig geht Angst einher mit Gefühlen des Alleinseins, der Unsicherheit und der Unzulänglichkeit (Ulich und Mayring 1992: 152ff.).

Überraschenderweise machen sich viele Menschen erst dann ernsthaft Gedanken über das Gefühl, wenn es krankhafte Ausmaße angenommen hat. Vorher werden Ängste vorzugsweise *tabuisiert*. Das gilt insbesondere für den beruflichen Bereich. Hier erfordert das Eingestehen von Ängsten noch mehr Mut, als im überwiegenden Teil der außerberuflichen Fälle. Bei Bekanntwerden der Ängste könnten diese als Schwäche bzw. unangemessene psychische Weichheit gelten. Es ist daher kein Wunder, dass die Angst in der Arbeitswelt bei öffentlichen Diskussionen kaum eine Rolle spielt.

Die nachfolgenden Überlegungen werden jedoch verdeutlichen, dass das Phänomen durchaus von Relevanz ist. Angstempfindungen machen weder Unterschiede in der Hierarchiestufe, noch befallen sie ausschließlich Berufsanfänger. Sie beeinträchtigen nicht nur die Leistungsfähigkeit. Vielmehr können die Emotionen zu einer bedrohlichen Gefahr anwachsen, die den Einzelnen völlig aus dem Gleichgewicht bringt. Um so wichtiger ist es, mehr über Ursachen von Ängsten zu erfahren und ihre diversen Facetten in der Arbeitswelt zu erkennen. Nur so ist die Entwicklung geeigneter Interventionsstrategien möglich, die helfen, den Ängsten die Grundlage zu entziehen.

Die eigentlichen *Ursachen von Ängsten in der Arbeitswelt* sind sehr vielfältiger Natur, so dass sich eine vollständige Klassifikation von Angstarten in Organisationen sehr schwierig gestaltet. Außerdem unterliegen die verschiedenen Angstarten diversen Wechselwirkungen. Daher soll hier der Versuch einer exemplarischen Auswahl besonders charakteristischer berufsbedingter Ängste unternommen werden. Als Ordnungskriterium dient dabei die kognitiv orientierte Einteilung in *Existenzängste, soziale Ängste* und *Leistungs-* bzw. *Versagensängste* (Panse und Stegmann 1998: 43ff.).

Zur Gruppe der *Existenzängste* zählen die Angst vor dem Tode, einer Krankheit, einer Verletzung oder einem Unfall. Darüber hinaus fallen die Altersangst, Kriegsangst sowie der überwiegende Teil der Objekt- und Situationsphobien unter diese Kategorie. Demgemäß lassen sich Existenzängste als emotionale Zustände umschreiben, in denen die Betroffenen um ihre körperliche Unversehrtheit fürchten. Diese fundamentalen Daseinsängste werden mitunter um *psychoökonomische Ängste* ergänzt. Das erscheint schon deshalb angebracht, weil die Gefährdung der beruflichen Zukunft von ebenso existenzieller Bedeutung sein kann, wie die Nachricht über eine bedrohliche Krankheit. In unserer Gesellschaft verkörpert die Angst vor Arbeitsplatzverlust neben der Angst vor gesundheitlicher Schädigung eine wichtige Form der Existenzangst. Psychosomatiker folgern, dass allein die Vorstellung einer möglichen Entlassung ausreicht, um Selbst-unsicherheit, Schlafstörungen, Stimmungslabilität, Gefühle des Identitätsverlustes sowie allgemeine vegetative Beschwerden oder Störungen des Herz-Kreislauf-Systems hervorzurufen (Novak 1990: 1127ff.).

Soziale Ängste – als zweite Angstkategorie – bezeichnen die vielschichtigen Begleitemotionen eines Individuums in zwischenmenschlichen Beziehungen (Schwarzer 1987: 126ff.). Den Ausgangspunkt für das Erleben bildet eine ungewöhnlich stark ausgeprägte Selbstaufmerksamkeit, die bei unmittelbaren oder vor absehbaren Kontakten mit anderen Menschen ins Bewusstsein gerät. Der Herausbildung sozialer Ängste geht ein interner Bewertungsprozess voraus, ob das eigene Verhalten den als normiert angesehenen Erwartungen des sozialen Umfelds entspricht. Bereits geringe Anzeichen einer ablehnenden Haltung von Anderen oder die fehlende Zustimmung für eine Handlungsweise gelten als schwere Selbstwertbedrohung. Dieses Gefühl kann allerdings auch aus einer zu geringen Beachtung durch Andere entstehen. Sich selten im Zentrum des Interesses zu befinden und nie Beweise der Anerkennung zu erhalten, stehen dann dem Bedürfnis nach dem Aufbau eines positiven Selbstbildes entgegen.

Leistungs- bzw. *Versagensangst* – als letzte hier zu diskutierende Angstart – und die vorher besprochenen sozialen Ängste in der Arbeitswelt stehen in enger Verbindung. Diese ergibt sich schon daraus, dass in arbeitsteiligen Organisationen

Leistungen gefordert werden, die i.d.R. nur in Kooperation mit anderen zu erbringen sind. Wie bei den sozialen Ängsten steht auch bei der Leistungsangst eine gewisse Selbstwertbedrohung im Mittelpunkt. Der entscheidende Unterschied liegt darin, dass nunmehr nicht die zwischenmenschlichen Beziehungen für die Ängste verantwortlich sind, sondern die spezifischen *Leistungsanforderungen* selbst. Das Individuum fürchtet sich vor einer Arbeitsaufgabe, weil inadäquate Lösungsversuche schwerwiegende Konsequenzen hätten, die vielleicht die gesamte Organisation träfen. Die negative Einschätzung des eigenen Leistungspotenzials führt zu Selbstzweifeln, die sich in einem unangenehmen Aufgeregtheits- und Besorgtheitszustand äußern (Schwarzer 1987: 92ff.). Diese seelische Befindlichkeit kann speziell in Prüfungs- und Bewertungssituationen von entscheidender Bedeutung sein. Ängstliche erleben in Prüfungssituationen Emotionen in solch hoher Intensität, dass sie nicht in der Lage sind, kognitive Aktivität aufgabengerecht einzusetzen. Ihre Gedanken sind belegt von selbstbezogenen Versagensängsten, die von prüfungsrelevanten Inhalten ablenken und die Fähigkeit zu einem problemorientierten Denken erheblich einschränken.

Diese Ausführungen könnten zu der Annahme verleiten, die *völlige Angstfreiheit* verkörpere ein erstrebenswertes Ziel menschlichen Daseins und sei speziell für die Arbeitswelt ein herbeizusehnender Zustand. Diese Sichtweise verkürzt die Angstemotion jedoch einseitig auf ihren negativen Gehalt. In einer solch reizarmen Umgebung ginge der Mensch als schöpferisch begabtes Wesen schon nach kurzer Zeit unweigerlich seinem baldigen Ende entgegen. Ab-wechslungsreiche äußere Einflüsse befriedigen sein natürlich gegebenes Neugierverhalten und regen zur Ausbildung von Eigeninitiative an. Ein zu geringes Maß an Angst bzw. ein unverhältnismäßig hohes Maß an subjektiv empfundener Sicherheit fördert den *Leichtsinn* und kann unbedachten Entschlüssen Vorschub leisten. Handeln Fach- und Führungskräfte unter dem Eindruck eines Glaubens an ihre absolute Unfehlbarkeit, ist es nur eine Frage der Zeit, wann die verheerenden Konsequenzen ihrer sorglosen Entscheidungsfindung spürbar werden. Ein gesundes Quantum Angst steigert das Verantwortungsbewusstsein und empfiehlt auch einmal den unliebsamen aber notwendigen Rückzug.

In Anbetracht ihrer Janusköpfigkeit kann somit eine begriffliche Unterscheidung von Ängsten vorgenommen werden. Einerseits mahnen *'Mikroängste'* in Leistungssituationen zu erhöhter Wachsamkeit und steigern gleichsam das Denkvermögen in komplexen Zusammenhängen. Andererseits beeinträchtigen *'Makroängste'* den Mut zur Kreativität und veranlassen den Betroffenen bereits geringsten Risiken aus dem Wege zu gehen. Die Entscheidungsfreude nimmt ab und die Makroängste bewirken eine zunehmende Passivität, die das Leistungsvermögen auf Dauer sinken lässt (Panse und Stegmann 1998: 72ff.).

Das wirft die Frage nach einem wünschenswerten Angstniveau in der Arbeitswelt auf. Eine exakte Beantwortung, die zur Schaffung eines optimal intrinsisch motivierenden Arbeitsumfeldes hilfreich wäre, gestaltet sich ausgesprochen schwierig. Immerhin ruft eine bestimmte Arbeitsanforderung bei einem tendenziell ängstlichen Mitarbeiter viel früher Makroängste hervor, als dies bei einem weniger Ängstlichen der Fall ist. Prinzipiell gelten *eine mittlere Stress- und Angstdosis* als Voraussetzung für eine optimale Förderung der individuellen Leistung (Litzcke und Schuh 1999: 10f., Krohne 1996: 339f.). Vorhandene Kenntnisse und Fähigkeiten werden nicht nur vollständig ausgeschöpft. Sie erhalten darüber hinaus einen Anreiz, sich fruchtbar weiterzuentwickeln.

Leider gelingt diese etwas idealtypisch anmutende Gradwanderung häufig nur unvollkommen und *Makroängste* treten in Erscheinung. In vielen Fällen werden Makroängste aus Scham oder Unsicherheit jahrelang erfolgreich verheimlicht, obwohl die Gefahr an einer langwierigen psychischen Störung zu erkranken mit jedem Tag wächst. Wie verbreitet derartige Phänomene sind, zeigen Statistiken, nach denen 20 Prozent aller Menschen schon einmal über einen längeren Zeitraum unter krankhaften Angstzuständen gelitten haben (Wittchen u.a. 1995: V).

Der sicherste Weg einem folgenschweren Leiden zu entgehen, ist das *frühzeitige Ergreifen von Gegenmaßnahmen*. Dabei handelt es sich anfangs weniger um spektakuläre Dinge als um Vorgehensweisen, die mit vergleichsweise geringem Aufwand zu verwirklichen sind. Dazu gehören Gespräche, körperliche Bewegung und die Teilnahme an Selbsthilfegruppen ebenso wie Entspannungsübungen und die Aneignung von Selbstbehauptungsstrategien. Schwere Angststörungen und speziell Phobien sind mittels Selbsthilfe jedoch in den seltensten Fällen zu bekämpfen. Hier ist *psychotherapeutische Hilfe* notwendig.

Das auch *die Organisation* ein berechtigtes Interesse an der Vermeidung von Makroangst haben muss, zeigen Berechnungen, nach denen ihre Folgewirkungen der deutschen Wirtschaft jährlich einen Schaden von über 50 Milliarden Euro zufügen (Panse und Stegmann 1998: 149ff.). In dieser beachtlichen Summe sind beispielsweise Kosten für angstverursachte Fluktuation, Minderleistung, Fehlzeiten und Alkoholabhängigkeit enthalten. Obwohl die verwendeten Daten zum Teil auf Schätzungen beruhen, verdeutlichen sie den Stellenwert einer Gegensteuerung allein schon aus ökonomischen Erwägungen.

Wie eine solche Gefahrenkontrolle aussehen kann, zeigen die nachfolgenden Beispiele, die darauf eingehen, wie Organisationen zu einer Enttabuisierung der Angstthematik beizutragen und Einfluss auf Existenzängste, soziale Ängste und Leistungsängste zu nehmen vermögen.

Um *Ängsten vor gesundheitlicher Schädigung* als bedeutsame Form von Existenzängsten vorzubeugen, die branchenspezifisch (bspw. in der Chemie-, Pharma- und Atomindustrie) eine große Rolle spielen können, sind zunächst die gesetzlichen Verpflichtungen zu Gefahrenschutz und Gesundheitsvorsorge konsequent zu erfüllen und die Umsetzung von Unfallverhütungsvorschriften zu beachten. Des Weiteren trägt eine umfassende Aufklärung über die bestehenden Schutzeinrichtungen zur Verminderung der Ängste bei. *Psychoökonomische Ängste* können naheliegender Weise durch Maßnahmen zur Sicherung der Arbeitsplätze vermindert werden, darüber hinaus auch durch Informations- und Kommunikationsmaßnahmen, die sich auf die wirtschaftliche Lage und Entwicklung des Unternehmens beziehen sowie durch Personalentwicklungsmaßnahmen, welche neben Fach- und Sozialkompetenz auch extrafunktionale Qualifikationen vermitteln.

Ein wirksames Instrument zum *Abbau sozialer Ängste* ist in vielen Fällen die schrittweise Veränderung der bestehenden *Organisationsstruktur*. Dabei kann der Enthierarchisierung bestehender Strukturen Aufmerksamkeit geschenkt werden, da gerade ein stark ausgeprägter hierarchischer Gedanke in Organisationen Ängste vor den Machthabenden schürt. Besonders vorteilhaft ist in diesem Zusammenhang die Arbeit in Teams und teilautonomen Arbeitsgruppen einzustufen. Neben strukturellen Gegebenheiten spielt zweifelsohne auch die *Organisationskultur* eine bedeutende Rolle bei der Verhinderung sozialer Ängste. Kulturen in Organisationen unterscheiden sich dahingehend, inwiefern sie auf Konkurrenz zwischen den Mitarbeitern ausgerichtet sind, oder ob sie eher die Zusammenarbeit fördern. Hier ist das gesamte organisationale Anreizsystem einzubeziehen. Individuelle Anreize fördern tendenziell die Konkurrenz, gruppenorientierte Anreize die Zusammenarbeit (Ulich und Conrad-Betschart: 80f.).

Um *Leistungsängsten* vorzubeugen, sind Leistungsanforderungen und Qualifikationen möglichst in Übereinstimmung zu bringen und auf Dauer deckungsgleich zu halten. Personalauswahl, Karrieremanagement und Personalentwicklung leisten hier entscheidende Beiträge. Darüber hinaus kommen Informations- und Partizipationsstrategien besondere Bedeutung zu (Kühlmann 1988: 261ff.). Die kontinuierliche und frühzeitige *Unterrichtung* über geforderte Leistungen und vor allem auch über Innovationen in der Organisation bildet eine wichtige Voraussetzung zur erfolgreichen Verhinderung von Ängsten. Unter *Partizipation* ist die Beteiligung der betroffenen Personen an Neuerungsprozessen zu verstehen. Damit besteht die Möglichkeit, auf die vermeintliche Gefahrensituation Einfluss zu nehmen und eigene Bedenken und Wünsche einzubringen. Bei beabsichtigten Veränderungsmaßnahmen erscheint es ferner sinnvoll, den *Wandel in kleinen, wohldosierten Schritten* zu vollziehen. Beispielsweise können Ruhephasen integriert werden, die den Betroffenen eine Gewöhnung an die neue Situation erlauben.

4. Prävention und Intervention bei Neid

Unter Neid wird ein negativer emotionaler Zustand verstanden, der dem *Verlangen* entspringt, *etwas zu bekommen, das ein anderer besitzt*. Somit handelt es sich um eine soziale Emotion (Ulich und Mayring 1992: 158ff.). Als Synonym für Neid ist der Begriff 'Missgunst' anzusehen. Neid ist demnach eine Emotion, welche entsteht, wenn eine Person einer anderen Person etwas missgönnt, weil sie selbst es nicht haben kann. Gleichzeitig nimmt sie den Besitz oder Vorteil der anderen Person mit Missfallen wahr (Bedeian 1995: 50). Neidgefühle werden in der Regel als *unbehaglich, innerlich quälend* und *zehrend* geschildert. Sie beinhalten ein Unzufriedenheitsgefühl, das auf das beneidete Objekt bezogen ist. Begleitet wird Neid oft von Ärger- und Hassgefühlen sowie einer Minderung des Selbstwertgefühls.

Neid wird meist als *verwerflich bewertet*. Im Christentum galt Neid lange als eine der sieben Hauptsünden, wenngleich heute auch auf die *konstruktive Kraft* von Neidgefühlen hingewiesen wird (Dunde 1984). In dieser Interpretation gilt er als Warnsignal für Ungleichheit oder als Antrieb zum Wettbewerb. Dass der Neid *positive Effekte* haben kann, kommt auch in folgender Überlegung zum Ausdruck: Wenn wir neidisch sind, fragen wir uns, wer wir wirklich sind und was wir wirklich vom Leben wollen (Coles 1995: 23). In gewisser Weise positiv auswirken könnte sich Neid ferner deshalb, weil er aufgrund von kognitiven Konflikten entsteht, bei deren *erfolgreicher Reduktion* es zu positiven Emotionen wie Stolz, Zufriedenheit oder auch Freude kommen kann (Müller und Bierhoff 1994: 371).

Zu unterscheiden sind drei Definitionselemente von Neid (Schoeck 1980: 19ff.; Bedeian 1995: 50f.):

» eine *als leidvoll erlebte Wahrnehmung von Vorzügen* bei einem anderen oder einer Gruppe,
» das *Missgönnen dieser Vorzüge* begleitet von dem *Empfinden von Ungerechtigkeit*,
» ein *Aggressionsgefühl* gegen diese Vorzüge, das allerdings nicht umgesetzt werden kann; der Neider möchte die beneideten Vorzüge am liebsten zerstören, was ihm jedoch nicht möglich ist.

Dem Neid liegt somit regelmäßig eine *subjektiv erlebte Ungerechtigkeitssituation* zugrunde, in der ein Ausgleich im Moment unerreichbar erscheint. Ein anderer hat einen Erfolg, den der Betreffende für sich selbst wünscht und für sich als angemessen betrachtet. Um eine Emotion als Neid zu klassifizieren, kommt in der Regel hinzu, dass die Umwelt das Ausgleichsverlangen des Neiders als moralisch nicht gerechtfertigt ansieht.

Zu erkennen ist Neid an einer *Entwertungstendenz* gegenüber der Vergleichsperson durch den neidischen Menschen; letzterer sucht damit seine eigenen Minderwertigkeitsgefühle zu besänftigen (Krüger 1989: 23ff.). Die Entwertungstendenz des Neiders kann sich z.B. in Sticheleien, ironischen Bemerkungen oder Witzen bis hin zu systematischen Mobbinghandlungen gegenüber dem Beneideten äußern.

Gerade in *Wirtschaftsorganisationen* gibt es eine Vielzahl von Anlässen für Neid, der sich sowohl auf materielle als auch auf immaterielle Dinge beziehen kann. In materieller Hinsicht sind z.B. unterschiedliche Löhne und Gehälter, Zulagen, Firmenwagen o.ä. als Anlässe für Neid denkbar. Immaterielle Vorzüge anderer können beispielsweise in größeren Handlungsspielräumen oder besseren Beförderungschancen gesehen werden. All jene Gratifikationen sind als Ressourcen des

Unternehmens anzusehen, welche die Funktion von Leistungsanreizen haben sollen.

Bedeutsam für die Entstehung von Neid ist das Gefühl der Mitarbeiter, dass die Gratifikationen *ungerecht* vergeben werden. Ein *Gefühl der Ungerechtigkeit* entsteht aus einer wahrgenommenen Diskrepanz zwischen dem, was man glaubt verdient zu haben, und dem was man tatsächlich verdient. Außerdem entstehen Gefühle, ungerecht behandelt zu werden aus dem Vergleich mit anderen, insbesondere dann, wenn andere für gleiche oder ähnliche Leistungen höhere Gratifikationen bekommen (Schanz 2000: 163ff.).

Einer Infas-Untersuchung aus dem Jahr 1991/1992 zufolge sahen ungefähr die Hälfte der befragten Arbeitnehmer den Neid unter Kollegen als ursächlich für ein *schlechtes Betriebsklima* an (Wolff 1993: 41). Ferner haben verschiedene Forschungsergebnisse Zusammenhänge zwischen dem Betriebsklima und der Arbeitszufriedenheit der Mitarbeiter festgestellt (Berger 1988: 42), was wiederum für Fehlzeiten und Fluktuation von Bedeutung ist.

Demgegenüber kann auch argumentiert werden, dass *Neid* in Organisationen eine Art *wettbewerbsfördernde Stimulans* darstellen kann. Ein ausgeklügeltes Beförderungssystem mit entsprechenden Statussymbolen beispielsweise wird gelegentlich als stimulierendes Mittel interpretiert (Kunze 1990: 127). In diesem Zusammenhang besteht die Möglichkeit, Neid als 'gesunde Konkurrenz' anzusehen. Dies kann sich allerdings nur auf schwache Ausprägungen des Neides beziehen, da starker Neid vielfältige negative Konsequenzen für den Neider selbst, den Beneideten, das organisationale Klima und die Produktivität hat. Letzteres lässt sich damit begründen, dass sich die Anstrengungen des Neiders stärker auf die *Ausschaltung des Rivalen* als auf die produktive Erledigung der Arbeitsaufgabe richten (Krüger 1989: 43). Die Organisation sollte also aus verschiedenen Gründen ein starkes Interesse daran haben, den Neid zwischen Mitarbeitern zu begrenzen.

Da Neid u.a. auf Gefühle ungerechter Behandlung zurückzuführen ist, sollte seitens der Organisation zunächst das Hauptaugenmerk auf *Gerechtigkeitsaspekte* bei der Gestaltung organisationaler Anreize gelenkt werden. Mitarbeiter vergleichen ihre jeweiligen Einsatz-Ertrags-Verhältnisse untereinander (Adams 1965: 280). Dabei ist davon auszugehen, dass sich als Folge einer für sich selbst nachteilig empfundenen Relation, Gefühle der Unzufriedenheit und des Neides einstellen. Diese resultieren daraus, dass sich die betreffende Person ungerecht behandelt fühlt und dem Kollegen dessen Vorteile missgönnt.

Ferner ist schon bei der *Personalauswahl* die Eignung der Kandidaten zu beachten, da spätere Über- oder Unterforderungen Neidgefühle begünstigen können, denn sie beeinträchtigen das Selbstwertgefühl von Mitarbeitern (Brinkmann 1995: 160f.). Möglicherweise bieten auch der bisherige berufliche Lebensweg oder auch Zeugnisse Anhaltspunkte für frühere Probleme mit Kollegen, Mitarbeitern oder Vorgesetzten (Zuschlag 1994: 146). Besondere Bedeutung kommt der *Auswahl von Führungskräften* zu, da sie im Rahmen ihrer Weisungs- und Verfügungsgewalt über den gerechten Einsatz von knappen Ressourcen bestimmen. Ihre Möglichkeiten zum Umgang mit Konflikten und zu deren Bewältigung bestimmen maßgeblich das Verhalten ihrer Mitarbeiter.

Eine weitere Möglichkeit des Unternehmens zur Reduzierung von Neidgefühlen kann in der *Beteiligung von Mitarbeitern an Gewinn oder Kapital* gesehen werden (Bedeian 1995: 52f.). Diese Maßnahme zielt insbesondere darauf ab, den Unterschied zwischen Arbeitnehmern und Anteilseignern zu reduzieren, indem auch die Mitarbeiter Anteil am Erfolg des Unternehmens haben. Anstatt eines Wettbewerbs gegeneinander soll eine gemeinsame Anstrengung zum Wohle des Unternehmens erfolgen. Wird als Grundlage für die Beteiligung die Leistung gewählt, so führt eine Beteiligung auf der Grundlage der gemeinsamen Leistung aller Belegschaftsmitglieder zu geringeren Neidpotenzialen. (Individuelle Anstrengungen werden dann allerdings nicht belohnt).

Auf der immateriellen Seite kann eine erweiterte *Partizipation bei Entscheidungen* zu mehr Selbstbestimmung und damit zu einem verbesserten Selbstbewusstsein führen, welches hilft, eigenen Neid einzuschränken und mit dem Neid anderer besser umzugehen. Darauf zielen auch makrostrukturelle Maßnahmen ab, die zu einer *Reduzierung von Hierarchieebenen* führen. Sie soll den Mitarbeitern größere Entscheidungsspielräume verschaffen und die allzu starke Machtausübung von Vorgesetzten verhindern.

Damit wurden beispielhaft organisationale Einflussmöglichkeiten auf ausgewählte kritische Emotionen – Stress, Angst und Neid – aufgezeigt. Abschließend soll nun diskutiert werden, inwieweit Chancen für das Unternehmen bestehen, zu einer verbesserten emotionalen Balance der Mitarbeiter insgesamt beizutragen.

5. Förderung emotionaler Balance von Mitarbeitern

Emotionale Balance steht stellvertretend für ein ausgeglichenes Gefühlsleben. Dazu gehören emotionale Gelassenheit und die Fähigkeit zu genussvollem Erleben ebenso wie ein gewisses Einfühlungsvermögen und Verständnis für andere sowie die Möglichkeit, eigene negative und destruktive Impulse zu kontrollieren – Fähigkeiten also, die dem Konstrukt der emotionalen Kompetenz bzw. Intelligenz zuzuordnen sind (Salovey und Mayer 1990; Goleman 1999).

Die Förderung emotionaler Balance von Mitarbeitern fällt dabei in den Bereich der Personalentwicklung. Intendiertes Ziel darauf gerichteter Personalentwicklungsmaßnahmen ist weniger das Training elementarer Fertigkeiten fachlicher oder methodischer Art, vielmehr steht die Gesamtpersönlichkeit des in Organisationen tätigen Menschen mit ihren emotionalen Strukturen und Schemata im Mittelpunkt. Damit wird ein Konzept der Personalentwicklung zu Grunde gelegt, dass die Mittel zur Veränderung und persönlichkeitsförderlichen Weiterentwicklung des Mitarbeiters nicht nur in geplanten und systematischen Bildungsmaßnahmen sieht, sondern auch in der Arbeitstätigkeit selbst und durch deren Gestaltung (Sonntag 1999: 17f.). In diesem Sinne ist es naheliegend, dass neben herkömmlichen Bildungsmaßnahmen im Rahmen von Seminaren, Trainings und Schulungen die Gestaltung persönlichkeitsförderlicher Arbeitsbedingungen als Personalentwicklungsmaßnahme interpretiert wird (von Rosenstiel 1999: 112). Beide Bereiche können wichtige Beiträge zur Förderung emotionaler Fähigkeiten im Arbeitsleben leisten, wie im Folgenden näher erläutert wird.

In Bezug auf *Bildungsmaßnahmen* ist beispielsweise an Selbstsicherheitstraining, Coaching, die Transaktionsanalyse, die Teilnahme an Projektgruppen und Lernstätten, die Bearbeitung von Fallstudien, Rollenspiele oder Sensitivitätstraining zu denken (siehe dazu z.B. Mentzel 1997: 173ff.; Traue 1998: 377ff.; von Rosenstiel 1999: 111ff.; Brehm 2001:215f.). Zur Verbesserung ihres emotionalen Gleichgewichts können Mitarbeiter auf diesen Wegen lernen, ihre Gefühle und Ansprüche zu spüren und, darauf basierend, eigene Ungleichgewichte zu erkennen. Diese sollen in der jeweiligen Arbeitsumgebung ohne Angst oder Hemmungen geäußert werden können. In einem nächsten Schritt geht es dann darum, blockierende, unangenehme Gefühle und unsicheres Verhalten abzubauen. Das Ausleben eigener Bedürfnisse und Gefühle soll dabei an die Möglichkeiten der beruflichen Struktur angepasst werden. Das Trainingsziel ist also keineswegs ein impulsives, unkontrolliertes Ausleben von Emotionalität, sondern ein sozialverträgliches Verhalten, das die individuelle Bedürfnisbefriedigung nach emotionalem Kontakt und emotionaler Selbstverwirklichung ermöglicht (Traue 1998: 377). Gegebenenfalls können auch *gestalttherapeutische Elemente* in die Bildungsarbeit einbezogen werden. Mit Hilfe künstlerischen und gestalterischen Lernhandelns (z.B. Malen, Schnitzen oder Modellieren) werden unter anderem ein emotionaler Ausgleich zu einseitiger berufsspezifischer Betätigung sowie eine Aktivierung des schöpferischen Potenzials angestrebt (Sonntag und Schaper 1999: 221).

Es erscheint jedoch nicht ausreichend, diverse Bildungsmaßnahmen durchzuführen. Zur Förderung emotionaler Balance sind ferner *reale Arbeitsbedingungen* anzustreben, in denen – im Sinne der Persönlichkeitsentwicklung von Mitarbeitern (Ulich 1999: 123ff.) – auf den Ebenen des Erlebens und der Emotionen unterschiedliche Erfahrungen gemacht werden können. In erster Linie ist hier an positive Erfahrungen – das Empfinden von Arbeitsfreude und Stolz beispielsweise – zu denken; besonders emotional anregend erscheinen Arbeiten, für die Leidenschaften entwickelt werden können, und die verschiedene Sinne des Menschen ansprechen. Aber auch durch die individuelle Behauptung gegenüber negativen Erlebensweisen oder Emotionen kann sich der Mensch entwickeln (Kannheiser 1992: 202).

Einen besonderen dynamischen Zustand – das holistische Gefühl bei völligem Aufgehen in einer Tätigkeit – bezeichnet Csikszentmihalyi in diesem Zusammenhang als *'flow'* (Csikszentmihalyi 1993: 58f.). Dabei entwickelt sich das flow-Erleben, wenn:

» Aufgaben als Herausforderungen angesehen werden können,
» hohe Kompetenz und Kontrolle bestehen,
» das Stimulusfeld eingeschränkt wird (unangenehme Aspekte des Lebens sind ausgeblendet – nur die Handlung selbst steht im Vordergrund),
» Ziele der Handlung klar sind und Feedback unmittelbar erfolgt,
» die 'Ich-Grenzen' überschritten werden. Die Überschreitung der Ich-Grenzen bezieht sich darauf, dass die Handlungen ohne Bezug auf Fragen nach der eigenen Person ausgeführt werden.

Andere Emotionsforscher kommen zu dem Ergebnis, dass Freude kaum durch eigene Anstrengung (willentlich) herbeigeführt werden kann, sondern dass sie sich einfach ereignet, sofern ihr keine Hindernisse in den Weg gestellt werden (Izard 1994: 271). Dabei stellen unvollständige Aufgaben und eingeschränkte Handlungsspielräume die größten Hindernisse für das Erleben von Freude in Arbeitssituationen dar. Als typische Bedingungen für Freude werden neben freudigen Ereignissen Tätigkeiten genannt, die kreatives Denken und Problemlösen sowie selbstständiges und selbstverantwortliches Handeln erfordern. – Woraus sich vielfältige Anregungen für die Gestaltung der Arbeit im Sinne emotionaler Balance entnehmen lassen.

6. Zusammenfassung

Resümierend stellen Emotionen wie Freude, Stress, Stolz und Co. alltägliche Begleiter des menschlichen Arbeitslebens dar und können es mitunter erheblich bereichern. Nehmen allerdings vornehmlich negativ bewertete Emotionen wie Ängste, Stress oder Neid überhand, besteht Gefahr, dass sie das Gleichgewicht des Einzelnen sowie das Unternehmen als Ganzes empfindlich stören.

Hier werden strukturelle und kulturelle Gestaltungsmaßnahmen seitens der Organisation erforderlich, wie beispielsweise Veränderungen der Aufgabenzuschnitte, Veranstaltungen wie Seminare und Gesundheitszirkel, gezielte Personalauswahlkonzepte oder Mitarbeiterbeteiligungsmodelle, welche dazu beitragen können, das individuelle Gleichgewicht wieder herzustellen.

Die Förderung emotionaler Balance vermag dabei insgesamt die Fähigkeit, sich in der Welt der Arbeit zurechtzufinden zu verbessern; vor allem verlaufen die zwischenmenschlichen Aktivitäten mitunter reibungsloser, was mit einer erheblichen Verbesserung der ‚Lifebalance' von Individuum und Organisation einherzugehen verspricht. Allerdings ist zu beachten, dass die Entwicklung emotionaler Balance im Arbeitsleben als längerfristiger Prozess anzulegen ist, der nicht im Schnellverfahren durchlaufen werden kann.

Literatur

Adams, J.S.: Inequity in Social Exchange, in: Berkowitz, L. (Hrsg.): Advances in Experimental Social Psychology, Vol. 2, New York 1965, 267-299

Antonovsky, A.: Die salutogenetische Perspektive: Zu einer neuen Sicht von Gesundheit und Krankheit, in: MEDUCS (2) 2 1989, 51-57

Bedeian, A.G.: Workplace Envy; in: Organizational Dynamics (23) 4 1995, 49-56

Berger, R.G.: Organisationales Klima und Stress, München 1988

Brandenburg, U.: Stressprävention durch betriebliche Gesundheitszirkel, in: Personalführung 7 1990, 442-448

Brehm, M.: Emotionen in der Arbeitswelt: Theoretische Hintergründe und praktische Einflussnahme, in: Arbeit. Zeitschrift für Arbeitsforschung, Arbeitsgestaltung und Arbeitspolitik (10) 3 2001, 205-218

Brehm, M.: Emotionsarbeit und emotionale Kompetenz, in: WiSt, Zeitschrift für Ausbildung und Hochschulkontakt (30) 7 2001b, 350-354

Brinkmann, R.D.: Mobbing, Bullying, Bossing - Treibjagd am Arbeitsplatz: Erkennen, Beeinflussen und Vermeiden systematischer Feindseligkeiten, Heidelberg 1995

Burisch, M.: Das Burnout-Syndrom: Theorie der inneren Erschöpfung, 2. Aufl., Berlin u.a. 1994

Coles, R.: The Hidden Power of Envy, in: Harper's Magazine August 1995, 20-23

Csikszentmihalyi, M.: Das Flow-Erlebnis: Jenseits von Angst und Langeweile im Tun aufgehen, 5. Aufl., Stuttgart 1993

Dunde, S.R.: Neid: Ehrenrettung eines unerlaubten Gefühls, in: Psychologie heute 11 1984, 20-27

Goleman, D.: EQ2: Der Erfolgsquotient, München, Wien 1999

Goller, H.: Emotionspsychologie und Leib-Seele-Problem, Stuttgart, Berlin, Köln 1992

Izard, C.E.: Die Emotionen des Menschen: Eine Einführung in die Grundlagen der Emotionspsychologie, 3. Aufl., Weinheim 1994

Kannheiser, W.: Arbeit und Emotion: Eine integrierende Betrachtung, München 1992

Kleinginna, P.R. und Kleinginna, A.M.: A Categorized List of Emotion Definitions, with Suggestions for a Consensual Definition; in: Motivation and Emotion (5) 4 1981, 345-379

Krohne, H.W.: Angst und Angstbewältigung, Stuttgart, Berlin, Köln 1996

Krüger, W.: Der alltägliche Neid und seine kreative Überwindung: Mit Streifzügen durch die Kulturgeschichte, München, Basel 1989

Kühlmann, T.M.: Technische und organisatorische Neuerungen im Erleben betroffener Arbeitnehmer: Längsschnittstudien zum Verlauf neuerungsbezogener Wahrnehmungen und Erwartungen, Stuttgart 1988

Kunze, W.H.: Das Tabu der Manager, in: Management Wissen 2 1990, 124-129

Litzcke, S. und Schuh, H.: Stress am Arbeitsplatz: Stress beflügelt – Stress macht krank, Köln 1999

Mandl, H. und Euler, H.A. (Hrsg.): Emotionspsychologie: Ein Handbuch in Schlüsselbegriffen, München et al. 1983

Mentzel, W.: Unternehmenssicherung durch Personalentwicklung: Mitarbeiter motivieren, fördern und weiterbilden. 7. Aufl., Freiburg i. Br. 1997

Meyer, W.-U., Schützwohl, A. und Reisenzein, R.: Einführung in die Emotionspsychologie, Band 1, Bern, Göttingen, Toronto, Seattle 1993

Mittelstaedt, I.: Mobbing und Emotion: Aspekte einer Organisationssoziologie, München 1998

Müller, G.F. und Bierhoff, H.W.: Arbeitsengagement aus freien Stücken - psychologische Aspekte eines sensiblen Phänomens, in: Zeitschrift für Personalforschung (8) 4 1994, 367-379

Neuberber, O.: Mobbing: Übel mitspielen in Organisationen, 3.Aufl., München 1999

Novak, P.: Arbeit und Krankheit: Ein psychosomatisches Problem, in: Von Uexküll, T. (Hrsg.): Psychosomatische Medizin, 4.Aufl., München, Wien, Baltimore 1990, 1122-1134

Panse, W. und Stegmann, W.: Kostenfaktor Angst, 3.Aufl., Landsberg/Lech 1998

Regnet, E.: Stress und Möglichkeiten der Stresshandhabung, in: V. Rosenstiel, L., Regnet, E. und Domsch, M. (Hrsg.): Führung von Mitarbeitern: Handbuch für erfolgreiches Personalmanagement, Stuttgart 1991, 75-84

Salovey, P. und Mayer, J.D.: Emotional Intelligence; in: Imagination, Cognition and Personality (9) 1990, 185-211

Schanz, G.: Personalwirtschaftslehre: Lebendige Arbeit in verhaltenswissenschaftlicher Perspektive, 3.Aufl., München 2000

Schanz, G., Gretz, C., Hanisch, D. und Justus, A.: Alkohol in der Arbeitswelt: Fakten - Hintergründe – Maßnahmen, München 1995

Scherer, K.R.: Theorien und aktuelle Probleme der Emotionspsychologie; in: Scherer, K.R. (Hrsg.): Enzyklopädie der Psychologie: Psychologie der Emotionen, Themenbereich C, Serie IV, Bd.3. Göttingen, Toronto, Zürich 1990, 1-38

Schneider, K.: Emotionen, in: Spada, H. (Hrsg.): Lehrbuch allgemeine Psychologie. 2.Aufl., Bern et al. 1992, 403-449

Schoeck, H.: Der Neid: Die Urgeschichte des Bösen, München, Wien 1980

Schüffel, W. u.a.: Handbuch der Salutogenese: Konzept und Praxis, Wiesbaden 1998

Schwarzer, R.: Stress, Angst und Hilflosigkeit: Die Bedeutung von Kognitionen und Emotionen bei der Regulation von Belastungssituationen, 2. Aufl., Stuttgart u.a. 1987

Selye, H.: Stress - Mein Leben: Erinnerungen eines Forschers, Frankfurt a.M. 1984

Selye, H.: Stress: Bewältigung und Lebensgewinn, 2. Aufl., München, Zürich 1988

Sonntag, K.: Personalentwicklung - ein Feld psychologischer Forschung und Gestaltung, in: Sonntag, K. (Hrsg.): Personalentwicklung in Organisationen, 2.Aufl. 1999, 15-29

Sonntag, K. und Schaper, N.: Förderung beruflicher Handlungskompetenz, in: Sonntag, K. (Hrsg.): Personalentwicklung in Organisationen, 2.Aufl. 1999, 211-244

Temme, G. und Tränkle, U.: Arbeitsemotionen: Ein vernachlässigter Aspekt in der Arbeitszufriedenheitsforschung, in: Arbeit (5) 3 1996, 275-297

Traue, H.C.: Emotion und Gesundheit: Die psychobiologische Regulation durch Hemmungen, Heidelberg, Berlin 1998

Ulich, D. und Mayring, P.: Psychologie der Emotionen, in: Selg, H. und Ulich, D. (Hrsg.): Grundriss der Psychologie, Bd. 5., Stuttgart, Berlin, Köln 1992

Ulich, E.: Lern- und Entwicklungspotenziale in der Arbeit: Beiträge der Arbeits- und Organisationspsychologie; in: Karlheinz Sonntag (Hrsg.): Personalentwicklung in Organisationen, 2.Aufl. 1999, 123-153

Ulich, E. und Conrad-Betschart, H.: Anreizwirkungen von neuen Formen der Arbeitsgestaltung, in: Schanz, G. (Hrsg.): Handbuch Anreizsysteme in Wirtschaft und Verwaltung, Stuttgart 1991, S.71-89

Von Rosenstiel, L.: Entwicklung von Werthaltungen und interpersonaler Kompetenz. Beiträge der Sozialpsychologie, in: Sonntag, K. (Hrsg.): Personalentwicklung in Organisationen, 2.Aufl. 1999, 99-122

Wittchen, H.-U. u.a.: Angst: Angsterkrankungen, Behandlungsmöglichkeiten, Basel u.a. 1995

Wolff, G.: Mobbing: Psychoterror im Unternehmen; in: Personalwirtschaft (20) 6 1993, 41-44

Zuschlag, B.: Mobbing: Schikane am Arbeitsplatz. Erfolgreiche Mobbing-Abwehr durch systematische Ursachenanalyse, Göttingen 1994

Ernährungsmanagement

Ulrike Trapp, Angela Bechthold & Monika Neuhäuser-Berthold

Physiologische Potenziale der Gesundheit, Langlebigkeit und Leistungsfähigkeit bilden die Grundvoraussetzung für ein produktives Leben. Inwieweit diese ausgeschöpft werden können, wird in hohem Maße durch Lebensstil- und Umweltfaktoren bestimmt. Einen wichtigen Einfluss dabei hat die tägliche Ernährung: Sie dient der Versorgung mit lebensnotwendigen Nährstoffen zur Aufrechterhaltung der verschiedenen Gewebe und ihrer Funktionen sowie der Energiebereitstellung für die zu verrichtenden Arbeiten. Risiken für Ernährungsfehler liegen in Deutschland in einer zu reichlichen und ernährungsphysiologisch unausgewogenen Lebensmittelaufnahme sowie einem fehlenden Ernährungswissen. Bei Berufstätigen steht zusätzlich ein begrenztes Zeitkontingent der Beschaffung frischer Lebensmittel und Zubereitung gesunder Mahlzeiten entgegen. Die Ergebnisse des Bundes-Gesundheitssurveys belegen, dass sich bei der in Deutschland lebenden Bevölkerung bereits ab dem 20. Lebensjahr mit zunehmendem Alter die Prävalenzen ernährungsmitbedingter Erkrankungen stetig erhöhen (Thefeld, 1999 & 2000). In der Folge sind Beschäftigte häufig weit vor dem gesetzlichen Verrentungsalter von chronischen Krankheiten betroffen und scheiden vorzeitig aus dem Erwerbsleben aus.

In Zukunft rechnen Arbeitsmarkt- und Berufsforscher auf Grund des Bevölkerungsrückgangs mit einem sinkenden Angebot an Arbeitskräften, so dass sich die Möglichkeiten der vorzeitigen Verrentungen verringern sowie die Lebensarbeitszeit verlängern werden. Dies hat zur Folge, dass angesichts der zunehmenden Lebenserwartung in absehbarer Zeit jeder dritte Arbeitnehmer über 50 Jahre und älter sein könnte (Vetter, 2003, S. 249). Inwieweit sich eine Verlängerung der Arbeitszeit verwirklichen lässt, wird nicht nur von der individuellen Umsetzbarkeit und Bereitschaft, sondern vor allem von der gesundheitlichen Verfassung der Beschäftigten abhängen. Vor diesem Hintergrund muss laut der Enquete-Kommission des Bundestages ein Ziel der betrieblichen Personalpolitik sein, die Arbeits- und Beschäftigungsfähigkeit alternder Belegschaften zu erhalten und zu erhöhen. Die Betonung der Qualifikation sollte daher erweitert werden um das Wohlbefinden und die Gesundheit als zentrale Voraussetzungen für die Sicherung der Beschäftigungsfähigkeit der Mitarbeiter und die Wettbewerbsfähigkeit der Unternehmen (Badura, 2003, S. 33).

Hieraus wird deutlich, dass im Hinblick auf das Ernährungsmanagement nachhaltige Strategien für eine bedarfsgerechte und vitalitätsfördernde Ernährung der Beschäftigten zu entwickeln sind. Dies könnte die Gesundheitsquote der älter werdenden Belegschaft steigern und damit die Kosten der Unternehmen erheblich senken. Vor diesem Hintergrund werden im Folgenden zunächst die Grundlagen einer gesunden Ernährung und vitalitätsfördernde Ernährungsstrategien und daran anschließend die kurz- und langfristige Auswirkungen der Ernährung auf die Leistungsfähigkeit des Menschen beschrieben. Hiervon ausgehend werden Ansätze für die Umsetzung einer vitalitätsfördernden Ernährung im Unternehmen aufgezeigt und hierzu Empfehlungen für das Personalmanagement zu praktikablen Lösungen vorgelegt.

1. Grundlagen einer gesunden und vitalitätsfördernden Ernährung

Heute belegen zahlreiche epidemiologische, biochemische und molekularbiologische Untersuchungen den Zusammenhang zwischen der Inzidenz und dem Verlauf bestimmter chronischer Krankheiten und der Ernährung. Auf der Basis des aktuellen wissenschaftlichen Kenntnisstandes werden von der Deutschen Gesellschaft für Ernährung fortlaufend Referenzwerte für die Nährstoffzufuhr mit dem Ziel erstellt, Gesundheit zu erhalten und zu fördern. Eine Zufuhr von Nährstoffen in Höhe der Empfehlungen soll Unter- und Überversorgung verhüten und der Entstehung ernährungsmitbedingter chronischer und degenerativer Erkrankungen vorbeugen. Die Referenzwerte bilden die Grundlage für eine ausgewogene Ernährung und sollten daher als Orientierung für die Speisenplanung dienen (DGE, 2001).

1.1 Energieliefernde Nährstoffe

Der Energie- und Nährstoffbedarf des Menschen wird in erster Linie durch die physiologischen Voraussetzungen (Körpermasse und ihre Zusammensetzung) sowie Art und Ausmaß der körperlichen Betätigung in Beruf und Freizeit bestimmt. Die Zielgröße für die Empfehlungen zur Energiezufuhr ist dabei der Körpermassenindex bzw. Body Mass Index (BMI). Der BMI errechnet sich aus der Körpermasse (in kg) geteilt durch das Quadrat der Körpergröße (in m) und wird zur gesundheitlichen Beurteilung des Körpergewichts eingesetzt (siehe Tabelle 1).

BMI (kg/m^2)	Klassifizierung
<18,5	Untergewicht
18,5 - 24,9	Normalgewicht
25,0 - 29,9	leichtes bis mittleres Übergewicht
30,0 - 39,9	schweres Übergewicht
> 40	massiv gefährdendes Übergewicht

Tab. 1: Beurteilung des Körpergewichts anhand des Body Mass Index (BMI)

Ein wünschenswerter BMI ist derjenige, der mit der geringsten Morbidität und Mortalität verbunden ist und umfasst den Bereich zwischen 18,5 und 24,9 kg/m^2. Wird über eine längere Zeit mehr Energie mit der Nahrung aufgenommen als der Körper benötigt, wird die überschüssige Energie als Fett gespeichert und es entsteht Übergewicht. Demgegenüber führt eine unzureichende Energiezufuhr auf Dauer zu Untergewicht und ist zumeist mit einer mangelnden Zufuhr an essenziellen Nährstoffen verbunden. Der Energiebedarf kann durch die energieliefernden Nährstoffe Fette, Kohlenhydrate und Proteine gedeckt werden. Gemäß den Empfehlungen der Deutschen Gesellschaft für Ernährung sollte sich die durchschnittliche tägliche Energiezufuhr zu höchstens 30 Prozent aus Fett und zu mindestens 50 Prozent aus Kohlenhydraten zusammensetzen. Allerdings kann eine höhere prozentuale Energieaufnahme in Form von Fett für Schwerstarbeiter durchaus angemessen sein. Der Referenzwert für die tägliche Proteinzufuhr beträgt für Erwachsene 0,8 g pro kg Körpergewicht.

Nahrungsfette sind Hauptenergielieferanten, da ihr Brennwert den von Kohlenhydraten und Proteinen um mehr als das Doppelte übersteigt. Sie werden als Bausubstanz für alle Körperzellen benötigt und enthalten als wichtigste Komponenten gesättigte, einfach ungesättigte, mehrfach ungesättigte und essenzielle Fettsäuren. Letztere sind von besonderer Bedeutung, da sie der menschliche Organismus nicht synthetisieren kann und daher auf die Zufuhr mit der Nahrung angewiesen ist. Gleichzeitig ist Fett für die Aufnahme der fettlöslichen Vitamine von Bedeutung. Zudem ist es Träger von Geschmacks- und Aromastoffen, weshalb sich fettreiche Lebensmittel und Speisen großer Beliebtheit erfreuen. Da ein hoher Fettverzehr die Entstehung von Übergewicht begünstigt, sollte mit Fetten in der Nahrung sparsam umgegangen werden. Im Hinblick auf ihre Zusammensetzung sind pflanzliche Fette und Öle zu bevorzugen, da sie wertvolle Quellen für die ungesättigten und essenziellen Fettsäuren sind. Die Aufnahme tierischer Fette sollte dagegen vermindert werden; sie sind Ursache für die zu hohe Aufnahme an gesättigten Fettsäuren und Cholesterol, die der Entstehung von Atherosklerose und damit Herz-Kreislauf-Erkrankungen Vorschub leisten kann. Dies gilt jedoch nicht für die in Seefischen reichlich enthaltenen langkettigen omega-3-Fettsäuren, denen protektive Wirkungen zugeschrieben werden (Mori & Beilin, 2001).

Nahrungsproteine liefern Aminosäuren, die als Bausteine für den Aufbau körpereigener Struktur- und Funktionsproteine benötigt werden. Die Qualität der aufgenommenen Proteine für den menschlichen Körper wird durch die Aminosäurenzusammensetzung sowie die Kombination der Proteinquellen bestimmt. Tierische Lebensmittel stellen hochwertige Quellen für Proteine dar. Eine zu hohe Aufnahme proteinreicher tierischer Lebensmittel sollte dennoch vermieden werden, da diese oftmals zusätzlich Fett, vor allem gesättigte Fettsäuren und Cholesterol enthalten, deren Aufnahme mitverantwortlich für eine ungünstige Fettsäurenzusammensetzung der Nahrung ist. Wie oben schon erwähnt, trifft dies nicht für Seefische zu, die deshalb häufiger Fleischmahlzeiten ersetzen sollten. Eine übermäßige Zufuhr an Proteinen fördert die renale Ausscheidung von Kalzium, was sich nachteilig auf den Kalziumhaushalt auswirken kann.

Kohlenhydrate sind neben den Fetten die wichtigsten Energielieferanten. Kartoffeln, Reis und Getreideprodukte wie Brot, Nudeln, Haferflocken sowie Getreidegerichte sind wertvolle stärke- und ballaststoffreiche Lebensmittel, die zudem essenzielle Nährstoffe und präventiv wirkende sekundäre Pflanzenstoffe enthalten. Sie bilden daher die Basis einer vollwertigen Ernährung. Ein hoher Kohlenhydratanteil in der Nahrung geht in der Regel mit einer niedrigeren Fettaufnahme einher, was dem Risiko für Herz-Kreislauf-Erkrankungen entgegen wirkt. Hierauf gründet die Empfehlung, Nahrungsenergie überwiegend in Form von Kohlenhydraten aufzunehmen. Die Aufnahme sollte vor allem als komplexe Kohlenhydrate (Stärke, Ballaststoffe) und nur zu einem geringen Teil als Zucker erfolgen, da sich dies günstig auf den Blutzuckerspiegel auswirkt. Den Lebensmitteln zugesetzte isolierte Kohlenhydrate, insbesondere Mono- und Disaccharide sowie raffinierte oder modifizierte Stärken, enthalten im Allgemeinen keine essenziellen Nährstoffe, so dass sie bei einer bedarfsgerechten Energiezufuhr die Nährstoffdichte und die Versorgung mit essenziellen Nährstoffen herabsetzen. Gleichzeitig erhöht verzehrter Zucker, besonders als Bestandteil klebriger Süßwaren, die Gefahr der Entstehung von Karies. Vor diesem Hintergrund wird ein moderater Umgang mit Zucker und zuckerhaltigen Lebensmitteln empfohlen. Demgegenüber ist eine hohe Ballaststoffzufuhr wünschenswert. Ballaststoffe fördern die Verdauungsaktivität des Magen-Darm-Traktes. Im Hinblick auf ihre vorbeugende Wirkung gegen Obstipation, Dickdarmdivertikulose sowie ihren günstigen Einfluss auf die Darmflora und den Blutzucker- und Cholesterinspiegel wird eine Zufuhr von mindestens 30 g pro Tag empfohlen. Besonders reichlich sind Ballaststoffe in Vollkornprodukten und Gemüse enthalten.

1.2 Vitamine und Mineralstoffe

Vitamine sind essenzielle organische Verbindungen, die der Mensch nicht oder nicht in ausreichenden Mengen synthetisieren kann. Mineralstoffe werden ebenso wie die Vitamine für die Aufrechterhaltung der biochemischen und physiologischen Funktionen benötigt und sind zudem wichtige Bestandteile von Körperstrukturen. Vitamine und Mineralstoffe sind oft nur in geringen und stark variablen Mengen in verschiedenen Lebensmitteln enthalten, so dass zur optimalen Bedarfsdeckung eine vielfältig gemischte Kost empfohlen wird. Aktuelle Ernährungserhebungen zeigen, dass im Allgemeinen eine gute Versorgung mit Vitaminen und Mineralstoffen vorliegt. Ausgenommen hiervon ist die Zufuhr der Vitamine D, E und Folsäure sowie von Kalzium und Jod, die zum Teil deutlich unter den Referenzwerten liegt. Der Richtwert für Natrium wird dagegen erheblich überschritten (Mensink et al., 2002b, S. 78ff; Manz, 2000, S. 62).

Natrium wird üblicherweise in Form von Kochsalz (Natriumchlorid), insbesondere zu Pommes frites, in Snack-Food, Fast-Food und Fertiggerichten aufgenommen. Eine mögliche Folge einer hohen Kochsalzzufuhr sind erhöhte Blutdruckwerte bei salzsensitiven Menschen. Zusätzlich wird eine vermehrte renale Kalziumausscheidung beobachtet, die einen Kalziummangel verstärken kann. Vor diesem Hintergrund sollte Speisesalz sparsam verwendet werden.

Eine ausreichende Aufnahme von Kalzium und Vitamin D in Verbindung mit einer angemessenen körperlichen Aktivität ist ein Ansatzpunkt der Osteoporoseprophylaxe. Kann auf Grund eines unzureichenden Aufenthaltes im Sonnenlicht die körpereigene Synthese von Vitamin D nicht genügend zur Deckung des Bedarfs beitragen, muss besonders auf die alimentäre Zufuhr geachtet werden. Die Versorgung mit Vitamin D erfolgt vor allem über Fisch, Eier und Milchprodukte, wichtige Kalziumquellen sind Milch und Milchprodukte sowie einige Mineralwässer.

Vitamin E wirkt in unserem Organismus als antioxidatives Schutzsystem. Oxidative Vorgänge sind an Alterungsprozessen und der Entstehung einer Reihe von Erkrankungen wie beispielsweise Atherosklerose beteiligt. Eine ausreichende Vitamin-E-Zufuhr kann über die Verwendung von Weizenkeim-, Sonnenblumen-, Maiskeim- und Rapsöl im Rahmen der Speisenzubereitung erreicht werden.

Folsäuremangel manifestiert sich primär an Geweben mit hoher Zellteilungsrate wie beispielsweise den Schleimhäuten des Darms und des Urogenitaltrakts, bei Schwangeren besteht ein erhöhtes Risiko für Fehlentwicklungen der Frucht. Weiterhin kann Folsäuremangel eine Erhöhung des Homocysteinspiegels im Blut verursachen. Ein erhöhter Homocysteinspiegel gilt als ein unabhängiger Risikofaktor für Atherosklerose. Schwerer Mangel an Folsäure führt zur Anämie. Gute Folsäurelieferanten sind Tomaten, Kohlarten, dunkelgrüne Blattgemüse sowie Pflanzenkeimlinge, Orangen und Vollkornprodukte.

Jod wird für die Synthese der Schilddrüsenhormone benötigt. Eine unzureichende Jodversorgung kann daher eine Kropfbildung und eine Unterfunktion der Schilddrüse zur Folge haben. Zur Vorbeugung eines Jodmangels werden der Verzehr von Seefischen und anderen maritimen Produkten sowie die Verwendung von jodiertem Speisesalz empfohlen. Milch und Eier können bei entsprechender Fütterung der Tiere ebenfalls zur Jodversorgung beitragen.

Von Bedeutung für die Versorgung mit Vitaminen ist neben den Lagerzeiten und Lagertemperaturen auch eine schonende Zubereitung der Lebensmittel. Viele Vitamine werden zerstört, wenn Gemüse lange und warm gelagert, stark zerkleinert, gewässert, zu lange gekocht und anschließend warm gehalten wird. Mineralstoffe gehen vor allem durch Wässern verloren.

1.3 Flüssigkeitszufuhr

Wasser wird von unserem Körper als Baustoff, Lösungs-, Transport- und Kühlmittel benötigt. Eine unzureichende Flüssigkeitszufuhr führt zur Austrocknung des Körpers. Dies äußert sich durch trockene Haut und Schleimhäute sowie Obstipation. Zudem verursacht ein Flüssigkeitsmangel Blutdruckabfall und eine schlechtere Organdurchblutung. Die damit einhergehende geringere Sauerstoffversorgung der Gewebe bewirkt eine allgemeine Leistungsbeeinträchtigung, Übelkeit und Kopfschmerzen. Für eine gesunde vitalitätsfördernde Ernährung ist eine tägliche Wasseraufnahme von etwa 2,5 Litern erforderlich. Üblicherweise liefert die feste Nahrung ungefähr die Hälfte dieser Menge, die restlichen 1,5 Liter müssen über Getränke aufgenommen werden. Geeignete Getränke zur Deckung des Flüssigkeitsbedarfs sind Mineral- und Leitungswasser, ungezuckerte Kräuter- und Früchtetees sowie verdünnte Obstsäfte und Gemüsesäfte. Kaffee, schwarzer und grüner Tee, coffeinhaltige Erfrischungsgetränke (z.B. Coca-Cola, Energy-Drinks) und alkoholische Getränke sollten nicht in die Flüssigkeitsbilanz mit einbezogen werden, da diese auf Grund der diuretischen Wirkung von Coffein bzw. Alkohol die Wasserausscheidung erhöhen.

1.4 Vitalitätsfördernde Ernährungsstrategien

Die oben ausgeführten Grundlagen einer vollwertigen und vitalitätsfördernden Ernährung sind für eine alltagstaugliche praktische Umsetzung in den 10 Regeln der Deutschen Gesellschaft für Ernährung unter den folgenden Überschriften zusammengefasst (aid, 2001):

1. Vielseitig essen;
2. Getreideprodukte – mehrmals am Tag und reichlich Kartoffeln;
3. Reichlich Obst und Gemüse – Nimm „5" am Tag;
4. Täglich Milch und Milchprodukte, einmal in der Woche Fisch; Fleisch und Wurstwaren sowie Eier in Maßen;
5. Wenig Fett und fettreiche Lebensmittel;
6. Zucker und Salz in Maßen;
7. Reichlich Flüssigkeit;
8. Lebensmittel schmackhaft und schonend zubereiten;
9. Zeit nehmen für Mahlzeiten;
10. Auf das Körpergewicht achten und in Bewegung bleiben.

Darin sind auch Erkenntnisse aus retrospektiven und prospektiven epidemiologischen Studien berücksichtigt, die zeigen, dass eine frühzeitig einsetzende, regelmäßige und reichliche Aufnahme von Gemüse, Obst und Vollkornprodukten präventiv gegenüber degenerativen chronischen Erkrankungen, insbesondere Herz-Kreislauf-Krankheiten und Krebs wirkt. Durch eine Ernährung mit Lebensmitteln überwiegend pflanzlicher Herkunft wird einerseits die Energiedichte herabgesetzt und andererseits die Zufuhr von antioxidativ wirksamen, immunologisch günstig bewerteten Nährstoffen deutlich erhöht. Von Bedeutung sind auch die sekundären Pflanzenstoffe, die sehr wahrscheinlich mit entscheidend für die beobachteten protektiven Wirkungen sind. Vor diesem Hintergrund wird seit Mai 2000 der Verzehr von Obst und Gemüse mit der Kampagne „5 am Tag" von der Deutschen Gesellschaft für Ernährung gemeinsam mit der Deutschen Krebsgesellschaft, verschiedenen Bundesministerien und anderen Institutionen verstärkt beworben.

2. Auswirkungen der Ernährung auf die Leistungsfähigkeit des Menschen

Eine dem individuellen Arbeitsablauf angepasste Ernährung kann sowohl kurzfristig die Leistungsfähigkeit als auch langfristig die Arbeitsfähigkeit der Beschäftigten positiv beeinflussen. Gleichzeitig kann sie das Wohlbefinden sowie die betriebliche Sozialstruktur und Kommunikation verbessern.

2.1 Kurzfristige Auswirkungen

Eine unzureichende Aufnahme der Energie liefernden Nährstoffe Fette, Kohlenhydrate und Proteine führt zu Hunger sowie zu einem Abfall der körperlichen und geistigen Leistungsfähigkeit. Zudem haben spezifische Lebensmittelinhaltsstoffe das Potenzial, über neurochemische Prozesse im Gehirn die psychische Befindlichkeit sowie das Wohlgefühl des Menschen zu beeinflussen (Dye et al., 2000). Es wird vermutet, dass der Verzehr schmackhafter Nahrung mit der Freisetzung von Endorphinen verbunden ist. Frühstücken und kohlenhydratreiche Zwischenmahlzeiten sollen sich positiv auf die Stimmung und das Gedächtnis auswirken (Benton, 2002).

Glukose als Produkt aus der Verdauung und Metabolisierung kohlenhydrathaltiger Lebensmittel ist die zentrale Energiequelle des Gehirns und beeinflusst dadurch Aufmerksamkeit, Erinnerungs- und Reaktionsvermögen sowie Konzentrations- und Assoziationsfähigkeit. Eine fehlende Glukoseverfügbarkeit führt unweigerlich zur Beeinträchtigung der mentalen Leistung. Kohlenhydrathaltige Zwischenmahlzeiten wirken einem Absinken des Blutglukosespiegels entgegen. Dies ist auch im Zusammenhang mit dem Biorhythmus und den damit verbundenen Schwankungen in der Leistungsfähigkeit innerhalb des zirkadianen Rhythmus (24-Stunden-Periodik) zu sehen. Im Verlauf des Tages liegen zwei Leistungshöhepunkte üblicherweise am Vormittag und späteren Nachmittag, die beiden Tiefpunkte am frühen Nachmittag und in der Nacht. Diese Rhythmik sollte insbesondere bei Schicht- und Nachtarbeit sowie bei Arbeiten mit erhöhtem Unfallrisiko bei der Festlegung von Arbeits- und Pausenzeiten sowie von Verpflegungskonzepten beachtet werden. Ein Ernährungskonzept mit mehreren kleineren Mahlzeiten über den Tag verteilt, kann die Leistungskurve positiv beeinflussen. Ermüdungserscheinungen infolge der Verdauungsarbeit nach großen Mahlzeiten können so minimiert werden. Günstig ist, eine Zwischenmahlzeit bereits während des Leistungsgipfels einzunehmen, um eine Abschwächung des nachfolgenden Leistungstiefs zu erreichen. Für die Zwischenverpflegung sind frisches Obst, Rohkost, Milch- und Vollkornprodukte den Süßigkeiten und anderen zuckerreichen Lebensmitteln vorzuziehen, da Zucker sehr rasch in die Blutbahn aufgenommen wird und so – im Gegensatz zur Stärke – zu starken Schwankungen im Blutglukosespiegel führt. Häufige hohe Blutglukosespiegel begünstigen Reaktionen der Glukose mit Proteinen, was die Alterung von Zellen und Geweben fördert (Cerami et al., 1987).

Durstgefühl entsteht als Zeichen eines bestehenden Mangels an Flüssigkeit. Wie schon zuvor ausgeführt, kann dies über einen Blutdruckabfall die Sauerstoffversorgung der Gewebe beeinträchtigen. Folgeerscheinungen sind eine verminderte Leistungsfähigkeit sowie Kopfschmerzen und Übelkeit. Es ist daher darauf zu achten, der Entstehung von Durst durch eine ausreichende Zufuhr geeigneter Getränke (Wasser, Kräuter- und Früchtetees sowie Obst- und Gemüsesäfte) vorzubeugen. Obwohl coffeinhaltige Getränke kurzfristig die Konzentrationsfähigkeit erhöhen, sollten sie nur in Maßen konsumiert werden, da sie auf Grund ihrer diuretischen Wirkung die Flüssigkeitsbilanz negativ beeinflussen. Bei einer übermäßigen Aufnahme von Coffein kann es zum Coffeinismus kommen, der durch eine Reihe von Symptomen wie Nervosität, Reizbarkeit, Herz- und Magen-Darm-Beschwerden sowie Schlafstörungen gekennzeichnet ist. Zudem kann sich beispielsweise eine hohe Kaffeezufuhr nachteilig auf den Mineralstoffhaushalt auswirken. Auf Grund der bekannten Beeinträchtigungen in der Leistungs- und Arbeitsfähigkeit durch Alkohol sollten alkoholische Getränke am Arbeitsplatz weder angeboten noch konsumiert werden.

2.2 Langfristige Auswirkungen

Während Menge und Zusammensetzung der aufgenommenen Lebensmittel sich kurzfristig auf die akute Befindlichkeit und tagesrhythmische Leistungskurve auswirken können, beeinflussen sie langfristig die Entstehung chronischer und degenerativer Erkrankungen. Da wir auf die tägliche Nahrungsaufnahme angewiesen sind und jährlich durchschnittlich etwa eine halbe Tonne Lebensmittel konsumieren, wird die Ernährung zwangsläufig zum chronischen Expositionsfaktor, der einerseits protektive und damit präventive Elemente wie andererseits auch Risiken in sich bergen kann.

Zu den ernährungsmitbedingten Erkrankungen gehören allen voran die Herz-Kreislauf-Erkrankungen sowie Fettstoffwechselstörungen, Diabetes mellitus, Krebs und Osteoporose. Herz-Kreislauf-Erkrankungen wie Hypertonie, ischämische Herzkrankheiten, Herzinfarkt und Schlaganfall als Folgen der Atherosklerose waren auch im Jahr 2000 die häufigsten Todesursachen – ihnen erlag fast jeder zweite Gestorbene (BMG, 2002, Tab. 4.2). Bedeutsame Risikofaktoren der Atherosklerose sind Fettstoffwechselstörungen, Bluthochdruck und Diabetes mellitus, die wiederum durch Übergewicht begünstigt werden. Zudem geht ein zu hohes Körpergewicht vermehrt mit Bandscheiben- und Gelenkschäden, respiratorischen Problemen, Gicht, Erkrankungen der Gallenblase sowie bestimmten Krebserkrankungen einher. Übergewicht stellt daher eines der gravierendsten Ernährungsprobleme in Deutschland dar, wobei neben genetischen Faktoren und einer geringen körperlichen Aktivität zu viel und zu fettes Essen als Hauptursache gilt. Den Ergebnissen des Bundes-Gesundheitssurveys zufolge ist die Ernährung in Deutschland weiterhin durch eine übermäßige Zufuhr an Fett, Protein, Zucker und Alkohol gekennzeichnet (Mensink et al., 2002a). Gleichzeitig werden die Empfehlungen zur Kohlenhydrat- und Ballaststoffaufnahme von einem großen Teil der Bevölkerung nicht erreicht. In der Altersklasse der 25- bis 34-Jährigen hat über die Hälfte der Männer einen BMI-Wert von 25 kg/m² oder mehr, ab einem Alter von 45 Jahren überschreiten mehr als 75 Prozent der Männer und mehr als 50 Prozent der Frauen diese Grenze (Mensink, 2002; siehe auch Abbildung 1).

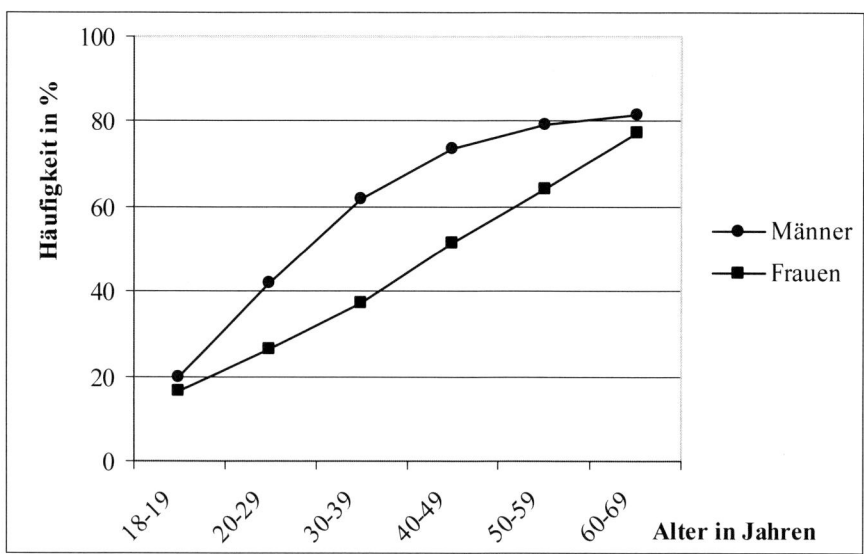

Abb. 1: Prävalenz von Übergewicht bei Männern und Frauen in Deutschland in Abhängigkeit vom Alter (nach Thefeld, 2000)

Auf Grund seines vergleichsweise hohen Energiegehaltes kann auch der Alkoholkonsum die Energiebilanz wesentlich beeinflussen und zur Entstehung von Übergewicht beitragen. Gleichzeitig hat der Konsum von Alkohol nachteilige Wirkungen auf den Vitamin- und Mineralstoffhaushalt. Weitere bedeutsame Gesundheitsrisiken liegen in der Suchtgefahr und den daraus resultierenden Folgen. Gesundheitsrelevante Konsequenzen eines chronischen hohen Alkoholkonsums sind Leberzirrhose, Pankreatitis, Gastritis, Herzmuskelschwund sowie Krebs. Die Deutsche Hauptstelle gegen die Suchtgefahren geht von derzeit rund 2,5 Millionen Alkoholkranken in Deutschland aus (Burger, 2002, S. 113).

Neben den Folgen einer übermäßigen Aufnahme an Energie liefernden Nährstoffen sind auch die langfristigen Auswirkungen einer unzureichenden Versorgung mit präventiv wirkenden Nähr- und Lebensmittelinhaltsstoffen zu betrachten. Ballaststoffen, omega-3-Fettsäuren, einigen Vitaminen und Mineralstoffen sowie sekundären Pflanzenstoffen werden vorbeugende Wirkungen im Zusammenhang mit der Entstehung von Übergewicht, Herz-Kreislauf-Erkrankungen, Osteoporose, Krebs und anderen chronischen Erkrankungen zugesprochen. Da davon ausgegangen wird, dass vor allem die komplexe Vielfalt an natürlichen Nährstoffen entscheidend für die protektiven Wirkungen ist, sollten die Empfehlungen primär über die Aufnahme von Lebensmitteln erreicht werden und nicht über Nahrungsergänzungsmittel, sofern hierfür keine zwingende Notwendigkeit besteht. Eine angemessene Zufuhr an präventiv wirksamen Substanzen ist über eine Ernährung nach den 10 Regeln für eine vollwertige Ernährung gewährleistet (DGE, 2001). Da eine gemüse- und obstreiche Kost in besonderem Maße den Vorgaben einer präventiven, gesundheitsfördernden Ernährung entspricht, empfiehlt die Deutsche Gesellschaft für Ernährung einen Verzehr von 650 g Obst und Gemüse (inklusive Kartoffeln) pro Tag. Diese Menge wird zurzeit in den meisten Altersklassen der Bevölkerung in Deutschland von über 80 Prozent nicht erreicht (Mensink et al., 2002c, S. 92).

Aus den bisher verfügbaren Daten experimenteller und epidemiologischer Studien wird abgeleitet, dass sich bei Einhaltung der genannten Empfehlungen eine größtmögliche Senkung der Prävalenzen ernährungsmitbedingter Erkrankungen erzielen lässt. Schätzungen zufolge könnte beispielsweise bei Einhaltung der Empfehlungen die Zahl der Krebsfälle um 30 bis 40 Prozent vermindert werden (DIfE & WCRF, 1999).

Ernährungsmitbedingte Krankheiten und ihre Folgen müssen auch unter finanziellen Gesichtspunkten betrachtet werden – durch die Verursachung hoher und steigender direkter Kosten im Gesundheitswesen sowie auch auf Grund indirekter Kosten, die sich durch Arbeitsausfall, Invalidität und vorzeitigen Tod ergeben, entstehen erhebliche volkswirtschaftliche Belastungen. Im Jahr 1994 wurden beispielsweise 42,6 Milliarden DM (12 Prozent) der direkten Krankheitskosten durch Krankheiten des Kreislaufsystems verursacht (Statistisches Bundesamt, 1999, S. 7). Im Jahr 1996 gingen von den 31,5 Millionen Arbeitsunfähigkeitsfällen der Mitglieder der Gesetzlichen Krankenversicherungen ca. 1,3 Millionen auf Krankheiten des Kreislaufsystems zurück (BMG, 2001, S. 57f). Aus Daten zum Gesundheitswesen lässt sich errechnen, dass im Jahr 1999 etwa 12 Prozent der Rentenzugänge wegen verminderter Erwerbsfähigkeit auf die ernährungsmitbedingten Erkrankungen Hypertonie und Hochdruckerkrankungen, ischämische Herzkrankheiten, Schlaganfall und Atherosklerose sowie Diabetes mellitus zurückzuführen waren. Dabei lag das durchschnittliche Alter bei Renteneintritt zwischen 52 und 56 Jahren (BMG, 2001, S. 70ff).

Arbeitsunfähigkeit, Invalidität und vorzeitiger Tod von Erwerbstätigen führen zu einem Ressourcenverlust für die Gesellschaft, der sich in verlorenen Erwerbstätigkeitsjahren zusammenfassen und monetär bewerten lässt. Diese indirekten Kosten betrugen 1994 rund 260 Milliarden DM (Statistisches Bundesamt, 1999, S. 8). Nach Verletzungen und Vergiftungen sowie Skelett-, Muskel- und Bindegewebskrankheiten lagen die Krankheiten des Kreislaufsystems mit 29,9 Milliarden DM (11,5 Prozent) aller verlorenen Erwerbstätigkeitsjahre rangmäßig an dritter Stelle, gefolgt von den Neubildungen mit einem Anteil von 26,3 Milliarden DM (10,1 Prozent) (Statistisches Bundesamt, 1999, S. 9). Diese Zahlen begründen die Notwendigkeit einer aktiven betrieblichen Gesundheitsförderung. Hier kann das Ernährungsmanagement einen großen Beitrag leisten, um Fehlzeiten infolge ernährungsmitbedingter chronischer Krankheiten sowie die damit verbundenen vermeidbaren Kosten und negativen Auswirkungen für die Unternehmen zu reduzieren.

3. Mögliche Ansätze für die Umsetzung einer vitalitätsfördernden Ernährung

In der Bundesrepublik Deutschland ist die derzeitige Ernährungssituation gekennzeichnet durch eine hohe Qualität und Verfügbarkeit von Lebensmitteln, die theoretisch eine ernährungsphysiologisch ausgewogene Ernährung für die gesamte Bevölkerung erlauben. Die Ursachen für die oben ausgeführten Ernährungsrisiken liegen daher vor allem in einem fehlenden Ernährungswissen und einem mangelnden Bewusstsein für die langfristigen Folgen von Ernährungsfehlern sowie in den individuellen Lebens- und Arbeitsbedingungen, die der Umsetzung einer gesunden vitalitätsfördernden Ernährung entgegenstehen. Hieraus ergeben sich Überlegungen zu möglichen Ansätzen für eine nachhaltige Verbesserung der Ernährungssituation von Beschäftigten.

3.1 Das betriebliche Verpflegungsangebot

Bei dem Entwurf betrieblicher Verpflegungskonzepte sollten die dargelegten Empfehlungen der Deutschen Gesellschaft für Ernährung berücksichtigt werden. Insbesondere die beschriebenen Ernährungsrisiken wie beispielsweise die hohe Fettaufnahme und der niedrige Obst- und Gemüseverzehr sind zu beachten.

Eine Zugabe von Fett während der Speisenzubereitung ist möglichst gering zu halten. Um trotzdem eine schmackhafte Mahlzeit herzustellen, gibt es zahlreiche Möglichkeiten wie die Verwendung von Joghurt an Stelle von Sahne und der Einsatz von fettsparenden Garverfahren (Dämpfen, Dünsten, Garen im Heißluftofen). Eine erhöhte Aufnahme von einfach und mehrfach ungesättigten Fettsäuren kann mit der Verwendung von Olivenöl, Weizenkeimöl und Sojaöl erreicht werden. Als Dessert sind an Stelle von Süßigkeiten vermehrt Milchprodukte und Obst anzubieten. Um eine Erhöhung des Anteils an komplexen Kohlenhydraten und Ballaststoffen in der Nahrung zu erreichen, können bevorzugt Hülsenfrüchte, Vollkornprodukte und Gemüse eingesetzt werden. In Betriebskantinen kann ein Büfett mit Salaten, Obst und Gemüse, Keimlingen und Nüssen, Joghurt und Milch, ungezuckerten Müslisorten und Getreideflocken, Essigen und Pflanzenölen ein vollwertiges Speisenangebot abrunden.

3.2 Motivation zu gesunder Ernährung

Für die Umsetzung einer Ernährung nach den genannten Gesichtspunkten sind nicht nur ein adäquates Angebot sondern auch das individuelle Ernährungswissen und Ernährungsverhalten mit entscheidend. Die Motivation der deutschen Bevölkerung zu gesunder Ernährung ist relativ gering. Üblicherweise denken 45 Prozent der befragten Deutschen nicht über gesundheitsorientierte Ernährungsaspekte nach; nur 37 Prozent ist bekannt, dass eine ausgewogene und vielseitige Ernährung eine physiologisch gesunderhaltende Wirkung hat. Daneben sind knapp zwei Drittel der Befragten der Ansicht, dass sie sich „gesund ernähren und deshalb keine Ernährungsumstellung vornehmen müssen" (Friebe et al., 1997b, S. 261; Friebe et al., 1997a, S. 208). Dass diese subjektive Bewertung von den realen Gegebenheiten abweicht, wird an den existierenden Prävalenzzahlen ernährungsmitbedingter Erkrankungen deutlich (Thefeld, 1999 & 2000). Die vermeintlich gesunde Ernährung wiegt die Menschen jedoch so weit in Sicherheit, dass sie bezüglich ihres persönlichen Ernährungsverhaltens kein Risiko wahrnehmen. Erschwerend kommt hinzu, dass sich im Allgemeinen die langfristigen gesundheitlichen Vorteile einer ausgewogenen Ernährung der Überprüfung durch den Einzelnen entziehen. Die Wahrscheinlichkeit, durch ein riskantes Ernährungsverhalten zu erkranken, wird daher oft mit dem optimistischen Fehlschluss „Mich wird es schon nicht treffen" heruntergespielt (Diehl, 2000, S. 448).

3.3 Bedeutung der Außer-Haus-Verpflegung

Der Strukturwandel auf dem deutschen Arbeitsmarkt ist gekennzeichnet durch eine erhöhte Mobilität der Arbeitnehmer und eine zunehmend flexiblere Gestaltung der Arbeitszeit. Im Jahr 1999 hatten zum einen nur noch 15 Prozent der Beschäftigten ein Arbeitsverhältnis mit „normalen" Arbeitszeiten (konstante Verteilung der Arbeitszeit, ohne Schicht-, Nacht- und Wochenendarbeit) und zum anderen leisteten 56 Prozent der Beschäftigten regelmäßig Überstunden (Deutscher Bundestag, 2002, S. 217f). Der beruflich bedingte Zeitaufwand und die vielfältigen Möglichkeiten der Freizeitgestaltung verringern das Zeitbudget der Erwerbstätigen, von denen die Aussage „keine Zeit" immer häufiger getroffen wird (ZMP, 2001, S. 3).

Eine Konsequenz auf dem Ernährungssektor ist der stetige Anstieg monetärer Ausgaben deutschsprachiger Haushalte für den Außer-Haus-Verzehr, der nach einer Studie der Zentralen Markt- und Preisberichtsstelle im Jahr 2000 ein Marktvolumen von 162 Milliarden DM erreichte (ZMP, 2001, S. 7). Die erkennbaren Gewinner dieses wachsenden Marktes waren unter anderem Verkehrsgastronomien wie Snackbars und Imbissbetriebe, Bringdienste und Fast-Food-Ketten, Bäckereien und Metzgereien. Der prozentuale Anteil der Kantinen und Mensen an den Ausgaben für den Außer-Haus-Verzehr sank dagegen kontinuierlich von 11,8 Prozent im Jahr 1999 auf 10,8 Prozent im Jahr 2000 und weiter auf 10,3 Prozent im Jahr 2001 (ZMP, 2001, S. 18; Michels, 2002, S. 13). Gegenwärtig haben 45 Prozent der Beschäftigten die Möglichkeit eine Kantine oder ein Betriebsrestaurant zu nutzen. Wird eine betriebliche Gemeinschaftsverpflegung angeboten, beanspruchen dies etwa die Hälfte der Berufstätigen drei- bis fünfmal in der Woche, ein Viertel nur ein- bis zweimal pro Woche und ein Viertel gar nicht. Bei den Gästen ist in Bezug auf die Speisenauswahl generell ein „Trading-up" nach mehr Frische und Qualität, mehr Genuss und Abwechslung zu verzeichnen.

Demgegenüber kritisieren die Nicht- und Gelegenheitsgäste der Gemeinschaftsverpflegung die fehlende Abwechslung und geringe Auswahl sowie eine zu kurze Mittagspause (ZMP, 2002, S. 9ff).

4. Empfehlungen für das Personalmanagement

Die individuelle Ernährung am Arbeitsplatz und Inanspruchnahme der betrieblichen Gemeinschaftsverpflegung bestimmen nahezu täglich, teilweise über Jahre und Jahrzehnte, den Speiseplan von berufstätigen Menschen. Auf Grund der dargelegten Beziehungen zwischen der Ernährung und einer Reihe von chronischen Krankheiten könnte ein attraktives, ernährungsphysiologisch ausgewogenes Verpflegungsangebot im Unternehmen wesentlich zur betrieblichen Gesundheitsförderung beitragen. Dazu wäre zunächst eine Überprüfung der vorhandenen betrieblichen Strukturen im Hinblick auf die Qualität der Verpflegung notwendig. Hieraus lassen sich mögliche Maßnahmen zu Verbesserungen der Ist-Situation ableiten, in welche die Wünsche und Bedürfnisse der Beschäftigten einzubeziehen sind.

Das betriebliche Verpflegungsangebot könnte von Fachkräften nach ernährungswissenschaftlichen Gesichtspunkten evaluiert und gegebenenfalls modifiziert werden. Um die Empfehlungen umsetzen zu können, ist im Allgemeinen eine entsprechende Schulung des zuständigen Küchenpersonals von Vorteil. Dazu bietet das Referat für Gemeinschaftsverpflegung der Deutschen Gesellschaft für Ernährung, entsprechende Fort- und Weiterbildungsveranstaltungen wie beispielsweise „Warenkunde", „Ernährungsphysiologische Grundlagen" und „Betriebswirtschaftslehre" an, die unter www.dge.de abrufbar sind. Im Hinblick auf die Prävalenz von ernährungsmitbedingten Krankheiten und das Wissen darum, dass hier spezifische diätetische Maßnahmen den Krankheitsverlauf günstig beeinflussen, könnte das Anbieten einer indikationsorientierten Ernährung zur Gesundheitsförderung beitragen.

Um den Beschäftigten eine angemessene Flüssigkeitsaufnahme zu gewährleisten, sollte ihnen jederzeit der Zugang zu geeigneten Getränken (Wasser, Kräuter- und Früchtetees sowie Obst- und Gemüsesäfte) möglich sein. Dies kann mit unterschiedlichen Maßnahmen erfolgen wie beispielsweise durch das Aufstellen von Automaten, Stell- und Kühlmöglichkeiten für mitgebrachte Getränke in der Nähe des Arbeitsplatzes und der Bereitstellung von Wasserspendern an ausgewählten Orten im Unternehmen.

Das Interesse der Beschäftigten an der Erhaltung der eigenen Gesundheit und die dafür erforderliche Eigeninitiative können im Unternehmen über regelmäßige Aktionstage und Aktionswochen zu gesunder und genussvoller Ernährung erhöht werden. Themenbeispiele hierfür sind: Herz-Kreislauf-Gesundheit durch Mediterrane Kost; Fit statt Fett; Sekundäre Pflanzenstoffe: nicht immer zweitrangig; Vitamine: kleine Menge, große Wirkung; Flüssigkeit ist Trumpf: Saftschorle & Co.

Die Aktionen können mit Informationsständen, Broschüren, Blutdruckmessungen und Bestimmungen des Body Mass Index unterstützt werden. Ernährungswissenschaftlich ausgebildetes Personal könnte zielgruppenorientiertes Wissen und praktische, problemorientierte Tipps im Rahmen von Vorträgen vermitteln. Bei Bedarf ist – besonders für Beschäftigte, die bereits an ernährungsmitbedingten Erkrankungen leiden – eine individuelle Beratung hilfreich. Eine Zusammenarbeit mit den Krankenkassen und der Deutschen Gesellschaft für Ernährung sollte angestrebt werden.

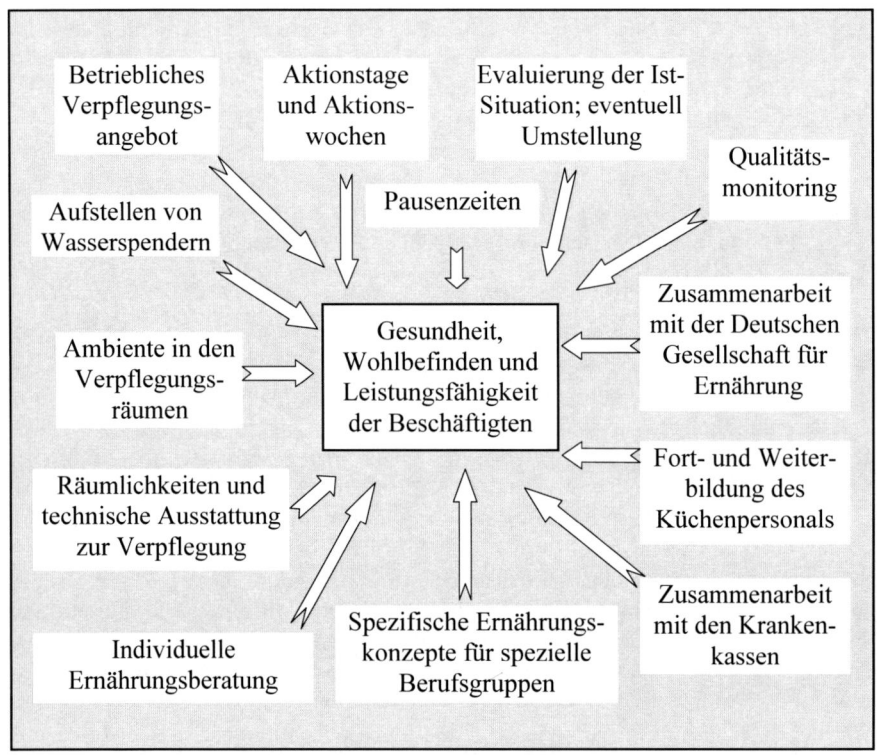

Abb. 2: Mögliche Maßnahmen im Bereich des Ernährungsmanagements zur Steigerung von Gesundheit, Wohlbefinden und Leistungsfähigkeit der Beschäftigten

Das Ernährungsverhalten wird auch durch die betrieblichen Strukturen wie Arbeits- und Pausenzeiten sowie die Verfügbarkeit von funktionellen und ansprechenden Räumlichkeiten geprägt. Häufigkeit und Dauer der Pausenzeiten sind so zu gestalten, dass eine angemessene Aufnahme von Haupt- und Zwischenmahlzeiten möglich ist. Eine Kantine sollte auf kurzen Wegen erreichbar und durch eine attraktive Ausstattung wie beispielsweise Frühstücksbar, Suppenbörse oder Front-Cooking zum Besuch einladen. Zudem könnte eine Erweiterung der Öffnungszeiten und des Kundenkreises in Betracht gezogen werden. Für eine Versorgung mit Zwischen- und Hauptmahlzeiten – auch für zu Hause – eignen sich verschiedene Take-Away-Systeme. Sofern Betriebe nicht über eine eigene Kantine verfügen, sollte untersucht werden, inwieweit sich über betriebliche Absprachen mit geeigneten umliegenden Restaurants und Lebensmittelläden die Beschaffung von ernährungsphysiologisch wertvollen Mahlzeiten realisieren lässt. Weiterhin sollten den Beschäftigten attraktiv und funktionell gestaltete Räume, in denen Selbstmitgebrachtes kühl gelagert, erwärmt und verzehrt werden kann, zur Verfügung gestellt werden

Eine besondere Herausforderung im Hinblick auf die Verwirklichung einer bedarfsgerechten Ernährung stellen Berufsgruppen wie Schicht- und Nachtarbeiter oder Bau- und Forstarbeiter dar. Hier sind spezifische Konzepte zu entwickeln, die beispielsweise die Beanspruchung von Verpflegungseinrichtungen auch zu unüblichen Zeiten oder die Organisation von Bringdiensten beinhalten.

Betriebliche Innovationen zur Verbesserung der Ernährungssituation von Beschäftigten sollten bereits vor ihrer Einführung transparent dargestellt und verständlich kommuniziert werden. Für ein erfolgreiches Ernährungsmanagement ist außerdem die Einrichtung eines regelmäßigen Qualitätsmonitorings notwendig. Nur so lässt sich überprüfen, inwieweit getroffene Maßnahmen tatsächlich zu Verbesserungen im Verpflegungsangebot oder Ernährungsverhalten führen. Gleichzeitig sollte flexibel auf Veränderungen in der Nachfrage und der Zufriedenheit der Beschäftigten reagiert werden. Langfristig können positive Entwicklungen in dem Interesse der Beschäftigten an und ihrer Motivation zu einer gesunden Ernährung die Strategien des Ernährungsmanagements bestätigen.

5. Fazit

Die Lebensarbeitszeit von Frauen und Männern in Deutschland wird aller Voraussicht nach ansteigen und die Beschäftigten im Unternehmen werden immer älter werden. Gefragt sind daher Handlungsstrategien, die das frühzeitige Entstehen von Erkrankungen verhindern oder hinauszögern, um die Arbeits- und Leistungsfähigkeit des Menschen zu erhalten. Hier kann die Ernährung einen wichtigen präventiven Beitrag leisten. Obwohl der Einzelne es vermeintlich selbst in der Hand hat, sich gesundheitsbewusst zu ernähren, ist dies angesichts der Wissenslücken und mangelnden Motivation zu hinterfragen. Zudem finden sich bei einer Einbindung in die Arbeitswelt Bedingungen, die für den Beschäftigten eine Selbstbestimmung der Umstände und Qualität der individuellen Ernährung nur eingeschränkt zulassen.

Obschon die Nährstoffversorgung bis auf einige Ausnahmen im Allgemeinen als gut einzustufen ist, leistet die zu hohe Fett- und Energiezufuhr zusammen mit einer geringen körperlichen Aktivität der Entstehung von Übergewicht Vorschub, das epidemiologischen Befunden zufolge mit einer Reihe von chronischen Erkrankungen und einer geringeren Lebenserwartung assoziiert ist. Gleichzeitig wird das präventive Potenzial einer gemüse-, obst- und ballaststoffreichen Kost gegenwärtig nicht ausgeschöpft. Ernährungsmitbedingte Erkrankungen verursachen –

unter anderem durch Arbeitsunfähigkeitszeiten der Beschäftigten und durch Verrentungen weit vor dem gesetzlichen Rentenalter – Kosten in Milliardenhöhe, die auch die Unternehmen tragen.

Betrachten verantwortungsbewusste Führungskräfte die vorgestellten Erkenntnisse in Verbindung mit den demographischen Entwicklungen sowie den damit verbundenen Veränderungen im Bereich der Arbeitswelt, erscheint folgendes entscheidend: Die Ernährung am Arbeitsplatz könnte einen bedeutenden, nachhaltigen und finanzierbaren Beitrag zur Verbesserung der Ernährungssituation der Beschäftigten leisten. Unternehmen könnten die Chance nutzen, sich an den monetären Gewinnen des Außer-Haus-Verzehrs zu beteiligen, indem sie auf die aktuellen Marktanforderungen reagieren und innovative, kreative Verpflegungskonzepte in ein gesundheitsorientiertes, vitalitätsförderndes Ernährungsmanagement einbeziehen. Dies könnte dazu beitragen, im Unternehmen Betriebskosten zu senken und Einnahmen zu erzielen. Gleichzeitig könnten kurzfristig das Wohlbefinden und die Leistungsfähigkeit und langfristig die Gesundheit und Arbeitsfähigkeit der immer älter werdenden Beschäftigten erhalten und gefördert werden.

Literatur

aid – Auswertungs- und Informationsdienst für Ernährung, Landwirtschaft und Forsten (aid) e.V. (Hrsg.): Vollwertig essen und trinken nach den 10 Regeln der DGE. Bonn, 2001

Badura B.: Gesünder älter werden – Betriebliche Personal- und Gesundheitspolitik in Zeitendemographischen Wandels. In: Badura B., Schellschmidt H., Vetter C. (Hrsg.) (2003): Fehlzeiten-Report 2002 – Demographischer Wandel: Herausforderung für die Personal- und Gesundheitspolitik. Springer-Verlag Berlin Heidelberg New York, S. 33-42, 2003

Benton D.: Carbohydrate ingestion, blood glucose and mood. Neuroscience Biobehavioral Reviews, 26:, 2002, 293-308

BMG – Bundesministerium für Gesundheit (Hrsg.): Daten des Gesundheitswesens. Band 137, Nomos Verlagsgesellschaft Baden-Baden, 2001

BMG – Bundesministerium für Gesundheit (Hrsg.): Statistisches Taschenbuch – Gesundheit 2002. Bonn, 2002

Burger M.: Im Blickpunkt: Alkohol. In: Robert-Koch-Institut (Hrsg.): Beiträge zur Gesundheitsberichterstattung des Bundes: Was essen wir heute? Berlin, 2002, 113-118

Cerami A., Vlassara H., Brownlee M.: Glucose and aging. Scientific American 256(5):, 1987, 90-97

Deutscher Bundestag (Hrsg.): Globalisierung der Weltwirtschaft – Schlussbericht der Enquete-Kommission. Verlag Leske + Budrich, Opladen, 2002

DGE – Deutsche Gesellschaft für Ernährung (DGE) e.V., Österreichische Gesellschaft für Ernährung (ÖGE), Schweizerische Gesellschaft für Ernährungsforschung (SGE), Schweizerische Vereinigung für Ernährung (SVE) (Hrsg.): Referenzwerte für die Nährstoffzufuhr. 2. korrigierter Nachdruck 2001, Verlag Umschau/Braus, Frankfurt am Main, 2001

Diehl J. M.: Motivation zu gesunder Ernährung. Verbraucherdienst 45(5):, 2000, 442-448

DIfE & WCRF – Deutsches Institut für Ernährungsforschung & World Cancer Research Fund (Hrsg.): Krebsprävention durch Ernährung. Bergholz-Rehbrücke & London, 1999

Dye L., Lluch A., Blundell J. E.: Macronutrients and Mental Performance. Nutrition 16, 2000, 1021-1034

Friebe D., Zunft H.-J. F., Seppelt B., Gibney M.: Einstellungen der deutschen Bevölkerung zu Lebensmitteln, Ernährung und Gesundheit – Ergebnisse aus einem EU-Survey (1. Teil). Ernährungs-Umschau 44(6), 1997a, 206-213

Friebe D., Zunft H.-J. F., Seppelt B., Gibney M.: Einstellungen der deutschen Bevölkerung zu Lebensmitteln, Ernährung und Gesundheit – Ergebnisse aus einem EU-Survey (2. Teil). Ernährungs-Umschau 44(7), 1997b, 260-264

Manz: Jodversorgung und Jodmangelprophylaxe in Deutschland „Jod-Monitoring 1996". In: DGE – Deutsche Gesellschaft für Ernährung (DGE) e.V. (Hrsg.) (2000): Ernährungsbericht 2000. Frankfurt am Main, 2000, 58-65

Mensink G.: Übergewicht. In: Robert-Koch-Institut (Hrsg.): Beiträge zur Gesundheitsberichterstattung des Bundes: Was essen wir heute? Berlin, 2002, 131-134

Mensink G., Burger M., Beitz R.: Energie und Makronährstoffe. In: Robert-Koch-Institut (Hrsg.): Beiträge zur Gesundheitsberichterstattung des Bundes: Was essen wir heute? Berlin, 2002a, 17-40

Mensink G., Henschel Y., Beitz R., Burger M.: Vitamine und Mineralstoffe. In: Robert-Koch-Institut (Hrsg.): Beiträge zur Gesundheitsberichterstattung des Bundes: Was essen wir heute? Berlin, 2002b, 41-81

Mensink G., Hintzpeter B., Beitz R., Burger M.: Lebensmittelkonsum. In: Robert-Koch-Institut (Hrsg.): Beiträge zur Gesundheitsberichterstattung des Bundes: Was essen wir heute? Berlin, 2002c, 82-112

Michels, P.: Aktuelle Entwicklungen zum Außer-Haus-Verzehr – Neue Marktforschungsergebnisse. Unter: http://www.zmp.de/mafo/studien.htm. Zentrale Markt- und Preisberichtsstelle für Erzeugnisse der Land-, Forst- und Ernährungswirtschaft GmbH (ZMP) (Hrsg.), Bonn, 2002

Mori, T. A., Beilin, L. J.: Long-chain omega 3 fatty acids, blood lipids and cardiovascular risk reduction. Current Opinion in Lipidology, 12, 2001, 11-17

Statistisches Bundesamt (Hrsg.): Kosten nach Krankheitsarten – Kurzfassung. Gesundheitsberichterstattung des Bundes, Wiesbaden, 1999

Thefeld W.: Prävalenz des Diabetes mellitus in der erwachsenen Bevölkerung Deutschlands. Gesundheitswesen 61, Sonderheft 2, 1999, 85-S89

Thefeld W.: Verbreitung der Herz-Kreislauf-Risikofaktoren Hypercholesterinämie, Übergewicht, Hypertonie und Rauchen in der Bevölkerung. Bundesgesundheitsblatt – Gesundheitsforschung – Gesundheitsschutz 43(6), 2000, 415-423

Vetter C.: Einfluss der Altersstruktur auf die krankheitsbedingten Fehlzeiten. In: Badura B., Schellschmidt H., Vetter C. (Hrsg.) (2003): Fehlzeiten-Report 2002 – Demographischer Wandel: Herausforderung für die Personal- und Gesundheitspolitik. Springer-Verlag Berlin Heidelberg New York, 2003, 249-263

ZMP – Zentrale Markt- und Preisberichtsstelle für Erzeugnisse der Land-, Forst- und Ernährungswirtschaft GmbH (Hrsg.): Essen außer Haus 2000. ZMP 04/2001, Bonn

ZMP – Zentrale Markt- und Preisberichtsstelle für Erzeugnisse der Land-, Forst- und Ernährungswirtschaft GmbH (Hrsg.): Markttrends im GV-Bereich – Erwartungen und Anforderungen von Kantinennutzern und GV-Entscheidern. ZMP 03/2002, Bonn

Kapitel 3

Praxis des Gesundheitsmanagements im Unternehmen

Fallstudie zum Gesundheitsmanagement aus der Automobilzuliefererbranche – Die Autoliv GmbH

Ingwert Jan Ingwertsen & Dirk Lümkemann

Die Wurzeln Autolivs reichen zurück zum Jahr 1953 als Lennart Lindblad zusammen mit seinem Bruder Stig, „Lindblads Autoservice" gründeten und Sicherheitsgurte entwickelte und produzierte. Anfang 1960 kamen die ersten 3-Punkt Gurte erfolgreich auf den Markt. 1965 wurde mit „Autoliv Schwedengurte GmbH & Co. KG" in Hamburg eine deutsche Niederlassung gegründet, die 1973 ihren Sitz nach Elmshorn im Südwesten Schleswig-Holsteins verlegte.

Autoliv Inc. entstand 1997 durch die Fusion des führenden europäischen Herstellers von Insassenschutzsystemen, der schwedischen Autoliv AB, mit der Morton ASP (Automotive Safety Products), dem führenden Airbag-Hersteller in Nordamerika und Asien. Das Unternehmen ist heute Weltmarktführer im Bereich Insassenschutzsysteme für die Automobil-Industrie.

Mit der Einführung der weltweit ersten Seitenaufprallschutz-Systeme (SIPS und Inflatable Curtain) und des Anti-Schleudertrauma-Sitzes (AWS) setzte Autoliv weitere Meilensteine.

In unserem Streben nach der Entwicklung der fortschrittlichsten und kostengünstigsten Produkte am Markt und ständiger Verbesserung der Kundenzufriedenheit erwarten wir von unseren Mitarbeitern großes Engagement und hohe Flexibilität. Gleichzeitig eröffnet Autoliv seinen Mitarbeitern die Chance sich in einem internationalen und modernen Umfeld weiterzuentwickeln. Diese interessanten Perspektiven anzubieten ist jedoch nur möglich, da Autoliv sich als lernende Organisation kontinuierlich an veränderte Marktbedingungen anpasst. Und dazu wiederum ist das Potenzial der Autoliv Mitarbeiter ein bedeutender Erfolgsfaktor.

Das Werk Elmshorn ist ein international ausgerichteter Entwicklungs- und Produktions-standort für Gurtsysteme mit rund 1 300 Mitarbeiter, davon 45 Prozent Frauen. Über 40 Prozent der Belegschaft sind in der Produktion tätig. Der Ausländeranteil beträgt ca. 22 Prozent, der Altersdurchschnitt liegt bei 40 Jahren.

Die Produktionsbereiche (Montage) sind gekennzeichnet durch eine hochgradig arbeitsteilige halbautomatisierte Serienfertigung im Akkordlohn unter REFA-Gesichtspunkten und den hohen Qualitätsanforderungen der Automobilindustrie.

Der dortige Krankenstand (Abb. 1) ist seit vielen Jahren ein ständiger Diskussionspunkt. Durch verschiedene Einzelmaßnahmen wie z.B. Einsatz von Ergonomie-Software bei der Planung von Betriebsmitteln, verstärkte Einbindung des Betriebsarztes bei Wiedereingliederungen, Beschäftigung zahlreicher befristeter Mitarbeiter aber auch Fehlzeitenkündigungen ist über die Jahre hinweg ein Absinken der Fehlzeitenquote erreicht worden, das Fehlzeitenniveau aber nach wie vor hoch.

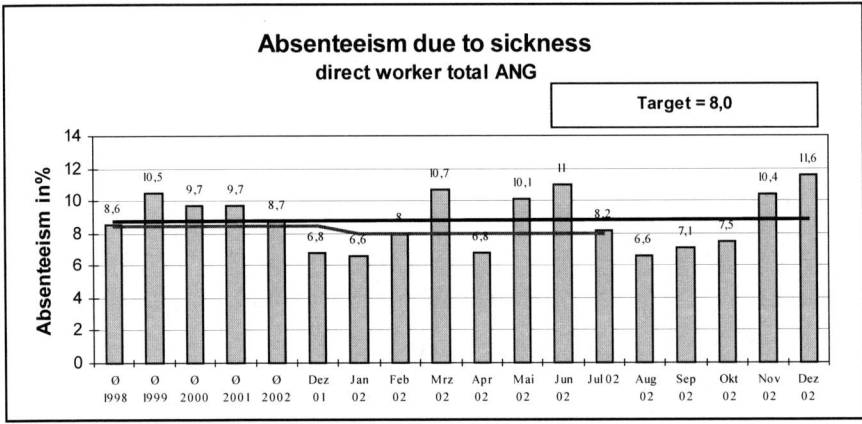

Abb. 1: Verhältnis Arbeitsstunden / Bezahlte Stunden Arbeitsunfähigkeit

In den Entwicklungs- und Verwaltungsbereichen sind keine nennenswerten Fehlzeiten festzustellen (Abb. 2), jedoch sind insbesondere durch die Einführung von Großraumbüros zur Stärkung der Kommunikation Belastungen durch Lärm/Geräusche und ein ungeregeltes Raumklima bekannt.

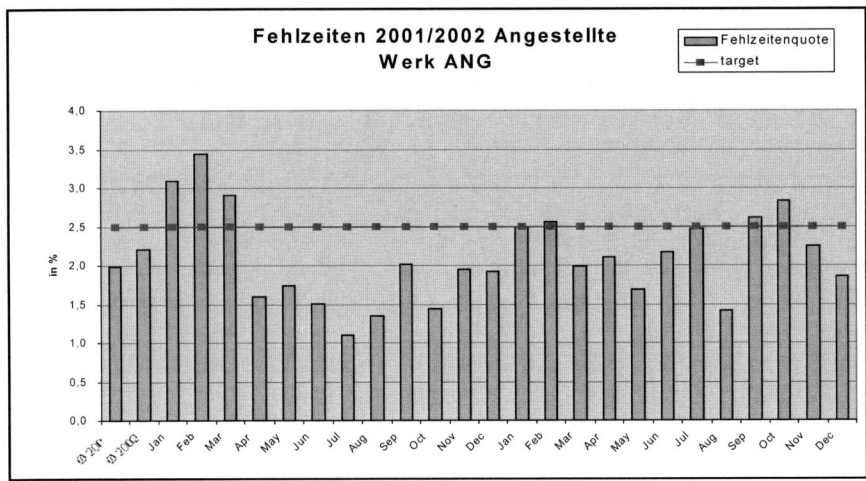

Abb. 2: Fehlzeiten Angestellte

1. Die diagnostische Basis

1.1 Die Initiative

Der hohe Krankenstand in der Produktion, trotz der verschiedenen Einzelmaßnahmen, und die Umgebungsbelastungen in den Bürobereichen haben seitens der Geschäftsleitung zum Verlassen der üblichen Handlungsmuster geführt. Ziel ist, der Erhaltung und Förderung der Gesundheit der Mitarbeiter in allen Unternehmensbereichen in Zukunft mehr Gewicht zu verleihen. Gleichzeitig verbindet sich damit auch die Hoffnung, die sehr negativ besetzte Fehlzeitendiskussion in eine positive und verbindliche kontinuierliche Gesundheitsförderung überzuleiten. Die enge Zusammenarbeit mit der Belegschaftsvertretung und der glaubhafte Ansatz, ein integriertes Gesundheitsmanagement dauerhaft einführen zu wollen, sind dabei für den Erfolg des Vorhabens ebenso wichtig wie eine gute Vorbereitung und Analyse der Ist-Situation.

Autoliv hat sich in Zusammenarbeit mit dem Unternehmen padoc® dazu entschlossen, eine systematische und umfassende Gesundheitsdiagnose durchzuführen. Die Unterstützung durch einen externen Partner mit entsprechenden Erfahrungen ist zum einen aufgrund der naturgemäß fehlenden Betriebsblindheit und dem größeren Abstand zu der Organisation von Vorteil, zum anderen aufgrund des medizinischen und wissenschaftlichen Sachverstandes gerade in der Phase der Analyse der Ist-Situation von großem Vorteil.

1.2 Das Diagnose-Team

Mit dem Start des Projekts ist das Diagnose-Team zusammengestellt worden. Es besteht aus dem Personalleiter, dem Betriebsrat, der Werksleitung und padoc®. Dieses Team hat die Aufgabe alle bereits im Unternehmen vorhandenen Daten zusammenzutragen und auszuwerten, die jeweiligen Diagnoseschritte zu planen und durchzuführen sowie das Kommunikationskonzept umzusetzen. Die enge und intensive Zusammenarbeit der Schlüsselfunktionen im Unternehmen und von diesen mit padoc® ist die wichtigste Voraussetzung für den Projekterfolg.

1.3 Das Kommunikationskonzept

Ein Qualitätskriterium betrieblicher Gesundheitsförderung ist, dass die gesamte Belegschaft auf dem Wege der internen Öffentlichkeitsarbeit über alle Diagnoseschritte und über die Zwischenergebnisse rechtzeitig und umfassend informiert wird. Dieses wird bei Autoliv auch gerade aufgrund vergangener Erfahrungen konsequent betrieben. Bevor die Mitarbeiter aktiv in die Analysephase eingebunden wurden, erfolgte eine Information aller Beschäftigten über die Ziele und geplanten Maßnahmen durch ein persönliches Anschreiben (Abb. 3). Wichtiger Bestandteil ist dabei die sehr frühe Ankündigung, gemeinsam von Geschäftsleitung und Belegschaftsvertretung, über alle wichtigen Ergebnisse der Diagnose unter anderem im Rahmen von Betriebsversammlungen regelmäßig informieren zu wollen. Vor Beginn der Gesundheitsdiagnose hat sich padoc® in diesem Rahmen vorgestellt. Seitdem ist das Thema Gesundheitsmanagement fester Bestandteil der Betriebsversammlungen bei Autoliv. Zusätzlich haben alle Mitarbeiter jederzeit die Gelegenheit sich über eine speziell eingerichtete Informationstafel über den Verlauf des Projekts zu informieren.

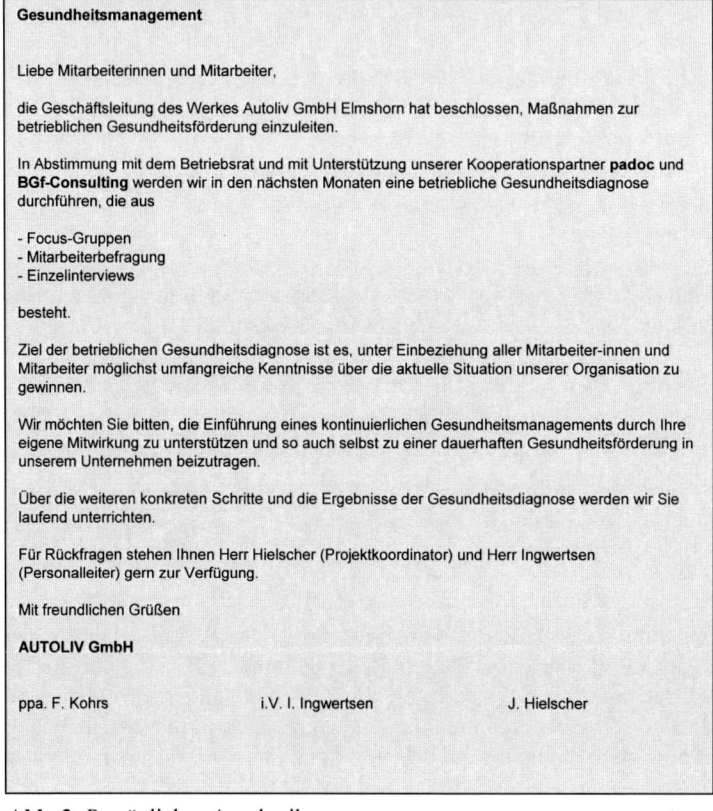

Abb. 3: Persönliches Anschreiben

2. Die systematische Diagnose

Nach den Qualitätskriterien betrieblicher Gesundheitsförderung basieren entsprechende Maßnahmen auf einer sorgfältigen Diagnose. Insbesondere aufgrund des bei Autoliv bestehenden lernenden Systems, stellt eine gesundheitsbezogene Organisationsdiagnose die notwendige Voraussetzung dar, um spätere Maßnahmen zu planen, durchzuführen und zu bewerten. Nur durch diese Systematik lassen sich nachhaltige Wirkungen auf die Gesundheit der Mitarbeiter und die Leistungsfähigkeit des Unternehmens erzielen. Die häufig zur Diagnose und Evaluation und bislang auch bei Autoliv verwendeten Arbeitsunfähigkeitsdaten erlauben zwar eine Eingrenzung von Problemen und Zielgruppen, aber keine verlässliche Diagnose der zugrunde liegenden Probleme und Ursachen. Deshalb wendet Autoliv das Konzept der lernenden Organisationen auch für das Gesundheitsmanagement an.

Ziel der Autoliv Gesundheitsdiagnose ist:

1. eine bedürfnis- und zielorientierte Planungsgrundlage für Maßnahmen zu erhalten,
2. eine größtmögliche Effektivität und Effizienz der zu planenden Maßnahmen zu erzielen,
3. vorhandene Erfahrungen, Daten und Ressourcen zu nutzen,
4. eine breite Unterstützung im Unternehmen für die Planung und Durchführung von Maßnahmen zu erreichen.

Der systematische Aufbau der Diagnose sieht vor, dass zunächst alle im Unternehmen vorhandenen Daten gesammelt und ausgewertet werden. Dazu zählen die Fehlzeitenberichte der Personalabteilung, Arbeitsschutzdaten der Berufsgenossenschaften (Unfälle, Berufskrankheiten), Gesundheitsberichte der Krankenkassen, Protokolle der Arbeitsschutzausschuss-Sitzungen, Übersichten zur Mitarbeiter- und Unternehmensstruktur, Informationen über den Betriebssport, Gefährdungsanalysen, Interviews mit den gesundheitsrelevanten Akteuren im Unternehmen, Arbeitsplatzanalysen und Betriebsbegehungen.

Diese umfangreichen Informationen wurden zusammengeführt und ausgewertet. Die daraus gewonnenen Erkenntnisse waren die Grundlage für den nächsten Diagnoseschritt.

2.1 Die Fokusgruppen

Diese wurden als reine Diagnose-Workshops unter Leitung eines externen Moderators durchgeführt. In jeweils 120 Minuten haben sich durchschnittlich sechs bis sieben Mitarbeiter über die Mitarbeiterzufriedenheit, Ursachen für Fehlzeiten und das Führungsverhalten geäußert. Die Festlegung dieser Themen begründet sich auf die Auswertung der oben aufgeführten Datenquellen. Es wurden insgesamt 14 repräsentative Gruppen durchgeführt, die zum einen die Mitarbeiterstruktur des Unternehmens widerspiegeln. Sie waren ein weiteres Puzzleteil für das Gesamtbild der Gesundheitssituation des Unternehmens und einzelner Arbeitsbereiche. Der bei Autoliv praktizierte innovative Einsatz von Fokusgruppen als reines Diagnoseinstrument hat sich als sehr sinnvoll erwiesen, da die Mitarbeiter, an den praktischen Gegebenheiten des Unternehmens orientiert, nur sehr kurz aus den Arbeitsabläufen herausgenommen werden. Da es sich bei den Fokusgruppen nur um eins von mehreren Diagnoseinstrumenten handelt ist im Rahmen der Autoliv Gesundheitsdiagnose eine Kombination aus Diagnose und Interventions-Workshop wie z. B. in Gesundheitszirkeln mit mehreren Terminen nicht erforderlich. Die Ergebnisse der Fokusgruppen sind dann wiederum eingeflossen in den nächsten Diagnoseschritt.

2.2 Der Mitarbeiterfragebogen

Aus den Ergebnissen der bei Autoliv vorhandenen Daten und aus den Befunden der Fokusgruppen wurden die Themenbereiche für die Mitarbeiterbefragungen definiert. Diese bestanden aus:

1. Geist und Seele,
2. Vorgesetzte, Führungskräfte und Kollegen,
3. Anerkennung, Belohnung und Weiterbildung,
4. Arbeit und Gesundheit,
5. Gesundheitsverhalten,
6. Gesundheit und Krankheit.

Durch die gute Zusammenarbeit des Diagnose-Teams ist ein für Autoliv sehr spezifischer Fragebogen entstanden, der sich auf die gesamte Organisation bezieht und alle Bereiche einschließt. Neben den üblichen allgemeinen Angaben (z.B. Alter, Geschlecht usw.) wird sowohl die Abteilung als auch der Arbeitsplatz jedes Mitarbeiters erfasst. Diese beiden Angaben erlauben Rückschlüsse auf die Themen Führung und Organisation sowie Auswertungen bezüglich abteilungsunabhängiger Umgebungsbedingungen. Selbstverständlich werden über den gesamten Befragungsprozess hinweg alle datenschutzrechtlichen Bedingungen streng beachtet. Die Befragung ist anonym und die Auswertung lässt keine Rückschlüsse auf einzelne Mitarbeiter zu. Insbesondere zu diesem Thema erhalten die Mitarbeiter zum Fragebogen ein Anschreiben des Diagnoseteams. Den Mitarbeitern wird außerdem deutlich gemacht, dass sie entscheidenden Einfluss auf künftige Maßnahmen zur Gesundheitsförderung und Prävention haben. Um einen weiteren Anreiz zur Beteiligung an dieser Befragung zu bieten, werden von Autoliv attraktive Preise unter allen Befragungsteilnehmern verlost.

Die im Unternehmen vorhandenen Daten, die Ergebnisse der Fokusgruppen und des Mitarbeiterfragebogens fließen nun in den letzten Schritt der Diagnose ein.

2.3 Die Einzelinterviews

Hier führt padoc zwanzigminütige Einzelinterviews mit 50 Mitarbeitern, die nicht an den Fokusgruppen teilgenommen haben, aber ihre jeweiligen Arbeitsbereiche repräsentieren, um die Resultate der bisherigen Diagnose zu vertiefen. Ein Schwerpunkt dabei ist, bestimmte Problemlösungen oder Veränderungsmöglichkeiten aus Sicht des Mitarbeiters so genau wie möglich zu identifizieren. Die Ergebnisse aus allen Diagnosemodulen fließen in eine abschließende Bewertung ein. Alle Daten werden zusammenhängend interpretiert und diskutiert. Daraus werden konkrete Handlungsempfehlungen entwickelt. Damit ist der erste Schritt des lernenden Zyklusses, die Diagnose abgeschlossen, und der nächste Schritt erreicht: die Planung von Maßnahmen.

3. Zusammenfassung

Die hier vorgestellte Gesundheitsdiagnose kann wegen ihrer Systematik aber vor allem mit ihrem umfassenden Ansatz als einzigartig und vorbildlich bewertet werden. Die Ergebnisse dieser Diagnose sind die ideale Basis für ein sinnvolles Gesundheitsmanagement. Autoliv ist ein schönes Beispiel dafür, dass zwar die Fehlzeiten als zentraler Auslöser verstärkter Bemühungen um die Gesundheit der Mitarbeiter sind, hier aber erkannt wurde, dass einzelne Maßnahmen nicht weiterhelfen. Die Fehlzeiten-Problematik wird im Gesamtkontext gesehen und als Symptom für gesundheitliche und psychosoziale Probleme begriffen, die ihre Wurzeln in der Organisation, der Führung oder den einzelnen Mitarbeitern haben können. Genau um das herauszufinden wurde diese umfassende Autoliv Gesundheitsdiagnose durchgeführt, integriert in das im Unternehmen vorhandene System der lernenden Organisation.

Fallstudie zum Gesundheitsmanagement aus der Elektrogeräteherstellerbranche – Die Braun AG

Ute Kempf-Uhlig

"In der Hälfte des Lebens opfern wir unsere Gesundheit, um Geld zu erwerben. In der anderen Hälfte opfern wir Geld, um die Gesundheit wiederzuerlangen."
(Voltaire)

Gesundheit steht über allem. Sie ist unbezahlbar und steuert unser Leben. Bekannt seit langem, aktuell wie nie. Wie die Industrie sich erfolgreich darauf einstellt, indem sie das Wohlbefinden von Körper und Geist zu einem zentralen Thema macht, zeigt die betriebliche Gesundheitsförderung bei Braun.

Die Botschaft ist eindeutig definiert: Das Unternehmen Braun trägt eine Mitverantwortung für die Gesundheit seiner Mitarbeiter. Das wussten die Brüder Erwin und Artur Braun bereits vor 50 Jahren und setzten ihre Idee in ein klares Konzept um. Ganz nach dem Motto "Gesund bleiben und Gesund werden" legten die Söhne des Firmengründers Max Braun den Grundstein zu einer einzigartigen Institution, dem Braun Gesundheitsdienst.

Heute unterhält Braun in allen deutschen Werken Gesundheitsdienste mit dem Ziel, die Mitarbeiter bei der Erhaltung und Wiederherstellung von Gesundheit und Wohlbefinden zu unterstützen. Diese Form der medizinischen Sozialleistung zeugt von außergewöhnlichem Engagement und demonstriert eindrucksvoll die humane und soziale Haltung des Unternehmens. Eine Philosophie, die Mitarbeitern und Unternehmen gleichermaßen zugute kommt.

1. Das Unternehmen

Braun ist der weltweit führende Hersteller von Elektrokleingeräten. Seit 1967 eine Tochter der Gillette Company mit Sitz in Boston/Massachusetts. Weltweit arbeiten in dem Unternehmen ca. 9000 Mitarbeiter, es gibt 10 Werke in 7 Ländern. Die Kernwerte der Braun-Produkte heißen Qualität, Innovation und Design. Das machte Braun zum Weltmarktführer mit Produkten wie Mundpflegegeräte, Scherfolienrasierer, Epilierer, Stabmixer, Ohr-Thermometer und stromunabhängige Haarstyler.

Zur Gillette Gruppe gehören neben Braun und Gillette die Marken Oral-B und Duracell, die ebenfalls mit vielen Produkten die Weltmarktführerschaft behaupten.

2. Prävention im Mittelpunkt

Was ist Gesundheit, was ist Krankheit - und wo ist der Übergang? Ist man krank bei der Einlieferung in die Klinik oder zählen tägliche Wehwehchen bereits als Krankheit? Viele sind überzeugt "kerngesund" zu sein - werden aber ihre Kopfschmerzen, Müdigkeit, Verdauungsstörungen oder schlechte Laune nicht los. Wirklich gesund ist derjenige, der sich im Zustand vollkommener körperlich-geistig-seelischer Harmonie befindet. Jetzt ist der Mensch leistungsfähig, positiv, heiter und stets guter Dinge. Er ruht in sich selbst. Eine kleine Abweichung ist noch keine Krankheit, aber der Weg zu ihr.

Oberstes Gebot des Braun Gesundheitsdienstes ist die Prävention, denn Gesundheit ist nicht selbstverständlich. Jeder sollte seinen Körper als Ganzes sehen und mit den "Lebenskräften" in Einklang bringen. Jede Abweichung vom Zustand guter Gesundheit ist die Antwort auf den Verstoß gegen die Gesetze des Körpers.

Die zunehmende Technisierung und Rationalisierung sowie deren negative Folgen machen es einfach, gegen die Lebensgesetze zu verstoßen. Unser Körper ist heute ganz anderen Belastungen als früher ausgesetzt. Heute sitzen die meisten Menschen im Büro oder an programmierten Werkzeugmaschinen. Die nervliche Beanspruchung hat ebenso zugenommen wie eine einseitige körperliche Belastung. Diese schädlichen Einflüsse, die täglich auf den Körper einwirken, müssen ausgeglichen werden, um die Gesundheit und Leistungsfähigkeit zu gewährleisten. "Vorbeugen ist besser als Heilen" heißt deshalb das Motto, dem sich der Braun Gesundheitsdienst verschrieben hat - und zwar im ganzheitlichen Sinne.

Das ist ganz besonderes Anliegen und Ziel von Werksärztin Dr. Sigrun Lamers. Und so umschreibt die Medizinerin philosophisch das Zusammenspiel von Körper und Seele mit einem Zitat des Altmeisters Aristoteles: "Was dem Teile nützt, nützt auch dem Ganzen."

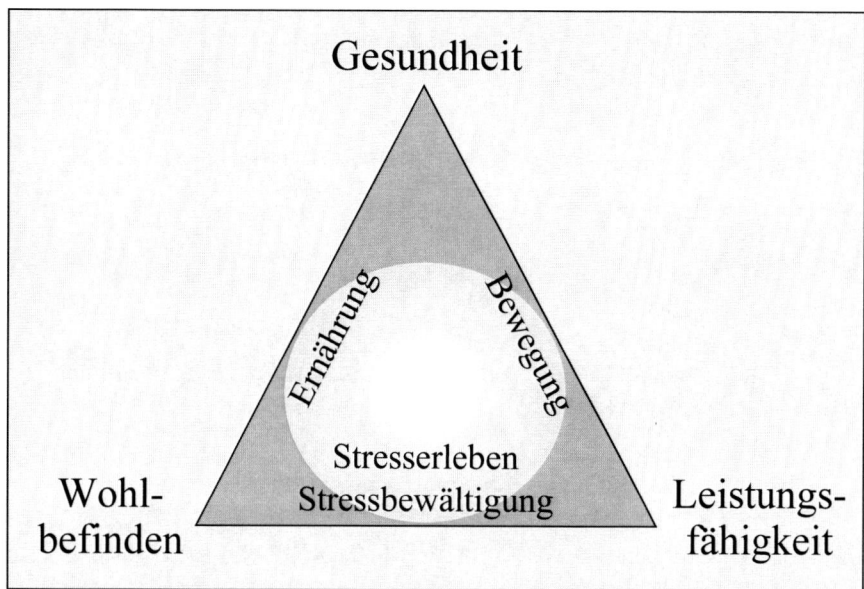

Abb. 1: Gesundheitspyramide

3. Pionierarbeit

1954 begann der Gesundheitsdienst mit seiner Arbeit. Einrichtungen dieser Art waren ungewöhnlich. Es gab Unternehmen, die sich um die Gesundheit der Mitarbeiter kümmerten, es jedoch nicht zu einem zentralen Thema machten. Keiner entwickelte ein vergleichbares Programm mit dem umfangreichen Leistungsangebot. Braun hat Pionierarbeit geleistet, war Schrittmacher und Vorbild in der sozialmedizinischen Unternehmensgestaltung. 1973 wurde ein Teil der bis dahin freiwilligen Leistungen des Gesundheitsdienstes durch das Arbeitssicherheitsgesetz für alle Unternehmen verbindlich vorgeschrieben - eine offizielle Bestätigung der Initiative von Braun.

4. Neuer Kurs des Unternehmens

Die Gründung des Gesundheitsdienstes lief einher mit einer Neuorientierung des Unternehmens, die ihren Ausdruck in einer neuen Konzeption und Gestaltung der Produkte fand. Braun Gesundheitsdienst und Braun Design haben eine deutliche Verbindung, einen gemeinsamen Nenner: Eine neue Haltung gegenüber dem Menschen, dem Käufer und Verwender der Braun Produkte ebenso wie dem Mitarbeiter, der diese Produkte entwickelt, gestaltet und produziert.

Die Brüder Erwin und Artur hatten 1951 nach dem Tod des Vaters die Leitung des Unternehmens übernommen. Schon für den Firmengründer Max standen Qualität und Nutzbarkeit der Produkte im Mittelpunkt. Seine Söhne folgten denselben Überzeugungen. Sie entwickelten Produkte mit ungewöhnlich hohem Gebrauchswert. Das Design war konsequent funktionsorientiert. So wurde Braun zum weltweit beachteten und anerkannten Pionier des guten Designs.

Erwin und Artur Braun empfanden immer eine starke unternehmerische Verantwortung gegenüber ihren Mitarbeitern. Aus dieser Einstellung heraus ging es den Brüdern um eine wirksame Verbesserung des Miteinanders und der Lebensbedingungen der Menschen. Die Gesundheitsvorsorge war ein besonderes Anliegen, zumal Erwin Braun verletzt aus dem Krieg heimkehrte und selbst die Erfahrung machte, wie wichtig Bewegung und Ernährung sind, um Leistungskraft und Gesundheit zurückzugewinnen.

5. Es begann mit dem Betriebsarzt

Der erste Schritt im Jahre 1954 war die Einstellung eines Betriebarztes und einer Werksschwester. Der Arzt richtete ein Laboratorium für medizinische Diagnostik ein, das allen Mitarbeitern kostenlos zur Verfügung stand. Er begann mit der Überprüfung der Arbeitsbedingungen, um mögliche Gesundheitsrisiken festzustellen und für Abhilfe zu sorgen.

Noch im selben Jahr kam der Diplom-Sportlehrer und Physiotherapeut Werner Kuprian zu Braun, der den Gesundheitsdienst vier Jahrzehnte leitete und immer weiter ausbaute: Ein Gesundheitszentrum mit werksärztlicher Station, Unfallversorgung, Gymnastikhalle, Physikalischer Therapie, Sauna und Schwimmbad. Zwei Jahre später wurde der Gesundheitsdienst um eine werkszahnärztliche Station erweitert. 1960 kam die Diätkantine hinzu, die nach ernährungswissenschaftlichen Grundsätzen zusammengestellte Vollwertkost anbot.

Werner Kuprian war die treibende Kraft des schnell wachsenden Gesundheitsdienstes. Das Geheimnis seines Erfolges liegt wohl darin, dass er nicht nur an Ideale, sondern als Idealist an die Vernunft appelliert hat. Seine Kompetenz zeigt sich in einer Berufung der besonderen Art: Während der Olympischen Spiele 1972 war erstmalig auf Initiative von Kuprian ein Team von 32 Physiotherapeuten eingesetzt. Er war der Leiter. Bei auftretenden Beschwerden der Sportler konnte sofortige Hilfe geleistet werden.

6. Anerkennung intern und extern

1959 startete der Gesundheitsdienst ein Projekt, das in seiner Art einmalig war: Eine eingehende Untersuchung von Arbeitsbewegungen direkt am Arbeitsplatz. Auf der Grundlage dieser Untersuchungen entwickelte der Gesundheitsdienst eine spezielle Gymnastik, mit der die Defizite einseitiger Bewegungsabläufe ausgeglichen werden konnten.

Der Gesundheitsdienst sowie seine Programme fanden in der medizinischen Fachwelt, aber auch in einer breiten Öffentlichkeit große Aufmerksamkeit und Anerkennung. Presse-Artikel, medizinische Fachbesucher sowie Delegationen anderer Unternehmen demonstrieren die positive Resonanz und unterstreichen den Vorbildcharakter. Der langjährige Leiter des Gesundheitsdienstes Werner Kuprian erhielt 1977 für sein "Pilotwirken" die Verdienstmedaille des Verdienstordens der Bundesrepublik Deutschland

7. Belastungen am Arbeitsplatz

Klassische Arbeitsplatzbelastungen wie Lärm, Schmutz und körperliche Schwerarbeit gehören weitgehend der Vergangenheit an. Heute dominieren unspezifische nervliche Belastungen als Folge deutlich höherer Leistungsanforderungen. Da immer weniger Mitarbeiter die anfallende Arbeit zu bewältigen haben, sind trotz aber auch wegen modernster technischer Hilfsmittel erhöhte Konzentration und Flexibilität erforderlich, wachsen Leistungs- und Termindruck.

Der menschliche Körper ist vornehmlich für Bewegung, nicht für das Verharren in statischen Positionen geschaffen. Der weitaus größere Teil der Mitarbeiter verbringt jedoch die Arbeitszeit sitzend, am Schreibtisch, am Bildschirm, in der Fertigung oder in der Montage.

Langes Sitzen - insbesondere in schlechter Haltung - belastet den Rücken einseitig und schwächt die Muskeln. Verspannungen, Schmerzen, Funktionsstörungen und degenerative Erkrankungen sind oft die Folge. Am häufigsten treten Beschwerden im Schulter- und Nackenbereich sowie im unteren Rücken auf, gefolgt von Kopfschmerzen und Durchblutungsstörungen in den Beinen.

Im PC-Zeitalter von heute hat sich ein neues Krankheitsbild entwickelt: das RSI-Syndrom (repetitive strain injury). Es sind Beschwerden in Muskeln und Sehnen der oberen Extremität. Sie werden ausgelöst durch einseitige und sich ständig wiederholende Bewegungen, wie z.B. beim Arbeiten am PC mit der Maus.

8. Der Gesundheitsdienst

Unter dem Dach des Gesundheitsdienstes haben sich arbeitsmedizinische Betreuung, physikalische Therapie, Physiotherapie, Gymnastik- und Entspannungskurse sowie Ernährungsberatung im ganzheitlichen Sinn vereint. Zum Team des Gesundheitsdienstes gehören eine Betriebsärztin, vier Krankenschwestern, vier Physiotherapeuten und Aufsichtspersonal für Sport- und Saunabereich.

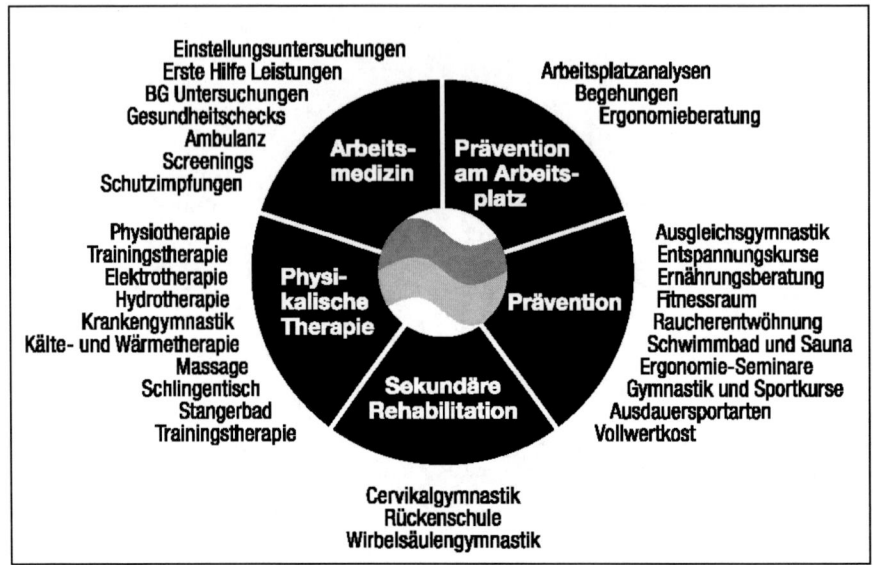

Abb. 2: Gesundheitsdienst im Überblick

Mit einer Palette von qualifizierten Angeboten reagiert der Braun Gesundheitsdienst gezielt auf die Belastungen der modernen Arbeitswelt. Gesundheit ist kein Zustand, sondern ein kontinuierlicher, komplexer und individueller Prozess. Von den Verantwortlichen wird ein hohes Maß an Professionalität und persönlichem Engagement verlangt. Erst die qualifizierte und einfühlsame Betreuung der Mitarbeiter garantiert, daß Gesundheitsförderung nicht Sache einiger Enthusiasten bleibt.

So werden den Mitarbeitern regelmäßig u.a. folgende Leistungen kostenlos angeboten: Check-up's, Blutzuckermessung, Grippeschutzimpfung, Erste-Hilfe-Kurse, reisemedizinische Beratung, kostenlose Physiotherapie sowie Sport- und Gymnastik.

9. Arbeitsmedizin

Trotz innovativster Technik - das wichtigste Kapital eines Unternehmens bleibt der Mensch. Und deshalb bildet die Prävention den Schwerpunkt betriebsärztlicher Tätigkeit. Wichtigste Aufgabe der modernen Arbeitsmedizin ist die frühzeitige Feststellung und Beseitigung gesundheitsgefährdender Einflüsse am Arbeitsplatz. Werden Arbeitsplätze in der Produktion oder im Bürobereich eingerichtet, sind die Kenntnisse des Betriebsarztes gefragt. Er überprüft Gefahrstoffe und Arbeitsmittel wie Chemikalien, Schmierstoffe, Reinigungs- und Hautschutzmittel.

Der Gestaltung ergonomischer Arbeitssysteme kommt aus präventiv-medizinischer Sicht eine große Bedeutung zu. Belastende Faktoren wie zu geringer Bildschirmabstand, Blendungen, falsch eingestellte Bürostühle oder zu niedrige Tische müssen bereits bei der Planung berücksichtigt werden. Arbeitsplatzanalysen beurteilen die gesundheitliche Situation des Arbeitsplatzes und bilden die Basis gezielter Verbesserungen. Grundlage hierfür sind gesicherte arbeitswissenschaftliche Erkenntnisse sowie gültige Normen und Richtlinien.

Regelmäßige Begehungen der Arbeitsstätten, laufende Begutachtungen der Arbeitsplätze und berufsgenossenschaftliche Untersuchungen sollen ebenfalls verhindern, dass berufliche Tätigkeiten krank machen. Die Maßstäbe des Braun Gesundheitsdienstes sind sehr hoch und gehen über die Anforderungen der Berufsgenossenschaft hinaus. Sie garantieren den Mitarbeitern einen noch höheren Schutz.

Der Betriebsarzt kümmert sich um Einstellungsuntersuchungen, führt Impfungen z. B. vor Auslandsaufenthalten durch, hilft nach längerer Krankheit bei der Wiedereingliederung in den Arbeitsprozess und berät Verantwortliche und Betroffene bei gesundheitsbedingtem Arbeitsplatzwechsel.

Der Gesundheitsdienst ist verantwortlich für die Ausbildung von Ersthelfern. Je nach Tätigkeitsbereich sind 5 - 10 % aller Mitarbeiter qualifizierte Ersthelfer, die im medizinischen Notfall vor Ort schon Erste Hilfe leisten können.

10. Physikalische Therapie

Der Braun Gesundheitsdienst bietet den Mitarbeitern kostenlose therapeutische Maßnahmen an. Voraussetzung ist eine ärztliche Verordnung durch Hausarzt, Facharzt oder Betriebsarzt. Die Behandlungen werden von den qualifizierten und erfahrenen Physiotherapeuten durchgeführt. Im Mittelpunkt stehen Gelenk- und Wirbelsäulenbeschwerden sowie Erkrankungen aus den Bereichen Chirurgie, Sportmedizin und Traumatologie.

Die apparative Ausstattung mit Schlingentisch, Traktionsgeräten, Hydrotherapie und Stangerbad ermöglicht in Kombination mit verschiedenen Reizstromtherapien rasche und effektive Behandlungserfolge.

Die Behandlungstermine werden so vereinbart, dass der Arbeitsablauf des Mitarbeiters nicht gestört wird. Warte- und Fahrtzeiten entfallen, der Mitarbeiter ist nur für die Zeit der Behandlung nicht am Arbeitsplatz.

11. Präventive Gymnastik und Rückenschule

Unterschiedlich dosierte und modifizierte Gymnastikkurse bilden den Kern der präventiven Arbeit. Der Gesundheitsdienst hat die Belastungen verschiedener Arbeitsplatztypen analysiert und spezielle Gymnastikprogramme darauf zugeschnitten. Je nach Alter, Leistungsfähigkeit und sportiven Vorkenntnissen wird das Herz-Kreislauf-System trainiert, die Gelenkbeweglichkeit verbessert, die Rumpfmuskulatur stabilisiert oder die rhythmisch-koordinative Fertigkeit verbessert.

Möglichst vielfältige Bewegungen, die alle Leistungsfaktoren einbeziehen, sorgen für den notwendigen physischen und psychischen Ausgleich. Jeder Mitarbeiter ist willkommen, Vorkenntnisse werden nicht erwartet.

Eine besondere Bedeutung kommt der Rückenschule zu. Bei vorwiegend sitzender Tätigkeit gilt es, Defizite auszugleichen. Bei regelmäßigem Training wird die Muskulatur gekräftigt und die Wirbelsäule entlastet.

Darüber hinaus versteht sich der Gesundheitsdienst mit all seinen Einrichtungen auch als Ort der Begegnung und der Kommunikation..

12. Fitness und Entspannung

Um der Hektik des Alltags gezielt begegnen zu können, vermitteln systematische Entspannungskurse geeignete Techniken zur Selbstanwendung. Yoga und Tai Chi bieten Stressbewältigung und Körperschulung in einem. Die Übungen verbessern Beweglichkeit und Haltung der Wirbelsäule und senken nachweislich Blutdruck und Herzfrequenz. Im Autogenen Training wird eine Methode der mentalen Selbstentspannung gelehrt, die jederzeit anwendbar ist und mit ihrem positiven Einfluss auf das vegetative Nervensystem in kürzester Zeit zu ganzheitlicher Erholung und Beruhigung führt.

Sauna und Schwimmbad runden als Wohltat für Körper und Seele das Programm ab. Die Schwimmhalle wird für Therapie und Gymnastik genutzt. Bewegung im Wasser ist dank dessen spezifischer Eigenschaften gelenkschonend. Einzel- und Gruppengymnastik im Wasser ist daher besonders bei Gelenkserkrankungen geeignet, die Muskulatur schonend aber effektiv zu kräftigen.

- » Fitnessgymnastik
- » Skigymnastik
- » Konditionsgymnastik
- » Fitnessgymnastik für Schichtarbeiter
- » Cervicalgruppe
- » Schwangerschaftsgymnastik
- » Wirbelsäulengymnastik
- » Laufsportgruppen
- » Walking
- » Aquafitness
- » Schwimmen
- » Sauna
- » Progressive Muskelentspannung
- » Tai Chi
- » Autogenes Training
- » Yoga
- » Krafttraining mit Geräten
- » Volleyball
- » Prellball
- » Badminton (gegen geringe Gebühr)
- » Tennis (gegen geringe Gebühr)
- » Fußball
- » Inline-Scating
- » Mountainbike

Abb. 3: Überblick des Angebotes

13. Gesunde Verpflegung

Neben dem Bewegungs- und Entspannungsangebot spielt eine hochwertige Ernährung eine wichtige Rolle in der betrieblichen Gesundheitsförderung. Da die meisten Mitarbeiter täglich im Betriebsrestaurant essen, übernimmt Braun nicht nur eine große Verantwortung, sondern sieht auch eine Chance, auf Gesundheit und Wohlbefinden einzuwirken.

Die Idee einer gesunden und vollwertigen Ernährung stand von Anfang an auf dem Programm des Braun Gesundheitsdienstes. Bereits 1960 wurde eine Diätkantine eingerichtet, in der die Mitarbeiter mit lacto-vegetabiler Vollwertkost verpflegt wurden.

Was heute immer noch als fortschrittlich gilt, kam damals einer Pioniertat gleich, war doch das Bewusstsein für die Zusammenhänge von Gesundheit und Ernährung noch lange nicht ausgeprägt. Heute gibt es in den Betriebsrestaurants aller

Braun Werke Deutschlands biologische Vollwertkost als zusätzliche Alternative zum bestehenden Angebot.

14. Betriebliche Suchtprävention

In der Regel liegen die Ursachen übermäßigen Alkoholkonsums im privaten Bereich. Die Auswirkungen und Folgen sind jedoch auch im Unternehmen sichtbar. Betriebliche Suchtprävention ist deshalb eine begrenzte, aber notwendige Aufgabe des Gesundheitsdienstes.

Nach Bedarf führt der Gesundheitsdienst Kurse und Seminare durch, um die verantwortlichen Vorgesetzten auf die Gefährdungen übermäßigen Konsums hinzuweisen. Führungskräfte sollen Merkmale etwaiger betroffener Mitarbeiter frühzeitig erkennen, um rechtzeitig die vorhandenen Hilfsmaßnahmen anbieten zu können.

Rauchen schädigt nachweislich die Gesundheit - das gilt auch für das Passiv-Rauchen. Bei Braun gilt, daß auf der Basis von gegenseitiger Rücksicht und Respekt, im Bedarfsfall dem konkreten Anspruch des Nichtrauchers ein höherer Rang eingeräumt wird, als dem Verlangen des Rauchers.

Nichtraucherschutz am Arbeitsplatz ist demnach keine freundliche Geste, sondern in Einzelfällen erforderlich, um bei Bedarf dem Mitarbeiter einen ausreichenden Schutz für Gesundheit und Wohlbefinden zu gewährleisten, ohne dabei die Privatsphäre des Rauchers zu sehr einzuengen.

Für Mitarbeiter, die das Rauchen beenden wollen, bietet der Gesundheitsdienst seine Unterstützung in Form eines speziellen Trainings an. Mit Hilfe einer wissenschaftlich anerkannten und erprobten Methode können Mitarbeiter unter qualifizierter Betreuung trainieren, dauerhaft abstinent von Nikotin und Alkohol zu leben. Der Erfahrungsaustausch in der Gruppe erleichtert das Gelingen.

15. Regelmäßiger Austausch

Die Arbeit des Gesundheitsdienstes muss qualifiziert, organisiert und koordiniert sein. Neue Erkenntnisse im Bereich der Arbeitsmedizin oder der Ergonomie, neue Gesetze und Vorschriften, aber auch gesundheitliche Risiken durch neue Arbeitsverfahren und Arbeitsstoffe müssen in der täglichen Praxis Berücksichtigung finden. Nicht zu vergessen die immer stärker um sich greifenden Beschwerden und Erkrankungen des Rückens.

Es hat sich als sinnvoll erwiesen, dass alle Mitarbeiter, die mit dem Gesundheitsdienst verbunden sind, regelmäßig zu einem Austausch zusammentreffen. Diese

Gesundheitstagungen finden seit 35 Jahren in einem der drei Braun Werke in Deutschland statt.

16. Rückblick

Der Rückblick auf fast 50 Jahre Gesundheitsdienst zeigt deutlich, dass das Konzept der Gesundheitsvorsorge und -fürsorge richtig umgesetzt wurde. Seit Jahrzehnten nehmen unzählige Mitarbeiter den für sie kostenlosen Service in Anspruch. Der Gesundheitsdienst hat vielen Mitarbeitern geholfen, gesund zu bleiben oder gesund zu werden. Und weit über diese Erfolge hinaus hat er die Einstellung der Mitarbeiter, ihre Lebensweise sowie ihre Arbeitshaltung positiv beeinflusst.

17. Ausblick

Ein wirkungsvoller, engagierter Gesundheitsdienst ist auch in der Zukunft nötig. Denn die Arbeit bleibt eine Belastung, die Folgen für die Gesundheit haben kann. Der betriebsärztliche Dienst und die physikalische Therapie werden für die Mitarbeiter und das Unternehmen eine wichtige und sinnvolle Einrichtung bleiben. Der Gesundheitsdienst wird auch in Zukunft den Mitarbeitern helfen - er ist heute so wichtig wie bei seiner Gründung.

18. Fazit

Der Braun Gesundheitsdienst gilt als gewinnbringende Investition in das wichtigste Element eines Unternehmens: die Leistungs- und Einsatzfähigkeit seiner Mitarbeiter. Braun beschäftigt in allen Bereichen überdurchschnittlich leistungsfähige und motivierte Mitarbeiter. Das umfangreiche Angebot zur Gesundheitsförderung ist Teil einer verantwortungsvollen Personalpolitik und spiegelt die moderne Unternehmenskultur eines Weltkonzerns wider.

Die Bemühungen von Braun zur Förderung und Erhaltung der Gesundheit des Einzelnen machen das Unternehmen zu einem attraktiven Arbeitgeber und tragen zu einem positiven Betriebsklima mit niedrigeren Krankenständen als üblich bei. Gesundheit führt zu überdurchschnittlicher Leistung und manifestiert sich in Leistung und Erfolg. Das Ergebnis ist eine loyale Identifikation der Mitarbeiter mit dem Unternehmen und seinen Produkten.

Voltaire hätte seine Freude daran gehabt.

Fallstudie zum Gesundheitsmanagement aus dem Bankgewerbe – Die Commerzbank AG

Klaus Enz

„ .... Ein Mann, der zu beschäftigt ist, sich um seine Gesundheit zu kümmern, ist wie ein Handwerker, der keine Zeit hat, seine Werkzeuge zu pflegen ...".

Die Einfachheit dieses spanischen Sprichwortes macht den Inhalt seiner Aussage für einen jeden von uns verständlich und nachvollziehbar.

Der nachfolgende Beitrag beschäftigt sich mit der Frage, ob und in welcher Form sich dieser Gedanke auch in der Welt der modernen Dienstleistungsunternehmen und hier speziell in der Welt der Finanzdienstleister durchgesetzt hat. Am konkreten Beispiel des Commerzbank-Konzerns soll aufgezeigt werden, welche Bedeutung die HR-Verantwortlichen der Pflege des Humankapitals im Rahmen der betrieblichen Gesundheitsförderung beimessen.

1. Gesundheitsschutz in Banken – ein Rückblick

In den ersten Jahrzehnten des 20. Jahrhunderts prägen patriarchale Strukturen das Verhältnis zwischen den Bankarbeitgebern und ihren beschäftigten Bankbeamten. Mit der stark zunehmenden Arbeitsteilung und Rationalisierung in den zwanziger und dreißiger Jahren entwickelt sich der Bankberuf zu einem Massenberuf mit geringer Qualifikation, schlechter Bezahlung und geringen Aufstiegschancen. Die Belange des Arbeits- und des Gesundheitsschutzes spielen in dieser Zeit kaum eine Rolle.

Die Bankbranche ist in der zweiten Hälfte des 20. Jahrhunderts – wie kaum ein anderer Wirtschaftszweig – gekennzeichnet durch eine kontinuierliche wirtschaftliche Aufwärtsentwicklung. Der Beruf des Bankkaufmanns entwickelt sich zu einem der attraktivsten Angestelltenberufe mit guten Verdienst- und Karrieremöglichkeiten. In den Banken entstehen großzügig angelegte, hochmoderne und nach den neuesten arbeitssicherheitstechnischen Anforderungen ausgelegte Büroarbeitsplätze. Die „Glastürme", die in dieser Zeit entstehen, stehen hierfür als Symbol.

Vor diesem Hintergrund verwundert es kaum, dass die Finanzdienstleistungsbranche die geringsten krankheitsbedingten Fehlzeiten-quoten aufweist und sich auch in Bezug auf die Statistiken der Arbeitsunfälle in den hintersten Reihen einordnet.

Dies ist ein Erklärungsansatz dafür, warum eine proaktive betriebliche Gesundheitsförderung in der Bankenbranche noch in den Kinderschuhen steckt. Denn ein wesentlicher Ansatzpunkt für Maßnahmen der Gesundheitsförderung war und ist meist ein hoher Krankenstand, der auf problematische Arbeitsbedingungen hinweist und für die Betriebe einen Anreiz darstellt, um krankheitsbedingte Kosten zu senken. Da gerade hier aber die Banken mit die niedrigsten Krankenstandsquoten ausweisen und nur eine sehr geringe Anzahl an Arbeitsunfällen sowie anerkannten Berufskrankheitsfällen verzeichnen, entsteht hier schnell der Eindruck, dass es einen konkreten Bedarf an gesundheits-fördernden Maßnahmen nicht gibt. So wird einerseits zwar den arbeits-sicherheitstechnischen Anforderungen in ausreichendem Maße Rechnung getragen. Auch werden die rechtlichen Vorgaben zum Gesundheitsschutz, wie z. B. die Durchführung der in den Unfallverhütungsvorschriften vorgesehenen Vorsorgeuntersuchungen, eingehalten. An betrieblichen Gesundheitsförderungs-maßnahmen, die über diesen rechtlichen Rahmen hinausgehen, fehlt es jedoch weitgehend.

Bei einer 1995 von den Krankenkassen und Berufsgenossenschaften durchgeführten Analyse von Gesundheitsförderungsprojekten in bundesdeutschen Betrieben zeigte sich, dass die Bereiche Handel, Kreditinstitute und Versicherungen deutlich unterrepräsentiert waren. In rund 3000 Betrieben wurden insgesamt 317 Gesundheitszirkel durchgeführt. Davon fanden in Handel, Banken und Versicherungen gerade einmal fünf Gesundheitszirkel statt.

Bis zum Ende des 20. Jahrhunderts herrschen noch immer stark verkürzte Problemwahrnehmungen vor, die sich in aller Regel auf sicherheitstechnische Belange und die Erfüllung rechtlicher Normen beschränken.

Nur sehr zögerlich und erst in der jüngsten Vergangenheit entsteht ein Bewusstsein für die neuen Formen potentieller Gesundheitsgefährdungen; .... die psychischen Belastungsfaktoren.

2. Neues Bewusstsein für die Notwendigkeit einer proaktiven betrieblichen Gesundheitsförderung

Unterschiedliche Entwicklungen lassen erkennen, dass eine betriebliche Gesundheitsförderung, die sich auf die Einhaltung der rechtlichen, meist von monokausalen Sachzusammenhängen geprägten Vorschriften des Gesetzgebers und deren Ausführungsorgane wie z. B. der Berufsgenossenschaften beschränkt, zu kurz greift.

3. Veränderungsdynamik in der Arbeitswelt stellt neue Anforderungen

Für kaum eine andere Branche haben sich die Rahmenbedingungen in den zurückliegenden Jahren so gravierend geändert wie für die Finanzwirtschaft. Sie sind gekennzeichnet durch die Globalisierung der Finanzmärkte, die Fortschritte in der Informations- und Kommunikationstechnologie und einen an Schärfe immer stärker zunehmenden Verdrängungswettbewerb.

In diesem Umfeld nehmen die Anforderungen und Belastungen an die Mitarbeiter deutlich erkennbar zu. Eine kontinuierlich steigende Komplexität des Arbeitsumfeldes, steigende Anforderungen an die Flexibilität sowie die Lern- und Veränderungsbereitschaft der Mitarbeiter, Arbeitsverdichtung, steigende Mobilitätsanforderungen und Informationsüberflutung zählen zu den neuen Belastungsfaktoren einer von zunehmender Veränderungsdynamik bestimmten Zeit. Vom traditionellen Arbeitsschutz werden diese neuen Belastungs- und Beanspruchungsmuster nur ungenügend erfasst.

3.1 Konsolidierung in der Bankenlandschaft als zusätzlicher psychischer Belastungsfaktor

Die in der Bankbranche Beschäftigten hatten das große Privileg, seit den fünfziger Jahren in einem Wirtschaftssektor zu arbeiten, der über fast ein halbes Jahrhundert hinweg von Sicherheit und Kontinuität gekennzeichnet war. Massive strukturelle Probleme der Banken erfordern zu Beginn diesen Jahrhunderts nun einen Konsolidierungskurs, in dessen Rahmen es zu zahlreichen Filialschließungen und einem erheblichen Personalabbau kommt. Den damit verbundenen Verlust an Stabilität und Sicherheit und die daraus resultierenden Unsicherheiten und Ängste sind als neue psychische Belastungsfaktoren sowohl in der betriebsärztlichen Praxis als auch im Rahmen der operativen Personalarbeit immer deutlicher zu erkennen.

3.2 Änderungen in den gesetzlichen Grundlagen zur Gesundheitsförderung stoßen neue Diskussionsprozesse an

Lange Zeit waren die Bemühungen um Arbeitsschutz und betriebliche Gesundheitsförderung geprägt durch die Fokussierung auf körperliche Belastungen.

Erst allmählich spiegeln sich die arbeitswissenschaftlichen Erkenntnisse über die psychischen Belastungen im Umfeld einer sich stark verändernden Arbeitswelt nun in den rechtlichen Grundlagen zum Gesundheitsschutz wider. Getrieben ist diese Entwicklung vor allem durch europäische Rechtsprechung und Gesetzgebung zum Arbeits- und Gesundheitsschutz. Die neue Verordnung über die Arbeit an Bildschirmarbeitsplätzen, die eben die psychischen Belastungsfaktoren in den Mittelpunkt stellt, steht hierfür beispielhaft. Auch diese rechtlichen Veränderungen tragen zu einem neuen Diskussionsprozess in den Unternehmen bei.

Generell ist zu beobachten, dass das Bewusstsein für und das Interesse am Thema Gesundheit bei den Menschen zunimmt. Die Themen Fitness und Wellness stehen immer weiter oben in der Werteskala. Führende Trend- und Zukunftsforscher prognostizieren gar, dass sich das Thema Gesundheit zur treibenden wirtschaftlichen Kraft des 21. Jahrhunderts entwickeln wird.

Auch innerbetrieblich werden eine Reihe verschiedener Indizien erkennbar, die die steigende Bedeutung des Themas Gesundheit bestätigen. Immer stärker spiegelt sich das Thema Gesundheit z.B. in der personalwirtschaftlichen Diskussion wider; sei es in Form von Managementveranstaltungen, oder in Form von Berichten in der personalwirtschaftlichen Literatur. Immer häufiger findet sich die Frage nach gesundheitsfördernden Maßnahmen auch in Unternehmensbefragungen – so z.B. von Ratingagenturen – wieder. Ein weiteres Indiz für das steigende Interesse am Thema Gesundheit macht sich auch in der steigenden Anzahl an Verbesserungsvorschlägen aus dem Mitarbeiterkreis, die sich mit der betrieblichen Gesundheitsförderung auseinandersetzen, deutlich.

4. Entwicklung der betrieblichen Gesundheitsförderung in der Commerzbank

4.1 Ausgangssituation in der Commerzbank

So wie bei unseren Wettbewerbern ließ das gesamte Umfeld in der zweiten Hälfte des zwanzigsten Jahrhunderts auch bei uns zunächst keinen akuten Handlungsbedarf erkennen, über den rechtlichen Rahmen hinaus Gesundheitsförderungsprogramme ins Leben zu rufen.

Ein positives wirtschaftliches Umfeld sicherte nicht nur die bestehenden Arbeitsplätze, sondern führte zu einer kontinuierlichen Erweiterung des Mitarbeiterbestandes. Arbeitsplatzsicherheit gehörte in diesem Umfeld zum Arbeitsalltag. Ein hoher Bedarf an qualifizierten Mitarbeitern sicherte gute Verdienst- und Entwicklungsmöglichkeiten. Der in den neunziger Jahren geprägte Begriff des „war for talents" bildete den Höhepunkt dieser Entwicklung.

Die Anforderungen an die Qualifikation nahmen in den achtziger und noch einmal deutlich stärker vor allem in den neunziger Jahren zu. Gerade die neunziger Jahre waren es, in denen sich – noch immer im Rahmen eines positiven und stabilen Wachstumsumfeldes – in zunehmend kürzeren Zeitabständen immer weitreichendere Strukturveränderungsprozesse in den Banken vollzogen haben. Die Mitarbeiter wurden in diesem Rahmen vor zusätzliche Anforderungen besonders im Hinblick auf ihre Mobilität, Lern- und Veränderungsbereitschaft gestellt. Mit dem Beginn des 21. Jahrhunderts tritt – im Rahmen der eingeleiteten Konsolidierungsmaßnahmen – der spürbare Verlust an gewohnter Sicherheit und Stabilität als neuer psychischer Belastungsfaktor hinzu.

4.2 Neue Rechtsgrundlagen führen zu erster Bestandsaufnahme

Das zunehmende Erkennen dieser neuen Anforderungen und Belastungsfaktoren führt – in Verbindung mit einer sich abzeichnenden Änderung rechtlicher Rahmenbedingungen - zu einer ersten intensiven und systematischen Auseinandersetzung mit dem Themenkomplex.

In der zweiten Hälfte der neunziger Jahre zeichnete sich eine Neuordnung der bestehenden Unfallverhütungsvorschrift zur betriebsärztlichen Betreuung ab. Nach der bestehenden Regelung war eine betriebsärztliche Betreuung in allen Betrieben (Filialen) mit mehr als 250 Mitarbeitern erforderlich. In 18 von unseren 800 Filialen lagen diese Voraussetzungen vor.

Insgesamt beschäftigte die Bank somit an 18 Standorten im Bundesgebiet Betriebsärzte, die als niedergelassene Ärzte aus unterschiedlichen Fachrichtungen neben ihrer Arztpraxis stundenweise – quasi als Nebenjob – diese betriebsärztliche Betreuung für die Bank übernahmen.

Nach den neuen Rechtsvorschriften sollte nun zukünftig die betriebsärztliche Betreuung auf alle Betriebe eines Unternehmens – unabhängig von der Anzahl der im Betrieb beschäftigten Mitarbeiter – ausgedehnt werden.

Eine erste darauf hin vorgenommene Bestandsaufnahme verdeutlichte, dass eine flächendeckende, qualifizierte und bankeinheitliche betriebsärztliche Betreuung in den bestehenden Strukturen nicht möglich ist. Die Analyse zeigte zugleich, dass die Zufriedenheit mit der derzeitigen betriebsärztlichen Betreuung an zahlreichen Stellen als unterdurchschnittlich bewertet wurde.

Ausgehend von der Zielsetzung, die Qualität in der betriebsärztlichen Betreuung zu erhöhen, wurde die Entscheidung getroffen, zukünftig mit einem Dienstleister zusammen zu arbeiten, dessen Kernkompetenz in der Übernahme betriebsärztlicher Aufgaben für Dritte besteht. Im Vergleich zur Beschäftigung niedergelassener Ärzte, die oft stark mit der Führung ihrer eigenen Praxen belastet sind und eine betriebsärztlichen Tätigkeit in der Tendenz eher als Nebenbeschäftigung ausüben, versprachen wir uns eine solche Qualitätsverbesserung.

Um eine bankweite, einheitliche und in o.g. Sinne professionalisierte betriebsärztliche Betreuung sicherstellen zu können, wurde entschieden, zukünftig mit einem bundesweit an möglichst vielen Standorten vertretenen arbeits-medizinischen Dienst zusammen zu arbeiten.

4.3 Neue Anforderungen erfordern zusätzliche arbeitspsychologische Kompetenzen

Durch Hinweise unserer Fachkräfte für Arbeitssicherheit wurden wir darauf aufmerksam, dass sich im Bereich des Problemfeldes „Banküberfälle" ein zunehmender Handlungsbedarf abzeichnete.

Zwar war die Zahl der Banküberfälle nicht überdurchschnittlich gestiegen. Die Art ihrer Durchführung war jedoch mit zunehmend stärkeren Belastungen für viele Mitarbeiter verbunden. Die Ursache dafür liegt in dem steigenden Gewaltpotenzial und der zunehmenden Gewaltbereitschaft der Täter und der damit steigenden Gefahr von Traumatisierungen für die betroffenen Opfer.

Hier zeichnete sich ein erster Bedarf – nicht nur an rein arbeitsmedizinischer - sondern zusätzlich an arbeitspsychologischer Kompetenz ab.

Ebenfalls vor neue Anforderungen stellte uns die neue Bildschirmarbeitsverordnung, die den Arbeitgeber verpflichtet, mögliche psychische Belastungsfaktoren bei der Arbeit an Bildschirmarbeitsplätzen zu analysieren und geeignete Maßnahmen zur Gefahrenabwehr zu ergreifen. Verhandlungen, die in diesem Zusammenhang zur Anpassung der bestehenden Betriebsvereinbarung zur Bildschirmarbeit aufgenommen wurden, waren alsbald in der Sackgasse gelandet. Ursache dafür waren nicht alleine unterschiedliche Auffassungen über die konkrete Umsetzung dieser Neuerung. Vielmehr wurde schon bald allen Beteiligten klar, dass es ohne die Unterstützung von psychologisch geschulten Fachleuten nicht weiter ging. Auch an dieser Stelle war neben betriebsärztlicher zusätzlich arbeitspsychologische Kompetenz von Nöten.

Diese Erfordernisse und die zunehmende Erkenntnisse ob der steigenden psychischen Anforderungen und Belastungen der sich verändernden Arbeitswelt haben uns zu der Entscheidung geführt, mit einem bundesweit vertretenen Arbeitsmedizinischen Dienst zusammen zu arbeiten, der zusätzlich auch über eben diese arbeitspsychologischen Kompetenzen verfügt.

4.4 Entscheidung zur Kooperation mit dem „Deutsche Bahn Gesundheitsservice GmbH"

Eine Analyse zeigte, dass von den in Deutschland bundesweit tätigen arbeitsmedizinischen Diensten nur ein Anbieter neben der rein betriebsärztlichen Kompetenzen auch über weitreichende arbeitspsychologische Kompetenz verfügt; der „Deutsche Bahn Gesundheitsservice GmbH" - kurz „DB-GesundheitsService" genannt.
Dass dieser Dienstleister zusätzliche Angebote auch im Bereich der Sozialberatung und des Reha-Managements aus einer Hand anbieten konnte, hat die Zusam-

menarbeit für uns umso interessanter gemacht und Mitte des Jahres 2001 zur Entscheidung für eine bundesweite Kooperation geführt.

DB GesundheitsService
Ein Unternehmen der Deutschen Bahn und IAS

Medizin	Psychologie	Sozialdienstleistungen
» Arbeitsmedizinische Untersuchungen » Einstellungsuntersuchungen » Reisemedizin » Begleitende Betreuung » Gesundheitsmanagement	» Personalauswahl » Organisationsentwicklung » Bewältigung von Unfällen, Überfällen und Katastrophen » Coaching und Teamentwicklung » Worklife Balance	» Suchtprävention » Information und Training zum Thema Sucht » Beratung von Führungskräften » Einzelberatung » Konfliktmanagement » Integration von Behinderten

Abb. 1: Organisations-Struktur des DB Gesundheitsservices

5. Erste konkrete Maßnahmen und Erfahrungen in Sachen Gesundheitsförderung

5.1 Qualitätsverbesserung in der betriebsärztlichen Betreuung

Die Erwartungen, die wir an eine Qualitätsverbesserung in der betriebsärztlichen Betreuung gestellt hatten, haben sich mehr als erfüllt. Unsere Annahme, mit einem Zugriff auf die Kernkompetenzen eines arbeitsmedizinischen Dienstleisters eine Qualitätsverbesserung erreichen zu können, hat sich deutlich bestätigt.

Auch die Tatsache, dass es sich bei den neuen Ärzten des „DB GesundheitsService" ausnahmslos um Fachärzte für Arbeitsmedizin handelt, haben wir in der praktischen Zusammenarbeit als sehr positiv erlebt.

5.2 Psychologische Betreuung nach Banküberfällen

Gemeinsam mit dem „DB GesundheitsService" haben wir ein Konzept entwickelt, mit dem wir präventiv den Folgen posttraumatischer Belastungen als Folge von Banküberfällen vorbeugen können. Bereits nach den ersten Überfällen, bei denen unsere in diesem Zusammenhang als Ersthelfer geschulten Personalberater sowie die Arbeitspsychologen des „DB GesundheitsService" zum Einsatz kamen, erhielten wir viele ausgesprochen positive Rückmeldungen. Nicht nur betroffene Mitarbeiter, sondern gerade auch Kollegen, Betriebsräte und viele Vorgesetzte haben hier ihre Wertschätzung gegenüber diesem zusätzlichen Angebot sehr deutlich zum Ausdruck gebracht.

5.3 Konzept zur Erfassung der psychischen Belastungen der Arbeit an Bildschirmarbeitsplätzen

Mit der fachlichen Unterstützung der Arbeitspsychologen des „DB Gesundheits-Service" ist es gelungen, die festgefahrenen Verhandlungen zum Abschluss einer neuen Betriebsvereinbarung zur Bildschirmarbeit erfolgreich fortzuführen. Im Herbst letzten Jahres wurde als erstes Ergebnis eine ausführliche Befragung von rd. 4000 Mitarbeitern zu den typischen psychischen Belastungsfaktoren durchgeführt. Die Ergebnisse der Befragung – die im Frühjahr diesen Jahres vorliegen – bilden eine wichtige Grundlage für die Durchführung entsprechender gesundheitsfördernder Maßnahmen.

5.4 Aufbau eines Gesundheitsmanagementsystems

Zur Verwirklichung unseres Zieles, auch über den rechtlichen Rahmen hinaus gesundheitsfördernde Maßnahmen einzuführen, haben wir einen internen Gesundheitszirkel ins Leben gerufen. In diesem Gesundheitszirkel mit Namen „ProFit" – diesen Begriff haben wir in seiner Doppeldeutigkeit bewusst gewählt – werden Maßnahmen der Gesundheitsförderung entwickelt, die wir dann zentral gesteuert über das Netzwerk des DB-Gesundheitsservice umsetzen wollen.

Der neue Gesundheitszirkel setzt sich aus Vertretern der Bereiche Personal, Arbeitssicherheit, dem Gesamtbetriebsrat, der Schwerbehindertenvertretung und unserer neuen Leitenden Betriebsärztin des DB-Gesundheitsservice zusammen.

Als eine der ersten Maßnahmen wurde in diesem Kreis beschlossen, die in unserem Hause am stärksten vertretenen Krankenkassen um Erstellung differenzierter „commerzbankspezifischer" Gesundheitsreports zu bitten. Gemeinsam mit den ebenfalls im Frühjahr diesen Jahres vorliegenden Ergebnissen unserer internen Mitarbeiterbefragung werden wir auf einer in dieser Form gesicherteren Datenbasis im Gesundheitszirkel entscheiden können, welche weiteren konkreten Gesundheitsförderungsmaßnahmen wir in diesem Jahr und in den kommenden Jahren anstoßen werden.

6. Ausblick

Auch wenn wir uns mit der Verwirklichung unseres Gesundheitsförderungskonzeptes noch am Anfang befinden, so sind alle Beteiligten dennoch sehr zuversichtlich, dass wir mit den bereits eingeleiteten und den zukünftigen Maßnahmen einen wichtigen Beitrag zur Gesundheit unserer Mitarbeiter und damit zum Erfolg unserer Bank leisten können. Die fachkompetente Begleitung durch den „DB GesundheitsService" mit seinen verschiedenen Ausrichtungen sehen wir hierbei als eine der wesentlichen Erfolgsvoraussetzungen an.

Es erscheint uns als sicher, dass die psychischen Belastungsfaktoren und Beanspruchungsmuster, die aus dem sich mit immer höherer Dynamik verändernden Arbeitsumfeld resultieren, in den kommenden Jahren immer stärker in das Zentrum der Bemühungen um eine proaktive betriebliche Gesundheitsförderung rücken werden.

Ein gewagter personalwirtschaftlicher Blick in die fernere Zukunft lässt erahnen, dass betriebliche Gesundheitsförderung sich dauerhaft nicht nur auf die physischen und psychischen Belastungen des unmittelbaren Arbeitsumfeldes beschränken lässt. Im Rahmen eines ganzheitlicheren Verständnisses von Gesundheitsförderung könnte zunehmend auch das gesamte Spannungsfeld zwischen der beruflichen und der privaten Lebenswelt erfasst werden. Denn auch wenn das Unternehmen keinen direkten Einfluss in den privaten Lebensbereich nehmen kann und natürlich auch nicht soll, so sind die sich verstärkenden Wechselwirkungen und Wechselbeziehungen dieser beiden Lebenswelten mit ihren unterschiedlichen Belastungsmustern nicht zu übersehen. Die negativen Rückwirkungen auf Arbeitsleistung und Arbeitseffizienz, die durch eine mangelnde Vereinbarkeit von Familie und Beruf, tragische Lebensereignisse wie Todesfälle oder Trennungssituationen oder auch Belastungssituationen im Kontext mit der Pflegebedürftigkeit von Angehörigen verbunden sein können, stehen an dieser Stelle nur beispielhaft.

Als Unternehmen, das sich bekanntermaßen seit vielen Jahren sehr stark für eine Verbesserung der Vereinbarkeit von Familie und Beruf einsetzt, haben wir viele konkrete Einblicke in Wechselbeziehungen dieser Art gewonnen.

Fallstudie zum Gesundheitsmanagement aus dem Einzelhandel – Der Otto Versand Hamburg

Karsten von Rabenau

Die große Bandbreite der Faktoren, welche sowohl positive als auch negative Einflüsse auf die Gesundheit von Mitarbeitern haben, erfordern eine entsprechend vielfältige und aufgeschlossene Herangehensweise an dieses Thema. Die klassische Überzeugung, das Gesundheit nur die Abwesenheit von Krankheit bedeutet ist bei den meisten Experten bereits durch neue und moderne Ansätze ersetzt worden. Auch die Veränderungen in der Arbeitswelt weg von Industriearbeitsplätzen hin zu Dienstleistungstätigkeiten führen zu neuen Belastungen, welche nicht mehr ausreichend durch reine Messungen von Parametern wie Gewichten, Temperaturen etc. oder medizinische Untersuchungen erfasst und eingestuft werden können. Der stark boomende Markt für Gesundheitsangebote zu Themen wie Stress, Mobbing oder Konfliktberatung verdeutlicht diese Tendenz im besonderen Maße.

In diesem Umfeld ist es für Unternehmen besonders wichtig, ihre Möglichkeiten zur Gesundheitsförderung auszuschöpfen und sich diesen neuen Herausforderungen zu stellen. Leistungsfähige und leistungsbereite Mitarbeiter sind ein wichtiger Baustein für den Erfolg eines Unternehmens. Es muss aber auch allen Parteien in dem Gesundheitssystem klar sein, dass Gesundheitsförderung eine Gemeinschaftsaufgabe ist.

Nachhaltige Erfolge lassen sich nur erzielen, wenn ein Gesundheitsmanagementsystem so in die bestehenden Strukturen eines Unternehmens integriert werden, dass alle Beteiligten von der obersten Führungsebene bis zum einzelnen Mitarbeiter die Sinnhaftigkeit erkennen und eine Praktikabilität gegeben ist. Es werden im Folgenden die Instrumente und Vorgehensweisen des integrativen Gesundheitsmanagements bei Otto dargestellt.

1. Gesundheitsmanagement bei Otto

Gesundheitsmanagement bei Otto verfolgt nicht nur die Frage: „Welche Faktoren machen krank?" sondern betrachtet das Thema aus der Perspektive „Welches sind die Faktoren, die die Gesundheit unserer Mitarbeiter erhalten und fördern?". Damit folgt Otto dem Prinzip der Salutogenese. Hierbei wird das vorhandene Gesundheitspotenzial der Mitarbeiter gefördert und einbezogen.

Das Otto - Gesundheitsmanagement basiert auf dem ganzheitlichen Ansatz mit den Aspekten körperliches, psychisches und soziales Wohlbefinden (in Anlehnung an die Definition des Begriffes Gesundheit durch die Weltgesundheitsorganisation WHO). Diese Definition stellt natürlich bei umfassender Betrachtung eine Idealnorm für Gesundheit dar, die selten erreichbar ist aber kann als Zielrichtung aller Aktivitäten genutzt werden.

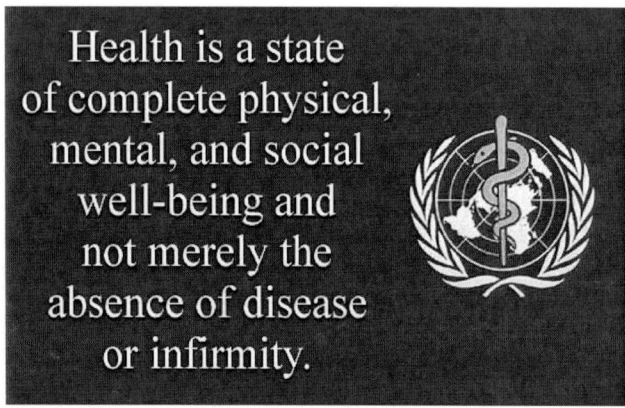

Abb. 1: Definition of Health (WHO)

Die Grundlage für ein nachhaltig erfolgreiches Gesundheitsmanagement bildet das Zusammenspiel zwischen verantwortlicher Führungskraft und Mitarbeitern mit der fachlich übergreifenden Unterstützung und Beratung durch die Mitarbeiter des aktiv.net.

1.1 Gesundheitsphilosophie

Gesundheitsmanagement bei Otto ist ein Gebot sozialer Verantwortung sowie ökonomischer Vernunft. Deutlich wird dies in der schriftlichen Verantwortungsdelegation für Führungskräfte der ersten Berichtsebene. Hier heißt es: „Wir sind für die Sicherheit unserer Mitarbeiter bei der Arbeit verantwortlich. Wir fördern ihr eigenverantwortliches Gesundheitsverhalten."

Führung bedeutet Verantwortung! Verantwortung nicht nur dafür, gesetzte Vorgaben zu erfüllen – sondern auch und insbesondere Verantwortung für die Mitarbeiter und deren Gesundheit.

Wer von den Mitarbeitern Leistung fordert, muss auch deren Gesundheit schützen und fördern.

Aus betriebswirtschaftlicher Sicht zahlt sich Gesundheitsförderung für Otto durch eine Reduzierung von Fehlzeiten, Unfällen und Fluktuation aus. Neben diesen klar analysierbaren Kennzahlen wird durch ein gesteigertes Wohlbefinden und eine erhöhte Arbeitszufriedenheit eine erhöhte Leistungsentfaltung und damit Produktivität bei den Mitarbeitern ermöglicht. Gleichzeitig verbessert sich das Unternehmensimage bei den Mitarbeitern und nach außen. Ein Unternehmen, das sich für den Schutz und die Förderung der Gesundheit der Mitarbeiter einsetzt, genießt intern und extern ein entsprechendes Ansehen.

1.2 Grundsätze

Das Gesundheitsmanagement bei Otto basiert auf den folgenden Grundsätzen:

- » Ganzheitlichkeit,
- » Gesundheitsschutz und -förderung als Führungsaufgabe,
- » Partizipation und Eigenverantwortlichkeit aller Mitarbeiter.

Ein gesunder Mitarbeiter lässt sich definieren durch die Faktoren psychisches, körperliches und soziales Wohlbefinden. Aufgabe des Gesundheitsmanagements bei Otto ist es, diesem ganzheitlichen Ansatz Rechnung zu tragen.

Ganzheitlichkeit meint auch den Mitarbeiter außerhalb der Arbeitszeit. Die Arbeit bei Otto ist ein Teil der Lebenswelt der Mitarbeiter. Lebenswelt und Arbeitswelt sind eng miteinander verknüpft. Probleme in der Familie und Freizeit werden häufig mit an den Arbeitsplatz gebracht. Gleichzeitig beeinflussen Probleme am Arbeitsplatz das Wohlbefinden des Mitarbeiters in seiner Freizeit.

Das, was der Mitarbeiter für sich im Betrieb an gesundheitsfördernden Maßnahmen tut, wird er nicht nur am Arbeitsplatz verfolgen, sondern auch in seiner Freizeit. Die Synergien aus beiden Lebensbereichen lassen den Mitarbeiter zufriedener und motivierter am Arbeitsplatz sein.

Aus diesem Grund ist eine umfassende Beratung, die auch z. B. die Aspekte des privaten sozialen Umfelds des einzelnen Mitarbeiters berücksichtigt sinnvoll.

Gesundheitsförderung ist im Besonderen Aufgabe der Führungskraft. Dies ist gesetzlich vorgeschrieben und im Verantwortungsschreiben für Führungskräfte bei Otto verankert. Um ein Gesundheitsmanagement im Unternehmen erfolgreich zu implementieren und nachhaltige Erfolge zu erzielen, ist die Überzeugung der Firmenleitung und der oberen Führungskräfte entscheidend.

Gesundheitsförderung bei Otto fördert die aktive Einbindung aller Mitarbeiter. Nur, wenn alle Betroffenen in den Prozess mit einbezogen werden, können das vorhandene Wissen um Gesundheitsbelastungen genutzt und nachhaltig konkrete Verbesserungsvorschläge entwickelt werden. Die Mitarbeiter wissen oft selbst am besten, welche Faktoren ihre Gesundheit fördern. Sie selbst sind die Experten, wenn es um ihre persönliche Gesundheit geht.

Das Nutzen dieses Wissens und eine aktive Mitgestaltung durch und mit den Mitarbeitern fördert eine höhere Mitarbeiterzufriedenheit und –motivation sowie eigenverantwortliches Handeln.

1.3 Ziele

Gesundheitsmanagement bei Otto verfolgt insbesondere die Ziele:
- » Erfüllung gesetzlicher Vorschriften,
- » Information und Kommunikation,
- » Schutz und Förderung der Gesundheit,
- » Erhalt und Steigerung des Gesundheitsverhaltens,
- » Verminderung der Fehlzeitenquote.

Otto ist als Arbeitgeber gesetzlich verpflichtet, Mindeststandards zur Arbeitssicherheit und zum Gesundheitsschutz umzusetzen. Das Arbeitsschutzgesetz und eine Vielzahl weiterer nationaler und internationaler Rechtsvorschriften bilden dafür die Basis.

Grundlage für ein effektives Gesundheitsmanagement bildet die kontinuierliche Information und Werbung für gesundheitsgerechtes Verhalten. Ziel ist die Aufforderung, etwas für die Gesundheit zu unternehmen. Wenn Informationen über Gesundheitsbelastungen und Möglichkeiten für die Verbesserung des Gesundheitsverhaltens gegeben werden, kann jeder Einzelne mehr für seine Gesundheit tun.

Basis für ein zukunftsorientiertes Gesundheitsmanagement ist nicht nur, Unfälle zu vermeiden, sondern auch die gesundheitsfördernden Potenziale jedes einzelnen Mitarbeiters zu nutzen.

Dieses Potenzial herauszufinden und den Mitarbeiter bei der Umsetzung des gesundheitsfördernden Verhaltens zu unterstützen und zu begleiten, ist ein wesentliches Ziel von Führungskräften und den Partnern des aktiv.net. Voraussetzung dafür ist jedoch im ersten Schritt der Schutz der Gesundheit vor Unfällen, Gefahrstoffen u. ä., sprich die Verhältnisprävention.

Ein wesentliches Ziel des Gesundheitsmanagements ist es, das bereits existierende Gesundheitsverhalten zu erhalten und weiter zu entwickeln. Dies soll nach dem Prinzip "Hilfe zur Selbsthilfe" erfolgen, also jeder Mitarbeit ist für seine Gesundheit in erster Linie selber verantwortlich. Durch die Zusammenarbeit mit den Mitarbeitern, den Partnern des aktiv.net und den Führungskräften können die Beschäftigten im großen Maße weitere Möglichkeiten entwickeln, sich gesundheitsbewusster zu verhalten.

Ziel des Gesundheitsmanagements ist die langfristige und nachhaltige Minderung der Fehlzeitenquote. Hierbei ist zu beachten, dass diese Senkung der Fehlzeiten nicht durch kurzfristig wirksame Maßnahmen erzielt werden kann, die zu einer Verbesserung der Anwesenheitsquote aber nicht zu einer Verbesserung der Gesundheit führen. Dieses Ziel kann jedoch nur erreicht werden, wenn dies von den Partnern des aktiv.net gemeinsam mit Führungskräften, Management und allen anderen Beteiligten als ein Unternehmensziel verfolgt wird.

2. Organisation

2.1 Organisation aktiv.net

Bei Otto arbeiten die für den Gesundheitsschutz und die Gesundheitsförderung verantwortlichen Personen in einem Netzwerk integrativ zusammen. Damit ist bei Otto ein neuer Ansatz in der Organisation des Gesundheitsmanagements entstanden: der Zusammenschluss von Arbeitssicherheit, Arbeitsmedizin und Sozialberatung. Somit können alle Aspekte der Gesundheit entsprechend der WHO-Definition abgedeckt werden. Die daraus resultierenden Synergieeffekte schaffen eine verstärkte Transparenz für alle Beteiligten, ermöglichen einen zielgruppengerechteren Einsatz und Planung von Maßnahmen sowie systematische Vorgehensweisen.

Abb. 2: aktivnet

Beispielhaft ist hier die Zusammenarbeit bei der Neuplanung von Arbeitsplätzen/Anlagen zu nennen. Von der sicherheitstechnischen Beratung über die Berücksichtigung ergonomischer Grundsätze bis hin zur Betrachtung der Einsatzmöglichkeiten einzelner Mitarbeiter in neuen Arbeitsbereichen erfolgt eine umfassende Beratung der Fachbereiche.

Gemeinsam werden gezielt Maßnahmen für Mitarbeiter geplant. Schritt für Schritt erfolgt der Aufbau eines an die Problemschwerpunkte angepassten, systematischen Maßnahmenkataloges. Angebote des aktiv.net sind z. B. Verkehrssicherheit, Suchtberatungen, Impfungen oder Hilfestellungen bei Familienproblemen.

2.2 Einbindung in die Unternehmensorganisation

Verantworten Umsetzen Fördern	Beraten Unterstützen Kontrollieren	Verabschieden Informieren Durchsetzen
Vorstand	Betriebsärzte	ASA
↓ Verantwortungsdelegation		
verantwortliche Führungskräfte	Arbeitsschutzreferenten	Team kaufm. Arbeitsplätze
↓ Pflichten/Aufgaben		
Führungskräfte	Sozialreferenten	Team gew. Arbeitsplätze
	Betriebsrat	
↓		Spez. Arbeitskreise
Mitarbeiter Eigenverantwortung	Sicherheitsbeauftragte	

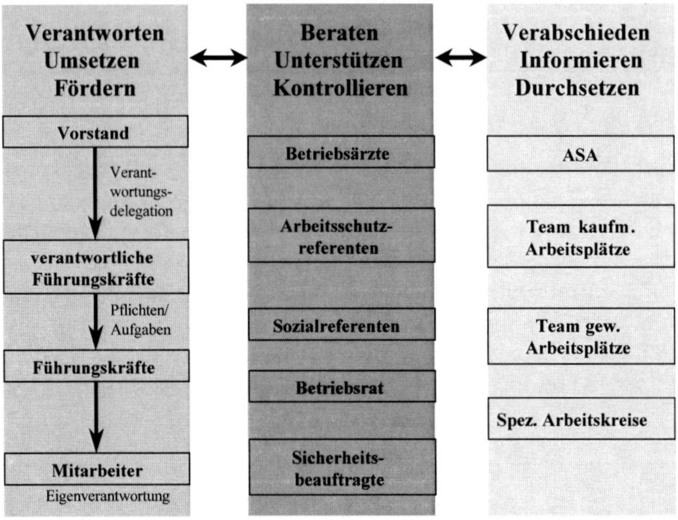

Abb. 3: Organisation

Die Organisation des Gesundheitsschutzes und der Gesundheitsförderung wird grundlegend durch gesetzliche Vorschriften und Regelwerke vorgegeben. Die Arbeitgeberverantwortung ergibt sich u. a. aus dem Arbeitsschutzgesetz. Dieses umreißt auch die Aufgaben der Führungskräfte mit Arbeitgeberfunktion bzw. „quasi-Arbeitgeberfunktion": „... *Sicherheit und Gesundheit der Beschäftigten bei der Arbeit durch Maßnahmen des Arbeitsschutzes zu sichern und zu verbessern ...*".

Beratung, fachliche Unterstützung von Führungskräften und anderen Fachbereichen und auch die Kontrolle des Gesundheitsschutzes obliegt den Fachleuten des aktiv.net: Betriebsärzte, Arbeitsschutz- und Sozialreferenten. Die Verantwortung liegt grundsätzlich bei der Führungskraft des betroffenen Bereiches.

Die Einbindung des Betriebsrates in das Thema Gesundheit ist durch das Betriebsverfassungsgesetz geregelt. Bei Otto findet diese in Form einer engen und vertrauensvollen Zusammenarbeit statt.
In verschiedenen Arbeitskreisen, Ausschüssen und Gremien werden die anliegenden Probleme des Gesundheitsschutzes und der Gesundheitsförderung bearbeitet.

Auf diesem Wege ist es bei Otto gelungen, einerseits alle gesetzlichen Auflagen zu erfüllen, andererseits eine klare, für alle Beteiligten nachvollziehbare und praktikable Integration des Gesundheitsmanagements in die Unternehmensorganisation zu erreichen.

3. Maßnahmen und Instrumente

Im Jahr 2002 haben über 3000 Mitarbeiter bei Otto an Angeboten des Gesundheitsmanagements (aktiv.net) teilgenommen. Dies sind fast 500 mehr als im Vorjahr (ca. 2500). Dem aktiv.net ist es damit gelungen ca. ¼ aller Beschäftigten zu aktivieren, etwas für ihre Gesundheit zu tun.

Maßnahmen und Aktivitäten des aktiv.net sind den Mitarbeitern bei Otto gut bekannt. Dies ergab eine im Oktober 2001 durchgeführte Mitarbeiterbefragung. Dabei wurden 401 Mitarbeiter gefragt, welche Maßnahmen sie kennen, die von Otto im Gesundheits- und Arbeitsschutz sowie der Sozialberatung angeboten werden.

3.1 Beratungsbeispiele

Durch die weltweiten Aktivitäten des Otto Konzerns ist ein funktionierender Gesundheitsschutz bei Arbeitsaufenthalten im Ausland selbstverständlich. Gerade bei Reisen in die Tropen und Subtropen können viele Erkrankungen oder Befindlichkeitsstörungen durch Vorbeugung vermieden werden. Darum werden allen Mitarbeitern bei Arbeitsaufenthalten in diesen Ländern spezielle arbeitsmedizinische Beratungen, Untersuchungen und vorsorgliche Impfungen angeboten.

Die Partner des aktiv.net beraten Abteilungen und Führungskräfte in der Planung, Gestaltung und Beschaffung ergonomisch gestalteter Arbeitsmittel z. B. die Ausrichtung und Nutzung sowie Anschaffung von gesundheitsgerechten Bürostühlen.

Beratungen erfolgen auch Bereichsbezogen in Form von turnusmäßig durchgeführten Begehungen. 2002 wurden in allen Betriebsbereichen von der Arbeitssicherheit und der Arbeitsmedizin Begehungen durchgeführt. Die systematische Vorgehensweise garantiert eine lückenlose Kontrolle und wird in den Verwaltungsbereichen einmal bzw. in bestimmten Bereichen zweimal pro Jahr durchgeführt. Die Begehungen dienen der Erkennung von Gefahrenquellen und der Beratung der Führungskräfte vor Ort.

Im Bereich der betrieblichen Sozialberatung haben die Sozialreferenten ca. 1600 Gespräche geführt. Im Laufe der letzten zehn Jahre ist dabei eine Zunahme der Gespräche um 40% festzustellen.

Zu den Beratungsinhalten gehören insbesondere Probleme am Arbeitsplatz und finanzielle, familiäre, körperliche und psychische Probleme sowie Sucht. Die Verteilung der vier häufigsten Anlässe werden in der Grafik verdeutlicht.

Besonders auffällig ist die Entwicklung bei der Beratung von Führungskräften bzgl. Problemsituationen mit Mitarbeitern. Das Interesse der Führungskräfte an unterstützender Beratung hat zum Vorjahr um 30% zugenommen.

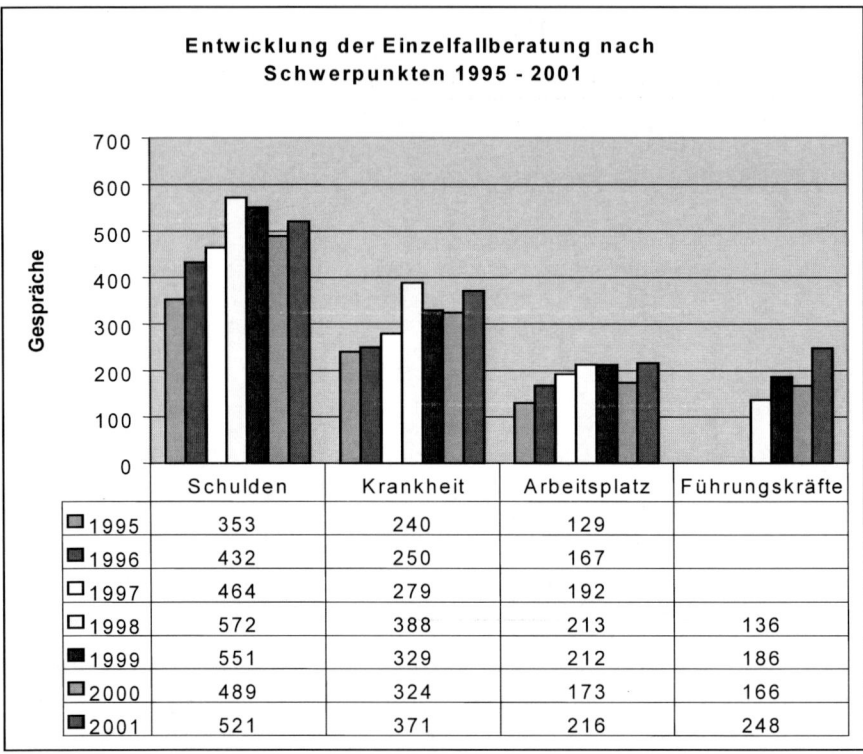

Abb. 4: Sozialberatung

3.2 Mitarbeiterinformationen/Schulungen

Mitarbeiterinformation und Schulungen sind wichtiger Bestandteil des Gesundheitsmanagements bei Otto. Sie dienen der kontinuierlichen Wissensvermittlung und führen damit zu einer gesundheitsfördernden Handlungskompetenz bei den Mitarbeitern.

Schulungen von Führungskräften (z.B. Handwerkzeug der Personalführung) und Sicherheitsbeauftragten ist Aufgabe der Experten des aktiv.net. 2002 nahmen alle beauftragten Mitarbeiter an einer Schulung für Sicherheitsbeauftragte teil. Sicherheitsbeauftragte unterstützen die Führungskräfte bei allen Fragen des Arbeits- und Gesundheitsschutzes vor Ort. Die allgemeine Schulung für Auszubildende ist Pflicht. Sie soll über ein gesundheitsgerechtes Verhalten am Arbeitsplatz und über die Angebote zum Gesundheitsschutz informieren. Informationen zum Gesundheitsschutz und -förderung ist Baustein der Einweisungsseminare (EWS) für neu eingestellte Mitarbeiter. Die Mitarbeiter sollen bereits vom ersten Tag an Möglichkeiten und Maßnahmen kennen lernen, wie sie ihre eigene Gesundheit schützen und fördern können.

Weitere Beispiele für Schulungen sind:

» Brand- und Katastrophenschutz,
» Tipps zum richtigen Heben und Tragen,
» Der richtige Umgang mit Leitern und Tritten,
» Umgang mit Gefahrstoffen,
» Erste Hilfe.

3.3 Medizinische Versorgung

Ambulanz

Die Ambulanz bei Otto gibt Hilfeleistung bei Arbeitsunfällen, allen gesundheitlichen, körperlichen und seelischen Problemen sowie bei Fragen der Gesundheitsvorsorge. In 2002 wurde die Einrichtung Arztstation ca. 14.600 mal von Mitarbeitern in Anspruch genommen.

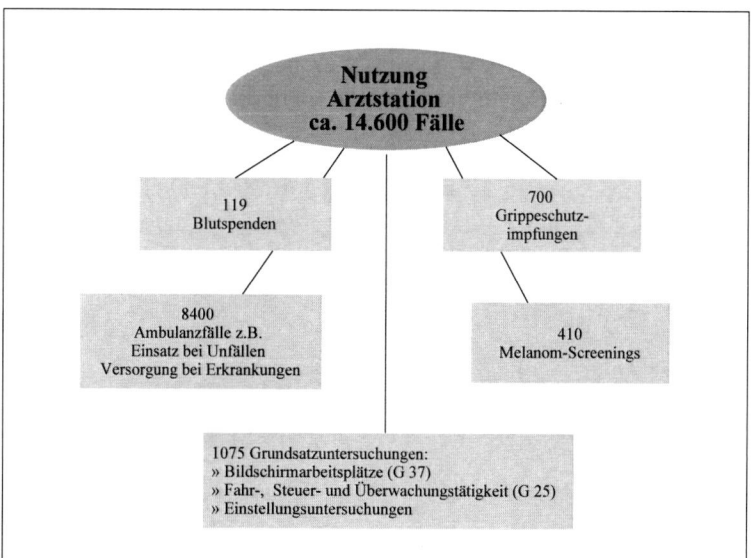

Abb. 5: Arztstation

3.4 Kurse und Angebote

Angepasst an neue Erkenntnisse und Schwerpunkte des Gesundheitsmanagements bei Otto stehen den Mitarbeitern für den Schutz und die Förderung ihrer Gesundheit verschiedene Kurse und Angebote zur Verfügung, die von den Mitarbeitern des aktiv.net und zusätzlich beauftragte externe Trainer durchgeführt werden.

In der einmal jährlich erscheinenden Ausgabe des Gesundheitsprogramms „Gesund und sicher zum Erfolg" können sich Führungskräfte und Mitarbeiter über eine Vielzahl von Möglichkeiten, für ihre Gesundheit und Fitness aktiv zu werden, informieren. Jeder Mitarbeiter kann die Angebote wahrnehmen, wobei die anfallenden Kosten ganz bzw. teilweise durch Otto getragen werden.

Die Mitarbeiter schätzen die Kurse und Angebote des aktiv.net sehr. Eine ständig ansteigende Teilnehmerzahl und eine hohe Zufriedenheit belegen dies. 2002 zählten besonders Yoga und Inline-Skating zu den beliebtesten und meist besuchtesten Kursen.

Kurse und Angebote zur Arbeitsplatzgestaltung und Ergonomie werden von den Arbeitssicherheitsreferenten und Betriebsärzten durchgeführt. 2001 nahmen 137 Mitarbeiter an einer Schulung zur Arbeitsplatzgestaltung und Ergonomie sowie 139 Mitarbeiter an der Schulung zur Gymnastik am Arbeitsplatz teil.

Mitarbeiter der Lagerwirtschaft nutzen viele der angebotenen Kurse nur unzureichend. Eine Mitarbeiterbefragung zur Gesundheitsförderung in der Lagerwirtschaft im Frühjahr 2001 fand heraus, warum die Kurse und Angebote nur selten besucht werden.

Als Gründe nannten die Mitarbeiter die schlechten Anfangszeiten sowie die Unwissenheit, was sich hinter den einzelnen Kurse z. B. Qi Gong oder Kundalini Yoga verbirgt. Viele der befragten Mitarbeiter wünschen sich kostenlose Schnupperstunden, um die Angebote zu testen und auch Unbekanntes kennen zu lernen.

Aufgrund dieser Ergebnisse wurden für das Jahr 2002 einige Veränderungen vorgenommen. Die Kurse werden teilweise früher beginnen und es wird im Laufe des kommenden Jahres eine Aktionswoche geben, in der die Mitarbeiter verschiedene Sportangebote testen können.

3.5 Gesamtübersicht Maßnahmen

Beratung
- Sucht- und Schuldnerberatung
- Familie
- Arbeitsaufenthalte im Ausland
- Begehungen
- Arbeitsmittel

Medizinische Versorgung
- Einstellungsuntersuchung
- Bildschirmarbeitsplätze
- Fahr- und Steuer-Überwachungstätigkeit
- Grippeschutz-Impfung
- Erste-Hilfe Leistung
- Blutspende

Kurse/Angebote zu den Themen:

Verkehrssicherheit
- » Fahrsicherheitstraining für PKW- und Motorradfahrer
- » Inline-Skating
- » Sparen und sicher Fahren

Ergonomie
- » Ergonomie am Bildschirmarbeitsplatz
- » Fit am Arbeitsplatz

Bewegung und Ernährung
- » Tai Chi Chuan
- » Qi Gong
- » Walking
- » Joggen für Jedermann
- » Gesunde Ernährung
- » Leicht und Locker
- » Rückenschule
- » Kundalini Yoga
- » Autogenes Training

Mitarbeiterinformationen/Schulungen
- » Tipps zum richtigen Heben und Tragen
- » Der richtige Umgang mit Tritten und Leitern
- » Schulung für Gefahrstoffe, Brandschutz
- » Schulung für Führungskräfte, Sicherheitsbeauftragte
- » Erste-Hilfe Schulung
- » Schulung für Auszubildende und Neu-Einsteiger

4. Kommunikation/Information

Ein wichtiges Instrument ist die breite Information und Aufklärung von Führungskräften und Mitarbeitern, um gesundheitsförderndes Verhalten, mögliche Gefährdungen und deren Vermeidung zu zeigen.

Es werden alle bei Otto zur Verfügung stehenden Wege der Kommunikation genutzt. Wichtig im Verwaltungsbereich ist das Otto.net. Weitere Medien, die genutzt werden, sind: Infostände, Vorträge und Aushänge sowie das neue Mitarbeiterblatt der Lagerwirtschaft WIR.

In der sechs Mal pro Jahr erscheinenden hausinternen Mitarbeiterzeitschrift „Die Rampe" wird eine Serie zu Schwerpunktthemen der Gesundheitsförderung geschaltet.

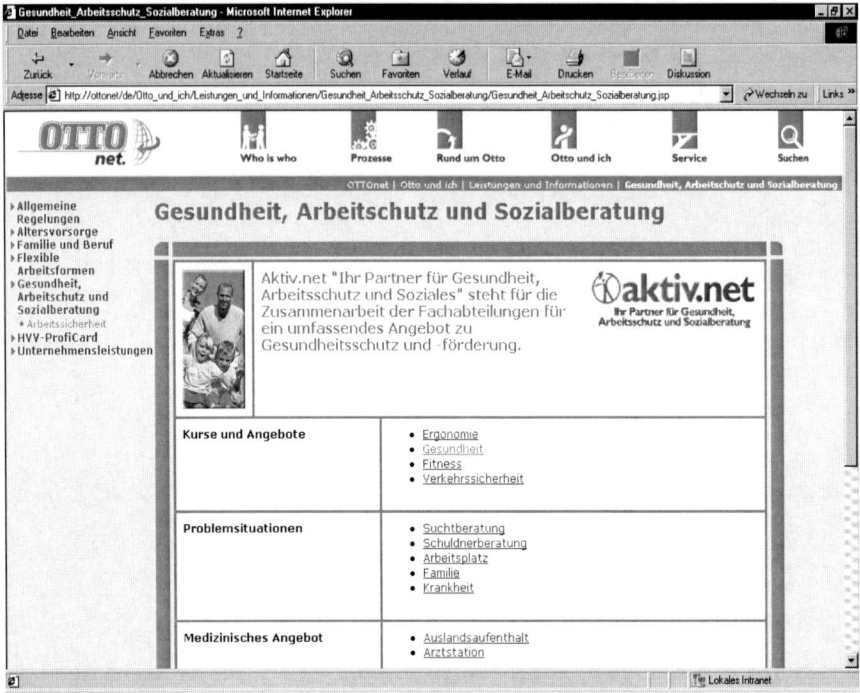

Abb. 6: Intranet

5. Positionierung Otto

Otto engagiert sich nicht nur innerhalb des Konzerns für den Gesundheitsschutz und die Gesundheitsförderung seiner Mitarbeiter, sondern beteiligt sich darüber hinaus an der generellen Weiterentwicklung des Gesundheitsschutzes in der Arbeitswelt.

Otto hat sich der Erklärung der Luxemburger Deklaration zur Betrieblichen Gesundheitsförderung angeschlossen. Mit dieser Erklärung werden die Grundsätze der betrieblichen Gesundheitsförderung wie z. B. Verbesserung der Arbeitsorganisation und –bedingungen, Partizipation der Mitarbeiter, Stärkung persönlicher Kompetenzen und Gesundheitspotenziale anerkannt und unterstützt. Der Anschluss an die Deklaration unterstreicht die Philosophie des Gesundheitsmanagements bei Otto.

5.1. Unternehmensnetzwerk zur betrieblichen Gesundheitsförderung in der EU

Otto ist Mitglied des "Unternehmensnetzwerks zur betrieblichen Gesundheitsförderung in der Europäischen Union". In diesem Netzwerk engagieren sich in der

Gesundheitsförderung besonders aktive Unternehmen (z. B. Deutsche Telekom AG, Unilever, Siemens AG, Spar, Volkswagen).

Ziele des Netzwerkes sind:

» Verbreitung betrieblicher Gesundheitsförderung,
» best practice,
» Erfahrungsaustausch.

Durch den Zusammenschluss wollen die Mitglieder des Netzwerkes die Verbreitung der betrieblichen Gesundheitsförderung vorantreiben und andere Unternehmen dazu anregen, sich für die Gesundheit der Beschäftigten zu engagieren.

Weiteres Ziel ist die Veröffentlichung von Beispielen guter Praxis (best practice) in der Gesundheitsförderung, um anderen Unternehmen damit die Weiterentwicklung von Gesundheitsmaßnahmen und -strategien zu erleichtern.

Durch den kontinuierlichen Erfahrungsaustausch bei regelmäßigen Treffen werden Fallstudien erfolgreicher Aktionen vorgestellt und Erfahrungen in der Planung, Durchführung und Evaluation betrieblicher Gesundheitsförderungsmaßnahmen diskutiert.

6. Zusammenfassung

Mit der Unterzeichnung der Luxemburger Deklaration und der Aufnahme in das "Unternehmensnetzwerk zur betrieblichen Gesundheitsförderung in der EU" hat sich Otto ausdrücklich für ein modernes und effektives Gesundheitsmanagement entschieden.

Soziale Verantwortung in Zusammenarbeit mit ökonomischer Vernunft sind Grundlage des Gesundheitsmanagements bei Otto. Es basiert auf den Grundsätzen:

» Ganzheitlichkeit (in Anlehnung an die WHO - Definition zur Gesundheit)
» Gesundheitsschutz und -förderung als Führungsaufgabe
» Partizipation und Eigenverantwortlichkeit aller Mitarbeiter

Ziele sind in erster Linie:

» Schutz und Förderung der Gesundheit,
» Erhalt und Steigerung des Gesundheitsverhaltens,
» Information und Kommunikation,
» Verminderung der Fehlzeitenquote,
» Erfüllung gesetzlicher Vorschriften.

Zur Umsetzung dieser Ziele arbeiten die für Gesundheitsschutz und -förderung verantwortlichen Personen in einem integrativen Verbund. Die Experten für Arbeitssicherheit, Betriebliche Sozialarbeit und Arbeitsmedizin haben sich unter dem

Namen aktiv.net „Ihr Partner für Gesundheit, Arbeitsschutz und Sozialberatung" zusammengeschlossen.

Durch fachliche Unterstützung und möglichst umfassende Informationen werden alle verantwortlichen Führungskräfte in die Lage versetzt, sich aktiv für die Gesundheit und Sicherheit ihrer Mitarbeiter einzusetzen. Gesundheitsressourcen der Mitarbeiter können durch eine enge Kooperation zwischen Führungskräften, Mitarbeitern und Fachleuten entwickelt und gefördert werden. Diese Zusammenarbeit und eine systematische Vorgehensweise bilden hierbei die Grundlage für ein langfristig erfolgreiches Gesundheitsmanagement.

Es nutzen über 3000 Mitarbeiter die Angebote des aktiv.net-Gesundheitsprogramms (Verkehrssicherheit, Ergonomie, Gymnastik am Arbeitsplatz, Bewegung und Entspannung, Ernährung). Dies entspricht einer Reichweite von ca. 25 % aller Mitarbeiter.

Neben diesen Schwerpunkten findet eine allgemeine Betreuung der Bereiche systematisch und kontinuierlich statt. Hierbei sind beispielhaft zu nennen:

» Beratung (z. B. Arbeitsmittelgestaltung, Begehungen, Sozialberatung),
» Mitarbeiterinformationen/Schulungen (z. B. Gefahrstoffe, Bereichsveranstaltungen),
» Medizinische Versorgung (Ambulanz, Grundsatzuntersuchungen, Impfungen).

Die Berücksichtigung bestimmter Zielgruppen erfolgt z.B. durch die Bildung eines Arbeitskreises: „Gesundheit in der Lagerwirtschaft". In diesem Kreis werden speziell auf die Zielgruppe der gewerbliche Mitarbeiter in der Lagerwirtschaft abgestimmte Maßnahmen entwickelt und umgesetzt. Beispielhaft ist hier das arbeitsbezogene Präventions- und Rehabilitationsprogramm „...mobil mit Otto!" zu nennen, das im Januar 2002 angelaufen ist.

7. Ausblick

Vor dem Hintergrund der allgemeinen demographischen Entwicklung und der damit einhergehenden Entwicklung der Mitarbeiterstruktur wird der Stellenwert des Gesundheitsmanagements in Unternehmen weiter ansteigen. Älter werdende Mitarbeiter erfordern andere Betrachtungsweisen der Gesundheitsförderung. Neben den ansteigenden körperlichen Einschränkungen entstehen Vorteile durch zunehmenden Erfahrungsschatz, mentale und soziale Stabilität. Diese positiven Effekte hervorzuheben und gleichzeitig einen Ausgleich für die Physis zu erzeugen, werden Aufgaben des Gesundheitsmanagements sein. Gemeinsam mit dem HR-Management müssen Instrumente entwickelt werden, die dieser Entwicklung Rechnung tragen und bei Führungskräften und Mitarbeitern gleichermaßen zu einem Kulturwandel weg von „jünger = flexibel = besser" hin zu einer gesunden „Diversitykultur" des Alters führen.

Es müssen Wege gefunden werden, Mitarbeiter für ihr aktives persönliches Gesundheitsmanagement zu gewinnen. Hierzu zählt insbesondere die Motivation, lebenslang auf Veränderungen zu reagieren und die eigene Gesundheit auch im Hinblick auf das psychische und soziale Wohlbefinden zu betrachten.

Fallstudie zum Gesundheitsmanagement aus dem Stahl- und Industriegüterbereich – Die ThyssenKrupp Stahl AG

Klaus Etzler

ThyssenKrupp als international agierendes Unternehmen nimmt im weltweiten Maßstab mit den Schwerpunktbereichen Stahl, Industriegüter und Dienstleistungen eine ausgezeichnete Technologie- und Marktpositionen ein. Dieses Ergebnis wurden durch stetig wachsendes Know-how, einer hohen Servicekompetenz, Flexibilität und einer hohen Innovationskraft erreicht.

Innovationen nehmen bei ThyssenKrupp einen wichtigen Stellenwert ein, was es erforderlich macht, die richtigen Rahmenbedingungen zu schaffen, um diese zu gewährleisten und zu unterstützen. Deshalb gibt ThyssenKrupp seinen Mitarbeitern ausreichend Raum, um die Persönlichkeit seiner Mitarbeiter ausleben und entfalten zu lassen.

Dieser Unternehmensgedanke macht ThyssenKrupp attraktiv als Arbeitgeber und Forschungspartner, welches zur Steigerung des Unternehmenswerts beiträgt. Denn: Die Mitarbeiter (MA) entscheiden, wieviel Zukunft ein Unternehmen hat. Bei ThyssenKrupp Stahl, die größte Gesellschaft der Business Unit Carbon Steel mit Hauptsitz in Duisburg, entscheiden demnach rund 21.000 Mitarbeiter über die Zukunft des Unternehmens.

Jeder Unternehmer hat ein Interesse daran, dass seine Beschäftigten leistungsfähig und möglichst gesund sind. Wenn sich auch die schicksalhafte Entstehung von einigen Gesundheitsstörungen nicht vermeiden lässt, so kann man doch durch zahlreiche Maßnahmen die Gesundheit in einem hohen Maße erhalten. Und das ist die Zielrichtung für eine systematische, betriebliche Gesundheitsförderung.

In den letzten Jahren hat dazu ein Umdenkungsprozess stattgefunden. Früher war das Augenmerk ausschließlich daraufhin ausgerichtet, dass durch die Arbeit keine Gesundheitsstörungen entstehen sollten. Heute jedoch hat sich der Fürsorgeaspekt wesentlich erweitert, in dem man insgesamt Maßnahmen zur Erhaltung der Gesundheit fördert, unabhängig davon, ob die Gesundheitsstörung eine betriebliche Ursache haben könnte. Denn für die Leistungsfähigkeit eines Beschäftigten ist es unerheblich, ob seine Gesundheitsstörung durch betriebliche Einflüsse oder durch nicht gesundheitserhaltendes Verhalten bedingt ist.

Der Manager des Betriebes, der sich um die Gesunderhaltung der Mitarbeiter vorrangig kümmert, ist der Betriebsarzt. Insofern ist auch in dem Aufgabenbereich der Betriebsärzte eine Änderung eingetreten. Wenn früher die Arbeitsgestaltung und die gesundheitliche Überwachung im Vordergrund standen, ist jetzt die Verhaltensbeeinflussung zur Förderung der Gesundheit als wesentliches, neues Aufgabengebiet hinzugekommen. Wir haben bei ThyssenKrupp Stahl in dem Betriebsärztlichen Dienst eine Abteilung *Gesundheitsförderung* eingerichtet. Von hier aus erfolgt die Initiierung, Koordinierung und Kontrolle der Gesundheitsförderprogramme.

Da eine betriebliche Gesundheitsförderung nur in einem Konsens mit der Unternehmensleitung und der Arbeitnehmervertretung möglich ist, empfiehlt es sich, über diese Thematik feste Vereinbarungen zu schließen. Wir haben daher, auch um einen einheitlichen Rahmen an den unterschiedlichen Standorten zu erreichen, eine Betriebsvereinbarung abgeschlossen.

1. Ziele der betrieblichen Gesundheitsförderung

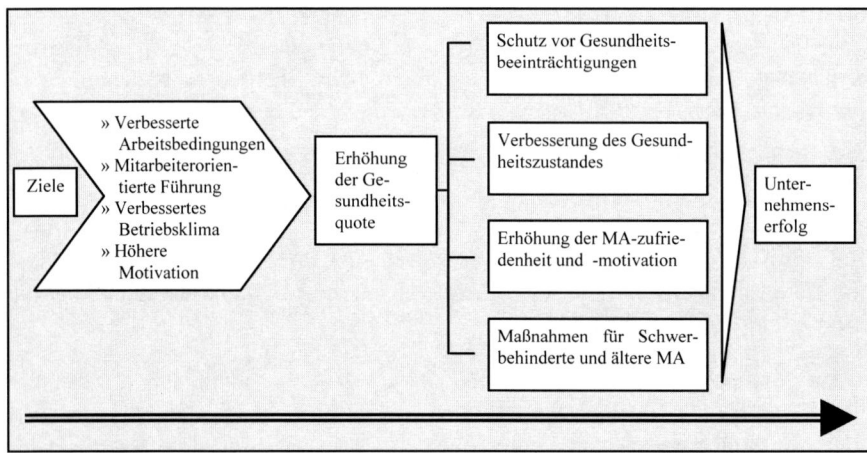

Abb. 1: Ziele der betrieblichen Gesundheitsförderung bei ThyssenKrupp Stahl

Als Ziele haben wir definiert, dass durch verbesserte Arbeitsbedingungen, eine mitarbeiterorientierte Führung, durch verbessertes Betriebsklima und eine höhere Motivation eine Erhöhung der Gesundheitsquote erreicht werden soll. Es soll also gewährleistet werden, dass die Beschäftigten vor Gesundheitsbeeinträchtigungen geschützt werden. Zu dem soll der Gesundheitszustand der Mitarbeiter verbessert werden und die Zufriedenheit und Motivation der Beschäftigten an ihren Arbeitsplätzen erhöht werden. Auf diese Weise soll zugleich ein Beitrag zum Unternehmenserfolg geleistet werden. Beide Partner bekennen sich also dazu, dass durch eine Verbesserung der Gesundheit für das Unternehmen auch ein eindeutiger finanzieller Vorteil entstehen soll.

Es wurden folgende Eckpunkte vereinbart. Gesundheitsförderung im Unternehmen ist eine ständige, dauerhafte Aufgabe mit langfristiger Zielsetzung. Sie schließt Unfall- und Krankheitsverhütung mit ein, will aber darüber hinaus die gesunderhaltenden Kräfte des Einzelnen stärken. Sie ist präventiv. Sie nimmt neben der Planung von Neuanlagen auch Einfluss auf bestehende Arbeitsplätze. Sie schließt besondere Maßnahmen für Schwerbehinderte und ältere Beschäftigte mit ein. Sie verlangt von allen mitgetragen zu werden. Sie ist eine Gemeinschaftsaufgabe von Führungskräften aller Ebenen, Betriebsrat und Beschäftigten. Sie erschließt unter Beteiligung der Beschäftigten deren Erfahrungswissen und fördert Akzeptanz der Maßnahmen. Sie verlangt, dass in diesem Zusammenhang erarbeitete Verbesserungsvorschläge ernsthaft hinsichtlich ihrer Realisierbarkeit geprüft werden und Konsens besteht, geeignete Maßnahmen zu realisieren.

2. Interventionen setzen eine fundierte Analyse voraus

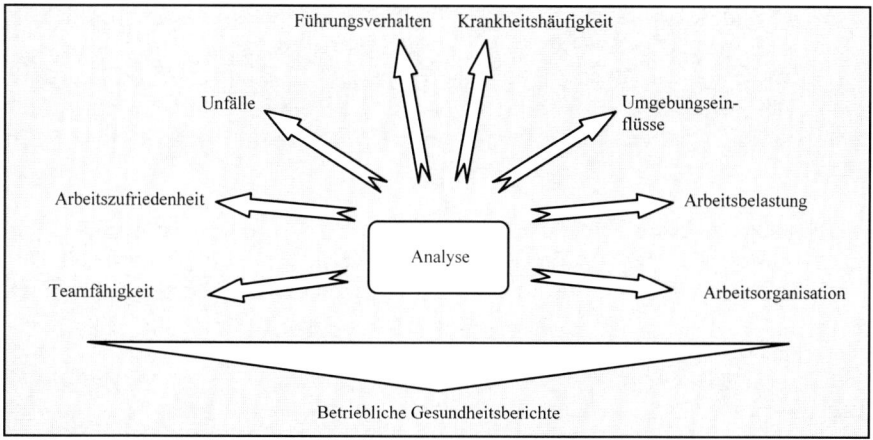

Abb. 2: Bei der Analyse eingesetzten Instrumente

Bevor Maßnahmen vereinbart werden, ist eine Analyse erforderlich. So sind Belastungen und Beanspruchungen sowie Arbeitsbedingungen und Umgebungseinflüsse zu ermitteln. Die Beschäftigten sind bei der Analyse zu beteiligen, z. B. durch Befragung zu der Arbeitsbelastung, der Arbeitsorganisation, dem Führungsverhalten, der Teamfähigkeit sowie der Arbeitszufriedenheit. Es ist eine kontinuierliche Aufbereitung der krankheits- und unfallbedingten Gesundheitsquote unter Beachtung der Anonymität zu erstellen. Darüber hinaus sind betriebliche Gesundheitsberichte anzufertigen.

3. Von der Analyse zu konkreten Maßnahmen

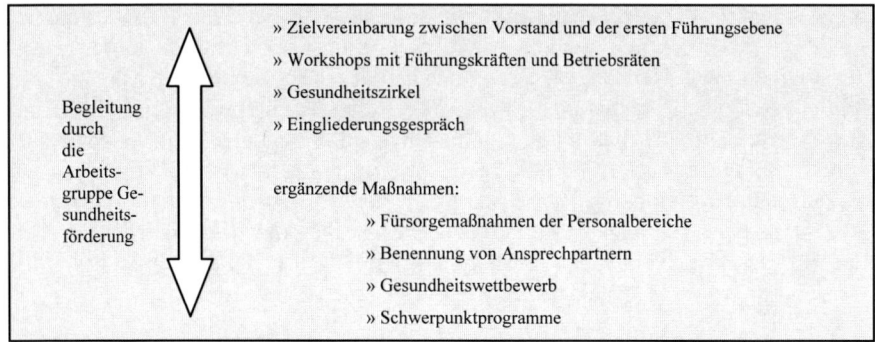

Abb. 3: Eingesetzte Maßnahmen

Als geeignete Maßnahmen wurden festgelegt, Zielvereinbarungen zwischen dem Vorstand und der ersten Führungsebene, Workshops mit Führungskräften und Betriebsräten, Gesundheitszirkel oder Beteiligungsgruppen mit gesundheitsrelevanten Themen und Eingliederungsgesprächen. Es besteht also Konsens, dass in jedem Falle bei einer Arbeitsaufnahme nach einer Erkrankung oder einem Unfall mit dem Beschäftigten durch die betriebliche Führungskraft ein Gespräch zu führen ist.

Als ergänzende Instrumente, die je nach Standort und vorhandenen Einrichtungen etwas variieren können, wurde vereinbart, Ansprechpartner für Gesundheitsfragen zu benennen, die bei der Mitinitiierung und Begleitung von Gesundheitsfördermaßnahmen ebenso wie beim Lösen von Einzelfällen mithelfen. Darüber hinaus sind Fürsorgemaßnahmen der Personalbereiche erforderlich, z. B. durch Kontaktaufnahme mit längerfristig Erkrankten und Verletzten und einer frühzeitigen Planung von Wiedereingliederungsmaßnahmen. Als weitere Instrumente wurde ein Gesundheitswettbewerb oder die Durchführung von Schwerpunktprogrammen vereinbart. Zur Initiierung von Gesundheitsförderungsmaßnahmen können Betriebsleitung und Betriebsrat Bereiche vorschlagen, in denen Gesundheitsförderungsmaßnahmen durchgeführt werden sollen. Im Arbeitsschutzausschuss wird mit Zustimmung des zuständigen Verantwortlichen und des Betriebsrates die Entscheidung zum Start von Gesundheitsförderungsmaßnahmen getroffen. Alle Aktivitäten werden in einer Arbeitsgruppe *Gesundheitsförderung*, welche aus Betriebsleitung, Personalbereich, Arbeitswirtschaft, Betriebsärztlichem Dienst, Krankenkasse und Betriebsrat besteht, begleitet.

Wenn auch diese Betriebsvereinbarung nur ein Rahmengerüst darstellt, so ist sie doch das Bekenntnis, dass alle im Betrieb daran interessiert sind, aktiv Gesundheitsförderung zu betreiben.

4. Rolle und Aufgaben des Gesundheitsbeauftragten

Ausgehend von der Überlegung, dass man mit dem normalerweise in einem Betriebsärztlichen Dienst vorhandenen Personal nicht genügend Ressourcen hat, um eine aktive Gesundheitsförderung zu betreiben, haben wir eine Abteilung Gesundheitsförderung geschaffen, in der sog. Gesundheitsbeauftragte tätig sind. Die Leitung dieses Bereiches hat eine Diplom-Gesundheitswirtin und an den einzelnen Standorten sind jeweils Gesundheitsbeauftragte tätig, die einvernehmlich von der Betriebsleitung und dem Betriebsrat für diese Tätigkeit bestimmt worden sind. Die Gesundheitsbeauftragten sind Mitarbeiter des Betriebsärztlichen Dienstes und dürfen keine weiteren Tätigkeiten, z. B. als Betriebsrat, als Sicherheitsbeauftragter oder als Vertrauensmann wahrnehmen. Sie sollen sachbezogen und frei von Interessensvertretungen tätig sein.

Da der Gesundheitszustand eines Menschen von sehr unterschiedlichen Einflüssen abhängig ist, z. B. anlagebedingte oder erworbene, individuelle Eigenschaften, Lebens- und Arbeitsbedingungen, sind auch die Maßnahmen, die die Gesundheit zum Positiven verändern, vielfältig und komplex. Außerdem hängt der individuelle Zustand eines Menschen nicht nur von objektiven medizinischen Kriterien ab, sondern ist auch subjektiv bestimmt. Hier existiert eine Zone, in der die subjektive Einschätzung des eigenen Gesundheitszustandes ins Gewicht fällt. Alle Maßnahmen, die über die Motivation der Mitarbeiter das betriebliche Gesundheitsgeschehen beeinflussen, setzen hier an.

Über zahlreiche Programme (Nikotin, Drogen, Alkohol, Urlaubsplanung, Freizeitgestaltung, Rückenschule, Kreislauftraining, Ernährungsberatung) kann versucht werden, auf die Lebensbedingungen Einfluss zu nehmen.

Bei Defiziten im Bereich der Arbeitsbedingungen muss der Gesundheitsbeauftragte die Zusammenarbeit der betrieblichen Stellen initiieren und koordinieren. Er kann bei Bedarf Workshops zu Themen der Gesundheitsförderung initiieren. Er ist Koordinator im Gesundheitsmanagement und Kooperationspartner für den Betrieb, den Betriebsärztlichen Dienst, die Arbeitssicherheit, den Betriebsrat, die Schwerbehindertenvertretung, die Berufsbildung, die Arbeitswirtschaft, die Personalabteilung, die Suchtberatungsstelle und die Krankenkasse. Er ist ein aktiver Berater, der als Manager der Gesundheitsförderung eine Verhaltensbeeinflussung zum Gesundbleiben betreibt und damit das Ziel der Verbesserung der Gesundheitsquote erreicht. Wobei unter Gesundheitsquote nicht ausschließlich die Reduzierung des Krankenstandes zu verstehen ist, sondern insgesamt eine Verbesserung des Gesundheitszustandes der Beschäftigten.

Der Gesundheitsbeauftragte ist ein Kümmerer für die Erkrankten. Er soll das vertrauensvolle Gespräch mit dem Erkrankten suchen. Bereits am Beginn einer Erkrankung ebenso wie bei der Rückkehr an den Arbeitsplatz soll er als fachkundiger Berater von dem betrieblichen Vorgesetzten hinzugezogen zu werden. Das fürsorgliche Gespräch vor Arbeitsaufnahme zwischen Vorgesetzten und Beschäftigten soll nicht ersetzt, sondern ergänzt werden. Es gehört auch zu der Aufgabe des Gesundheitsbeauftragten, Einzelfälle zu lösen, d. h. Gespräche mit den Belegschaftsmitgliedern vor Ort zu führen und ggf. Hausbesuche, Krankenhausbesuche und Besuche in der Reha-Klinik durchzuführen und aktiv bei dem Wiedereingliederungsprozess in das Arbeitsleben zu helfen. Die Erfahrung zeigt, dass viele Erkrankte dankbar sind, dass ihnen während einer längeren Erkrankungsphase aktiv geholfen wird, da nicht selten ein für den Krankheitsverlauf ungenutzter Zeitraum verstreicht.

Der Gesundheitsbeauftragte ist auch bei der Betreuung von Mitarbeitern, z. B. bei Erkrankung (z. B. Schlaganfall, Herzinfarkt, Krebs, Zuckerkrankheit, Bandscheibenvorfall), bei Suchtproblemen (z. B. Alkohol, Nikotin, Drogen), bei der Wiedereingliederung nach längerem Ausfall, bei der Durchführung von Arbeitsplatzveränderungen oder bei Arbeitsplatzwechsel ein Berater und Koordinator.

Ein weiterer, wichtiger Punkt ist die Erfassung des Ist-Zustandes. Um Basisinformationen über seinen Betreuungsbereich zu erhalten, ist es unbedingt erforderlich, dass der Gesundheitsbeauftragte Einblicke in das Arbeitsunfähigkeitsgeschehen erhält, dieses auswertet und eine Verknüpfung der Daten aus verschiedenen Bereichen herstellt. Damit er die Belastungsfaktoren an den Arbeitsplätzen ermitteln kann, muss er die Einzelarbeitsplätze kennen lernen, Einsicht in die Arbeitsplatzbeschreibung, die Gefährdungsbeurteilung und in die betrieblichen Gesundheitsberichte erhalten. Um Auffälligkeiten von Gruppen zu erfassen, ist ihm die Teilnahme an Betriebsbesprechungen und Arbeitsschutzausschuss-Sitzungen zu ermöglichen. Auch sind Ergebnisse von Mitarbeiterbefragungen zu berücksichtigen. Er muss über die Observer-Tätigkeit der Personalwirtschaft Kenntnisse erhalten. Damit ist gemeint, dass bei jedem Beschäftigten, der mehr als fünfmal in einem Jahr oder länger als sechs Wochen erkrankt ist, von Seiten der Personalwirtschaft ermittelt wird, ob individuelle Fördermaßnahmen eingeleitet werden müssen. Insofern erfährt der Gesundheitsbeauftragte im Gegensatz zum Betriebsärztlichen Dienst die personenbezogenen Daten, also die Kenntnis, wer erkrankt ist und wie häufig jemand erkrankt ist.

Darüber hinaus hat er konkrete Gesundheitsförderungsmaßnahmen vor Ort vorzubereiten, d. h. er ist in das operative Geschäft der Gesundheitszirkel, der Rückenschule, der Suchtberatung oder auch von Schwerpunktprogrammen eingebunden.

Der Gesundheitsbeauftragte soll sich ganz überwiegend vor Ort aufhalten, um als Ansprechpartner für die Mitarbeiter in Fragen der Gesundheit zu dienen. Dabei hat er auch Fragen der Arbeitsgestaltung anzusprechen, z. B. Fragen der Beleuchtung oder der Sauberkeit am Arbeitsplatz, Fragen der Arbeitsinhalte, z. B. der Arbeitsmenge in der Nachtschicht oder auch Fragen der Arbeitsorganisation, z. B. Jobsharing der Kranführer. Es ist nicht seine Aufgabe, den Betriebsrat, die Arbeitssicherheit oder den Betriebsarzt zu ersetzen, sondern durch ständige Beobachtung und Gespräche vor Ort Fakten zu verknüpfen und Maßnahmen der betrieblichen Gesundheitsförderung anzuregen.

Der Gesundheitsbeauftragte berichtet regelmäßig im Arbeitsschutzausschuss unter dem festinstallierten Tagesordnungspunkt *Gesundheitsförderung* über seine gesamte Tätigkeit. Zusammenfassend kann man feststellen, er hat den Ist-Zustand zu erfassen, Einzelfälle zu lösen und Gesundheitsförderungsmaßnahmen zu begleiten.

Die neu geschaffene Einrichtung der Gesundheitsbeauftragten in unserem Unternehmen hat sich im Laufe der Jahre sehr gut bewährt. In zahlreichen Einzelfällen konnten Arbeitsunfähigkeiten verkürzt und die frühzeitige Wiedereingliederung gefördert werden sowie Mitarbeiter auf leidensgerechte Arbeitsplätze verwiesen werden. Die Resonanz der betrieblich Vorgesetzten und der Mitarbeiter auf die gezielte Unterstützung durch den Gesundheitsbeauftragten war ausgesprochen positiv. Die Einrichtung trägt zu einer offenen, vertrauensvollen Zusammenarbeit bei und fördert das vorausschauende Eingreifen von Maßnahmen zur Erhaltung von Sicherheit und Gesundheit der Beschäftigten. Sie dient dem erklärten Ziel einer kontinuierlichen Verbesserung des Gesundheitsschutzes.

5. Pilotprojekte

Bevor im Unternehmen flächendeckend spezielle Gesundheitsförderungsprogramme eingeführt werden, erfolgt eine Testung der vorgesehenen Maßnahmen in sog. Pilotprojekten.

Die Initiative zu neuen Pilotprojekten gehen vom Betriebsärztlichen Dienst aus. Gemeinsam mit den Gesundheitsbeauftragten werden jeweils Überlegungen angestellt, welche speziellen Pilotprojekte getestet werden sollen. In der Vergangenheit haben wir mehrere derartige Projekte im Rahmen von Forschungsvorhaben durch universitäre Einrichtungen begleiten lassen. Die Forschungsvorhaben wurden kostenmäßig neben der Leistung durch das Unternehmen auch von der Betriebskrankenkasse und der Hütten- und Walzwerks-Berufsgenossenschaft mitgetragen. Der Ansatz dieser Vorhaben war stets, dass etwas Neues ausprobiert werden sollte, das, wenn es Erfolg zeigt, ggf. unter Änderung bestimmter Inhalte flächendeckend verwendbar sein sollte. Natürlich wurden auch eigene Programme, auf unsere betrieblichen Belange zugeschnitten, erprobt. D. h. es musste nicht immer das Rad neu erfunden werden, sondern wir haben über unseren Tellerrand gesehen, Erkundigungen eingeholt, was in anderen Betrieben bereits erprobt war und haben es auf unsere Bedürfnisse zurechtgeschnitten.

5.1 Das Pilotprojekt „Schichtarbeit"

Als erstes möchte ich über unser Forschungsprojekt *Schichtarbeit* berichten. Das Landesinstitut Sozialforschungsstelle Dortmund hat die wissenschaftliche Begleitung des Modells zur Prävention gesundheitlicher Belastungen durch Nacht- und Schichtarbeit durchgeführt.

Es wurden die Beschäftigten des Bereiches Elektrolytische Bandbeschichtung am Standort Dortmund ausgewählt und eine gleichgroße Gruppe aus dem Standort Bochum. Beide Kollektive setzten sich aus Beschäftigten zusammen, die langjährig regelmäßig in dreischichtiger Arbeitsweise arbeiteten. Sowohl zu Beginn als auch am Ende des Forschungsvorhabens erfolgte eine ärztliche Untersuchung nach dem Basisuntersuchungsprogramm des Hauptverbandes der Berufsgenossenschaften, d. h. die Untersuchung umfasste folgende Inhalte:

> » Erhebung der jetzigen Beschwerden,
> » Erhebung der Belastungen am jetzigen Arbeitsplatz,
> » Erhebung der Arbeits-, Sozial- und Familienanamnese,
> » Durchführung der körperlichen Untersuchung und der medizinisch-technischen Untersuchung mit einer abschließenden besonderen Beratung hinsichtlich Risikofaktoren, Erkrankungen und Unfallgefährdungen.
> » Darüber hinaus wurde der Gesundheitsbericht der BKK einschließlich des Medikamentenverbrauches bewertet und zusätzliche Fragebögen zum Schlafverhalten und zu den durchgeführten Gesundheitsfördermaßnahmen eingesetzt.

Abb. 4: Inhalte des Pilotprojekts „Schichtarbeit"

Mit der Zielgruppe wurde im Gegensatz zur Kontrollgruppe konkrete Maßnahmen zur Gesundheitsförderung durchgeführt. So wurden die drei Bausteine Körpertraining zur Herz-Kreislauf-Stärkung, Ernährungsberatung und Stressbewältigung und Entspannung nach heutigem Erkenntnisstand strukturiert und kontrolliert in mehreren Sitzungen durchgeführt.

Als wesentliche Ergebnisse fanden wir folgende Faktoren. Es war eine deutliche Reduzierung der Arbeitsunfähigkeitstage im Zielkollektiv nachweisbar. Der Anteil der Nichtraucher stieg von 38 % auf 51 %. Darüber hinaus konnte eine deutliche Reduzierung des Alkoholkonsums nachgewiesen werden. Die Arbeitsplatzsituation wurde von den Beschäftigten bei der Nachuntersuchung deutlich als weniger belastend empfunden, obwohl keine Änderung am Arbeitsplatz durchgeführt worden war. Auch war eine Rückbildung der anfangs bestehenden Beschwerden nachweisbar. Bei den objektiv erhobenen Daten im Betriebsärztlichen Dienst ergab sich kein signifikanter Unterschied. Offensichtlich war die intensive Beschäftigung mit den Mitarbeitern und die Beratung ein entscheidender Faktor zu den beschriebenen Veränderungen. Nach diesen positiven Ergebnissen haben wir die Konsequenz gezogen, jetzt an allen Standorten die Möglichkeit zu schaffen, die oben beschriebenen drei Bausteine anzubieten.

5.2 Das Pilotprojekt „Arbeit und psychische Gesundheit"

Als zweites möchte ich über ein Pilotprojekt *Arbeit und psychische Gesundheit* berichten, das wir gemeinsam mit dem Institut und Poliklinik für Arbeits- und Sozialmedizin der Technischen Universität Dresden durchgeführt haben. In diesem

Vorhaben ging es uns darum, bereits im Vorfeld von Problemen, die psychische Belastung zu messen und zu erfassen, mit dem Ziel geeignete Vorbeugemaßnahmen frühzeitig einzuleiten.

Wie schon der Titel des Projektes zeigt, wollten wir weg von dem negativ besetzten Begriff der psychischen Belastung im Sinne von Stress, Zeitdruck, Mobbing, Überforderung oder psychischen Erkrankungen. Vielmehr sind wir davon ausgegangen, dass eine psychische Belastung etwas normales und positives ist und im Rahmen der Evolution zum Menschen ein notwendiger Faktor war. Daher haben wir nicht von psychischer oder psychomentaler Belastung gesprochen, sondern von psychischer Gesundheit.

Wir haben wiederum zwei Kollektive gebildet, einmal eine reine Bürotätigkeit in einer Einkauf-Abteilung und zum anderen eine handwerkliche Tätigkeit im Erhaltungsbetrieb eines Hochofens. Zum Einsatz kam dabei ein spezieller Fragebogen, dessen einzelne Elemente bereits in früheren Forschungsarbeiten auf Validität hin überprüft worden waren. Der Fragebogen enthielt mehrere in sich abgeschlossene Abschnitte, z. B. zur Arbeitsintensität und Tätigkeitsspielraum, zur Organisation und Zusammenarbeit, zu Beeinträchtigungen am Arbeitsplatz, zum Befinden und Erleben, zu psychosomatischen Beschwerden und zu subjektiven Globalurteilen.

Es wurden bewusst überwiegend positive Fragen gestellt.

Arbeitsintensität und Tätigkeitsspielraum
» In meiner Arbeit ist es nötig, immer viel Neues dazuzulernen. » An meinem Arbeitsplatz habe ich die Möglichkeit an der Erarbeitung neuer Lösungen teilzunehmen. » An den Entscheidungen meiner Führungskraft kann ich mitwirken. » Ich kann meine Arbeit selbständig planen und einteilen.
Organisation und Zusammenarbeit
» Die Arbeitabläufe in unserer Abteilung sind gut organisiert. » Die Zuständigkeiten und Verantwortlichkeiten zwischen den Arbeits bereichen sind klar geregelt. » Wenn ich etwas nicht weiß, kann ich jederzeit fragen. » Unser Unternehmen bietet gute Fort- und Weiterbildungsmöglichkeiten.
Befinden und Erleben
» Ich fühle mich am Ende des Arbeitstages verbraucht. » Ich habe die Begeisterung an meine Arbeit verloren. » Ich möchte nur meine Arbeit erledigen und ansonsten in Ruhe gelassen werden. » Fühlten Sie sich unfähig, anstehende Probleme zu lösen?
Psychosomatische Beschwerden:
» Wie oft haben Sie Konzentrationsstörungen? » Wie oft fühlen Sie sich am ganzen Tag müde und zerschlagen? » Wie oft sind Sie innerlich unruhig, wie aufgedreht? » Wie oft fühlen Sie sich schnell müde?
Kompetenzurteile:
» Meine berufliche Belastung ist von sehr hoch bis sehr gering. » Meine eigenen Vorstellungen und Ansprüche kann ich im Beruf » verwirklichen von vollständig bis überhaupt nicht. » Meine Arbeit ist für meine Gesundheit von sehr günstig bis » überhaupt nicht günstig. » Ich bin mit meiner Arbeit zufrieden von vollständig bis sehr gering. » Ich bin mit meinem Leben zufrieden von vollständig bis sehr gering.

Abb. 5: Fragebogenausschnitt

Es war nicht Ziel des Projektes, einen generellen Fragebogen zu entwickeln, sondern mit gezielten arbeitsplatzspezifischen Problemen sich im Vorfeld vertraut zu machen, um dann dementsprechend angepasste Fragen stellen zu können. Dass wir bei den Fragebögen eine Rücklaufquote von 70 % hatten, ist darauf zurückzuführen, dass intensive Informationsveranstaltungen unter Einbeziehung der Betriebsleitung, des Betriebsrates und der Forschungsnehmer durchgeführt wurden. Hier sind nur beispielhaft vier Ergebnisse aufgezählt:

> » Die Arbeitsanforderungen, aber auch berufliche Leistungsfähigkeit werden hoch eingeschätzt,
> » Gesundheit, Wohlbefinden und Arbeitszufriedenheit werden als hoch bis sehr hoch erlebt,
> » Insbesondere das Niveau psychosomatische Beschwerden ist gering,
> » Betriebliche Organisation, Führungsverhalten und soziale Beziehungen werden im mittleren Bereich bewertet.

Abb. 6: Ausschnitte aus den Ergebnissen

Um aus den gewonnenen Erkenntnissen Maßnahmen abzuleiten, sind die Ergebnisse im Rahmen von Gesundheitszirkeln besprochen und zahlreiche Einzelmaßnahmen zur Verbesserung der Fehlbelastungen durchgeführt worden. Insgesamt halten wir diesen Instrument für geeignet, um in auffälligen Betrieben qualifizierte Informationen zu erhalten, um geeignete Maßnahmen zu identifizieren und somit einer Lösung zuzuführen.

5.3 Das Pilotprojekt „Rückenschule am Büroarbeitsplatz"

Ein weiteres Pilotprojekt Rückenschule am Büroarbeitsplatz haben wir initiiert, weil wir aus der arbeitsmedizinischen Sprechstunde wussten, dass die Häufigkeit der Rückenbeschwerden gerade an den Büroarbeitsplätzen hoch war und an den Arbeitsplätzen, an den bekannter weise schwerere körperliche Arbeiten anfallen, deutlich geringer waren. Wir gingen bei diesem Vorhaben von der Überlegung aus, dass der Beschäftigte erlernen soll, wie er sich am Arbeitsplatz richtig verhalten sollte und dass er am Arbeitsplatz selbst gymnastische Übungen durchführen kann.

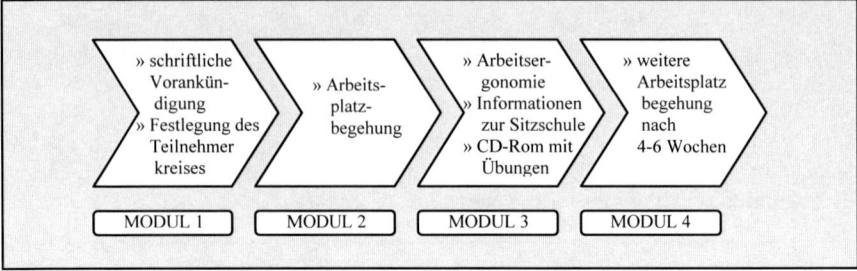

Abb. 7: Die 4 Module im Pilotprojekt „Rückenschule am Büroarbeitsplatz"

Wir haben dieses Projekt in vier Module aufgeteilt. Im ersten Modul erfolgte eine schriftliche Vorankündigung, in dem das Vorhaben bekannt gemacht wurde und in dem auf freiwilliger Basis die Teilnehmerkreise festgelegt wurden. Im zweiten Modul erfolgte eine Arbeitsplatzbegehung durch den Gesundheitsbeauftragten, den Betriebsarzt, den ergonomisch geschulten Verantwortlichen für die Umsetzung der Bildschirmarbeitsverordnung und einem für den Betriebssport zuständigen Vertreter der Betriebskrankenkasse. Bei dieser Arbeitsplatzbegehung wurde noch einmal von allen Experten das Vorhaben unterstrichen und auch Fotos von den Arbeitsplätzen angefertigt. Im dritten Modul fanden Sitzungen statt, zur Arbeitsplatzergonomie und zur Information über eine Sitzschule. Und in einer weiteren Sitzung erfolgte die Handhabung und Vorstellung einer CD-Rom mit 10 gymnastischen Übungen, die am Arbeitsplatz durchführbar sind. Im vierten Modul erfolgte nach 4 bis 6 Wochen eine erneute Arbeitsplatzbegehung und eine Befragung der Beschäftigten, wie sie die aktiven Maßnahmen durchführen und welche Erfolge sich bisher eingestellt haben. Die positive Resonanz führt dazu, dass wir nach Abschluss dieses Pilotprojektes eine flächendeckende Einführung der Rückenschule am Büroarbeitsplatz anbieten wollen.

5.4 Das Pilotprojekt „Wohlfühlen statt Rundfühlen"

Als weiteres Pilotprojekt sei beispielhaft angeführt, das Projekt Wohlfühlen statt Rundfühlen. Hintergrund war, dass wir insbesondere bei Atemschutzgeräteträgern im Rahmen der arbeitsmedizinischen Untersuchungen feststellten, dass häufig sowohl Gewichtsprobleme als auch ein eingeschränkter Trainingszustand zu beobachten war. Wir haben daher für die Pilotphase die Werkfeuerwehr ausgesucht. Es ging darum, ein Konzept zur längerfristigen Verhaltensänderung von Mitarbeitern mit einer gesundheitlich bedenklichen Ausgangslage zu erarbeiten. Der Projektverlauf war in insgesamt acht Schritte unterteilt.

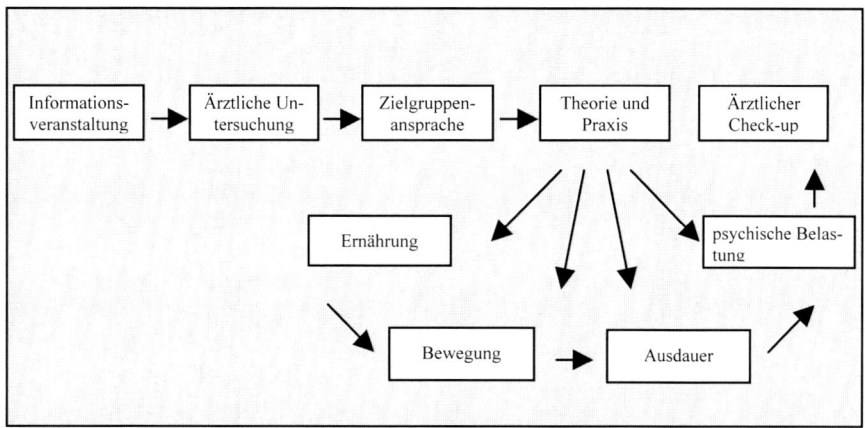

Abb. 8: Die 8 Schritte im Pilotprojekt „Wohlfühlen statt Rundfühlen"

Als erstes erfolgte, wie bei allen anderen Pilotprojekten, eine Informationsveranstaltung für alle Mitarbeiter unter Einbindung der Betriebsleitung, des Betriebsrates, des Gesundheitsbeauftragten und des Betriebsarztes. Voraussetzung zu der Teilnahme war eine ärztliche Untersuchung nach dem Basisuntersuchungsprogramm und nach dem berufgenossenschaftlichen Grundsatz für Atemschutzgeräteträger. Im Rahmen von moderierten Arbeitsgruppen wurden die Zielgruppen angesprochen. Bei regelmäßigen Treffen in der Arbeitsgruppe erfolgte eine Vermittlung von Theorie und Praxis zu den Themen Ernährung, Bewegung, Ausdauer, Entspannung und psychische Belastung. Abschließend erfolgte ein erneuter ärztlicher Check-up, um die Entwicklung des Gewichtes und auch des Trainingszustandes zu erfassen. Ziel war es, eine längerfristige Verhaltensänderung, begleitet durch regelmäßige ärztliche Kontrollen und Beratung durch den Betriebsarzt, Gesundheitsbeauftragten und Trainer, zu erreichen. Auch in diesem Pilotprojekt waren eindeutig positive Ergebnisse im Sinne einer verbesserten Gesundheit festzustellen, so dass wir nun Schwerpunktbereiche wählen, in denen wir neue Gruppen implementieren werden.

5.5 Das Pilotprojekt „Gesundheitsförderungs-, Teambildungs- und Identitätsstärkungsprogramm für Auszubildende

Z. Zt. beginnen wir mit einem neunen Pilotprojekt, das wir Gesundheitsförderungs-, Teambildungs- und Identitätsstärkungsprogramm für Auszubildende benannt haben. Ausgehend von der Überlegung, was Hänschen nicht lernt, lernt Hans nimmermehr, wollen wir im Rahmen unserer Gesundheitsförderung beginnen, uns jedem Auszubildenden mit Fragen der Gesunderhaltung intensiv zuzuwenden.

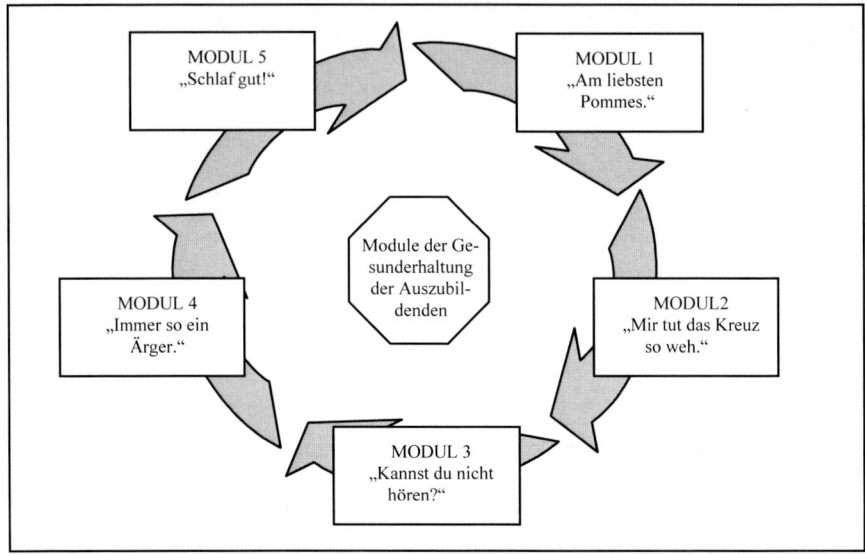

Abb. 9: Die Module der Gesunderhaltung der Auszubildenden

Auch hier haben wie wiederum verschiedene Module erarbeitet:

» Modul 1 Am liebsten Pommes! Hier werden die Grundlagen einer ausgewogenen und gesunden Ernährung vorgestellt,
» Modul 2: Mir tut das Kreuz so weh! Hier erfolgt das Erlernen von rückenschonendem Verhalten und wirbelsäulenfreundlichen Bewegungsabläufen,
» Modul 3: Kannst du nicht hören? Hierbei geht es um die Vermeidung von Gehörschäden durch Vorbeugung beim Lärm, um die Kommunikationsfähigkeit zu erhalten,
» Modul 4: Immer so ein Ärger! Es soll erlernt werden, mit positivem und negativem Stress umzugehen, die Wertigkeit von Wohlbefinden, Gesundheit und Krankheit zu erfassen, das Erkennen von psychischen Belastungen und die Information von Stressbewältigungsstrategien,
» Modul 5: Schlaf gut! Hier geht es um das Erkennen und Vermeiden von wechselschichtbedingten Gesundheitsstörungen.

In dem Bereich Teambildung sind ebenfalls Module erarbeitet worden:

» Modul 1: Als Team packen wir's! Ziel ist, die soziale Kompetenz zu fördern, das Erlernen von Strategien zur Verbesserung der Teamkommunikation und der Teaminteraktion, das Erkennen von Voraussetzungen für eine erfolgreiche Teamarbeit, aber auch das Erkennen von Risiken der Teamarbeit, das Erkennen und Umgehen mit Stärken und Schwächen im Team und der Umgang mit Konflikten im Team,
» Modul 2: Es erfolgt ein Rückblick auf die Ausbildungszeit, eine Gestaltung des Ausbildungsendes und eine Gestaltung der zweiten Schwelle in das Be-

rufsleben. Zur Identitätsstärkung heißt das Modul: Mein Chef bin ich! Wir haben als Ziel definiert, die Überprüfung der Einstellung bzw. Standortbestimmung zu legalen und illegalen Drogen, die Persönlichkeitsentwicklung im Kontext zur beruflichen Ausbildung, die Steigerung des Identitätsgrades mit dem Betrieb, die Stärkung der beruflichen Zielorientierung und die Stärkung der persönlichen Lebenskonzeption.

Es ist sehr leicht einsehbar, dass zur Durchführung eines derart anspruchsvollen Programms, das sich über die gesamte Ausbildungszeit erstreckt, auch dementsprechende Fachleute, wie Betriebsärzte, Psychologen, Physiotherapeuten oder auch Gesundheitsbeauftragte als Referenten eingesetzt werden müssen. Wenn auch der Betriebsärztliche Dienst der Initiator und Manager dieses Projektes ist, so ist die Umsetzung, wie auch bei anderen Gesundheitsförderungsmaßnahmen, nur als gemeinschaftliche Aufgabe unterschiedlicher Fachleute möglich.

6. Bausteine der Betrieblichen Gesundheitsförderung bei ThyssenKrupp Stahl

Im Laufe der Jahre haben wir mehrere Projekte erprobt und wenn wir sie für sinnvoll erachtet haben, sind sie als Dauerprojekte strukturiert worden und an jedem Standort und in jedem Betriebsteil einsetzbar.

6.1 Gesundheitszirkel

Hier sei als erstes die nahezu flächendeckende Einrichtung von *Gesundheitszirkeln* genannt. Wir führen eine Mitarbeiterbefragung durch, in der wir zum Arbeitsplatz, zur Arbeitsorganisation, zur Tätigkeit, zum Betriebsklima und zum Vorgesetztenverhalten vorab Information erhalten. Anschließend erfolgt mit maximal 12 Teilnehmern unter einem geschulten Moderator die eigentliche Zirkelarbeit, wobei bedarfsweise spezielle Fachvertreter z. B. Betriebsarzt, Sicherheitsingenieur oder Schwerbehinderten-Obmann hinzugezogen werden können. Es erfolgen in der Regel 6 bis 8 Sitzungen mit einer Dauer von 1 bis 2 Stunden. Zum Abschluss erfolgt eine Ergebnispräsentation für den Betrieb unter der Anwesenheit der obersten Führungsebene. In einem Tätigkeitskatalog wird festgehalten, was zu tun ist, wer es zu tun hat und bis wann es durchzuführen ist. Es erfolgt innerhalb eines Jahres eine zweite Präsentation, in der über die Ergebnisse berichtet wird. Sicherlich sind vergleichbare Gesundheitszirkel in vielen Unternehmen bereits fest installiert.

6.2 Betriebliche Rückenschule

Das gleiche dürfte auch für die *betriebliche Rückenschule* zutreffen. Wir haben dieses Projekt wiederum modulhaft aufgebaut:

» Modul 1: Es erfolgt eine Arbeitsplatzbegehung und eine fotografische Dokumentation, um die arbeitsplatzspezifischen Probleme berücksichtigen zu können.
» Modul 2: Hier unterweisen wir zum Thema rückengerechtes Verhalten am Arbeitsplatz, mit dem Ziel ein Problembewusstsein zu erreichen und die Mitarbeiter zu motivieren.. Dadurch, dass wir die Fotodokumentation vorstellen, haben wir erreicht, dass die Beschäftigten erfahren, dass nicht irgendeine theoretische Ausbildung erfolgt, sondern da sie ihren Arbeitsplatz auf den Fotos sehen, identifizieren sie sich mit der speziellen Problematik, die sie tagtäglich erfahren.
» Modul 3: Nun wird die eigentliche betriebliche Rückenschulung durchgeführt, d. h. es wird rückenschonendes Verhalten und wirbelsäulenfreundliche Bewegungsabläufe, z. B. beim Heben und Tragen von Lasten durch aktives Training erlernt.
» Modul 4: Es erfolgt eine Abschlussbefragung und die Besprechung weiterführender Maßnahmen, dazu wird ein Fragebogen verwandt, womit eine Erfolgsbewertung und Dokumentation erfolgt. Wir haben erreicht, dass heute Mitarbeiter ihren Kollegen am Arbeitsplatz zeigen, wie man Lasten richtig hebt und bewegt.

Da derartige betriebliche Rückenschulen keine Einmalaktionen sein dürfen, haben wir an den Standorten jetzt ein kontinuierliches Angebot eingerichtet, d. h., dass zweimal wöchentlich in Gruppen oder einzeln unter Anleitung eins Physiotherapeuten gezielte Gymnastikübungen durchgeführt werden können.

6.3 Das Gruppenseminar „Leistung und Gesundheit"

Als weiteren Baustein der Gesundheitsförderung führen wir seit vielen Jahren ein Gruppenseminar durch, das im Weiterbildungsprogramm unseres Unternehmens von jedem Mitarbeiter gebucht werden kann. Das Seminar heißt Leistung und Gesundheit (Stress-Seminar). Unter Moderation eines Psychologen, eines Arbeitsmediziners, eines Oecotrophologen und eines Physiotherapeuten erfolgt ein Drei-Tages-Seminar mit Übernachtung und nach einem Jahr ein Controlling-Aufbaukurs von 1 ½ Tagen inklusive Übernachtung. Voraussetzung zur Teilnahme an diesem Seminar ist eine betriebsärztliche Check-Up-Untersuchung, da während des Seminars aktiv Sport getrieben wird.

In dem Grundlagenkurs werden folgende Inhalte vermittelt. Einmal die Grundlagen der Stressphysiologie und der Psychosomatik. Es wird der Stress als krankmachender Faktor verdeutlicht und es erfolgt eine Analyse von Stressoren. Danach wird der eigene Umgang mit Stress besprochen und das Erkennen von Stress-Symptomen. Wichtiger Bestandteil sind die Übungen zur Vermeidung und Verhinderung von Stress, wobei zur adäquaten Stressverarbeitung insbesondere Lauftraining, Entspannungsübungen und Meditationen erlernt werden. Zusätzlich erfolgen Hinweise zu einer gesunden Lebensführung einschließlich der Ernährung und es wird ein individueller Aktionsplan für jeden einzelnen Teilnehmer erstellt.

In dem Aufbau-Kurs nach eineinhalb Jahren folgt neben dem Rückblick auf das Grundlagen-Seminar insbesondere ein wechselseitiger Erfahrungsaustausch. Es wird berichtet, was man seit dem Grundlagen-Kurs in seiner Lebensführung verändert hat und anhand von Fallbeispielen wird geschildert, wie man mit authentischen Stress-Situationen unter Anwendung des im ersten Kurs Gelernten umgegangen ist. Ein weiterer Schwerpunkt bildet die Vorstellung besonderer Entspannungsmöglichkeiten, vom autogenen Training über Massage, über Bewegungsübungen, um jederzeit ein Instrument an der Hand zu haben, auf akut auftretende Stress-Situationen zu reagieren, z. B. nach einem aufregenden Telefongespräch kurzfristig durch Atemübungen eine gewissen Entspannung zu erreichen. Diese Seminare haben sich als feste Bestandteile unserer aktiven Gesundheitsförderung seit Jahren etabliert und werden von den Beschäftigten sehr gut angenommen.

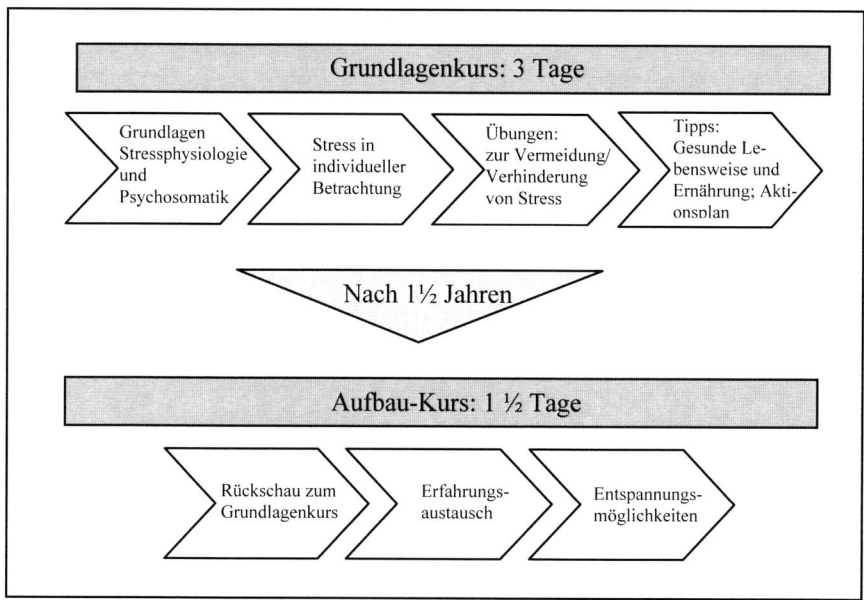

Abb. 10: Bausteine des Gruppenseminars

6.4 Maßnahmen zur Raucherentwöhnung

Unter Berücksichtigung, dass der ganz überwiegende Teil der Lungenkrebs-Erkrankungen, der chronischen Bronchitis und der arteriellen Durchblutungsstörungen bis hin zum Herzinfarkt durch das Rauchen ausgelöst oder zumindest entscheidend negativ beeinflusst werden, stellen Aktivitäten zur Raucherentwöhnung einer äußerst sinnvolle Gesundheitsförderungsmaßnahme dar, wenngleich die Akzeptanz zu derartigen Initiativen noch nicht besonders hoch ist. Wir haben bei uns eine Rauchersprechstunde eingeführt. Die Betriebsärzte haben dafür eine spezielle Ausbildung absolviert. Es erfolgt eine individuelle Beratung mit der Erstellung eines Risikoprofils und einer Analyse der Änderungsbereitschaft. Es werden Maßnahmen besprochen einschließlich des Verhaltens bei einem Rückfall. Im Rahmen der Rauchersprechstunde gibt es Folgegespräche, wobei ein Fragebogen zusätzlich eingesetzt wird.

Aber es erfolgen auch noch andere Aktivitäten, um das Rauchen zu reduzieren. Eine Aktion *Rauchfrei, das schaffe ich* wurde durch breitgefächerte Information mitbegleitet. Darüber hinaus erfolgen auch Informationen durch die Betriebsärzte im Rahmen von Gruppengesprächen, wenn beispielsweise das Raucherproblem im Rahmen eines Gesundheitszirkels thematisiert worden ist.

Wenn auch die Maßnahme der Raucherentwöhnung sehr langwierig und schwierig ist, so vertreten wir doch die Auffassung, allein wenn es uns gelingt, pro Jahr ein Prozent der Beschäftigten von dem Nichtrauchen zu überzeugen, so retten wir damit mehr Leben, als mit jeder anderen einzelnen Arbeitsschutz- oder Gesundheitsmaßnahme.

6.5 Maßnahmen gegen die Alkohol- und Drogensucht

Nach wie vor ist das Alkoholproblem in den Betrieben vorhanden. Seriöse Schätzungen gehen davon aus, dass fünf Prozent aller Erwerbstätigen als Alkoholiker einzustufen sind. Seit Jahren unterhalten wir daher eine betriebliche Beratungsstelle, in der hauptamtliche Mitarbeiter sich um die Alkohol- und Drogenproblematik kümmern. Darüber hinaus haben wir jetzt, initiiert durch unsere Gesundheitsbeauftragten, einen betrieblichen Suchtkrankenhelferkreis gebildet, in dem sich die Gesundheitsbeauftragten ebenso wie einige ehemalige Alkoholiker zusammengeschlossen haben und jederzeit über Handy erreichbar sind. Dadurch, dass sowohl die trockenen Alkoholiker als auch die Gesundheitsbeauftragten sich ständig vor Ort befinden, dienen sie als Ansprechpartner für Alkoholgefährdete.

Im Rahmen der Gesundheitsförderungsaktivitäten ist nicht nur die Information über die Alkoholproblematik von Bedeutung, sondern das Angebot zur Hilfe in einer Frühphase. Das Wegsehen und nicht frühzeitig tätig werden, ist häufig der entscheidende Fehler der Vergangenheit gewesen.

6.6 Gesundheits Check-up

Nicht unerwähnt bleiben soll, dass der Betriebsärztliche Dienst jedem Beschäftigten, wenn er es wünscht, eine Check-Up-Untersuchung anbietet. Hierbei handelt es sich um eine umfassende allgemeine Vorsorgeuntersuchung nach dem bereits beschriebenen BAPRO.

7. Sonderprojekte bei ThyssenKrupp Stahl

Neben den Pilotprojekten und Dauerprojekten, von denen einige Beispiele aufgezeigt worden sind, gibt es auch Akut-Aktivitäten, von denen wir jährlich mindestens vier durchführen. Wir sind der Ansicht, dass bei einer systematischen Gesundheitsförderung auch den Beschäftigten etwas wechselndes Positives angeboten werden sollte, damit sie sich mit dem Gedanken eines gesundheitsbewussten Verhaltens im Sinne einer Motivation auseinandersetzen.

Hier seien nur beispielhaft einige Akut-Aktivitäten aufgezählt, wobei die Aktivitäten nicht ausschließlich durch den Betriebsärztlichen Dienst erfolgten, sondern häufig waren Kooperationspartner wie die Betriebskrankenkasse oder andere Initiatoren beteiligt.

» Schilddrüsen-Check-Up,
» Hautkrebs-Aktionen,
» Nieren-Sreening,
» Grippeschutzimpfungen und Sehtests als Routineangebote,
» Akut-Maßnahmen, wie z.B. Lasthandhabung.

Abb. 11: Sonderprojekte bei ThyssenKrupp Stahl

So führten wir ein Schilddrüsen-Check-Up durch, d. h. mehrere Tage sonographierten Radiologen in unserem Betriebsärztlichen Dienst. Immerhin wurden ca. 28 Prozent pathologische Befunde, die ganz überwiegend nicht bekannt waren, gefunden.

Ferner führen wir regelmäßig Hautkrebs-Aktionen durch. Neben einem standardisierten Fragebogen erfolgt die ärztliche Untersuchung durch Dermatologen. Bei jeder Aktion wurden bisher mehrere maligne Tumoren, insbesondere Melanome, festgestellt. Allein die rechtzeitige Diagnose eines Melanoms rechtfertigt diese Gesundheitsfördermaßnahme von ihrer Effektivität her. Auch führten wir ein Nieren-Screening durch. Neben einem standardisierten Fragebogen wurde der Blutdruck gemessen und ein Urin-Test durchgeführt. Unter den insgesamt ca. 18 Prozent pathologischen Befunden fanden sich beginnende Nierenerkrankungen, fortgeschrittene Nierenerkrankungen und neu entdeckte Diabetes mellitus. Zu jährlichen Routineangeboten im Rahmen der Gesundheitsförderung gehören im

Oktober Grippeschutz-Impfaktionen und im Herbst Sehtest-Wochen, um eine ausreichende Sehleistung, insbesondere beim Autofahren sicherzustellen.

Als letztes Beispiel einer Akut-Maßnahme dienen die Aktivitäten im Rahmen der Umsetzung der Lastenhandhabungsverordnung. Aus den Daten der Betriebskrankenkasse wissen wir, dass ca. ein Drittel der Beschäftigten in der Stahlindustrie Arbeitsunfähigkeiten wegen Muskel- und Skeletterkrankungen aufweisen. Wir haben daher einen Erfassungsbogen erstellt, in dem wir neben der Dokumentation der zu hebenden Lastgewichte, die Häufigkeit der Hebe- und Tragevorgänge und der Ausführungsbedingungen (ergonomische Bindung, Bewegungsraum und Standsicherheit) erfasst haben, in Verbindung mit der Körperhaltung und der Lastpositionen. Diese Aktion wurde für jeden Arbeitsplatz durchgeführt und es erfolgte eine Punktbewertung. In Abhängigkeit der Punktbewertung wurden für die höheren Belastungsgruppen Maßnahmen festgelegt. Mittlerweile sind im gesamten Unternehmen die Belastung der höchsten Gruppe durch organisatorische oder durch ergonomische Arbeitsplatzgestaltung abgearbeitet worden.

Diese Maßnahme ist ein Paradebeispiel dafür, dass der Erfolg einer Gesundheitsförderung sich häufig nicht kurzfristig z.B. in Reduzierung des Krankenstandes wird aufzeigen lassen. Sondern erst im Laufe der Jahre werden sich bestimmte Erkrankungsarten durch die Vermeidung der Belastung nicht einstellen. Es ist also bedeutsam, dass allein eine kurzfristige Betrachtung von Erfolgen der Gesundheitsförderung nicht angestellt werden sollte, da sie der Gesamtbedeutung nicht gerecht wird.

8. Information und Controlling

Da Aktivitäten der Gesundheitsförderung als entscheidendes Ziel haben, die Motivation der Beschäftigten zu einer Verhaltensänderung mit einem gesundheitsbewussteren Verhalten zu fördern, sind ständige Informationen erforderlich, da Einmal-Aktionen keinen nachhaltigen Effekt versprechen lassen. Als Informationswege haben wir gewählt: Flyer, Aktionsankündigungen am schwarzen Brett, im Intranet oder der Werkszeitung. Wir erstellen monatlich Krankenstandsberichte an alle Einheiten. Wir führen Jahres-Tabellen mit den Betrieben, die den höchsten Krankenstand und denen, die die geringsten Krankenstände haben. Wir führen ein Benchmarking zwischen Betrieben mit einer gleichartigen Belastung durch und vergleichen uns auch mit den Branchen im In- und Ausland.

Wenn auch kurzfristige Kostenbetrachtungen nicht zielführend sind, so ist es trotzdem notwendig, dass beispielsweise über Pilotprojekte oder Gesundheitszirkel Abschlussberichte erstellt werden, um die Frage beantworten zu können, ob das Ziel erreicht worden ist und ob durch ergänzende Maßnahmen noch bessere Ergebnisse eintreten können. Auch in den Arbeitsschutz-Ausschüssen wird regelmäßig ein Controlling der Gesundheitsfördermaßnahmen erstellt.

9. Fazit

Zusammenfassend kann also festgestellt werden, in einem modernen Unternehmen sollte auch ohne gesetzliche Verpflichtung die aktive Gesundheitsförderung ein lebender Bestandteil der Unternehmenskultur darstellen. In den beispielhaft aufgezählten Projekten sind nicht nur die betrieblichen Belastungsfaktoren minimiert worden, sondern es ist eine Motivation zu einem gesundheitsgerechteren Verhalten initiiert worden. Wenn gesündere Leute motiviert mit höherer Arbeitszufriedenheit ihrer Beschäftigung nachgehen, so wird dieses zwangsläufig auch ein Beitrag zum verbesserten Unternehmensergebnis darstellen. Allerdings ist Gesundheitsförderung nicht zum Nulltarif zu erreichen. Ein Unternehmen muss die Bereitschaft haben, eine bestimmte Geldsumme anzupacken, um eine aktive Gesundheitsförderung zu betreiben.

Fallstudie zum Gesundheitsmanagement aus der Automobilindustrie – Die Volkswagen AG

Uwe Brandenburg

Der wirtschaftliche Erfolg eines Unternehmens hängt heute mehr denn je von der optimalen Nutzung und nachhaltigen Pflege seiner Humanressourcen ab. Nicht Technik und Kapital entscheiden über den Erfolg eines Unternehmens und bestimmen dessen Wettbewerbsstärke, sondern vor allem das Wissen, die Kreativität und das Engagement seiner Mitarbeiter. Für Gesundheitsmanagement gibt es bei VW sechs Gründe:

1. Erfüllung von Rechtsvorschriften
   Im Rahmen des Gesundheitsmanagements werden die Rechtsvorschriften zum Arbeits- und Gesundheitsschutz erfüllt (z.B. Arbeitssicherheitsgesetz, Arbeitsschutzgesetz, Unfallverhütungsvorschriften).
2. Soziale Verpflichtung
   Schutz und Förderung der Gesundheit der Mitarbeiter werden als soziale Verpflichtung betrachtet.
3. Unternehmenskultur
   Im Umgang mit den Mitarbeitern, in der Art und im Umfang ihrer gesundheitlichen Betreuung, spiegelt sich ein Stück Unternehmenskultur (z.B. Offenheit, Vertrauen, Fürsorge, Beteiligung und Eigenverantwortung) wider.
4. Wandel der Rahmenbedingungen
   Die unternehmensinternen und -externen Einflussgrößen, die auf Gesundheitsschutz und Gesundheitsförderung im Betrieb einwirken, haben sich in den vergangenen Jahren tiefgreifend verändert. Dazu gehören vor allem neue Arbeitsformen und neue Produktionskonzepte (z.B. Telearbeit, Call-Center, virtuelle Teams), der Belastungswandel in der Arbeitswelt (Rückgang körperlicher, Zunahme psychischer und sozialer Belastungen), gestiegene Ansprüche an die Arbeit (Forderung nach Freiräumen, Sinnhaftigkeit und Partizipation), der Wandel des Krankheitspanoramas (chronisch-degenerative Krankheiten, psychosomatische Beschwerden, Befindensbeeinträchtigungen), der demographische Wandel (Altersstruktur der Erwerbstätigen) und ein allgemein gestiegenes Risiko- und Gesundheitsbewusstsein.
5. Verbesserung der „Employability"
   Gesundheitsmanagement trägt zur längerfristigen Beschäftigungsfähigkeit der Mitarbeiter bei, indem es die körperlich-geistigen Leistungsvoraussetzungen erhält und fördert sowie die Handlungskompetenz erhöht.

6. Ökonomische Gründe: Mitarbeiter, die über die für ihre Tätigkeiten notwendigen psycho-physischen und qualifikatorischen Voraussetzungen verfügen und bereit sind, diese auch wirklich einzusetzen, leisten einen wichtigen Beitrag zum Unternehmenserfolg. Mitarbeiter, die sich gesundheitlich gut betreut fühlen und in einer menschengerecht gestalteten Arbeitswelt tätig sind, sind zufriedener, kreativer, engagierter und damit auch produktiver. Nur im weitesten Sinne gesunde Mitarbeiter können und wollen ihr intellektuelles und kreatives Potenzial nutzen und eine optimale Arbeitsleistung erbringen. Tätigkeitsbedingte Fehlbeanspruchungen der Mitarbeiter, Befindensbeeinträchtigungen oder Gesundheitsschäden dagegen sind für ein Unternehmen mit erheblichen Kosten verbunden.

Eine umfassende gesundheitliche Betreuung der Mitarbeiter trägt außerdem zur Erhöhung der Unternehmensattraktivität bei. Qualifizierte Mitarbeiter, und dazu zählen nicht nur „High Potentials", können auf diese Weise auf dem Arbeitsmarkt eher gewonnen und Spitzenkompetenzen langfristig an das Unternehmen gebunden werden.

1. Grundlagen des Gesundheitsmanagements

Das Gesundheitsmanagement bei VW erfüllt die Anforderungen, die an ein modernes, innovatives Gesundheitsmanagement gestellt werden. Es

» basiert auf einem Gesundheitsbegriff, der nicht nur Freisein von Krankheit umfasst, sondern auch Wohlbefinden sowie den Erhalt und die Entwicklung von individueller Kompetenz einschließt,
» ist ganzheitlich ausgerichtet. Die körperlichen, psychischen und sozialen Dimensionen von Gesundheit werden ebenso berücksichtigt wie die Wechselwirkungen zwischen Arbeitswelt und Nichtarbeitssphäre,
» beruht auf einem Verhütungs- und Förderungskonzept. Dementsprechend beinhaltet es nicht nur den Schutz vor (Berufs-) Krankheiten und Unfällen und den Abbau von Gesundheitsrisiken, sondern auch die Schaffung und Stabilisierung gesundheitsförderlicher organisatorischer und personaler Ressource,
» erlaubt durch seinen modulartigen Aufbau ein zielorientiertes und problembezogenes Agiere,
» erfolgt problemorientiert und am Kundennutzen ausgerichtet und geht dabei über die rein schematische Erfüllung rechtlicher Vorschriften hinaus, sofern dies sachlich sinnvoll und wirtschaftlich vertretbar ist,
» ist ethisch-moralisch und ökonomisch begründet und trägt damit der Forderung Rechnung, dass Gesundheitsmanagement nicht ausschließlich nach ökonomischen Gesichtspunkten betrieben und bewertet werden darf, aber zur Wertschöpfung beitragen soll,
» ist in die Unternehmenspolitik integriert und wird von allen im Unternehmen getragen und unterstützt,
» wird als Aufgabe aller im Unternehmen verstanden. Gesundheitsmanagement schließt sowohl das Management und den Betriebsrat ein als auch die betrieb-

lichen Vorgesetzten, die Fachabteilungen und die Verantwortung des Einzelnen für seine Gesundheit. Es wird weder auf die Zuständigkeit einer bestimmten Fachabteilung beschränkt, noch wird der einzelne Mitarbeiter aus seiner Mitverantwortung für seine Gesundheit entlassen,
» erstreckt sich auf die betrieblichen Strukturen/Abläufe und auf das Verhalten. Beides hängt eng miteinander zusammen und beeinflusst sich gegenseitig,
» wird als ständiger, der regelmäßigen Bewertung und Kontrolle unterliegender Prozess begriffen.

2. Was ist Gesundheitsmanagement?

Gesundheitsmanagement umfasst bei VW die Gesamtheit der systematisch aufeinander bezogenen Maßnahmen,

» die dem Erhalt und der Förderung der physischen und psychischen Leistungsfähigkeit (KÖNNEN) und der Leistungsbereitschaft (WOLLEN) der Mitarbeiter dienen,
» und die dazu notwendigen Voraussetzungen gewährleisten (DÜRFEN).

Dieses Verständnis schließt die Situation (Verhältnisse), die Person und das Verhalten ein - innerhalb des Unternehmens und im Unternehmensumfeld. In den Prozess werden der einzelne Mitarbeiter und dessen konkrete Arbeitssituation ebenso einbezogen wie das gesamte Unternehmen, die Produkte und das Unternehmensumfeld (Abb. 1).

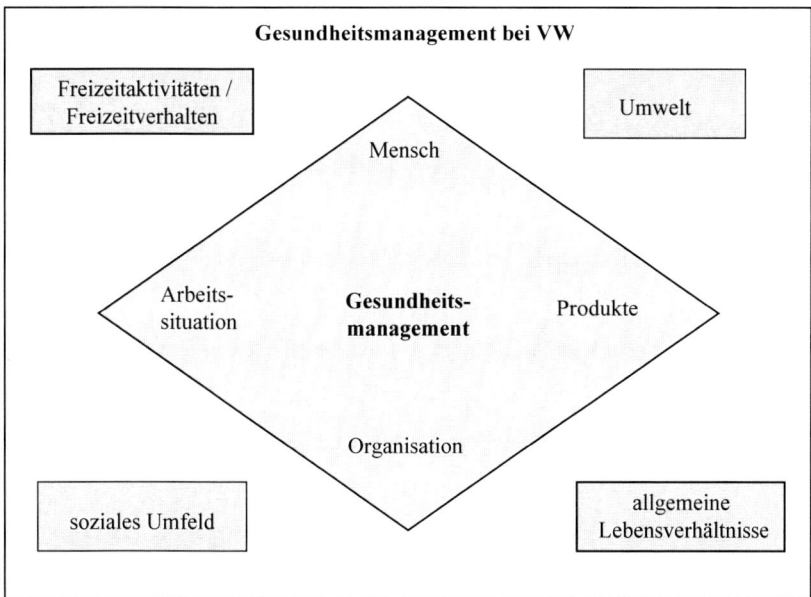

Abb. 1: Gesundheitsmanagement

Gesundheitsmanagement leistet einen Beitrag zur Personal- und Organisationsentwicklung und ist Element des Qualitätsmanagements, indem es zur Verbesserung der Produkt-, Arbeits- und Prozessqualität beiträgt. Als ganzheitliches, projektiv ausgerichtetes und nachhaltig wirksames Instrument der Mitarbeiterbetreuung und -pflege ist es ein integraler Bestandteil der Personalpolitik und eingebunden in die allgemeine Unternehmensphilosophie. Gesundheitsmanagement erfolgt eingedenk dessen, dass

» alles, was in einem Unternehmen und dessen Umfeld geschieht, direkt oder indirekt, gewollt oder ungewollt, Einfluss auf die Gesundheit der Mitarbeiter hat – positiv oder negativ;
» die Senkung der Fehlzeiten nicht das alleinige Ziel sein darf;
» Gesundheitsmanagement in großem Umfang Lebensgestaltung bedeutet, da Arbeit (Arbeitsbedingungen, Arbeitsinhalt) bekanntlich einen langen Arm hat und sich zunehmend eine Entgrenzung von Arbeit und Freizeit vollzieht.

3. Die Unternehmens- und Gesundheitsphilosophie

Unternehmensverantwortung ist umfassend und unteilbar. Die Unternehmensphilosophie eines „Global Leader" und die ihr zugrunde liegenden Wertvorstellungen müssen, sollen sie glaubhaft sein, für das gesamte Unternehmen gelten. Dies gilt in wirtschaftlicher wie auch in sozialer und ökologischer Hinsicht. Allgemeine Grundlage für das Gesundheitsmanagement bildet die VW-Unternehmensphilosophie. Sie gilt für die gesamte „VW-Welt". Zudem sind bestimmte Ziele in der „Erklärung zu den sozialen Rechten und den industriellen Beziehungen bei Volkswagen" festgeschrieben.

Aus der Unternehmensphilosophie leitet sich die Gesundheitsphilosophie ab. Ihr zufolge sind Gesundheitsschutz und Gesundheitsförderung eine humanitäre und soziale Verpflichtung und eine ökonomische Notwendigkeit sowie ein Ausdruck der Unternehmenskultur.

Eine Konkretisierung erfährt dies in den „Leitlinien zum Gesundheitsschutz und zur Gesundheitsförderung". Sie gelten für den gesamten VW-Konzern und enthalten Mindeststandards, verbindliche Handlungsanleitungen und Empfehlungen (Abb. 2). Mit ihnen wird für sämtliche Mitarbeiter eine angemessene gesundheitliche Betreuung gewährleistet, unabhängig von unterschiedlichen nationalen Rechtsvorschriften. Nationalen und lokalen Besonderheiten wird dadurch Rechnung getragen, dass bestimmte Maßnahmen und Programme lediglich den Charakter von Empfehlungen haben.

> **Leitlinien zum Gesundheitsschutz und zur Gesundheitsförderung im VW - Konzern**
>
> ▶ **Grundsatz**
> Gewährleistung einer angemessenen gesundheitlichen Betreuung der MitarbeiterInnen im VW - Konzern durch konzernweit geltende Empfehlungen, Mindeststandards und Handlungsanleitungen.
>
> ▶ **Ziel**
> Erhalt und Förderung der Leistungsfähigkeit und der Leistungsbereitschaft der MitarbeiterInnen.
>
> ▶ **Inhalt**
> Aufgaben des betrieblichen Gesundheitswesens
> - Grundsätze / Voraussetzungen für die effiziente Erfüllung der Aufgaben
> - Rechtliche Grundlagen für die Tätigkeit des Gesundheitswesens
> - Qualitätssicherung und Qualitätsmanagement
> - Koordination und Kommunikation

Abb. 2: Leitlinien zum Gesundheitsschutz und zur Gesundheitsförderung im VW-Konzern

4. Ziele des Gesundheitsmanagements

Neben der Erfüllung arbeitsschutzrechtlicher Vorschriften zielt das Gesundheitsmanagement bei VW darauf ab,

» die Gesundheit der Mitarbeiter zu schützen und zu fördern,
» deren Engagement zu erhalten oder zu steigern,
» die bei den Mitarbeiter vorhandene Kompetenz zu nutzen und weiterzuentwickeln,
» die Qualität (Prozesse und Produkte) zu verbessern,
» die Kundenbeziehungen (unternehmensintern und -extern) zu optimieren,
» den Gesundheitsstand im Betrieb zu erhöhen und auf hohem Niveau zu stabilisieren,
» und die Wirtschaftlichkeit zu verbessern.

Mit Gesundheitsmanagement werden also soziale *und* ökonomische Ziele verfolgt. Damit wird der Tatsache Rechnung getragen, dass es nicht *primäres* Ziel eines Industrieunternehmens ist, Gesundheit zu produzieren. Im weitesten Sinne gesunde Mitarbeiter sind Voraussetzung für das Erreichen anderer Unternehmensziele. Ökonomische Ziele und soziales Verhalten sind kein Widerspruch. Sie bedingen sich wechselseitig - zum Wohl der Mitarbeiter und zum Wohl des Unternehmens. Bei der Verfolgung der Ziele gelten drei Grundsätze:

1. Eigenverantwortung:
   Jeder Einzelne ist für seine Gesundheit selbst mit verantwortlich. Wie es ein Recht auf Gesundheit in Form menschenwürdiger Arbeit gibt, so besteht auch eine Pflicht zur Gesundheit in Gestalt von Eigenverantwortung.
2. Subsidiarität:
   Derjenige, der selber handeln und sich selber helfen kann, ist auch dazu verpflichtet. Selbsthilfe hat grundsätzlich Vorrang vor Fremdhilfe.
3. Solidarität:
   Das Unternehmen bietet den Mitarbeiter einen Hilfe und Sicherheit gewährenden Rahmen und wird dort tätig, wo der einzelne an die Grenzen des Zumutbaren stößt. Der Begriff „Zumutbarkeit" ist somit von zentraler Bedeutung.

Diese drei Grundsätze entsprechen dem Profil des M 4-Mitarbeiters (multifunktional, mobil, mitgestaltend, menschlich) und dem Leitbild vom Mitarbeiter als selbständig und eigenverantwortlich handelnden „Unternehmer vor Ort". Mündige Mitarbeiter erwarten Vertrauensarbeit, große Handlungsspielräume und einen hohen Grad an Selbstdisposition. Sie sollen durch Gesundheitsmanagement weder bevormundet noch entmündigt werden.

5. Aufbau des Gesundheitsmanagements

Das Gesundheitsmanagement bei VOLKSWAGEN ist modulartig aufgebaut. Auf diese Weise ist problem- und zielgruppenbezogenes Agieren möglich. Neben allgemeingültigen Grundmodulen existieren Zusatzmodule, die situationsspezifisch eingesetzt werden (Abb. 3).

Abb. 3: Aufbau des Gesundheitsmanagements

Grundmodule sind, neben einer qualitativ hochwertigen und bedarfsorientierten medizinischen Betreuung, Arbeitsgestaltung, Mitarbeiterbeteiligung sowie Information und Kommunikation. Die anderen Module haben ergänzenden Charakter.

5.1 Grundmodule

Die gesundheitsgerechte Gestaltung der Arbeitswelt hat grundsätzlich Vorrang vor anderen Maßnahmen. Sie ist der wirksamste Weg, die Gesundheit der Mitarbeiter zu schützen und zu fördern. Dabei geht es sowohl um die Reduzierung von gesundheitlichen Risiken in der Arbeitswelt (z.B. durch Arbeitsplatzsanierung) als auch um die Förderung der Persönlichkeitsentwicklung und des Wohlbefindens.

Gesundheitsgerechte Gestaltung der Arbeitswelt umfasst bei VW mehr als ergonomische Arbeitsplatzgestaltung, Ergonomieabnahmen und Gefährdungsanalysen. Eine Beschäftigungsgarantie, innovative Arbeitszeitmodelle und neue Formen der Arbeitsorganisation gehören ebenso dazu wie persönliche Entwicklungspläne, die Abflachung von Hierarchien, Maßnahmen zur besseren Vereinbarkeit von Arbeit und Familie und der Schutz vor Mobbing, Diskriminierung und sexueller Belästigung.

Mit dem Verfahren zur „projektiven ergonomischen Arbeitsplatzgestaltung" ist gewährleistet, dass gesundheitsrelevante Aspekte bereits in der Planungsphase neuer Arbeitsabläufe Berücksichtigung finden. Es beinhaltet u.a. arbeitsmedizinische Mindestgestaltungsvorgaben und eine abschließende ergonomische Abnahme von Maschinen und Anlagen.

Die Mitarbeiter werden an allen Dingen, die ihre Gesundheit berühren, soweit wie möglich aktiv beteiligt. Basis hierfür bildet die Überzeugung, dass die Mitarbeiter zur Beteiligung fähig sind (KÖNNEN), sie sich beteiligen wollen (WOLLEN) und ihnen auch die Möglichkeit dazu gegeben werden muss (DÜRFEN) (Abb. 4). Partizipation fördert Engagement, mobilisiert Know How, erhöht die Handlungskompetenz und trägt zur Verbesserung von Strukturen und Abläufen bei.

Formen der Beteiligung sind u.a. systematische Arbeitsplatzbegehungen, spezielle Workshops, Gesundheitszirkel, Mitarbeiterbefragungen, das Tryout-Verfahren, das Arbeitsmedizinische Lastenheft, das Ideenmanagement und Gruppenarbeit.

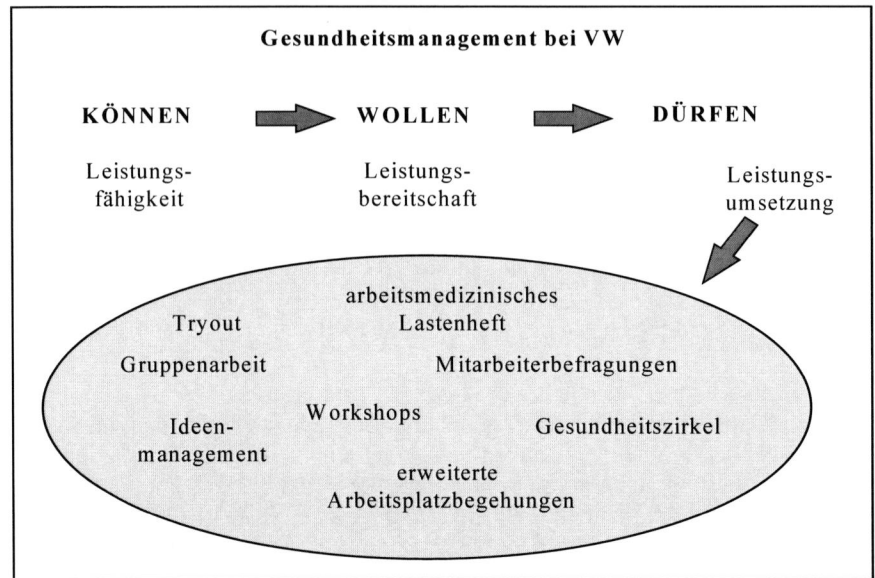

Abb. 4: Mitarbeiterbeteiligung

Information und Kommunikation sind zentrale Elemente des Gesundheitsmanagements. Sie umfassen unterschiedliche Ebenen und erstrecken sich auf das Unternehmen selbst und auf das Unternehmensumfeld. Innerhalb des Unternehmens sind hierbei von besonderer Bedeutung:

» allgemeine Betreuungsgespräche. Sie gehören zu den genuinen Betreuungsaufgaben eines jeden betrieblichen Vorgesetzten und ergeben sich aus der Fürsorgepflicht gemäß den Führungsgrundsätzen,
» fürsorgliche Rückkehrgespräche, die nach jeder krankheitsbedingten Abwesenheit mit den Mitarbeiter geführt werden und in denen nach möglichen arbeitsplatzbedingten Krankheitsursachen gefahndet wird,
» eine kontinuierliche Gesundheitsstand-Berichterstattung, die der Erhöhung der Transparenz und der Förderung des Bewusstseins für das Thema „Gesundheit" dient,
» das Angebot von Beratungsgesprächen im betrieblichen Gesundheitswesen (u.a. für Mitarbeiter mit längeren krankheitsbedingten Abwesenheiten oder mit bestimmten Krankheitsbildern).

Außerhalb des Unternehmens sind besonders wichtig:

» der Dialog mit den Haus- und Fachärzten und
» die Kommunikation mit den Sozialversicherungsträgern.

Sowohl unternehmensintern (VW-Konzern) als auch unternehmensextern wird Wissensmanagement betrieben. Neben verschiedenen Formen der Mitarbeiterbeteiligung gehören hierzu ein regelmäßiger konzernweiter Erfahrungsaustausch, eine Datenbank (Informationen, Projekte), ein Expert-Room, ein Intranet-Auftritt, die Mitarbeit in Unternehmensnetzwerken sowie eine enge Kooperation mit Hochschulen und wissenschaftlichen Instituten.

5.2 Zusatzmodule

Um Ressourcen gezielt einsetzen zu können, ist eine Diagnose des Ist-Zustandes erforderlich. Die im Unternehmen vorhandene belastungs- und gesundheitsbezogene Situation muss analysiert und dokumentiert werden.

Als Instrument hierzu wird die betriebliche Gesundheitsberichterstattung genutzt. In diese Berichterstattung werden sowohl primäre und sekundäre wie auch objektive und subjektive Daten einbezogen. Dabei muss man sich der unterschiedlichen Qualität der Daten und der Grenzen der Aussagefähigkeit solcher Datenauswertungen bewusst sein.

Beim Gesundheitscoaching (Abb. 5) handelt es sich um Betreuungsprogramme für bestimmte Mitarbeitergruppen. Führungskräfte gehören ebenso dazu wie Meister und ein Individual-Coaching für Mitarbeiter mit Leistungseinschränkungen und Risikofaktoren.

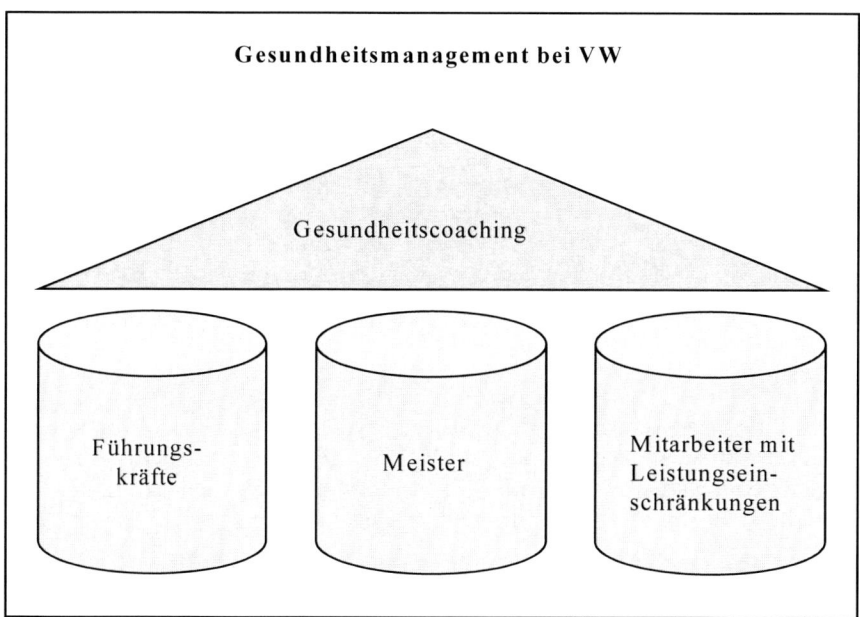

Abb. 5: Gesundheitscoaching-Zielgruppen

Abbildung sechs zeigt das Gesundheits-Coaching für Führungskräfte. Es besteht aus mehreren Stufen und umfasst sowohl einen Gesundheits-Check-Cup als auch Trainingsangebote und individuelle Coachingangebote.

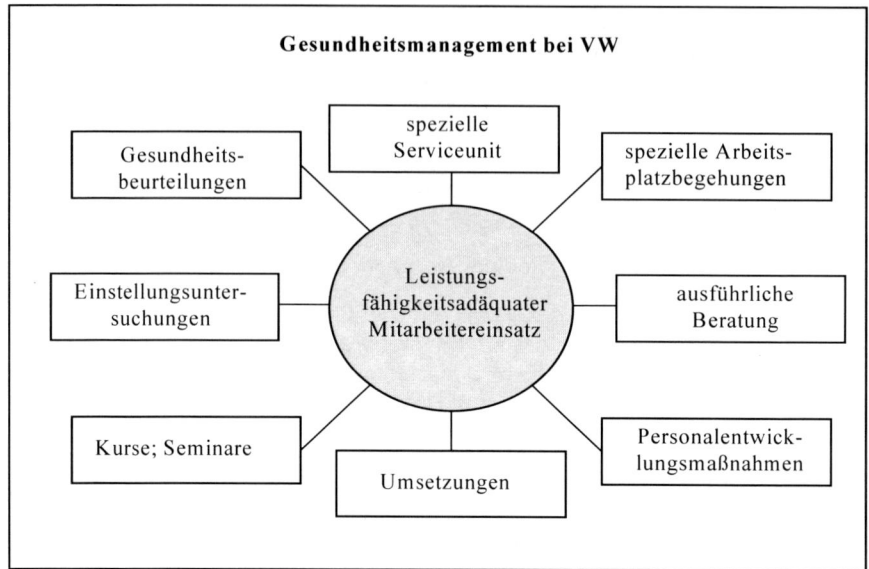

Abb. 6: Gesundheitscoaching für Führungskräfte

Nicht jeder Mitarbeiter ist für jede Tätigkeit geeignet. Das Nichtberücksichtigen solcher individuellen Unterschiede kann zu erheblichen Fehlbeanspruchungen oder sogar zu gesundheitlichen Beeinträchtigungen führen.

Dem wird durch einen leistungsfähigkeitsadäquaten und zugleich wertschöpfenden Mitarbeitereinsatz zu begegnen versucht. Instrumente hierzu sind u.a. medizinische/psychologische Gesundheitsbeurteilungen, Umsetzungen, spezielle Arbeitsplatzbegehungen, Kurse und Seminare, ausführliche Beratung und Personalentwicklungsmaßnahmen. Aber auch Einstellungsuntersuchungen leisten hierzu einen Beitrag. Das Ziel besteht darin, die Mitarbeiter auf solchen Arbeitsplätzen einzusetzen, die möglichst weitgehend ihrem psycho-physischen Leistungsvermögen entsprechen.

Problem- und zielgruppenorientierte Gesundheitsförderungsprogramme (Abb. 7) zielen auf Verhaltensbeeinflussung, Förderung des Gesundheitsbewusstseins, Reduzierung von gesundheitlichen Risikofaktoren und auf die Steigerung der allgemeinen Fitness ab. Sie sind integraler Bestandteil der Auszubildenden-Ausbildung.

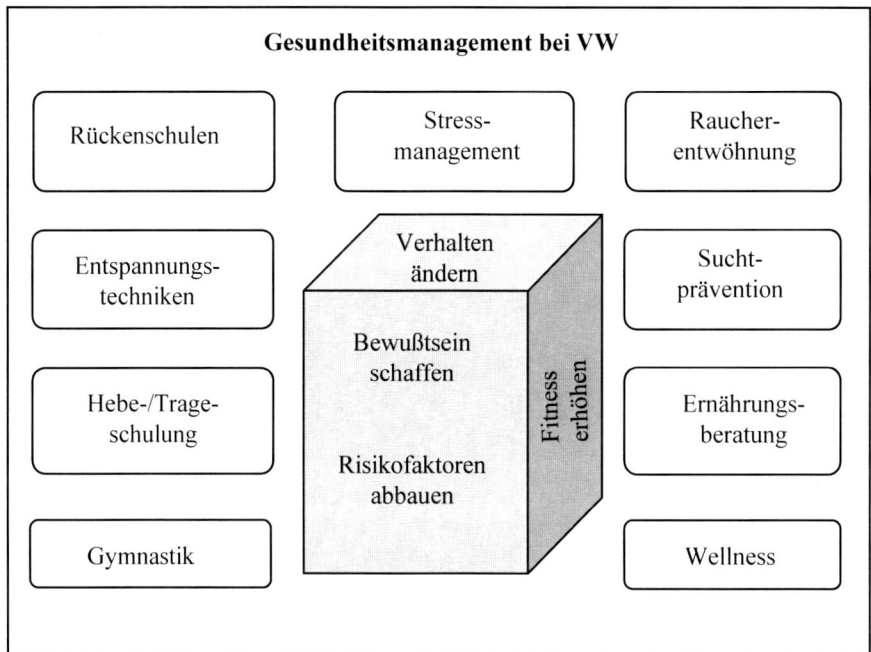

Abb. 7: Gesundheitsförderungsprogramme

Schwerpunkte bilden angesichts des Krankheitspanoramas Rückenschulen, Sitz- und Hebetraining, Ausgleichsgymnastik, Entspannungstechniken sowie Stress-Management-Seminare. Im Bereich Aufklärung und Beratung werden den Mitarbeiter verschiedene Angebote unterbreitet. Beispiele hierfür sind: psychosomatische Beratung, Herzinfarktrisikobewertung, Suchtberatung, psychologische Beratung, Ernährungsberatung.

Diese Angebote werden auf unterschiedlichen Wegen an die Mitarbeiter herangetragen: durch spezielle Sprechstunden, durch Aktionstage, durch Vorträge, durch Broschüren und durch Beiträge in der Werkzeitung.

Die frühzeitige Identifizierung und Beratung von Mitarbeiter, bei denen gesundheitliche Risikofaktoren oder Gesundheitsstörungen vorliegen, erfolgt einerseits im Rahmen von arbeitsmedizinischen Vorsorgeuntersuchungen, andererseits durch das Angebot spezieller Screeningprogramme, an denen die Mitarbeiter auf freiwilliger Basis teilnehmen können (Abb. 8).

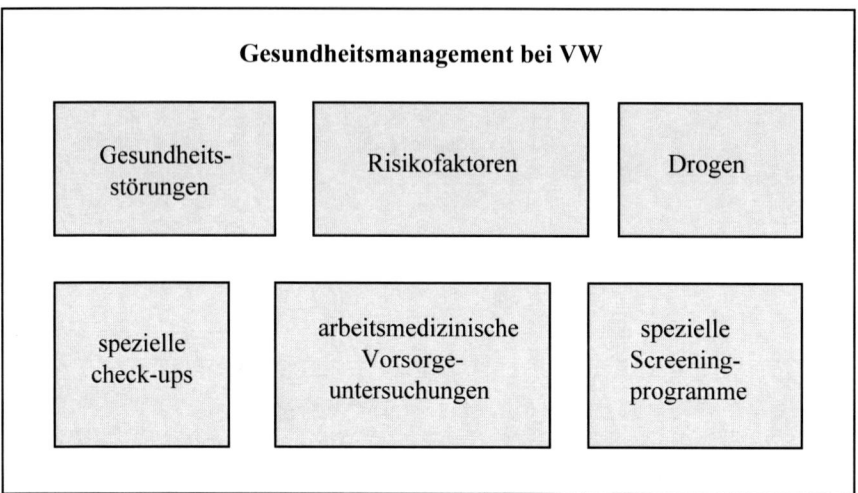

Abb. 8: Früherkennungsmaßnahmen

Für Mitarbeiter, die nach längerer Krankheit oder nach einem Unfall wieder in den Arbeitsprozess zurückkehren, wird im Rahmen des Gesundheitsmanagements, gemeinsam mit allen zuständigen Stellen innerhalb und außerhalb des Unternehmens, ein individueller Rehabilitationsplan erarbeitet (Abb. 9). Ziel ist eine systematische und möglichst frühzeitige Wiedereingliederung in den Arbeitsprozess.

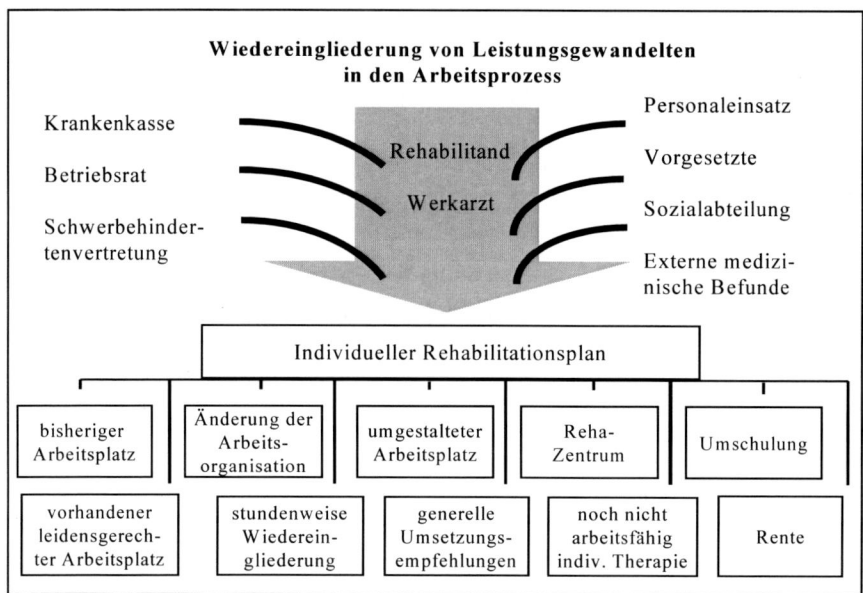

Abb. 9: Wiedereingliederung in den Arbeitsprozess

Das Maßnahmenbündel, das hierbei zur Verfügung steht, reicht von der stundenweisen Arbeitserprobung über gezielte Versetzungen und Umgestaltungen des Arbeitsplatzes bis hin zum unternehmenseigenen Rehabilitationszentrum im Werk Wolfsburg.

6. Kosten-Nutzen von Gesundheitsmanagement

Kosten-Nutzen-Aussagen sind beim Gesundheitsmanagement aufgrund zahlreicher Operationalisierungs- und Messprobleme besonders schwierig. Während sich die direkten Kosten noch einigermaßen zuverlässig ermitteln lassen, ist dies bei den indirekten Kosten mit Problemen verbunden. Und erst recht stoßen die Messung und Bewertung des Nutzens auf große Schwierigkeiten. Dabei wird zudem oft nicht zwischen Effektivität und Effizienz unterschieden.

In vielen Fällen lässt sich der Nutzen von Gesundheitsmanagementmaßnahmen und -programmen nicht exakt quantifizieren und monetär bewerten. Hier bleibt nur der „Plausibilitätsbeweis": die Logik und die Erfahrungen sprechen für den Nutzen.

Ungeachtet aller Mess- und Bewertungsprobleme zeigen die Erfahrungen bei VW, dass sich Gesundheitsmanagement auch wirtschaftlich positiv auswirkt:

» Nach der medizinischen Betreuung in der Ambulanz und in den Sanitätsstellen kehren bei VW mehr als 90 Prozent der behandelten Mitarbeiter an ihren Arbeitsplatz zurück. Zum Teil liegt diese Quote sogar bei 95 Prozent.
» Durch ein Präventionsprogramm „Haut" gingen in einem Werk die kontaktekzembedingten Erkrankungsfälle und die damit verbundenen Fehlzeiten deutlich zurück. Die Fehltage verringerten sich von über Zweitausend auf knapp Eintausend.
» Eine einjährige Analyse von Fällen, in denen Mitarbeiter auf Empfehlung des betrieblichen Gesundheitswesens vom Drei-Schicht-Betrieb befreit wurden, macht deutlich, dass deren Fehlzeiten von 20,5 Prozent im Jahr vor der Befreiung auf 9,5 Prozent im Jahr nach der Befreiung sanken.
» Mitarbeiter, die an Rehabilitationsmaßnahmen im unternehmenseigenen Rehabilitationszentrum teilgenommen haben, weisen im Anschluss an die Maßnahmen einen deutlich höheren Gesundheitsstand auf. Ihr Gesundheitsstand hat sich von 68 Prozent auf über 90 Prozent erhöht.
» Und schließlich hat das Gesundheitsmanagement wesentlich dazu beigetragen, dass sich die Gesundheitsquote über die letzten Jahre hinweg deutlich verbessert hat. Sie ist von 91,7 Prozent im Jahr 1988 auf 95,5 Prozent im Jahr 2002 gestiegen.

7. Fazit

Ein Unternehmen, das im internationalen Wettbewerb erfolgreich bestehen will, braucht leistungsfähige und leistungsbereite Mitarbeiter.

Gesundheitsmanagement leistet hierzu einen wichtigen Beitrag. Es führt nicht nur zu mehr Gesundheit im Betrieb, sondern hilft auch die Wirtschaftlichkeit zu verbessern. Es nutzt dem Unternehmen und den Mitarbeiter.

Erfolgreiches Gesundheitsmanagement ist nur möglich, wenn es von allen Beteiligten mit getragen und aktiv unterstützt wird. Programme und Maßnahmen müssen kontinuierlich durchgeführt werden und für die Mitarbeiter transparent und glaubwürdig sein. Die Mitarbeiter müssen das Gefühl haben, dass solche Programme und Maßnahmen fürsorglich ausgerichtet sind und es sich um einen dauerhaften Prozess handelt, in den sie aktiv eingebunden sind. Gesundheitsmanagement darf nicht Gesundheitskontrolle, Bevormundung oder Disziplinierung der Mitarbeiter bedeuten.

Gesundheitsmanagement muss immer auch unter Kostenaspekten gesehen und im Hinblick auf seinen Beitrag zur Wertschöpfung bewertet werden. Es darf jedoch nicht auf die Erhöhung der Gesundheitsquote oder auf bloße Kostensenkung reduziert und keinem ständigen wirtschaftlichen Rechtfertigungszwang ausgesetzt werden. Schutz und Förderung der Gesundheit der Mitarbeiter sind vor allem eine soziale Verpflichtung. Ein Unternehmen ist abhängig von der Leistungsfähigkeit und Leistungsbereitschaft derjenigen, die in ihm arbeiten. Nicht das Kapital gestaltet den Fortschritt, sondern die unternehmerisch denkenden und handelnden Menschen, die im Unternehmen tätig sind. Ein Unternehmen ist deshalb immer nur so gut und erfolgreich wie seine Mitarbeiter.

Kapitel 4

Perspektiven des Gesundheitsmanagements im Unternehmen

Arbeiten oder leben? Eine falsche Alternative

Ulf Kadritzke

Stress ist, wie wir aus alltäglicher Erfahrung wissen, ein Teil des Lebens. In richtiger Dosis wirkt er als ein Stimulans, das Menschen in und jenseits der Arbeit zu einem lustvollen, produktiven und kreativen Tun anregen kann. Aber die richtige Dosis ist das Problem. Wenn der Stress intensiv und dauerhaft wird, wenn man ihm aus Zeitdruck nicht mehr entrinnen kann, führt er zu körperlichem Verschleiß, zu Krankheit und psychischen Störungen. Die Gesundheit wird zum „Preis der Arbeit" (Kuhn/Göbel 2003).

Bei qualifizierten Angestellten, den *professionals,* und bei Führungskräften ist der Fall besonders dramatisch. Bedenkt man ihre besonders langen, notorisch über das vertraglich vereinbarte Maß hinaus gehenden Arbeitszeiten, so zweifelt der normale Menschenverstand an deren Sinn. Denn wodurch zeichnet sich die Arbeit von qualifizierten Experten und Managern im Innersten aus? Doch zunächst durch die Fähigkeit, komplexe Probleme zu entdecken und zu lösen – ein Prozess, dessen Ergebnis gar nicht genau in Zeit zu messen ist. Unvoreingenommen betrachtet, ist „der am längsten arbeitende Manager" so nutzlos wie „die schnellste Uhr". Das heißt, beide „gehen falsch." Es bleibt die Frage: Warum arbeiten hochqualifizierte Angestellte und Manager (bislang zumeist männlich) dennoch so lange? Weil sie sich selbst und andere nicht als Menschen, sondern als *Humankapital* empfinden und dies im Interesse des Unternehmens besonders lange genutzt sehen wollen? Das wäre eine Form der grenzenlosen ökonomischen Unterwerfung, zu der eine Mehrheit sicherlich nicht mehr bereit ist.

Bei Lichte besehen, sind von dem bekannten Phänomen ausgedehnter Arbeitszeiten nicht nur hochqualifizierte, sondern fast alle Berufe betroffen (vgl. Garhammer 1999; Bielinski u.a. 2002), wobei die Manager und betrieblichen Experten, wie Befunde aus vielen Ländern zeigen, besonders stark unter Druck geraten (vgl. Wagner 2000; IMB 2001; Hochschild 2002, S. 213ff.). Indes reichen die Folgen der allenthalben wachsenden Zeitnot weit über den engeren Kreis der jeweils Betroffenen hinaus. Werden exzessive Arbeitszeiten als berufliches Schicksal hingenommen, dann gefährdet das auf der Ebene der Individuen die Qualität der *gesamten* Lebensgestaltung, auf der Ebene der Gesellschaft die Geltung gemeinsam erlebbarer Zeitrhythmen (vgl. Eberling/Henckel 2002, S. 304ff.), die bislang die sozialen Beziehungen der Menschen vor dem Auseinanderdriften bewahrten.

Wie ist die Gesellschaft, von manchen wissenschaftlichen Beobachtern deshalb als „Turbokapitalismus" (Zilian 2001) gekennzeichnet, in die *kollektive* Atemlosigkeit geraten, die heute als eines der ernstesten Zeichen für die „sozialen Pathologien unserer reifen Industriegesellschaft" (Hengsbach 2003) gilt? Zunächst wirkt zweifellos der im globalen Maßstab verschärfte Konkurrenzdruck als Treiber. In allen maßgeblichen Ländern hat der ökonomische Prozess, vermittelt über technische und organisatorische Hebel und verstärkt durch die neoliberale Grundausrichtung der flankierenden Wirtschaftspolitik, die Beschäftigungsformen und Arbeitsbedingungen verändert. Er setzt die Mehrzahl der Arbeitnehmer immer stärker unter Druck, er macht ‚unpassende' Arbeitskräfte auf Dauer beschäftigungslos und entlässt sie in die soziale Ausgrenzung. In alten und neuen Berufen, in der Produktions- und in der Dienstleistungsarbeit müssen Menschen mit größerer Unsicherheit, mit den betrieblichen Anforderungen an höhere Produktivität und Flexibilität fertig werden. Sie müssen mehr und effizienter arbeiten und fast zu jeder Zeit einsatzbereit sein. Im Dauerrennen der Wettbewerbsfähigen werden die Unternehmen heute zu Fabriken der täglichen Stressproduktion. Dabei sind tendenziell alle Berufe und Arbeitnehmergruppen von Zeitnot und Atemlosigkeit erfasst – selbst jene, die bislang gewohnt waren, ihre eigene Arbeit eigenständig zu organisieren und weithin selbst zu kontrollieren. Dieser Formwandel der Arbeit, den die soziologischen Entdecker einer modernen Figur namens „Arbeitskraftunternehmer" (Pongratz/Voß 2000) als zwiespältige Mischung aus Selbst-Kontrolle, Selbst-Vermarktung und Selbst-Rationalisierung kennzeichnen, trifft ganz besonders die höher qualifizierten Angestellten und das Management.

Zu der skizzierten Entwicklung haben ferner die neuen Informationstechnologien sehr viel beigetragen. Ihr hohes Flexibilisierungspotenzial bewirkt, dass sich die Grenzen zwischen Arbeit und Privatleben immer stärker verwischen. In vielen Unternehmen verliert die am Arbeitsplatz verbrachte Zeit, obwohl die herkömmliche Orientierungsmarke für die Entlohnung, gerade für qualifizierte Arbeitskräfte an Bedeutung. Worauf es in der neuen Arbeitswelt ankomme, so die allgemeine Rede, sei allein die termingenaue, kostengünstige Durchführung von Projekten und die kundengerechte Qualität des Ergebnisses. Dass aber diese betrieblichen Teilziele keineswegs widerspruchsfrei unter einen Hut zu bringen sind, bleibt häufig unerkannt (vgl. Holtgrewe/Voswinkel 2002) und in der Arbeitsorganisation unberücksichtigt. Das verschärft sowohl im mittleren Management als auch in der modernen Projektarbeit, die an sich qualifikatorisch sehr anspruchsvoll und befriedigend ist, den Stress und das Gefühl der ständigen Überforderung. Und so dringt die oftmals schon für erledigt erklärte Arbeitszeitfrage durch die Hintertür wieder in den betrieblichen Alltag ein. Die damit verbundenen Probleme bleiben freilich, weil sie in neuen, weniger hierarchischen Strukturen auftreten, im toten Winkel des Organisatorenblicks. Denn wie viele Überstunden zu leisten sind, um die formal vereinbarten, aber zumeist *von oben* oder durch Kundendruck diktierten Vorgaben und Ergebnisse fristgerecht zu erreichen, wird nun zur Sache der ‚selbstverantwortlichen' Mitarbeiter erklärt.

Das Bewusstsein über die neue Qualität der Arbeitszeitfrage prägt sich in den Unternehmen und in der Öffentlichkeit erst langsam aus. Bei den Betroffenen selbst herrscht eher Hilflosigkeit oder das ohnmächtige Gefühl vor, den betrieblichen Anforderungen *individuell* nicht gewachsen zu sein. Die gesellschaftliche Dimension des Problems wird weithin übersehen oder bleibt, sofern erkannt, aus dem Zusammenhang der betrieblichen, zum bloßen ‚Sachzwang' erklärten Praxis ausgeblendet. Dabei kommen Zeitnot und Stress nicht nur die einzelnen Menschen, sondern auch die Gesellschaft insgesamt teuer zu stehen – so wenn zum Beispiel die volkswirtschaftlichen Aufwendungen für berufsbedingte Gesundheitsschäden zunehmen und die viel beklagten Lohnnebenkosten in die Höhe treiben. Wie aber lässt sich das Bewustsein dafür schärfen, dass Stress nicht nur der Gesundheit des Arbeitnehmers, sondern den Unternehmen selbst schadet, dass eine neue Arbeitsorganisation auch neue Einstellungen und Strategien zum Umgang mit der ‚Humanressource' erfordert? Im folgenden will ich einschlägige arbeitsmedizinische und -psychologische Erkenntnisse über die wachsende Verbreitung neuer beruflicher Krankheitsbilder kurz und beispielhaft resümieren.

1. Diagnosen der Zeitnot

Der Wandel der Unternehmensstrategien und Organisationsformen hat viele Namen: Dezentralisierung und *Downsizing*, flache Hierarchien und Netzwerkorganisation, *Total Quality Management* und Projektarbeit, flexible Arbeitszeitmodelle und Selbstorganisation. Während in der Produktionsarbeit und in vielen Verwaltungsbereichen schon viele Erfahrungen und konkrete Zeitmodelle zwischen Betriebsrat und Unternehmensleitung ausgehandelt sind, bleibt in einem strategisch wichtigen Bereich die Arbeitszeitpolitik zumeist im Dunkeln: bei den hochqualifizierten Angestellten, im mittleren Management und insbesondere auch bei der wachsenden Zahl von *Freelancern* (vgl. Ertel/Haake 2001). Über das Ausmaß der zeitlichen Belastungen auf diesen Ebenen liegen für Deutschland genügend eindrucksvolle Erkenntnisse vor (vgl. Wagner 2000; Oechsle 2002). Den grenzübergreifenden Charakter des Problems belegen weitere Befunde und Analysen:

1) Französische Arbeitsmediziner machen schon lange auf das Phänomen des „pathologischen Anwesenheitsdrangs" („*présentisme pathologique*") bei hochqualifizierten Angestellten und Managern aufmerksam, auf eine eigenartige Mischung aus Fremd- und Selbstausbeutung. In der arbeitsmedizinischen Forschung ist ferner von ‚chronischer Ruhelosigkeit' und dem Syndrom der ‚Erholungsunfähigkeit' die Rede.
2) Zu ähnlichen Einschätzungen gelangen Studien aus Großbritannien, die in einem Bericht des Guardian von 1999 wie folgt zusammengefasst sind: „The men who run British business are dying to work less but are too afraid to admit it, a survey published today reveals. 88% of the 1.100 respondents (all men at the top of their professions, the very people who have the power to change the culture of work) wanted greater flexibility at work. 64% did not believe that they had full control of their working time and 42% were unhappy with their

work/life balance. But what are they doing about it? Nothing." (McGwire 1999)

3) In den USA werden die längsten Arbeitszeiten bei den hoch qualifizierten Fachkräften und im Management ermittelt. Für 89% der Befragten stellt die berufsbedingte Zeitnot ein ernstes Problem dar, das auch in den familiären Beziehungen zu einem fast betriebsförmigen Management zwingt, so dass Arlie Hochschild (2002, S. 217) schon von einer „kulturellen Umpolung von Arbeitsplatz und Zuhause" spricht. Aus den USA stammt auch die Diagnose der weit verbreiteten "Hurry Sickness", definiert als die Unfähigkeit, nach der Arbeit einen Gang herunterzuschalten. Und wenn Ex-Angestellte von Microsoft ihr Arbeitsleben Revue passieren lassen, ist von der stressbedingten Krankheit „Programmierblockade", die der beruflichen Karriere ein Ende setzt, ebenso die Rede wie von „Todesmärschen" – so der Name für die periodisch anfallenden Endphasen der Projektarbeit. Ein weiteres Krisenzeichen: Die zumeist ohnmächtigen Reaktionen auf die betrieblich bedingten, aber persönlich erlebten Arbeitskrisen toben sich an modernen Klagemauern des Internet wie Fucked Company oder Netslaves aus – kollektives Handeln nach gemeinsamen Interessen dagegen ist nur selten zu beobachten.

4) Eine schwedische, an chronisch kranken Angestellten durchgeführte Studie über die Zunahme von stressbedingter Depression zeigt: Menschen, die ehrgeizig sind und ständig unter Erfolgsdruck stehen, haben Schwierigkeiten, sich selbst Grenzen zu setzen. Sie sind nie mit dem zufrieden, was sie getan haben, und arbeiten deshalb noch härter. Ist also der Arbeitsdruck selbst verschuldet? „Auf die Frage über die wahrscheinliche Ursache ihrer Krankheit meinten 60%-70% der Patienten, das sei ihr Arbeitsplatz. Die meisten Menschen konnten genau sagen, wann sie einen Zusammenbruch haben würden. Es war häufig das Ergebnis einer langen Krise, die erst nach Monaten oder gar erst nach Jahren an die Oberfläche kam. Die Erschöpfungsspirale begann mit Schmerzen, dann kamen Schlafstörungen, ein Energieverlust, Konzentrationsprobleme usw. Das ist ein Prozess, der sich über mehrere Jahre entwickelt und in einigen Fällen zu Selbstmordgedanken führt. Es dauert lange, bis sich die Syndrome entwickeln, aber es dauert auch lange, sie wieder zu heilen." (Åsberg u.a. 2001, S. 12-29)

Die Befunde zum Zeitdruck und seinen Folgen sind also eindeutig, statistisch gut belegt und international übergreifend. Wie ihn allerdings die *high performers* erleben und im Berufsalltag mit ihm umgehen, darüber wissen wir wenig Konkretes - nicht zuletzt deshalb, weil die Betroffenen sich kaum zu Wort melden. Sie leiden trotz langer, in den letzten Jahren nochmals deutlich ausgedehnter Arbeitszeiten eher stumm und lassen sich den Raub des Privatlebens durch hohe Gehälter abgelten.

Woher rührt diese Hilflosigkeit in eigener Sache bei gut ausgebildeten beruflichen Experten und Managern, die doch dem eigenen Selbstverständnis nach „die Dinge im Griff haben"? Warum sind Unternehmen, die den pathologischen Anwesenheitsdrang zulassen und durch die Art ihrer Anreize noch fördern, eher selten daran interessiert, ihren Leistungsträgern statt atemraubender Zielvorgaben ein die Kreativität förderndes Zeitbudget anzubieten? Erste Antworten auf diese Fragen liefert ein genauerer Blick auf die Erscheinungsformen und Hintergründe der Zeitpolitik im mittleren Management.

2. Stress und zeitliche Überlast: subjektive Ausprägungen und betriebliche Hintergründe

Betrachtet man es grundsätzlich, so führen die hochqualifizierten Experten und Manager ihren Kampf um die Aufteilung des persönlichen Zeitbudgets nach drei Seiten: Die *betrieblichen* Anforderungen, das starke Eigeninteresse am täglichen Beweis der *professionellen* Leistungsfähigkeit und die *privaten*, durch Erziehung und Gesellschaft beeinflussten Ansprüche stehen in einem scharfen Wettbewerb um die verfügbare Zeit. Gerade auf den Unternehmensebenen, auf denen die neuen, auf Dezentralisierung und *empowerment* setzenden Managementkonzepte greifen sollen, erleben viele Angestellte ihre gewachsene Verantwortung oft nur noch als Intensivierung der Arbeit und als stummen Zwang zu überdehnten Anwesenheitszeiten. *Dass* es Grenzen der zumutbaren Belastungen gibt, schildern die Betroffenen in persönlichen Gesprächen auf eindrucksvolle Weise (vgl. Baethge u.a. 1995, S. 120-162; Kadritzke 1997, S. 142ff). Wenn der Betrieb sie auch zu Hause innerlich nicht mehr loslässt, wenn das Leben 'jenseits der Arbeit' zur Restgröße des betrieblichen Zeitdiktates verkommt, erleben sie das betriebliche Zeitregime als kaum beeinflussbar und zerstörerisch. Fast jede(r) vierte der in unserer Studie Befragten wies auf deutliche Konflikte zwischen den betrieblichen Zeiterfordernissen und den Ansprüchen an die persönliche Lebensgestaltung hin; weitere 50% der hochqualifizierten Angestellten und Manager erlebten immer wieder Spannungen, wenn persönliche Interessen oder die des privaten Umfelds zu kurz kommen. Beispielhaft beschreibt eine erschöpfte männliche Führungskraft die Unmöglichkeit, beim mühsam organisierten Konzertbesuch die freie Zeit überhaupt noch entspannt zu erleben:

> *"Wenn man abends in ein Kammerkonzert geht, was mir in den letzten fünf Monaten dreimal gelungen ist und wofür meine Frau schon sehr dankbar war, dann macht das nur noch begrenzt Spaß. (...) Wenn man in allerletzter Minute da noch hinfährt, ist das halbe Konzert schon rum, ehe ich überhaupt mal beginne, mich auf die Musik zu konzentrieren, denn dies und jenes schwingt noch nach, und plötzlich ist man nicht bei Mozart, sondern beim Mineralölverbrauch in England".* (Baethge u.a. 1995, S. 150)

Ein kurzer, aktueller Schwenk auf die oft gerühmte Arbeit-als-Spaß-Kultur der ‚neuen Ökonomie'. Sie ist zeitpolitisch ein sumpfiges Gelände, dessen Tücken die 30-Jährigen freilich noch kaum erkennen. Auf meine Frage, wie er in seinem *Start-up*-Unternehmen mit den *economies of speed*, vor allem mit der Spannung zwischen Berufs- und Privatleben zurecht komme, versetzte ein junger Informatiker lachend:

„Was für ein Privatleben meinen Sie? Ich habe praktisch von Januar bis September überhaupt kein Privatleben gehabt. Bin morgens aufgestanden, habe geduscht, nicht gefrühstückt. Bin in die Firma gefahren, war dann meistens mit der erste. War dann in der Firma bis abends um - was weiß ich, elf, zwölf, zehn, bin nach Hause gefahren und habe mich dann schlafen gelegt. Das ging jeden Tag so. Am Wochenende habe ich mir hin und wieder mal was gegönnt, da haben wir erst um mittags um zwölf angefangen – am Samstag und Sonntag. (Auch am Sonntag?) Ja klar. Gut, manchmal hat man am Samstagabend noch mal was anderes gemacht. Aber ich bin so ein Mensch, der sich da so rein versetzt. Ich habe auch letztes Jahr keine Partnerin gehabt - fast instinktiv, ich hatte einfach nicht das Bedürfnis nach Verbindlichkeit" (Kadritzke 2002, S. 12).

Nun ist der hier fast genussvoll geschilderte Zeitdruck keine Privatsache der Einzelnen - es kann kaum ein Zufall sein, wenn sich in einer beispielhaft untersuchten Internet-Firma die insgesamt 96 Beschäftigten in ihrem persönlichen Leben insgesamt 2 Kinder leisteten. Das Problem lässt sich auch nicht auf die seichte These reduzieren, die jungen Leute wollten es ja nicht anders, sie hätten eine unbändige Lust an der Arbeit, an der täglich demonstrierten Leistungsfähigkeit. Dem stehen die Erfahrungen der Betroffenen entgegen, wenn sie nach den ersten wie ein pausenloses *Event* erlebten Berufsjahren den Stress nicht mehr bewältigen und der körperliche Verschleiß erstmals spürbar wird. Der Druck ist also – übergreifend und jenseits des subjektiven Zutuns der einzelnen – von der „Kultur des neuen Kapitalismus" (Sennett 1998) erzeugt, unternehmenspolitisch legitimiert und organisatorisch gefördert. Statt aus dem ziellosen Aktivismus der *Neuen* Ökonomie zu lernen, beginnt die *alte* Ökonomie deren zeitpolitische Ausbeutungsmuster und Motivationsideologien zu übernehmen.

Dennoch bleibt die Frage: Warum sehen sich viele der vom Zeitnotstand betroffenen Experten und Führungskräfte nicht in der Lage, den Anforderungen des Betriebs die eigenen, aufs *ganze* Leben bezogenen Bedürfnisse entgegen zu setzen? Eine erste Antwort: Viele von ihnen wollen, wie Hochschild (2002, S. 64) an ihrem eindrucksvollen Fallbeispiel aus den USA zeigt, für ihr gesamtes Leben „ein weniger entfremdetes Zeitgefühl" entwickeln, wollen „nicht Zeitkapitalisten, sondern Zeitarchitekten" sein. Aber sie haben unter dem Druck der übermächtigen Erfolgsregeln und Leitbilder, die nach wie vor das Weiterkommen in den *realen* Unternehmenskulturen garantieren, schon in jungen Jahren verlernt, den ursprünglichen Eigensinn und die beruflichen Entfaltungsbedürfnisse auf das Leben nach der Arbeit zu übertragen. Die Fähigkeit, eine zuträgliche Zeitbalance zu entwickeln, wird auch von dem „geheimen Lustprinzip der Professionalität" (Ehrenreich 1992, S. 271) gehemmt, das zumeist die ersten Berufsjahre beherrscht. Die fachliche Herausforderung, die Suche nach den Grenzen der persönlichen Belastbarkeit, die Hingabe an die Firma – all das mag in den ersten fünf Berufsjahren noch Spaß machen, solange der Enthusiasmus des Gelingens noch nicht mit den ersten betrieblichen Enttäuschungen verrechnet wird und auch die private Umwelt mit Verständnis reagiert. Erst allmählich wächst, wie viele unserer Gesprächspartner nachdenklich schildern, das Gefühl, es auf die Dauer nicht mehr zu schaffen, unmerklich aber unaufhaltsam. Es dürfte heute mehr Menschen als je zuvor in den Expertenstäben und im mittleren Management der Unternehmen beherrschen. Aus denselben Gründen werden beruflich erfolgreiche Frauen, statt zu seiner Lösung beizutragen, zunehmend zum Teil des Problems.

Hinzu treten die Mängel und fatalen Nebenwirkungen der betrieblichen Motivationsinstrumente. Angesichts unsicherer, ständig wechselnder Leistungsvorgaben, deren Bewältigung in undeutlichen Beurteilungsgesprächen mit Zensuren belegt wird, zieht sich der verunsicherte Spezialist oder der mittlere Manager auf ein vertraut erscheinendes Gelände zurück: Weil die tatsächlichen Anforderungen und Erfolgsmaßstäbe im betrieblichen Organisationsklima häufig unklar bleiben, gilt ihm die vom Vorgesetzten mit inszenierte *Anwesenheitsdauer* als einzig sicherer Anhaltspunkt für sein Leistungsvermögen. Die im Betrieb verbrachte Zeit steht dann für alles: für vermeintliche Effizienz und Produktivität, für Loyalität und Identifikation mit dem Unternehmen, für die eigene Unentbehrlichkeit. Nicht zuletzt ist sie auch ein Bedeutungsnachweis gegenüber Partnern und Familie. Der Zwangscharakter dieser betrieblichen ‚Leistungsgemeinschaft' ist von den Betroffenen nicht leicht zu durchschauen, am wenigsten von den Verantwortungsträgern im mittleren Management. Eine 50- oder gar 60-Stundenwoche zu haben, gilt in diesen Kreisen nach wie vor als wichtiges Merkmal sozialer Wertschätzung. Die betrieblichen Zeitkonten, die in solchen scheineffizienten Leistungskulturen geführt werden, dienen nicht der Korrektur organisatorischer Mängel und der Überwindung einer kurzsichtigen Personalplanung, sondern eher als persönlicher Ausweis der Belastbarkeit. Sie heizen den sozialdarwinistischen Wettbewerb um *vermeintliche* Höchstleistungen im Management nur weiter an.

Ein weiterer, in der modernen Unternehmensorganisation angelegter Widerspruch prägt die Arbeitssituation der mittleren Manager und der Expertenberufe. Die verbreiteten Konzepte der „neuen Dezentralisation" verändern die bisher vertrauten Regeln für das berufliche Engagement und den betrieblichen Erfolg. Die Verantwortung nimmt gerade in dem Maße zu, in dem sich die *unmittelbaren* Kontrollen und die *hierarchischen* Befugnisse abschwächen. Der Druck geht nun vom externen oder internen Kunden aus, er wird von der ganzen Projektgruppe oder vom verantwortlichen Manager verinnerlicht und wirkt dadurch viel intensiver. Hier entsteht der Zeitnotstand gerade durch den Abbau von *äußerem* Zwang. Der Unternehmer wird quasi zum Modell für den (angestellten) qualifizierten Arbeitnehmer, ohne dass dieser tatsächlich in den Genuss der Rechte und Prämien eines Unternehmers gelangte. Die mittleren Manager bleiben *unselbständige* Selbständige, aber der organisatorisch gewährte Spielraum der Selbstverantwortung wird zum Motor eines Leistungsdrucks, dessen Fremdbestimmtheit sie nicht mehr erkennen.

Hinter den Zwängen des Wettbewerbs und dem neuesten Leitbild der „Kundenorientierung" (vgl. Neuberger 1996; Holtgrewe/Voswinkel 2002) können sich alle verstecken, die für die Zeit- und Leistungspolitik strategisch und operativ verantwortlich sind: die Unternehmensleitung ebenso wie die unmittelbaren Vorgesetzten und das Personalmanagement, das für die Arbeitsorganisation und die konkreten Arbeitszeitmodelle verantwortlich ist.

Nur auf kurze Sicht mögen die überdehnten betrieblichen Nutzungszeiten des ‚Humankapitals', die auf breiter Front zum Arbeitsalltag des mittleren Managements gehören, betriebswirtschaftlich rational erscheinen. Auf Dauer und über die Grenzen des einzelnen Unternehmens hinaus betrachtet, haben sie fast nur prekäre Folgen. Wenn in den Betrieben das persönliche Bedürfnis nach einer vernünftigen Balance zwischen Arbeit und Leben ignoriert wird, bedroht das nicht nur die innere Motivation der qualifizierten Arbeitskräfte, sondern auch deren Kreativität und damit das professionelle Selbstwertgefühl. In vielen Betrieben rumort es hinter den Kulissen der offiziellen Unternehmenskultur. Zwar inszeniert in den modernen Angestelltenbereichen so mancher *high performer* (zumeist männlichen Geschlechts) seine berufliche Verantwortung nach wie vor als demonstrativ gehechelte Belastbarkeit. Aber viele jüngere Angestellte zögen es, wie sie eher heimlich gestehen, schon heute vor, das Ritual der Überstunden zu beenden oder phasenweise auch in Teilzeit zu arbeiten, zumal der herkömmliche Preis für die Anstrengungen, der innerbetriebliche Aufstieg in den alten hierarchischen Formen weniger wahrscheinlich geworden ist.

Nach ihren eigenen Lösungsvorstellungen befragt, spricht sich eine Mehrheit der von uns befragten Angestellten und Manager für neue Muster der Zeitorganisation aus, die zumindest den starken Wünschen nach einer *selbstgewählten* Flexibilität entgegenkommen. Auch andere empirische Studien weisen auf die wachsende Bereitschaft jüngerer Qualifikationsgruppen hin, auch verantwortliche Aufgaben zu teilen. In einer Hamburger Untersuchung (Domsch/Ladwig 1995) äußerten immerhin 49% der männlichen und 62% der weiblichen Führungs*nachwuchs*kräfte die Ansicht, der Wunsch nach einer Teilzeitbeschäftigung und kürzeren Arbeitszeiten werde auch bei hochqualifizierten Arbeitskräften stark zunehmen: ein erfreuliches Zeichen für wachsende Nachdenklichkeit.

3. Anspruchsvolle Zeitmodelle und ihre Realisierungsprobleme

Woran es in der gegenwärtigen Situation weithin fehlt, das sind *nicht* die konkreten Modelle und Ideen zu einer intelligenten Arbeitszeitflexibilisierung. Sie sind mittlerweile so ausgefeilt, dass sie neben den betrieblichen auch die individuellen Wünsche der Arbeitszeitgestaltung – von der Vertrauensarbeitszeit über das Langzeitkonto bis zur Teilzeitarbeit für Führungskräfte - berücksichtigen. Aus dem Kreis der zeitpolitischen Gestaltungskonzepte, die zumindest der Grundidee nach den persönlichen und betrieblichen Flexibilitätserfordernissen Rechnung tragen könnten, nenne ich nur beispielhaft einige neue Instrumente und Verfahrensweisen.

1) Die Vertrauensarbeitszeit (vgl. Hoff/Weidinger 1999; Hoff 2002) kann als Instrument der Entdeckung und Gestaltung zeitpolitischer Problemfelder dienen, das anspruchsvolle Konzept neutralisiert aber keinesfalls das betriebliche Spannungsfeld der Interessen. Vor allem die Gratwanderung zwischen Selbstkontrolle und Selbstausbeutung erweist sich als schwierig und in den Wirkungen zwiespältig. Den Aufbau einer weitgehend selbstbestimmten zeitpolitischen ‚Vertrauensorganisation' behindern vor allem realitätsfern angesetzte Leistungsziele und Projektfristen, die verbliebene zeitliche Spielräume zu beseitigen und zudem bestehende Mitbestimmungsregeln auszuhebeln drohen (vgl. die Kritik von Haipeter u.a. 2002). Die Erfinder des Konzepts selbst ermahnen die Unternehmen zur Einhaltung einiger Spielregeln; sie fordern zum Beispiel:

» das Recht auf eigenverantwortlichen Zeitausgleich (von Individuen *und* Gruppen),
» einen fairen betrieblichen Umgang mit Überlast-Situationen,
» eine eher schrittweise Erprobung mit ‚Notstop'-Regeln,
» eine gegenseitige ‚Erziehung' von Management, Beschäftigten und Betriebsrat zur Vermeidung dauerhafter Überlast.

2) Statt der eingeschliffenen Routine eines Management-by-Objectives von oben oder dem fröhlichen Verweis auf die Macht der Kundenwünsche wäre es angebracht, in der Arbeitszeitfrage mehr wirkliche Partizipation und Mitbestimmung von Mitarbeitern und Gruppen über die zeitsensiblen Aspekte der Organisation und Arbeitsplanung zuzulassen. Voraussetzung dafür ist eine offene Diskussionskultur, in der Konflikte zwischen dem betrieblichen Zeitregime und den persönlichen Zeitbedürfnissen ernst genommen und offen gelegt werden, wie beispielhaft der in Rollenspielen erarbeitete ‚Konfliktdialog' in der Anlage zeigt. Erst diese Offenheit bietet die Chance - nicht die Garantie - zum Abschluss fairer Kompromisse zwischen betriebsgesteuerter und subjektiv gewünschter Flexibilität und bildet die Alternative zum weithin herrschenden Diktat scheinbar unabweisbarer Zwänge. Das schließt die Anerkennung von ‚Konfliktparteien' und von Interessen ein, die nicht wie von selbst mit den Unternehmenszielen übereinstimmen.

3) Das bekannte Leitbild des Managing Diversity (vgl. Krell 1997) muss nicht nur gegenüber angeborenen Eigenschaften, sondern auch gegenüber subjektiv gewählten Lebensstilen glaubwürdig greifen. Weitblickende Unternehmen und stilprägende Manager sollten Teilzeitarbeitsmodelle und Job Sharing für hochqualifizierte Mitarbeiter, Spezialisten und Führungskräfte nicht nur symbolisch dulden, sondern in der Praxis ermutigen und (vor-)leben, um diesen Modellen den durch Männerwitze befestigten Ruf der ‚girly option' (McGwire) zu nehmen.

4) Die Realisierung dieser Modelle hängt nicht von der etikettierten, sondern von der tatsächlichen Unternehmenskultur, mithin von der Qualität der sozialen Beziehungen im Betrieb ab. In diesem Milieu – und nicht allein durch ‚famili-

enfreundliche' Leitbilder – entscheidet sich, in welchem Maße die Arbeitskräfte tatsächlich ermutigt und befähigt werden, die persönliche Worklife Balance zu (er)finden und für sich zu verwirklichen. Die Zeit, in der Probleme und Lösungen zwischen allen Beteiligten besprochen und möglichst unhierarchisch entschieden werden, wäre gut investiert.

Die üblichen Einwände gegen die konkreten Modelle und Ansätze einer nachhaltigen Zeitpolitik sind bekannt und verteilen sich grob auf zwei Denkmuster. Die unbekümmert ignorante Sichtweise: „Ein richtiger Manager *kann* einfach mit der Zeit umgehen, sonst ist er sein Geld nicht wert und hat seinen Beruf verfehlt." Die resignierte Sichtweise: „Das wissen wir doch schon alles. Aber es kann ja doch niemand helfen, es gelten eben die betriebswirtschaftlichen Zwänge." Gegen derartige Routine-Einwände aus der (schlechten) Praxis, die mit ihrem Gegenstand auch gleich das Problem für erledigt erklären, sprechen unabweisbare empirische Befunde:

» Es gibt erfolgreiche, flexible Teilzeitmodelle für ‚Führungskräfte' (z.B. Dellekönig 1995, Linnenkohl/Rauschenberg 1996; Domsch u.a. 1998, Ladwig 1999) und einige Regeln, die sich bewährt haben oder übertragungsfähig erscheinen (vgl. The Industrial Society 2001; Corwin/Lawrence/Frost 2002),
» Es gibt genügend Erkenntnisse und Studien über die lähmenden Wirkungen der Zeit-Ausbeutung auf Motivation, Arbeits- und Lernfähigkeit im Betrieb (vgl. IMB 2001; Pickshaus u.a. 2001),
» Es gibt positive Erfahrungen mit gemischten, aus Jüngeren und Älteren zusammengesetzten Teams, deren Leistungsfähigkeit sich nicht dem Arbeitstempo und der Bereitschaft zur zeitlichen Selbstausbeutung, sondern eher der Mischung aus neuem und Erfahrungswissen verdankt (vgl. Gravalas 2001).

Gewiss können die skizzierten Instrumente in der Praxis durchaus zwiespältig wirken, und der Umgang mit verschiedenartigen Interessenlagen will eingeübt sein. Wer jedoch im strategischen Management und in den Personalabteilungen solche Modelle der Praxisferne verdächtigt, verschleiert in der Regel den eigenen Mangel an Phantasie oder Umsetzungswillen – oder an beidem. Argumentativ liefern die Anhänger eines heroischen Managements, dem die private Zeit unterzuordnen sei, nur noch Rückzugsgefechte. Freilich haben sie in der betrieblichen Realität - gestärkt durch das nur *scheinbar* zwingende Diktat des *shareholder value* – bis heute die Macht. Sie verbündet sich mit der Selbstgewissheit jener ‚Männerkulturen', die nach wie vor im oberen und mittleren Management vieler Unternehmen fest verankert sind. Ein verengtes Leitbild von Effizienz und Erfolg (v)erklärt die erfolgreiche Managerkarriere zum Opferfest des Privatlebens – und regelt wie nebenbei den Zutritt ins Allerheiligste der Macht: Frauen haben draußen zu bleiben oder von ihren sentimentalen Zeitwünschen abzulassen; Männer haben gezähmte Partnerinnen vorzuweisen, die das Managerleben aushalten und durch emotionale Zusatzleistungen absichern (vgl. Notz 2001). Die Verfasserin des eingangs zitierten Artikels *(McGwire 1999)* hat die Verankerung dieser Denk- und Lebensweise in den herrschenden Unternehmenskulturen bissig kommentiert:

> *"There is still an assumption that ‚real men' want to get ahead an any cost. In fact, real men appear to thrive on long hours: in some organisations, listening to men talk about their hours, one might imagine the were comparing the size of their penises. And you know what they say about part-timers."*

Soweit das beharrliche managerielle Leitbild, das die Selbstausbeutung subjektiv ermöglicht. Aber warum wird ein derart rücksichtsloser, wenig nachhaltiger Umgang mit der menschlichen Arbeitskraft in vielen Unternehmen geduldet oder gar stillschweigend gefördert? Wie Hochschild (2002, S. 144) an einem nordamerikanischen Beispiel darlegt, erweist sich in der Regel sowohl „die offizielle Unternehmenskultur als auch die informelle männliche Arbeitsplatzkultur als so übermächtig, dass es einen stillschweigenden Pakt zu geben" scheint, der im Zweifels- und im Krisenfalle die besten zeitpolitischen Ideen und Programme ins Leere laufen lässt. Für die deutschen Verhältnisse zeigen die exemplarischen ‚Konfliktdialoge', die Betriebsräte und qualifizierte Angestellte bei IBM nach intensiven Diskussionen über ihren beruflichen Alltag niedergeschrieben haben, die Hintergründe und Ausdrucksformen des täglichen Zeitdrucks. Sie behandeln Themen wie die Weiterbeanspruchung bei Krankheit, die Aufgabenüberlast bei Teilzeitstellen oder die Pflicht zur ständigen Erreichbarkeit in der Projektarbeit und bei den Servicefunktionen. Problemverschärfend wirkt vor allem der herrschende Umgang mit den Zielvorgaben des Managements, die Flexibilität und ständige Verfügbarkeit der Mitarbeiter auch dann noch erzwingen, wenn die Personaldecke schon für die regelmäßig anfallenden Aufgaben kaum mehr reicht. Das zeigt der folgende Dialog aus dem beruflichen Alltag:

> ### Konfliktdialog „Zielvorgaben"
>
> *Heinz G. wendet sich an seinen Manager Martin N mit einem Problem: Die Zielvorgaben sind nicht zu schaffen. Es kommt zu folgendem Dialog:*
>
> M: Du solltest deine Arbeitsweise verbessern. Setze Prioritäten, lass Unwichtiges weg!
>
> H: Das Unwichtige habe ich schon weggelassen. Jetzt müssen wir Wichtiges weglassen.
>
> M: Du musst Aufgaben delegieren!
>
> H: An wen denn? An meine überlasteten Kollegen? Du bist Manager, du kannst delegieren.
>
> M: Die anderen Kollegen schaffen es doch auch. Du sollst dich einmal fragen, warum nur du solche Schwierigkeiten hast.
>
> H: Ich hab' die Kollegen gefragt! Die haben auch das Problem.
>
> M: Jetzt sei doch mal optimistisch! Jemand mit deiner Professionalität, der kann das doch!
>
> H: Das stimmt: ich kann vieles! Aber nicht alles zur gleichen Zeit.
>
> M: Mensch, Heinz! Meine Ziele als Manager sind auch kaum zu schaffen. Da müssen wir halt durch, so ist die Welt.
>
> H: Dann kennst du ja mein Problem. Ich finde, da muss sich was ändern. Herumreden hilft nicht: es muss mal wieder über *realistische* Ziele gesprochen werden.
>
> **(Quelle: W. Glißmann, Initiative „Survival in a High Performance Culture")**

Abb. 1: Konfliktdialog „Zielvorgaben"

Gewiss kann eine harte, auf das Überleben der (vermeintlich) Tüchtigsten setzende Personal- und Zeitpolitik kurzfristig den Anschein der Rentabilität erwecken; wer nicht mithält, wird eben - zumal in den Berufen mit raschem Wissensverschleiß - ausgewechselt. Gewiss kann man im Unternehmen die noch verbliebenen Zeitpuffer, Vorgabewerte, Planungsphasen und Entwicklungszyklen weiter verkürzen, unter dem Druck der Konkurrenz das Lieferungstempo beschleunigen und die Servicebereitschaft perfektionieren. Aber wenn diese Art des bloß angeordneten *empowerment* mit einer rigoros schlanken Personalbesetzung durchgesetzt wird, bleibt irgendwann die Reaktion des ‚Faktors Mensch' nicht aus – auch dann nicht, wenn er zuvor in Fachzeitschriften und Unternehmensleitsätzen zum wertvollen *Humankapital* ernannt worden ist. Niemand sollte sich darüber täuschen, dass die in Betrieb und Gesellschaft höchst ungleiche Verteilung der Arbeitszeiten langfristig nicht nur volkswirtschaftlich und gesellschaftspolitisch schädlich, sondern auch *betriebswirtschaftlich* eine zumindest zweischneidige Sache ist. Eine Organisations- und Personalpolitik, die weiter fröhlich auf die Selbstausbeutungsrituale der Leistungsträger setzt, schwächt nicht nur deren *innere* Motivation und nebenbei den Spaß an der Arbeit, sondern auch die Kraft zu Veränderungen. Diese wollen von den Beteiligten mitgestaltet, nicht bloß erduldet werden. Unternehmen, die sich mit den zeitpolitischen Notständen einfach abfinden und die ihnen zugrunde liegenden Probleme nicht lösen, mögen unter dem Druck der Arbeitsmarktlage gute Gewinne machen: besonders originell, ‚innovativ' und vertrauenserweckend sind sie nicht.

Die Chance für allmähliche Veränderungen liegt, wie schon angedeutet, nicht bevorzugt in den Händen der *high performers* – das würde nur über die unternehmenspolitische Verantwortung für die tieferen Gründe der Zeitnot hinwegtäuschen. Zu warnen ist auch vor rasch zusammengestellten Menüs aus Flexibilisierungs-Optionen, die keine wirklichen Entlastungsangebote enthalten. Solche Lösungen bieten mittlerweile auch Lifestyle-Magazine an, und sie suggerieren zumeist die immergleiche Botschaft: Du bist selbst für Deine Fitness verantwortlich! Nach dieser ins Individuelle gewendeten Verantwortungslogik wird noch die gewährte Arbeitspause „umgewandelt in eine Kategorie der Effizienz", nach ihr gilt noch die als Rezept verordnete Hinwendung des Managers zu den schönen Künsten „als Maßnahme zur Wiederherstellung der Arbeitskraft" (Bernard 2002). Ohne den Nachweis einer dahinter stehenden ‚Geschäftsidee' scheint für viele Manager der Sinn des Lebens nicht mehr erfahr- und genießbar zu sein.

Die Chance für einen gründlichen Wandel in der betrieblichen Zeitpolitik setzt eine ganz andere Qualität der Diagnose voraus: die Erkenntnis nämlich, dass die Unternehmen mit der Förderung eines überzogen, auf *Konkurrenz* setzenden Individualismus die destruktive Ausdehnung der Arbeitszeiten selbst verursachen und damit auch die Leistungs- und Kooperationsbereitschaft der qualifizierten Arbeitskräfte auf Dauer strapazieren. Die oft gestellte Gegenfrage, ob nicht die arbeitswütigen Angestellten und mittleren Manager für den Missbrauch ihrer Motivation (zumindest mit-)verantwortlich seien, ist kurzschlüssig und zielt ins Leere. Rein interessenpolitisch betrachtet, könnten gerade die Träger seltener und neuer Berufsqualifikationen - wie Informatiker und andere Wissensarbeiter - aufgrund ihrer betrieblichen Stellung eine neue, von ihnen selbst maßgeblich bestimmte Arbeitsflexibilität einfordern. Aber weder an den Hochschulen noch im privaten Leben haben junge, formal gut qualifizierte Menschen die Kunst erlernen können, das erwähnte Lustprinzip der Professionalität sinnvoll in die persönliche Lebensgestaltung einzufügen und über das Verhältnis von beruflichen, privaten und gesellschaftsbezogenen Ansprüchen (vgl. Lehndorff 2001) gründlich nachzudenken, bevor das Unternehmen im Berufsalltag die ‚ganze Person' ergreift.

Die Reflexion individueller und gemeinsamer Bedürfnisse, ökonomischer Ziele und sozialer Nebenfolgen, kurzfristiger und langfristiger Handlungsperspektiven will gelernt sein. Das setzt aber die Bewahrung (oder den Rückgewinn) gesellschaftlich anerkannter, von Prüfungszwängen und Nutzenkalkülen entlasteter Zeiträume und Orte voraus. Stattdessen erleben wir schon an den Schulen und Hochschulen eine ‚Kolonisierung' der Bildungswelt durch die Arbeitswelt, die zügige Landnahme von Effizienzprinzipien und Benchmarking-Verfahren auf Feldern, in denen bislang – wenigstens dem Grundgedanken nach – die Vermittlung von Wissen und Erfahrung mit der Frage nach den individuellen und gesellschaftlichen Maßstäben für ein gelingendes Leben verknüpft war. Das Leitbild einer „reflexiven Lebensführung" (Hildebrandt/Linne 2000) gilt in den Unternehmen weithin als romantischer oder gar hinderlicher Luxus. An seiner Stelle werden ausgewählten, zeitgestressten Managern zum Thema „Selbstmanagement" Wochenendseminare geboten, die bestenfalls einige Symptome mildern, oft aber nur dazu dienen, die anschließende Steigerung der Arbeitslast zu legitimieren.

4. Zwei Schlussgedanken zu einer zeitpolitischen Utopie

Im deutschen Arbeitsrecht ist die Verpflichtung für berufstätige Menschen verankert, im Urlaub darauf zu achten, dass die persönliche Arbeitsfähigkeit erhalten oder wieder hergestellt wird. Was wäre von einer Gesellschaft zu halten, deren Unternehmen im Gegenzug verpflichtet wären, die Arbeit *aller* Beschäftigten so einzurichten, dass die persönliche Genussfähigkeit der freien Zeit gewährleistet ist? Die systematische betriebliche Inszenierung von Erholungs*unfähigkeit* durch Arbeit, dieser ökonomische, sozialökologische und kulturelle Unfug, wäre damit untersagt. Dass die Realität der Non-Stop-Gesellschaft sich von einem derart einfachen, nur scheinbar naiven Leitgedanken immer mehr entfernt, ist offensichtlich. Der allseitige Zeitdruck ist zum Signum einer zwar informellen, aber um so wirksameren Unternehmenskultur geworden. Die dort gelebte Maxime „Zeit ist Geld" beginnt das Leitbild „Zeit ist Leben" auch aus den privaten und öffentlichen Sphären der Gesellschaft zu verdrängen. Bedenklich stimmt vor allem das Maß, in dem der Grundgedanke einer lebensfreundlichen Berufsarbeit heute utopisch erscheint. Das müde, leicht masochistische Lächeln, das er in den Kreisen des strategischen Managements und der Unternehmensberater hervorrufen würde, besagt mehr als tiefschürfende Analysen über den realen Zeitnotstand und die fremdbestimmte Flexibilität, die unser Arbeitsleben beherrscht. In ihm haben hochqualifizierte Angestellte und Manager, wie sie meinen, „alles im Griff" – während es tatsächlich die betriebliche Zeitorganisation ist, die sie im Griff hält und selbst ihrem privaten Leben einen tayloristischen Stempel aufdrückt.

Was wäre die Alternative zur organisierten Verantwortungslosigkeit, die in der Arbeitszeitpolitik der modernen Unternehmen vorherrscht? Am Anfang müsste eine kritische Bestandsaufnahme über die sozialen Pathologien der industriellen Dienstleistungsgesellschaft und die zwiespältigen Folgen des flexiblen Arbeitens stehen (vgl. Linne 2002; Hengsbach 2003) – eine Bilanz, die zum Nachdenken über Gegenbilder vom ‚guten Arbeiten' anregt. Der geschärfte Blick könnte Personalmanager aller Ebenen und die von Zeitnot Betroffenen dazu bringen, einmal ganz nüchtern zu prüfen, ob und wo ihre reale Unternehmenskultur im Umgang mit den Menschen eine Balance von Arbeit und Leben duldet oder gar fördert, die der lebensfreundlichen Utopie von Ray Pahl (1997, S. 214) einen kleinen Schritt näher käme. Der britische Managementforscher träumt davon, dass irgendwann ein Mensch – möglicherweise sogar ein Mann – bei der Sommerparty oder im nächsten Führungskräfteseminar zum Thema Worklife Balance auf die übliche Vorstellungsfrage „Und was machen Sie denn so?" ganz heiter und ohne belächelt zu werden antworten kann:

„Ich kümmere mich um meine Kinder und um meine alten Eltern, ich bin ein Finanzberater, und ich singe im Gesangsverein."

Literatur

Åsberg, M.; Nygren, Å.; Rylander, G.: Arbeitsbezogener Stress und seine Folgen. In: (IMB): Stress und Ausgebranntsein – ein wachsendes Problem für Angestellte, 2001, 12-29 (pdf-Datei)

Baethge, Martin; Denkinger, Jochen; Kadritzke, Ulf: Das Führungskräfte-Dilemma. Manager und industrielle Experten zwischen Unternehmen und Lebenswelt. Frankfurt/M.-New York: Campus, 1995

Bernard, A.: Philosophie des Sabbaticals: ein Streifzug durch deutsche Journale. In: Süddeutsche Zeitung vom 7. Mai 2002

Bielinski, H.; Bosch, G.; Wagner, A.: Wie die Europäer arbeiten wollen. Erwerbs- und Arbeitszeitwünsche in 16 Ländern. Frankfurt/M.: Campus, 2002

Corwin, V.; Lawrence, T.B.; Frost, P.J.: Wenn Spezialisten sich Teilzeit wünschen. In: Harvard Business Manager, Heft 1, 2002, 92-101

Dellekönig, C.: Der Teilzeit-Manager. Argumente und erprobte Modelle für innovative Arbeitszeitregelungen. Frankfurt/M.: Campus, 1995

Domsch, M.; Ladwig, D.: Arbeitszeitflexibilisierung für Führungskräfte. In: L. v.Rosenstiel; E. Regnet; M. Domsch (Hrsg.): Führung von Mitarbeitern, 3. Aufl.. Stuttgart: Schäffer-Poeschel, 1995, 837-849

Domsch, M.E.; Kleiminger, K.; Ladwig, D.H.; Strasse, C.: Job Sharing für Führungskräfte. In: Zeitschrift für Führung und Organisation, 67. Jg., Nr. 2, 1998, 95-100

Eberling, M.; Henckel, D.: Alles zu jeder Zeit? Die Städte auf dem Weg zur kontinuierlichen Aktivität. Berlin: Deutsches Institut für Urbanistik (Difu-Beiträge zur Stadtforschung 36), 2002

Ehrenreich, B.: Angst vor dem Absturz. Das Dilemma der Mittelklasse. München: Antje Kunstmann, 1992

Ertel, M.; Haake, G.: Belastungen und Gesundheitsrisiken von Freelancern – der Arbeitstypus der Zukunft? In: Pickshaus, K.; Schmitthenner, H.; Urban, H.-J. (Hrsg.): Arbeiten ohne Ende. Hamburg: VSA-Verlag, 2001, 112-121

Friedman, S.D.; Christensen, P.; de Groot, J.: Arbeit und private Pflichten – der lösbare Konflikt. In: Harvard Business Manager, Heft 3, 1999, 64-75

Garhammer, M.: Wie Europäer ihre Zeit nutzen. Zeitstrukturen und Zeitkulturen im Zeichen der Globalisierung. Berlin: edition sigma, 1999

Glißmann, W.: Ökonomik der Maßlosigkeit und die Frage der Gesundheit. In: Klaus Pickshaus, Horst Schmitthenner, Hans-Jürgen Urban (Hg.): Arbeiten ohne Ende. Hamburg: VSA-Verlag, 2001, 38-50

Gravalas, B. (Hrsg.): Ältere Arbeitnehmer. Eine Dokumentation. Bielefeld: Bertelsmann, 2001

Hengsbach, F.: Arbeit macht gesund? – Soziale Pathologien einer reifen Industriegesellschaft. In: Kuhn, J.; Göbel. E. (Hrsg.): Gesundheit als Preis der Arbeit? Frankfurt/M.: Mabuse-Verlag, 2003, 11-23

Hildebrandt, E.; (Hrsg.), in Zusammenarbeit mit Linne, G.: Reflexive Lebensführung. Zu den sozialökologischen Folgen flexibler Arbeit. Berlin: edition sigma, 2000

Hadler, A.: Frauen in Führungspositionen. Prognosen bis zum Jahr 2000. Frankfurt/M.: Campus, 1994

Haipeter, T.; Lehndorff, S.; Schilling, G.; Voss-Dahm, D.; Wagner, A.: Vertrauensarbeitszeit. Analyse eines neuen Rationalisierungskonzepts. In: Leviathan, 30. Jg., Heft 3, 2002, 360-381

Hochschild, A.R.: Work-Life-Balance. Keine Zeit. Wenn die Firma zum Zuhause wird und zu Hause nur Arbeit wartet. Opladen: Leske und Budrich, 2002

Hoff, A.: Vertrauensarbeitszeit: einfach flexibel arbeiten. Wiesbaden: Gabler, 2002

Hoff, A.; Weidinger, M.: Erfolgsfaktoren der Vertrauensarbeitszeit. In: Personal, 51. Jg., Heft 8, S. 380-384, 1999

Holtgrewe, U.; Voswinkel, S.: Kundenorientierung zwischen Mythos, Organisationsrationalität und Eigensinn der Beschäftigten. In: Sauer, D. (Hg.): Dienst – Leistung(s) – Arbeit. Kundenorientierung und Leistung in tertiären Organisationen. München: ISF, 2002, 99-118

IMB (Internationaler Metallgewerkschaftsbund): Stress und Ausgebranntsein – ein wachsendes Problem für Angestellte. Vorträge vom IMB/SIF-Seminar, 23.-25.April 2001 in Stockholm (pdf-Datei)

Kadritzke, U.: Die Grenzen professioneller Autonomie. Widersprüche moderner Unternehmenskulturen aus der Perspektive qualifizierter Expertenberufe. In: Ders.: „Unternehmenskulturen" unter Druck. Neue Managementkonzepte zwischen Anspruch und Wirklichkeit. Berlin: edition sigma, 1997, 123-162

Kadritzke, Ulf: Blues im Casino der Neuen Ökonomie. Die Chronik vom Ende eines Start-Up-Unternehmens. In: Le Monde Diplomatique, April 2002, 12-13

Kotthoff, H.: Führungskräfte im Wandel der Firmenkultur. Berlin: edition sigma, 1997

Krell, G.: Mono- oder multikulturelle Organisationen? 'Managing Diversity' auf dem Prüfstand. In: Kadritzke, U. (Hg.): "Unternehmenskulturen" unter Druck. Berlin: edition sigma, 1997, 47-66

Kuhn, J.; Göbel, E. (Hrsg.): Gesundheit als Preis der Arbeit? Gesundheitliche und wirtschaftliche Interessen im historischen Wandel. Frankfurt/M.: Mabuse-Verlag, 2003

Ladwig, D.H.: Mobilzeit – Möglichkeiten der Arbeitszeitflexibilisierung für Führungskräfte. In: Rosenstiel, L.v.; Regnet, E.; Domsch, M.E. (Hrsg.): Führung von Mitarbeitern, 4. Aufl.. Stuttgart: Schäffer-Poeschel, 1999, 889-902

Lehndorff, S.: Weniger ist mehr. Arbeitszeitverkürzung als Gesellschaftspolitik. Hamburg: VSA-Verlag, 2001

Linne, G. (Hg.): Flexibel arbeiten – flexibel leben? Die Auswirkungen flexibler Arbeitszeiten auf Erwerbschancen, Arbeits- und Lebensbedingungen. Düsseldorf: Hans-Böckler-Stiftung, 2002

Linnenkohl, K.; Rauschenberg, H.-J.: Arbeitszeitflexibilisierung. 140 Unternehmen und ihre Modelle. 3. erw. Auflage. Heidelberg: Verlag Recht und Wirtschaft, 1996

McGwire, S.: Fear at the top. In: The Guardian, May 12th, 1999

Neuberger, O.: Die wundersame Verwandlung der Belegschaft in Unternehmerschaft mittels der Kundschaft. Zum Kult der Kundenorientierung. Augsburg (Augsburger Beiträge zu Organisationspsychologie und Personalwesen Nr. 18), 1996

Notz, P.: Frauen, Manager, Paare. Wer managt die Familie? Die Vereinbarkeit von Beruf und Familie bei Führungskräften. München und Mering: Rainer Hampp, 2001

Oechsle, M.: Keine Zeit – (k)ein deutsches Problem? In: Hochschild, A.R.: Work-Life-Balance. Keine Zeit. Wenn die Firma zum Zuhause wird und zu Hause nur Arbeit wartet. Opladen: Leske und Budrich, 2002, VII-XVI

Pahl, R.: Jenseits des Erfolgs. Die Krise des männlichen Management-Modells und die Suche nach einer neue Balance. In: Kadritzke, U. (Hg.): „Unternehmenskulturen" unter Druck. Neue Managementkonzepte zwischen Anspruch und Wirklichkeit. Berlin: edition sigma, 1997, 201-216

Pickshaus, K.; Schmitthenner, H.; Urban, H.-J. (Hrsg.): Arbeiten ohne Ende. Neue Arbeitsverhältnisse und gewerkschaftliche Arbeitspolitik. Hamburg: VSA-Verlag

Pongratz, H.-J.; Voß, G.G.: Vom Arbeitnehmer zum Arbeitskraftunternehmer – Zur Entgrenzung der Ware Arbeitskraft. In: Minssen, H. (Hg.): Begrenzte Entgrenzungen. Berlin: edition sigma, 2000, 225-247

Sennett, R.: Der flexible Mensch. Die Kultur des neuen Kapitalismus. Berlin Verlag, 1998

The Industrial Society: Work-Life Balance Boosts the Bottom Line. London: The Industrial Society, Press Releases, updated: 04.01.01

Wagner, A.: Arbeiten ohne Ende? - Über die Arbeitszeiten hochqualifizierter Angestellter. In: IAT Jahrbuch 1999/2000. Gelsenkirchen, 258-275

Zilian, H.-G.: „Die Seele des Menschen im Turbokapitalismus". In: Schulungszentrum Fohnsdorf, Puhl, B. (Hg.): Ganzheitliche Kompetenzentwicklung – Lernen von Menschen und Systemen. München und Mering: Rainer Hampp, 2001, 65-84

Glossar

Arbeitsschutz / Gesundheitsschutz
Schutz des Beschäftigten vor berufsbedingten Gefahren und schädigenden Belastungen, wozu auch leistungsbezogene Über- und Unterforderungen zählen. Der betriebliche Arbeits- und Gesundheitsschutz bezieht sich heute im allgemeinen auf die Sicherheit von Maschinen, die Verbesserung von Arbeitsbedingungen, die Verhütung von Unfällen und Berufskrankheiten, sowie die Motivation zum sicheren Verhalten am Arbeitsplatz.

Arbeitssicherheit
Arbeitssicherheit ist ein anzustrebender gefahrenfreier Zustand bei der Berufsausübung. Die auf den Menschen bezogenen Auswirkungen von Gefahren sind Personenschäden als Folge von Verletzungen (Unfällen), Berufskrankheiten und sonstigen schädigenden Einflüssen auf die Gesundheit.
Die Vermeidung berufsbedingter gesundheitlicher Schädigungen ist ein Interesse, das jeder Beschäftigte von Natur aus besetzt, weil davon sein Wohlbefinden und seine wirtschaftliche Existenz abhängen.

Balanced Scorecard
Die Balanced Scorecard folgt der Erkenntnis, dass finanzwirtschaftliche Kennzahlen allein nicht ausreichen, um im heutigen Wettbewerbsumfeld eine erfolgreiche Unternehmenssteuerung zu gewährleisten. Vielmehr ist ein ganzheitlicher Ansatz zur ausgewogenen Abbildung aller relevanten Kennzahlen (Scores) notwendig. In der klassischen Form der Balanced Scorecard stehen z.B. die Lern- und Entwicklungsperspektive, die interne Prozessperspektive sowie die Kundenperspektive gleichrangig neben der Finanzperspektive. Mit diesem erweiterten Blick auf das Unternehmen ist die Balanced Scorecard nicht nur für das Controlling relevant, sondern für alle Ebenen des Unternehmens – von der Geschäftsführung bis hin zur Werkbank.
Nachdem die 1992 entwickelte Balanced Scorecard sich in Amerika bereits als strategisches Managementinstrument etabliert hat, gewinnt sie seit einiger Zeit auch in Deutschland an Akzeptanz. Da die Vorteile nicht lediglich abstrakt-theoretischer Natur, sondern für den einzelnen unmittelbar nachvollziehbar und nutzbringend sind, haben mittlerweile auch viele deutsche Unternehmen dieses moderne Managementkonzept eingeführt.
(Quelle: Kaplan & Norton, 1997)

Betriebliches Gesundheitsmanagement (BGM)
Entwicklung integrierter betrieblicher Strukturen und Prozesse, die die gesundheitsförderliche Gestaltung von Arbeit, Organisation und dem Verhalten am Arbeitsplatz zum Ziel haben und den Beschäftigten wie den Unternehmen gleichermaßen zugute kommen.
(Quelle: Badura et al., 1999)

Betriebliche Gesundheitsförderung (BGF)
Betriebliche Gesundheitsförderung umfasst alle Maßnahmen von Arbeitgebern, Arbeitnehmern und Gesellschaft zur Verbesserung von Gesundheit und Wohlbefinden am Arbeitsplatz.
(Quelle: Breucker & Kunkel, 1999)

Gesundheitsförderung beim Wort genommen, ist teils mehr, teils anders als Gesundheitsschutz. Gesundheitsschutz ist konservativ, auf den Bestand gerichtet. Förderung will verbessern, mindestens aber den Bestand halten, gegenüber entwicklungs-, alters- oder belastungsbedingten Verschlechterungen. Gesundheitsförderung unterstellt unausgesprochen, dass ein Ist-Zustand nicht den von ihr konzipierten Soll-Werten entspricht. Sie operiert in einer Fülle von Spannungsfeldern.
(Quelle: Erke, 1998)

Gesunde Organisation
Ein häufig zu findende Begrifflichkeit, die einen wünschenswerten Zielzustand darstellt. Eine Unternehmung kann sich in dem Maße einem solchen Zustand annähern, in dem sie ein umfassendes Gesundheitsmanagement auf mehreren Ebenen betreibt und dabei die Aspekte der Worklife Balance mit einschließt.

Gesundheit
Gesundheit kann als eine Fähigkeit zur Problemlösung und Gefühlsregulierung angesehen werden, durch die ein positiv seelisches und körperliches Befinden, dabei insbesondere ein positives Selbstwertgefühl, und ein unterstützendes Netzwerk sozialer Beziehungen erhalten oder wieder hergestellt wird.
(Quelle: Badura et al., 1999)

Krankheit
Krankheit, in den vergangenen Jahren hauptsächlich Synonym für eine körperliche Fehlfunktion, ist heute wesentlich breiter zu definieren. Krankheit geht dabei weit über physische Störungen hinaus und zeigt sich zunehmend häufiger in sozio-emotionaler Form. Krankheit muss heutzutage als multidimensionales Phänomen betrachtet werden, welches auf einer Wechselwirkung biologischer, psychologischer und sozialer Faktoren basiert. Einen modernen Erklärungsansatz bietet das biopsychosoziale Modell.
(Quelle: Comer, 1999)

Luxemburger Deklaration

Im November 1997 verfasste die Europäische Union eine Deklaration zur betrieblichen Gesundheitsförderung (BGF). Dieser weitere wegweisende Schritt läutete eine neue Epoche der internationalen Zusammenarbeit in betrieblichen Gesundheitsfragen ein. Anlass für diese Erklärung war zum einen die Neufassung der EG-Rahmenrichtlinie Arbeitsschutz und zum anderen eine neues Bewusstsein der Bedeutung des Arbeitsplatzes als Handlungsfeld der öffentlichen Gesundheit.

Ottawa Charta

Spätestens mit der Konkretisierung ihrer Gesundheitsdefinition hat die World Health Organization (WHO) 1986 in Ottawa das von ihr bereits Mitte der 40er Jahre in ihrer Satzung formulierte Verständnis von Gesundheit, nämlich als *„Zustand des umfassenden körperlichen, geistigen und sozialen Wohlbefindens"* wieder zum Leben erweckt und als Konsenspapier vor 240 Teilnehmern aus 35 Ländern verabschiedet. Diese Neudefinition von Gesundheit kann als Paradigmenwechsel im Gesundheitsbereich betrachtet werden, der sich nachfolgend ebenfalls vehement auf das Verständnis von Gesundheit im betrieblichen Kontext auswirkte.
(Quelle: WHO, 1986)

Prävention

Umfasst Programme für die gesamte Bevölkerung bzw. im betrieblichen Kontext bestehende Gruppen, um sie durch gesundheitskonforme Lebensweise zur Erhaltung ihrer Gesundheit zu motivieren.

Salutogenese

Lange Zeit hat die medizinische Forschung Krankheit und Gesundheit nahezu ausschließlich unter dem Blickwinkel der Pathogenese betrachtet. Zentrales Anliegen war die Erforschung von Krankheitsursachen. Der amerikanische Medizinsoziologe Aaron Antonovsky prägte den Ansatz der Salutogenese, welcher als eine Abkehr vom Krankheitsparadigma betrachtet werden kann und heute von zunehmend mehr Medizinern und Psychologen favorisiert wird. Diesem zugrunde liegt eine ressourcenorientierte Sichtweise, welche weniger nach krankheitsverursachenden, sondern mehr nach gesundheitsförderlichen Faktoren Ausschau hält.
(Quelle: Antonovsky, 1989)

Phatogenese

Die Pathogenese beschreibt den Prozess der Krankheitsentstehung.

Worklife Balance

Umfasst alle Aspekte, die eine Balance des Menschen zwischen Arbeits- und Privatleben beeinflussen. Ansätze in dieser Forschungsrichtung zielen auf Arbeitszeitmodelle, Urlaubsregelungen, sowie Betreuungs- und Unterstützungslösungen, die ausgleichend, d.h. balancierend wirken und insbesondere die Vereinbarkeit von Beruf und Familie fokussieren. Eine mehr oder weniger durch die Unternehmen geförderte Worklife Balance hat unmittelbare Gesundheitsrelevanz.

Literatur

Antonovsky, A.: Die salutogenetische Perspektive: Zu einer neuen Sicht von Gesundheit und Krankheit, in: MEDUCS (2) 2 1989, 51-57

Badura, B., Ritter, W., Scherf, M. (1999). Betriebliches Gesundheitsmanagement – ein Leitfaden für die Praxis. Berlin: Ed. Sigma.

Breucker, G., Kunkel, K. (2000) Betriebliche Gesundheitsförderung – eine Gemeinschaftsaufgabe für Europa. In: Brandenburg et al. (2000). Gesundheitsmanagement im Unternehmen. Weinheim: Juventa.

Erke, H. (1998). Psychologische Gesundheitsförderung: Impulse für ein zukunftsorientiertes Selbstmanagement. In: Benda, H., Bratge, D. (Hrsg.) (1998). Psychologie der Arbeitssicherheit. Heidelberg: Roland Asanger.

Kaplan, R., Norton, D.P. (1997). Strategien erfolgreich umsetzen. Stuttgart: Schäffer-Poeschl.

Nefiodow, L. A., (1996). Der sechste Kondratieff: Wege zur Produktivität und Vollbeschäftigung im Zeitalter der Information, Rhein-Sieg-Verlag.

WHO (1986). The Ottawa Charter for Health Promotion, Genf.

Autorenverzeichnis

Brandenburg, Uwe: Dr. rer. pol., Jg. 1952, ist Leiter Arbeitswissenschaft im Gesundheitswesen der Volkswagen AG. Nach der Lehre zum Industriekaufmann studierte er Wirtschafts-, Sozial- und Rechtswissenschaften in Osnabrück und Bielefeld und promovierte im Bereich Arbeitswissenschaft. Er war im Vertrieb und im Personalwesen tätig. Er ist Lehrbeauftragter an der Technischen Universität Braunschweig sowie Dozent an mehreren Akademien.
Email: uwe.oppermann-brandenburg@volkswagen.de

Brehm, Marion: Dr. rer. pol., Jg. 1964, ist seit 1999 wissenschaftliche Mitarbeiterin am Institut für Unternehmensführung an der Georg-August-Universität Göttingen. Nach dem Studium der Betriebswirtschaftslehre promovierte sie 1998 zum Thema: 'Verminderung von Kompetenz und Verantwortung. Analyse des Karrieremusters Downward Movement'. Forschung und Lehre beziehen sich auf die Gebiete Unternehmensführung, Personal und Organisation mit Schwerpunkten in den Bereichen Arbeitsemotionen, Karrieremanagement und Unternehmenskommunikation.
Email: mbrehm@gwdg.de

Büssing, André: Dr. phil.; Dr. rer. nat. habil., ist seit 1993 Univ.-Professor für Psychologie an der Technischen Universität München. Er studierte an der RWTH Aachen mit dem Abschluss Dipl.-Mathematiker und Dipl.-Psychologe. Von 1987 bis 1988 war er Leitender Angestellter in der Privatwirtschaft. Von 1988 bis 1993 arbeitete er als Univ.-Professor für Arbeits- und Organisationspsychologie an der Universität Konstanz. Er ist Gastprofessor an mehreren europäischen und nordamerikanischen Universitäten. Weiterhin ist er Mitherausgeber bzw. Editorial Board von Diagnostica, Journal of Organizational Behavior, Work & Stress, Zeitschrift für Arbeits- und Organisationspsychologie, Zeitschrift für Arbeitswissenschaft und der Buchreihen Organisation und Medizin sowie Organisational Psychology & Health Care. Er ist Autor bzw. Koautor von zahlreichen Büchern sowie deutsch- und englischsprachigen Fachveröffentlichungen. Seine Arbeits- und Forschungsschwerpunkte sind: Arbeits- und Organisationsanalyse; Arbeitszeitgestaltung; Arbeitszufriedenheit; Arbeit, Familie und Freizeit; Interaktionsarbeit; Krankenhaus und Pflege; Stress und Burnout; Telearbeit und Telekooperation; Wissen und Handeln in Organisationen.
Email: buessing@wi.tum.de

Decker, Franz: Prof. Dr. rer. pol., Jg. 1935, ist Wirtschaftswissenschaftler, Pädagoge und Psychologe. Er hatte bis März 1997 den Lehrstuhl für Wirtschafts- und Berufspädagogik an der Pädagogischen Hochschule Weingarten inne, Lehrauftrag für Gesundheitsbildung und –förderung. Er ist Heilpraktiker, NLP-Master und Kinesiologe und Leiter des MindConcept-Instituts für Mental- und Zukunftsgestaltung. Weiter ist er Dozent und Berater für Personalführung, Sozial- und Gesundheitsmanagement, Organisationsentwicklung und Weiterbildung. Er war bis 2001

wissenschaftlicher Leiter der Führungsakademie für Sozialeinrichtungen und Hilfsorganisationen. Er ist Experte für Sozial- und Gesundheitsmanagement, Entwickler und Autor mehrerer staatlich anerkannter Fernstudien-Bildungsgänge im „Modernen Weiterlern-System" zu Themen des modernen Managements. Weiter veröffentlichte er zahlreiche Bücher und Beiträge für Zeitschriften und Sammelbände aus den Bereichen Management und Führen, Betriebswirtschaft, Mindforschung und Mentalpädagogik, Aus- und Weiterbildung und Gesundheitsentwicklung. Er ist Mitherausgeber der Zeitschriften Sozialwirtschaft aktuell und Socialmanagement. Er ist Leiter von Projekten zur präventiven Gesundheitspflege und führt Langzeitlehrgänge und Ausbildungen zum Gesundheits-Mentalberater durch.
Email: Prof.Decker@mindconcept.de

Enz, Klaus: Jg. 1961, nach einer Lehre zum Bankkaufmann in der Commerzbank war er von 1986 bis 1990 als hauptamtlicher Ausbilder tätig. Von 1991 an arbeitet er als Spezialist und später als Projektleiter im Konzernstab Personal. Seine Arbeits- und Themenschwerpunkte sind: Innovationsmanagement; Vereinbarkeit von Familie und Beruf; betriebliche Gesundheitsförderung.
Email: klaus-anton.enz@commerzbank.com

Etzler, Klaus: Dr. med., Jg. 1941, ist seit 1995 Leiter des Direktionsbereiches Betriebsärztlicher Dienst / Werkssicherheit / Arbeitssicherheit der Fa. Thyssen Stahl AG, Duisburg. Er studierte von 1961 bis 1967 Humanmedizin in Marburg, Berlin und Tübingen. Nach der Ausbildung zum Facharzt für innere Medizin in Einbeck, Neumünster und Berlin war er von 1974 bis 1975 als niedergelassener Internist in Bad Münder tätig. Von 1975 bis 1979 bildete er sich zum Arbeitsmediziner bei der Fa. Thyssen Stahl AG, Duisburg aus. Seit 1987 ist er leitender Arzt der Fa. Thyssen Stahl AG, Duisburg und 1990 übernahm er den Hauptbereich Arbeitssicherheit.
Email: baed@tks.thyssenkrupp.com

Fritz, Charlotte: Jg. 1975, ist seit 2001 als wissenschaftliche Mitarbeiterin in der Abteilung für Arbeits-, Organisations- und Sozialpsychologie des Instituts für Psychologie in Braunschweig tätig. Sie studierte Psychologie in Göttingen und Los Angeles. Ihr Forschungsschwerpunkt liegt auf der Untersuchung des Einflusses von Erholung im Urlaub bzw. am Wochenende auf das Wohlbefinden und die Arbeitsleistung. Weitere Forschungsgebiete umfassen die Untersuchung des Zusammenhangs von Stimmung und Arbeitsverhalten und die Unterscheidung verschiedener proaktiver Verhaltensweisen. Sie lehrt im Bereich Arbeits- und Organisationspsychologie u. a. zu den Themen Organisationsentwicklung, Arbeitsanalyse und Arbeitsgestaltung und Arbeit und Gesundheit.
Im Bereich Sozialpsychologie lehrt sie u. a. zu den Themen Einstellungen und deren Änderung sowie zu Stimmung und Motivation.
Email: c.fritz@tu-bs.de

Glaser, Jürgen: Dr. phil., Jg. 1965, ist seit 1999 Akademischer Rat der Technische Universität München. Er studierte Psychologie an der Universität Konstanz und arbeitete von 1990-1991 mit Suchtkranken im PLK Reichenau. Von 1991-1993 war er als wissenschaftlicher Mitarbeiter an der Universität Konstanz und von 1993-1998 als wissenschaftlicher Assistent am Lehrstuhl für Psychologie der Technische Universität München tätig. 1997 promovierte er an der an der Technische Universität München. Seine Arbeits- und Forschungsschwerpunkte sind: Arbeits- und Organisationsanalyse, Arbeitszeitgestaltung, Interaktionsarbeit, Krankenhaus und Pflege, Stress und Burnout.
Email: glaser@wi.tum.de.

Höge, Thomas: Dr. phil., Jg. 1968, ist seit 2002 als wissenschaftlicher Assistent am Lehrstuhl für Psychologie der Technischen Universität München tätig. Er studierte Psychologe an der Johann Wolfgang Goethe-Universität Frankfurt/M. und war von 1998-2001 wissenschaftlicher Mitarbeiter an der Technische Universität München. Er promovierte 2002 an der Technische Universität München. Seine Arbeits- und Forschungsschwerpunkte sind: Psychische Anforderungen, Ressourcen und Belastungen in der Pflegetätigkeit, Interaktionsarbeit, Persönlichkeit und Arbeitsstress.
Email: hoege@wi.tum.de.

von Hören, Martin: Dr. rer. oec., Jg. 1957, ist seit 1995 Berater, seit 2001 Bereichsleiter im Geschäftsbereich Human Resource Management der Kienbaum Management Consultants GmbH. Nach einem wirtschaftswissenschaftlichen Studium war er als wissenschaftlicher Mitarbeiter am Institut für Arbeitswissenschaft der Ruhr-Universität Bochum tätig und promovierte an der dortigen Fakultät für Wirtschaftswissenschaft. Vor seiner derzeitigen Tätigkeit war er in der Versicherungswirtschaft und in der Computerindustrie tätig. Seine Arbeitsschwerpunkte in der Beratung liegen in der Einführung variabler Vergütungssysteme für Topmanager, Führungs- und Fachkräfte, in der Entwicklung von umfassenden Gehaltssystemen und der Neugestaltung von Tarifverträgen. Seine Klienten sind Unternehmen sehr unterschiedlicher Größenordnung, Branchenschwerpunkle liegen in der Energieversorgung sowie bei Finanzdienstleistern.
Email: martin.vonhoeren@kienbaum.de

Hoff, Andreas: Dr. rer. pol., Jg. 1952, ist seit 1983 selbständiger Arbeitszeitberater. Er studierte von 1970-1976 Mathematik und Wirtschaftswissenschaften an der Freien Universität Berlin. Nach dem Aufbaustudium Industrial Relations an der Warwick University in Coventry arbeitete er als wissenschaftlicher Assistent am Institut für Markt- und Verbrauchsforschung der Freien Universität Berlin. Er promovierte 1983 an der FU Berlin zum Thema „Betriebliche Arbeitszeitpolitik zwischen Arbeitszeitverkürzung und Arbeitszeitflexibilisierung". Er ist heute Partner der Arbeitszeitberatung Dr. Hoff · Weidinger · Hermann. Weiter ist er Autor zahlreicher Veröffentlichungen. Detaillierte Informationen zu allen in seinem Artikel angesprochenen Arbeitszeit-Aspekten sind unter www.arbeitszeitberatung.de verfügbar.
Email: andreas.hoff@arbeitszeitberatung.de

Ingwertsen, Ingwert Jan: Jg. 1967, ist seit Oktober 2000 Abteilungsleiter Personalwesen Autoliv GmbH Werk Nord mit Schwerpunkt operative Personalarbeit (Recruiting, Betreuung von Führungskräften, Arbeitsrecht etc.). Er ist Industriekaufmann und Personalfachwirt. Seit 1991 ist er im Bereich Personalwesen tätig.
Email: ingwert.ingwertsen@autoliv.com

Janssen, Philip: Jg. 1971, ist seit 1999 Senior Consultant bei der Kienbaum Management Consultants GmbH in Düsseldorf. Seine Beratungsschwerpunkte sind Strategie- und Organisationsentwicklung, Restrukturierung sowie Strategische Unternehmensführung, z. B. durch die Balanced Scorecard. Für das Thema Balanced Scorecard ist er bei Kienbaum produktverantwortlich. Er ist zudem Autor diverser Veröffentlichungen.
Email: philip.janssen@kienbaum.de

Kadritzke, Ulf: Prof. Dr. rer. pol., Jg. 1943, ist seit 1976 Professor für Industrie- und Betriebssoziologie an der FHW Berlin. Er studierte von 1962-1968 Soziologie, Geschichte und Politikwissenschaften an der Freien Universität Berlin. Er war von 1968-1974 Wissenschaftlicher Assistent und promovierte an der FU Berlin am Institut für Soziologie. Von 1974-1976 führte er industriesoziologische Forschungen am SOFI in Göttingen durch. Forschung und Veröffentlichungen zu den Themen: Betriebliche Arbeitsbedingungen von hochqualifizierten Angestellten; Arbeitszeitprobleme und Gestaltungsalternativen im mittleren Management; internationales Management und industrielle Beziehungen; Gewerkschaften und neue Interessenlagen.
Email: kadritzk@fhw-berlin.de

Kempf-Uhlig, Ute: Jg. 1956, absolvierte nach dem Abitur ein zweijähriges Redaktionsvolontariat beim Friedrich-Reinecke-Verlag in Hamburg, der im Auftrag der Bundesregierung Zeitungen, Zeitschriften und Pressespiegel für das Ausland produziert. Sie studierte berufsbegleitend an der Akademie für Publizistik in Hamburg. Anschließend arbeitete Sie als Journalistin und Redakteurin für Tageszeitung und Zeitschriften beim Axel-Springer- und Bauer Verlag. 1988 wechselte sie in die PR-Branche und baute die Presseabteilung für die Lancaster Group in Wiesbaden auf, die sie auch leitete. Die Schwerpunkte ihrer Tätigkeit lagen in den Bereichen Unternehmenskommunikation, Image-Transfers und Produkt-PR. Im Jahr 2000 wechselte sie zur Gillette Gruppe in Kronberg und ist dort verantwortlich für die Unternehmenskommunikation.
Email: ute_kempf-uhlig@gillette.com

Kentner, Michael: Prof. Dr. med. habil., Jg. 1949, ist seit 1995 Geschäftsführender Vorstand Medizin und Technik der IAS Institut für Arbeits- und Sozialhygiene Stiftung, Karlsruhe, und seit 2001 in Personalunion Geschäftsführer Produkte DB GesundheitsService GmbH, Berlin. Nach dem Studium der Humanmedizin an der Universität Erlangen-Nürnberg promovierter er 1976 zum Dr. med. Von 1979 bis 1988 war er tätig als Wissenschaftlicher Mitarbeiter am Institut für Arbeits- und Sozialmedizin und der Poliklinik für Berufskrankheiten (Direktor: Prof. Dr. H.

Valentin) der Universität Erlangen-Nürnberg. 1986 habilitierte er sich dort für das Fachgebiet „Arbeits- und Sozialmedizin". Zwischen 1988 und 1994 arbeitete er als Leitender Werksarzt der Firma Bosch. Seit 2000 lehrt er als Professor an der Universität Heidelberg. Arbeitsschwerpunkte: Lungenfunktionsanalytik, berufliche Bleibelastung, arbeitsbedingte Erkrankungen, integrierte Managementsysteme, Gesundheitsökonomie, Fehlzeitenproblematik.
Email: M.Kentner@ias-stiftung.de

Kesting, Mathias: Jg. 1969, ist Berater im Geschäftsbereich Human Resource Management der Kienbaum Management Consultants GmbH. Nach Abitur und technischer Fachausbildung in der metallverarbeitenden Industrie studierte er Psychologie und Betriebswirtschaft an der Georg-August Universität in Göttingen. Parallel zu seinen Studientätigkeiten moderierte er betriebliche Gesundheitszirkel in unterschiedlichen Unternehmen auf der Basis freier Mitarbeiterschaft. Seine Beratungsbereiche bei Kienbaum liegen in den Feldern Personaldiagnostik, Training von Fach- und Führungskräften in den Themen Zeitmanagement, Selbstmanagement, Gesundheitskompetenz, Worklife Balance, Teamentwicklung, Projektmanagement und Führung. Darüber hinaus arbeitet er als Coach für Führungskräfte und begleitete zahlreiche Change-Prozesse.
Email: mathias.kesting@kienbaum.de

Lümkemann, Dirk: Dr. med. Dipl.-Sportlehrer, Sportmediziner, Jg. 1963, ist seit 2000 mit seinem Unternehmen padoc® Anbieter von Gesundheitsseminaren und Berater für betriebliches Gesundheitsmanagement. Nach Sportstudium (Deutsche Sporthochschule Köln) und anschließendem Medizinstudium (Essen) arbeitete er bis 1996 als ärztlicher Mitarbeiter am Institut für Sport- und Präventivmedizin der Universität des Saarlandes (Saarbrücken). Während der nachfolgenden drei Jahre leitete er das konzernweite Gesundheitsmanagement der SPAR Handels-AG. Heute ist er außerdem Generalsekretär der Deutschen Gesellschaft für Sportmedizin und Prävention (Deutscher Sportärztebund) e.V. sowie Lehrbeauftragter der Universität Hamburg.
E Mail: dirk.luemkemann@padoc.de

Meifert, Matthias T.: Jg. 1968, ist Bereichsleiter und Partner im Geschäftsbereich Human Resource Management der Kienbaum Management Consultants GmbH. Sein Beratungsansatz ist stark praxisorientiert und berücksichtigt seine zwölfjährige Management- und Führungserfahrung in einer deutschen Großbank. Seine Schwerpunkte liegen in den Themen betriebliches Gesundheitsmanagement, wirksame Mitarbeiterführung, Mitarbeiterbindung, Personalentwicklung, Gestaltung von komplexen Veränderungsprozessen sowie Strategie der Personalarbeit. Der Wirtschaftspädagoge hat viele Unternehmen und Manager in Fragen des Personalmanagements beraten und gecoacht. Er ist Autor von zahlreichen Veröffentlichungen und Lehrbeauftragter an der Technischen Universität Berlin.
Email: matthias.meifert@kienbaum.de

Oberste-Lehn, Herbert: Prof. Dr. phil., Dipl. Soz., Dipl. Päd., Jg. 1944, ist seit 1994 als Hochschullehrer für Kulturmanagement und Freizeitwissenschaft an der Hochschule Zittau/Görlitz tätig. Er war hier Studiendekan, Studiengangsbeauftragter und Professor im Fachbereich Wirtschaftswissenschaften des Studiengangs Tourismus. Nach dem Studium der Sozialarbeit, Wirtschaftswissenschaften, Soziologie, Psychologie, Pädagogik, Geschichte und Politikwissenschaft promovierte er 1981 im Bereich der Jugend- und Erwachsenenbildung, bei Prof. Dr. Dieter Baacke, an der Universität Bielefeld. Zwischen 1971 bis 1994 arbeitete er in leitender Tätigkeit in Verbänden, der Verwaltung, Kulturarbeit, Jugend- und Erwachsenenbildung, des Tourismus, übte die Beratung von Profit- und Non-Profit-Unternehmen aus und beteiligte sich an Existenzgründungen. Im Rahmen von Fort- und Weiterbildung praktizierte er Lehraufträge an den Fachhochschulen Bielefeld, Kiel, Bochum und an der Universität Hamburg, in Modellseminaren des Studienkreis für Tourismus und der Fachschule für Freizeitberater in Fulda. An der Berufsakademie Ravensburg lehrt er seit 1998 Freizeitwirtschaft.
Email: h.oberste-lehn@hs-zigr.de

von Rabenau, Karsten: Jg. 1966, ist seit 1998 Leiter des Gesundheitsmanagement bei der Otto GmbH & Co. KG in Hamburg. Er studierte Sicherheitstechnik/HS2 mit dem Schwerpunkt Arbeitssicherheit an der Bergischen Universität – Gesamthochschule Wuppertal. Von 1994 bis 1995 war er in der Akquisition und Verkauf von Arbeitsschutzartikeln bei der HAFU-Industrievertretungen GbR in Voerde tätig. Von 1996 bis 1998 war er Fachkraft für Arbeitssicherheit beim BAD Gesundheitsvorsorge und Sicherheitstechnik GmbH in Bonn; Projekt Klinik Kiel.
Email: Karsten.Rabenau@otto.de

Rockholtz, Carsten: Dr. rer. pol., Jg. 1968, ist Principal bei der Kienbaum Management Consultants GmbH in Düsseldorf. Er ist dort verantwortlich für die Beratungsfelder Restrukturierung, Wertorientierte Unternehmenssteuerung, Corporate Finance sowie Strategische Unternehmensführung, z. B. durch die Balanced Scorecard. Er ist zudem Autor diverser Veröffentlichungen und Dozent in den genannten Themengebieten. Nach dem Studium der Betriebswirtschaftslehre promovierte Carsten Rockholtz zum Thema „Marktwertorientiertes Akquisitionsmanagement" an der Westfälischen Wilhelms-Universität Münster. Im Anschluß war er im Stab M&A der Zentralabteilung Finanzen eines namhaften deutschen Holdingkonzerns tätig und ist seit 1999 als Berater, Projekt- und Bereichsleiter für Kienbaum tätig.
Email: carsten.rockholtz@kienbaum.de

Sonnentag, Sabine: Prof. Dr. rer. nat., Jg. 1961, 1986 Diplom in Psychologie, 1991 Promotion, 1997 Habilitation. Sie arbeitete in unterschiedlichen Funktionen an der Technischen Universität Braunschweig, der Justus-Liebig-Universität Gießen sowie der Universität von Amsterdam. Sie war Professorin für Arbeits-, Betriebs- und Organisationspsychologie an der Universität Konstanz und leitet seit 2001 die Abteilung für Arbeits-, Organisations- und Sozialpsychologie an der Technischen Universität Braunschweig. Zu ihren zentralen Forschungsthemen

zählen arbeitsbezogene Erholungsprozesse, Merkmale von Expertise und Leistungsstärke sowie Lernen im Prozess der Arbeit. Sie ist unter anderem Mitherausgeberin des Journal of Occupational and Organizational Psychology und von Applied Psychology: An International Review.
Email: s.sonnentag@tu-bs.de

Thiehoff, Rainer: Dr. rer. pol., Jg. 1953, studierte Volks- und Betriebswirtschaftslehre und promovierte 1985 am Fachbereich Wirtschaftswissenschaften der Universität Dortmund. Danach arbeitete er als Referent für wirtschaftliche Fragen von Sicherheit und Gesundheit bei der Bundesanstalt für Arbeitsschutz und Arbeitsmedizin. Von 1996 bis 2001 leitete er die Projektgruppe Controlling und sammelte Erfahrungen im Veränderungsmanagement und der Organisationsentwicklung einer großen Bundesforschungsanstalt. Wissenschaftlich betätigt er sich durch Lehraufträge, Vortragstätigkeiten und zahlreiche Veröffentlichungen zu ökonomischen und organisationspsychologischen Fragen der Prävention. Thematische Schwerpunkte seiner Arbeit sind: die ökonomische Evaluation der Prävention, Kosten-Nutzen-Analysen und betriebswirtschaftliches Management von Sicherheit und Gesundheit. Aktuell engagiert er sich als Geschäftsführer der Initiative Neue Qualität der Arbeit www.inqa.de.
Email: thiehoff.rainer@baua.bund.de

Stichwortverzeichnis

A

Ängste, berufsbezogene(r) 204
- Existenzängste 205
- Leistungs- und Versagensängste 205
- Makroängste 206
- Mikroängste 206
- psychoökonomische 205
- soziale 205
Aktivitäten, körperliche 173
Aktivitätsniveau, körperliches 169
Alkoholkonsum 225
Alkohol- und Drogensucht 300
Ambulanz 275
Anforderungen, gesundheitsförderliche 105
Angstfreiheit 206
Anreizsysteme 91
- betriebliche 93
- Gestaltung 92
Anstrengungs-Erholungs-Model 123
Anwesenheitsdauer, inszenierte 327
Arbeit-als-Spaß-Kultur 325
Arbeitsbelastung, wachsende 117
Arbeitsbeschaffungsmaßnahmen 144
Arbeitsemotionen 200
Arbeitsgestaltung 102
- Ausführbarkeit 106
- Beeinträchtigungslosigkeit 106
- differenzielle 103
- dynamische 104
- korrektive 102
- partizipative 104
- Persönlichkeitsförderlichkeit 106
- prospektive 103
- Schädigungslosigkeit 106
- Strategien 102
- vollständige Tätigkeit 106
Arbeitskraftunternehmer 322
Arbeitsmedizinisches Lastenheft 311

Arbeitsmittel 273
Arbeitsplatz
- Analyse 38
- Begehung(en) 294, 311
- Ergonomie 294
arbeitspsychologische Kompetenz 262, 264
Arbeitsschutz 339
- Gesetz 272
- rechtliche Grundlagen 559
- traditioneller 43
Arbeitsschutzkostencontrolling s. Controllingsysteme
Arbeitssicherheit 339
Arbeitssituation, gesundheitsförderlich(e) 42
Arbeitssystemwert 71
Arbeitsunfähigkeit(s) 10, 59, 65, 324
- krankheitsbedingte 59
- Produktionsausfallkosten 60
- Quote 9
Arbeits- und Wegeunfälle 59
Arbeitszeit
- Arbeitszeitflexibilisierung 328
- Arbeitszeit-Freiheit 80, 86
- Arbeitszeitgestaltung, flexible 97
- Arbeitszeitkommission 85
- Arbeitszeit- Servicezeiten 81
- Arbeitszeitsysteme, flexible 79, 80
- Arbeitszeit-Vereinbarung 79, 84
- Vertrauensarbeitszeit 80, 82, 86
- Wahlarbeitszeit 79, 83
- Zeitguthaben 97
Arbeitszufriedenheit 23
Ausfallkostenrechnung 62
Autoliv GmbH 237

B

Balance, emotionale 211
Balanced Scorecard 44, 339
- Erfolgsfaktoren 54
- Vorteile 46

Ballaststoffe 220
Banküberfälle und psychologische Betreuung 263
Befindlichkeitsstörungen 23
Begehungen 273
Belastungen 104
- emotionale 57
- körperliche 61
- psychische berufliche 61
Belastungs-Beanspruchungs-Konzept 104
Belastungsfaktoren 259
Beschwerden, psychosomatische 292
Betriebsarzt 248
Betriebsärztliche Betreuung 261
Betriebssport 175
Betriebsvereinbarung 286
Betriebsverfassungsgesetzt 272
Bewegungsmangel 122, 170
Bewegungspausen 175
Bewegungstherapie 173
Bewegungsverhalten 174
Body Mass Index (BMI) 218f.
Braun AG 245
Bundesinstitut für Berufsbildung (BIBB) 116
Burnout 117, 122
Burnoutlevel 125
Burnout-Syndrom 201

C
Change-Management 193
Change-Workshops 196
Check-up(s) s. Gesundheits-Check-ups
- ärztliche(r) 295
- Check-up-Kliniken 179
- medizinische 99
Coach 94
Coaching
- Aufgabe 194
- Individualcoaching 313
- mentales 187
Coffeinismus 224
Commerzbank AG 257

Controllingsysteme 67ff.

D
Daily Hazzles 161
Definition of Health (WHO) 268
DB-Gesundheitsservice 262f.
Deutsche(r) Betriebssport Verband 174
Deutsche(n) Sportbund 176
Diagnose-Workshops 242
Dienstreisen 127
Dissonanz 160
Distress 161
Diversitykultur 280
Downsizing 323

E
Economies of Speed 325
Einzelinterviews 243
Eisenhower-Matrix 157
Employability 305
Empowerment 332
Energiezufuhr
- durchschnittliche tägliche 219
Entgeldform 89
- Akkordlohn 89
Entgeldfortzahlung 64
Ergonomie 276
Ergonomie-Software 238
Erholung
- Dienstreisen 127
- Erholungszeitraum 126
- Fadeout-Effekt 128
- Sabbatical 128
Erkrankungen
- chronische(n) 173
- ernährungsmitbedingte 224
- finanzielle Gesichtspunkte 226
Ernährung und Leistungsfähigkeit 223
- kurzfristige Auswirkungen 223
- langfristige Auswirkungen 224
Ernährungsmanagement 229, 230, 231, 232
Evaluation 38
- formative 39

- summative 39
Eustress 161

F
Fadeout-Effekt 128
Faktoren
- belastende 251
- pathogene 7, 9
- salutogene 7, 9
- weiche 52
Fehlzeiten
- krankheitsbedingt(e) 10
Fette 219
Fitness
- geistige 184
- körperliche 172, 189
- mentale 189
- Studios 175
Flow 212
Flüssigkeitsmangel 221, 224
Fokusgruppen 242
Follow-up-Veranstaltungen 180
Freelancer(n) 323
Freiräume 164
Freizeit
- erzwungene 143
- Freizeit-Arbeitsgesellschaft 136
- Freizeitbeschäftigungen 140
- Freizeitgerontologie 147
- Freizeitmanagement 136
- Freizeitpädagogik 136
- Lebensgesellschaft 136
Früherkennungsmaßnahmen 316
Führung 94, 268
- Führungsverhalten 178
- zielorientierte 93

G
Gehirn-Sozialisation 186
Gesunde Organisation 340
Gesundheit 4, 6, 8 ,340
Gesundheitsbeauftragte 287
Gesundheitsberatung 194
Gesundheitsbericht(e) 37, 285
Gesundheitsbewusstsein 260
Gesundheits-Check 179

Gesundheits-Check-up(s) 23, 301
Gesundheitscoaching 313
Gesundheitsdienst 248
gesundheitsfördernde Seminare 25
Gesundheitsförderprogramme 315
Gesundheitsförderung, betriebliche
 258, 265, 283, 284, 340
Gesundheitskompetenz 172
Gesundheitsmanagement
- betriebliches 42, 167, 340
- erfolgreiches 280
- ganzheitliches 30
- Kosten-Nutzen-Aussagen 317
- System 264
- zielorientiertes 270
- Ziele 309
Gesundheitsquote 284
Gesundheitsschutz 43, 339
Gesundheitsstörungen 283
Gesundheitssupport 178
Gesundheitvorsorge-Untersuchung
 s. Gesundheits-Check-up(s)
Gesundheitszirkel 204, 286, 297, 311
Gesundheitszustand 4
Gewinner-Gewinner-Situation 96
Globalisierung 135
Gruppenarbeit 311
Gymnastik, präventive 252

H
Handlungsregulationstheorie, psychologische 105
Handlungsspielräume 94
Hauptbelastungsfaktoren 117
Health Check s. Gesundheits-Check-up(s)
Health-Risk-Assessment 38
High Performers 324
Hilflosigkeit, erlernte 165
Humankapital 185, 321
Humanressourcen 306
Hurry Sickness 324

I
ICH-AG's 144

Ideenmanagement 311
Imaginationstechniken 160
Immunsystem 124
Individualismus 135
Insassenschutzsysteme 237
Institut für Arbeitsmarkt- und Berufsforschung (IAB) 116
Investitionsplanungsverfahren, ganzheitliche 67
Investitionsvergleichsrechnung s. Kostenvergleichsrechnung

J
Jahres-Scorecards 48
Job Involvment(s) 125
Job Sharing 329
Jogging 176

K
Kantinendiagnose 38
Kohärenzgefühl 8
Kohärenzsinn 115
- Bedeutsamkeit 116
- Handhabbarkeit 115
- Verstehbarkeit 115
Kohlenhydrate 220
Kosten
- direkte(n) 60, 61
- indirekte(n) 59, 61
- Kostenträger 64
- Kostenvergleichsrechnung 67
Krankenquote 4
Krankheit 340
Kreissektordiagramm 71

L
Lastenhandhabungsverordnung 302
Leistungsfähigkeit
- Voraussetzung 57
Leistungshöhepunkte Tagesverlauf 223
Lernmethoden, mentale(n) 196
Lernprozess, deduktiv 75
Lernzirkel 196
Lifebalance 213
Life-Leadership 153

Lohngeldfortzahlung s. Entgeltfortzahlung
Luxemburger Deklaration 8, 278, 341

M
Management-by-Objectives 93, 329
Managementsystem(e)
- ganzheitlich 45
- traditionelle 44
Managing Diversity 329
Mehrebenenanalyse 112
Mensch-Technik-Organisation (MTO)-Ansatz 109
Mentalberatung 194
Mental-Training 193
Messbarkeit 59
Mind-Coaching 189, 193
Mind-Fitness 187
Mind-Management, betriebliches 184
Mind-Vitalität 186
Mineralstoffe 220
Mitarbeiterbefragung(en) 38, 273, 311
Mitarbeiterfragebogen 242
Mitarbeitergespräch 94
Mitarbeitergesundheit 11
Mitarbeiterinformationen 274
Mitarbeitermotivation 270
Mitarbeitersportfeste 175
Mitarbeiterzufriedenheit
Mobbing 117, 201
- Mobbing-Opfer 201
Modell der Ressourcenkonservierung 123
Modell, mentales 194
Moment of Excellence 188
Motivation 159
- intrinsische(r) 202
Motive 159
Multiplikator 165
Muskel- und Skeletterkrankungen 58, 61

N

Nachhaltigkeit 99, 114
Nährstoffe 219
Nahrungsaufnahme, tägliche 22
Neid 209
- Stimulans, wettbewerbsfördernde 210
Nichtraucherschutz 254
Normalgewicht 218
Nutzen
- Indikatoren, weiche 66
- wirtschaftlicher 59

O

Observer-Tätigkeit 288
Optimalzustand 74
Organisationsstruktur-Tätigkeits-Individuum-(OTI)-Konzept(s) 109
Ottawa-Charta 6, 341
Otto Versand Hamburg 268

P

Paradigmenwechsel 7
Partizipation 211
Patchwork-Lebenskarrieren 190
Performance Management 91
Personalentwicklung, mentale 190
Personalmanagement, gesundheitsorientiertes 167
Personalpolitik, unternehmerische 168
Physikalische Therapie 251
Prävention(s) 58, 250, 341
- Präventionsprogramme, effizienzgesteuerte 70
Prèsentisme Pathologique 323
Priorisierung 157
Projektstrukturplan 37
Proteine 219
Psychosomatik 298

Q

Qualitätsmonitoring 231
Qualitätssicherung 38

S

Raucherentwöhnung 300
Rauchersprechstunde 300
Reaktanz 155
Regeln der Dt. Gesellschaft f. Ernährung 222
Regulationsbehinderungen 106
Regulationsüberforderungen 106
Repetetive Strain Injury (RSI) 249
Ressourcen 123
- pathogene 8
- Ressourcen(wieder)gewinn 124
- salutogene 8
Return on Investment (ROI) 75
Rückenbeschwerden 177
Rückenschule(n) 177, 252
- betriebliche 297
Rückkopplungskreis 76
Ruhelosigkeit, chronische 323

S

Sabbatical 128
Salutogenese 115, 267, 341
Schichtarbeit 289
Schlüsselqualifikationen 76
Selbstinstruktion, positive 160
Selbstmanagement 153
Selbstmanagementtraining 162
Selbstorganisation 164
Selbstverantwortung 152, 164
Self-Fullfilling-Prophecy 160
Sozialberatung, betriebliche(n) 273
Störfaktoren 156
Stress 90, 201, 321
- Distress / Eustress 161, 203
- Interaktionsstress 117
- sozialer 117
- Stressbewältigung 163
- Stresserleben, individuell 124
- Stresslevel 128
- Stressmodell, transaktionale(s) 105
- Stressphysiologie 298
- Stressreaktionen 106
- Stress-Seminar 298
- Stressoren 156, 162

- Stresstraining 162
Syndrom d. Erholungsunfähigkeit 323
Synergieeffekte 271

T
Tätigkeits- u. Arbeitsanalyseverfahren f. d. Krankenhaus (TAA-KH) 109
Teambildung 296
Teilzeitmodelle 329
ThyssenKrupp Stahl AG 283
Tipps zur Bewegungsförderung 180
Todesursachen, häufigste 224
Total Quality Management 323
Training, mentales 189
Transfer 179
Transparenz 164
Tryout-Verfahren 311

U
Übergewicht 218, 219, 224
- bei Alkoholkonsum 225
Unfallkosten 63
Unfallkostenrechnung 62, 64
Untergewicht 218, 219
Unternehmensdiagnose 38
Unternehmenserfolg 46, 57, 168, 284
Unternehmensgestaltung, sozialmedizinische(n) 247
Unternehmensimage 269
Unternehmensnetzwerk 278
Unternehmensverantwortung 308
Unterstützung, soziale 165

V
Verantwortung, soziale(r) 268
Vergütungspolitik 91
Vergütungssysteme
- Cap 98
- Deckelung 98
- Gerechtigkeit 97
- Gestaltung 92
- Gruppenprämien / Teamprämien 98

- Transparenz 95
Verhältnisprävention 101
Verhaltensprävention 101
Verpflegungsangebot
- betriebliches 227
- Empfehlungen 229
Vertrauensarbeit 145
Vitamine 220
Volition 159
Volkswagen AG 305
Vollwertkost 253

W
Walking 176
Wertewandel 5, 137
- Gleichgewichtsethik 139
Wertschöpfung 46
WHO 6, 7, 268
Wiedereingliederungsmaßnahmen 286
Wirtschaftlichkeitsrechnung, erweiterte 67
Wissensarbeiter 333
Wissensmanagement 313
Wohlbefinden, subjektives 124, 269
- Veränderung 125
Worklife Balance 15, 57, 341
Workout-Lebenstraining 147

Z
Zeit
- Zeitfresser 17
- Zeitgeist 137
- Zeitkonto, Gleitzeitkonto 85
- Zeitmanagement 154
- Zeitplanung 158
- Zusatz-Zeitbudgets 85
Ziel(e)
- Zieldefinition 36, 154
- Zielerfüllungsgrad, multidimensionaler 72
- partizipative 160
- strategische 48
- Zielvereinbarung(en) 155, 286
Zivilisationserkrankungen 170

Personalmanagement

B. Badura, Universität Bielefeld;
T. Hehlmann, Osterholz-Scharmbeck

Betriebliche Gesundheitspolitik

Der Weg zur gesunden Organisation

Wertschöpfung in der Wissens- und Dienstleistungsgesellschaft hängt ab von Kompetenz und Motivation der Beschäftigten im Umgang mit Technik, Menschen und Informationen. Wohlbefinden und Gesundheit bilden dafür essentielle Voraussetzungen, die es zu pflegen und zu fördern und deren mögliche Beeinträchtigungen es zu verhindern gilt. Eine wissenschaftlich fundierte Neuausrichtung der betrieblichen Personal- und Gesundheitspolitik.

2003. X, 363. S. 52 Abb. Geb. **€ 49,95**; sFr 80,00   ISBN 3-540-00110-7

M. E. Domsch, Universität der Bundeswehr Hamburg;
D. H. Ladwig, F.G.H. Forschungsgruppe Hamburg (Hrsg.)

Handbuch Mitarbeiterbefragung

Mitarbeiterbefragungen sind gerade im Zusammenhang mit Personal- und Organisationsentwicklungsmaßnahmen oder Total Quality Management unverzichtbar. Besondere Aktualität haben sie im Rahmen des Performance Managements und des Einsatzes von Audits und von Balanced Scorecards gewonnen. Mitarbeiterbefragungen dienen damit dem gesamten Change Management im privatwirtschaftlichen Unternehmen ebenso wie im öffentlichen Bereich. Dieses Buch vermittelt Praktikern aus Wirtschaft und Verwaltung die verschiedenen Methoden der Mitarbeiterbefragung und leistet durch konkrete Beispiele eine wertvolle Hilfestellung zur Umsetzung in der beruflichen Praxis.

2000. VIII, 435 S. 94 Abb. Geb. **€ 79,95**; sFr 124,00   ISBN 3-540-66812-8

B. S. Frey, University of Zurich, Switzerland;
M. Osterloh, University of Zurich, Switzerland (Eds.)

Successful Management by Motivation

Balancing Intrinsic and Extrinsic Incentives

Motivated people are crucial to create a sustainable competitive advantage for your company. Successful Management by Motivation shows that in a knowledge-based society, this goal cannot be achieved by extrinsic motivation alone. To succeed, companies have to find ways of fostering and sustaining intrinsic motivation. With the help of in-depth case studies, representative surveys, and analyses based on a large number of firms and employees, this joint work of business researchers and economists identifies the various aspects of motivation in companies and shows how the right combination of intrinsic and extrinsic motivation can be achieved.

2002. XVI, 299 pp. 24 figs., 11 tabs. (Organization and Management Innovation) Hardcover * **€ 48,10**; sFr 77,00   ISBN 3-540-42401-6

Springer · Kundenservice · Haberstr. 7 · 69126 Heidelberg
Tel.: (0 62 21) 345 - 0 · Fax: (0 62 21) 345 - 4229
e-mail: orders@springer.de

Die €-Preise für Bücher sind gültig in Deutschland und enthalten 7% MwSt.
Preisänderungen und Irrtümer vorbehalten. d&p · BA 003

Fit für moderne Führungsaufgaben

Herbert J. Joka (Hrsg.)

Führungskräfte-Handbuch

Persönlichkeit, Karriere, Management, Recht

Ein verläßlicher Begleiter und kompetenter Ratgeber mit Antworten auf konkrete berufliche und private Fragen rund um die Karriere. Wichtige Themen sind u.a. Management-Methoden, die Entsendung ins Ausland, Eigen-Marketing, Gesundheit, Rechte und Pflichten einer Führungskraft.

2002. XII, 706 S. Geb.
€ 69,95; sFr 108,50
ISBN 3-540-67337-7

**Michael Nippa,
Kerstin Petzold,
Wolfgang Kürsten (Hrsg.)**

Corporate Governance

Herausforderungen und Lösungsansätze

Dieses Buch vereint die Vielfalt der Themen, die zurzeit unter dem Begriff Corporate Governance diskutiert werden und präsentiert die Perspektiven der wichtigsten Akteure im Spannungsfeld der Corporate Governance: Wissenschaft, Unternehmen, Aktionäre und Gewerkschaft. Inhalt: Teil 1: Konzeptionelle Grundlagen der Corporate Governance.- Teil 2: Akteure im Spannungsfeld der Corporate Governance.- Teil 3: Ausgewählte Instrumente der Corporate Governance.

2002. X, 237 S. 20 Abb., 5 Tab. Brosch.
€ 34,95; sFr 56,-
ISBN 3-7908-1483-0

**Niels Bergemann,
Andreas L.J. (Hrsg.)**

Interkulturelles Management

Interkulturelle Management-Grundlagen, wie Führungsverhalten, Motivation, Kommunikation und Entscheidungsfindung stehen im Mittelpunkt des Buches. Die Neuauflage diskutiert praxisbezogen alle Handlungsfelder interkulturellen Managements, wie Personalauswahl, Training interkultureller Kompetenz, Organisations- und Personalentwicklung und Reintegration sowie länderbezogene Aspekte.

3., vollst. überarb. und erw. Auflage
2002. XXII, 517 S. 99 Abb. Geb.
€ 69,95; sFr 108,50
ISBN 3-540-42976-X

Springer · Kundenservice
Haberstr. 7
69126 Heidelberg
Tel.: (0 62 21) 345 - 0
Fax: (0 62 21) 345 - 4229
e-mail: orders@springer.de

Die €-Preise für Bücher sind gültig in Deutschland und enthalten 7% MwSt.
Preisänderungen und Irrtümer vorbehalten. d&p · BA 05967/1

Druck: Strauss GmbH, Mörlenbach
Verarbeitung: Schäffer, Grünstadt